古典文獻研究輯刊

三二編

潘美月・杜潔祥 主編

第 35 冊

正史法律資料類編
（先秦秦漢卷）（上）

閆強樂 著

國家圖書館出版品預行編目資料

正史法律資料類編（先秦秦漢卷）（上）／閆強樂 著 -- 初版
-- 新北市：花木蘭文化事業有限公司，2021〔民 110〕
序 2+ 目 2+252 面；19×26 公分
（古典文獻研究輯刊 三二編；第 35 冊）
ISBN 978-986-518-416-2（精裝）
1. 法律 2. 中國史

011.08   110000618

ISBN-978-986-518-416-2

9 789865 184162

古典文獻研究輯刊
三二編　第三五冊　　　　　　ISBN：978-986-518-416-2

正史法律資料類編
（先秦秦漢卷）（上）

作　　　者　閆強樂
主　　　編　潘美月、杜潔祥
總 編 輯　杜潔祥
副總編輯　楊嘉樂
編　　　輯　許郁翎、張雅淋　美術編輯　陳逸婷
出　　　版　花木蘭文化事業有限公司
發 行 人　高小娟
聯絡地址　235 新北市中和區中安街七二號十三樓
　　　　　　電話：02-2923-1455 ／傳真：02-2923-1452
網　　　址　http://www.huamulan.tw 信箱 service@huamulans.com
印　　　刷　普羅文化出版廣告事業
初　　　版　2021 年 3 月
全書字數　487865 字
定　　　價　三二編 47 冊（精裝）台幣 120,000 元　　版權所有・請勿翻印

正史法律資料類編
（先秦秦漢卷）（上）

閆強樂　著

作者簡介

閆強樂，男，1993 年 7 月生，陝西藍田人，西北大學法學院講師。

2015 年於蘭州大學國家文科基礎學科人才培養基地班歷史學學士畢業；

2018 年於蘭州大學歷史文化學院中國古代史碩士畢業，導師喬健教授；

2021 年於中國政法大學法學院法律史博士畢業，導師朱勇教授。

出版學術專著《趙舒翹年譜》（花木蘭文化事業有限公司，2019 年版），在《中國史研究》、《中華法系》、《中西法律傳統》、《法律文化論叢》、《西夏研究》、《人民法院報》、《學習時報》等刊物發表論文 20 餘篇。

提　　要

在「破碎化」史學、「新材料」史學學術風氣盛行的當下，系統閱讀基本史學資料，是初學者從事學術研究的基本路徑。本書以西方部門法學分類為標準，具體為立法概況、法律理論、行政法律、刑事法律、軍事法律、經濟民事法律、婚姻家庭與繼承法律、獄訟法律、刑法志，系統輯錄《史記》、《漢書》、《後漢書》、《資治通鑒》（秦漢部分）中關於法律的相關史料，以編年的形式對於相關史料進行考證分析，同時在重點史料之下以「按語」的方式記錄自己對於史料的認識，以及學界研究的可取之處，或及進一步閱讀的書目文獻，本書對於法律史初學者熟知先秦秦漢法律歷史的發展提供重要的史料支撐。

序

朱勇

　　中國法律史研究，首重法律史料的收集、分析。近年來，法律史料整理工作取得重要進展。一大批歷史上的政書典籍、公文判牘、司法檔案、民間規約、學者論述，乃至於新的考古發現，相繼整理出版，既豐富了法律史料的內容、種類，也直接推動法律史研究的深化與拓展。相比之下，對於中國古代正史之中法律資料的整理、出版，則相對較弱。

　　中國古代正史之中關於法律的資料，對於法律史研究具有極其重要、又不可替代的作用。第一，正史編修，在法律資料的運用方面，有著嚴苛的條件與標準。這一原則，確保了正史法律資料的真實性、權威性。第二，正史編修之時，與前朝在時間上相去不遠。多數情況下，豐富的前朝文獻遺存，使得編修者能夠充分選擇最能代表前朝法律真實狀態的相關資料。第三，正史多為官修，編修機構能夠充分調動官方資源，以實現對於權威、真實的前朝法律資料的有效運用。當然，編修機構的官方背景，也會對正史法律資料的篩選產生一定的消極作用。此外，正史對於法律資料的運用，以及對於前朝法律的描述、評價，在真實、準確的基礎上，還融合著本朝在法律方面的價值導向，體現著本朝對於法律思想、法律制度的理想化追求。因此，通過正史關於法律資料的研究，可以全面瞭解前朝法律制度與本朝法律目標。

　　閆強樂編纂的《正史法律資料類編》，以二十四史、《資治通鑒》為基礎，摘錄其中與法律相關的資料，並分類編排。根據歷史分期，全書分為五卷：先秦秦漢卷，魏晉南北朝卷，隋唐五代卷，宋遼金元卷，明清卷。每卷的內容編排，主要以近代部門法為分類標準，分為立法概況、法律理論、行

政法律、刑事法律、軍事法律、經濟民事法律、婚姻家庭與繼承法律、獄訟法律等。

　　以歷朝法律典章、公文判牘、契約文書、正史法律資料為主體，輔之以學者論述、類書記載、文學作品以及與法律相關的遺跡、實物等，我們能夠全面再現中國古代法律的原初面貌，能夠深入分析中國古代法律的基本精神、主要制度及其社會作用。《正史法律資料類編》的編纂出版，為中國法律史研究提供了更為方便的史料條件。

朱勇

2020 年 9 月 21 日

目

次

編撰緣起

　　編撰這樣一本資料彙編，其實在本科二年級的時候已經有初步的想法，這主要源於蘭州大學歷史文化學院杜斗城老師的啟示。杜老師是全國著名的佛教史、佛教考古專家，在我本科二年級的時候選修杜老師主講的《宗教學概論》，課餘時間與師交流頗多。杜師專注於佛教史研究，著作頗豐，尤以《正史佛教資料類編》〔註1〕為最。在與杜師交流的過程中，杜師多次提及做歷史學的基礎就是熟讀正史，掌握史料，而現在的歷史系學生頗為浮躁，靜下心來讀書的人不多了。當時聽到這樣的話語，在我的心中默默地留下了印記。可惜的是我的本科階段雜事頗多，又興趣廣泛〔註2〕，所以只是粗略地讀了一遍《史記》和《漢書》。

　　學術研究就在於耐得寂寞，甘於清苦。之後在不斷的讀書中愈發覺得閱讀正史、通鑒，認真熟悉原始資料的重要性。如讀到《蒙文通學記》，蒙先生即指出「讀書貴能鑽進去，並不在於讀罕見的書，要能在常見書中讀出別人讀不出的問題」〔註3〕；讀到嚴耕望的《治史三書》時，提及「新的稀有難得的史料當然極可貴，但基本工夫仍在精研普通史料……當我三十幾歲靠近四十歲時，聽說姚從吾先生批評我，『只是勤讀正史』，又涼宥的說『能讀讀正史也好』，意思是不太看得起；等到我的《中國地方行政制度史》與《唐僕

〔註1〕杜斗城編：《正史佛教資料類編》，蘭州：甘肅文化出版社，2006年。之後臺灣中華電子佛典錄入，同時《中華大藏經續編》收錄。

〔註2〕法制史研究的興趣就在這時候形成，因關注於「陝派律學」，故本科期間從事趙舒翹研究，撰寫《趙舒翹年譜》（花木蘭文化出版社，2019年版）。

〔註3〕蒙默編：《蒙文通學記（修訂本）》，北京：生活・讀書・新知三聯書店，2006年，第2頁。

尚丞郎表》出版以後，才承他很看得起，給我一個實在不敢當的評語。此亦正見以正史為基礎，也能產生意想不到的成績。」〔註4〕讀到蒲堅老師的訪談時，「我認為做學問應該養成手腦並用的習慣。所謂『手腦並用』，就是說看書時，把有用的抄下來，這叫『動手』，當然抄什麼以及對所抄的資料自己要有看法；抄下來後，再注明自己的觀點以及寫成文章，這叫『動腦』。從本科、研究生階段開始日積月累以便以後用於教學和科研，通常都要在二十多歲到五十多歲之間才能取得成果……」〔註5〕。鄧小南教授亦指出「老一輩學者經常提醒我們，要看書，不要只抱個題目去翻材料。只抱著題目找材料，很容易漏過真正重要的題目。我們在起步階段要想打下比較堅實的材料基礎，至少需要一兩部有影響力、有分量的史籍用來「墊底」，通過下工夫精讀，儲備基本知識，增強解讀能力，壓住自己的陣腳；進而「輻射」開來，逐步擴大材料面」〔註6〕；同時讀到日本學者古賀登的《戰國秦漢史總論》，即指出「前輩學者通過抄寫史料，可以理解史料內部的世界」〔註7〕。所以說，對於史料的熟悉把握，是研究的重中之重。

同時在閑暇之餘自己又向杜老師多有請教，杜老師言及自己正在做《資治通鑒》的佛教資料整理以及《清史稿》和《清實錄》中的佛教資料整理，希望可以補足自己的《正史佛教資料類編》。這些默默地在我的心中留下了印象。

到了碩博士階段，決定以中國法律史為志業，之前杜老師的告誡又浮現心頭。這對於致力於法律史研究的初學者來說，似乎找到治學的基礎和路徑。所以決定以正史、《資治通鑒》為基礎，摘錄其中關於法律的相關史料，根據正史的內容，計劃分為五個部分，即先秦秦漢卷、魏晉南北朝卷、隋唐五代卷、宋遼金元卷、明清卷。

本書分類參考蒲堅《中國古代法制叢鈔》〔註8〕，具體為立法概況、法律理論、行政法律、刑事法律、軍事法律、經濟民事法律、婚姻家庭與繼承

〔註4〕嚴耕望：《治史三書》，上海：上海人民出版社，2011年，第21、23頁。

〔註5〕何勤華主編：《中國法學家訪談錄‧蒲堅》第2卷，北京：北京大學出版社，2010年，第400頁。

〔註6〕鄧小南：《永遠的挑戰：略談歷史研究中的材料與議題》，《史學月刊》2009年第1期，第51頁。

〔註7〕（日）古賀登的：《戰國秦漢史總論》，徐沖譯，載於（日）佐竹靖彥主編：《殷周秦漢史學的基本問題》，北京：中華書局，2008年，第174頁。

〔註8〕蒲堅編：《中國古代法制叢鈔》，北京：光明日報出版社，2001年。

法律、獄訟法律、刑法志。分類標準以部門法學科為分類基礎，同時在一些材料之下以「按語」的方式記錄自己對於史料的認識，以及自己的學術關注點或者前人研究的可取之處，或及進一步閱讀的書目文獻，紕漏在所難免，但希望這可以為自己的學術研究提供最堅實的資料基礎，也希望大家提出修改意見。

蘭州大學圖書館是名「積石堂」，民國三十七年（1948），顧頡剛應辛樹幟之邀，擔任蘭州大學歷史系主任，撰寫《積石堂記》，其言「夫積石者，山海經謂之『禹所積石之山』，《禹貢》則曰『導河積石』。蓋永靖積石關峽長達二十餘里，兩山相逼，如削如截，黃河中流，若處溝瀆間，古人至此，欲溯河源而不可進，遂以為導河之始。其北山為第三紀紅利礫上升所成，『為火成岩，為花崗岩』，若五丁力士所堆積累聚者然，初民好以一切奇蹟集中於禹身，故謂之為禹所積也。後世地理智識日增，沿流溯源，得至悶摩黎山，以為禹當始導於此，遂呼悶摩黎山為積石，轉名故山為小積石，是直左氏所謂新間舊耳」〔註9〕。「積石」之名，即顯我蘭州大學學子自強不息，積石成山，積學為識之志，是書即編撰於此。

《荀子·勸學》言「積土成山，風雨興焉。積水成淵，蛟龍生焉。積善成德，而神明自得，聖心備焉。故不積跬步，無以至千里；不積小流，無以成江海。騏驥一躍，不能十步；駑馬十駕，功在不捨。鍥而捨之，朽木不折；鍥而不捨，金石可鏤。」〔註10〕古聖先賢之言，為學為人，以此為後學自勉。

2020 年 7 月 12 日

閆強樂

於蘭州大學積石堂

〔註 9〕朱渝：《顧頡剛先生與蘭大圖書館——讀〈積石堂記〉有感》，《蘭州大學學報》1999 年第 3 期，第 34～35 頁。

〔註10〕（清）王先謙：《荀子集解》，沈嘯寰、王星賢點校，北京：中華書局，1988 年，第 7～8 頁。

正史法律資料類編（《史記》卷）

一、立法概況

三代

約前 26 世紀～前 22 世紀（黃帝）於是帝堯老，命舜攝行天子之政，以觀天命……象以典刑，流宥五刑，鞭作官刑，撲作教刑，金作贖刑。眚災過，赦；怙終賊，刑。欽哉，欽哉，惟刑之靜哉！

《集解》：馬融曰：「言咎繇制五常之刑，無犯之者，但有其象，無其人也。」《正義》：孔安國云：「象，法也。法用常刑，用不越法也。」

《集解》：馬融曰：「流，放；宥，寬也。一曰幼少，二曰老耄，三曰蠢愚。五刑，墨、劓、荆、宮、大辟。」《正義》：孔安國云：「以流放之法寬五刑也。」鄭玄云：「三宥，一曰弗識，二曰過失，三曰遺忘也。」

《集解》：馬融曰：「為辨治官事者為刑。」

《集解》：鄭玄曰：「撲，檟楚也。撲為教官為刑者。」

《集解》：馬融曰：「金，黃金也。意善功惡，使出金贖罪，坐不戒慎者。」

《集解》：鄭玄曰：「眚災，為人作患害者也。過失，雖有害則赦之。」

《集解》：鄭玄曰：「怙其姦邪，終身以為殘賊，則用刑之。」

《集解》：徐廣曰：「今文云『惟刑之謐哉』。（《史記·五帝本紀》，24、27～28頁。）

春秋戰國

前 389 年（楚悼王十三年）楚悼王素聞起賢，至則相楚。明法審令，捐

不急之官，廢公族疏遠者，以撫養戰鬥之士。（《史記·孫子吳起列傳》，2168頁。）

前359年（秦孝公三年）以衛鞅為左庶長，卒定變法之令。令民為什伍，而相牧司連坐。不告姦者腰斬，告姦者與斬敵首同賞，匿奸者與降敵同罰。民有二男以上不分異者，倍其賦。有軍功者，各以率受上爵；為私鬥者，各以輕重被刑大小。僇力本業，耕織致粟帛多者復其身。事末利及怠而貧者，舉以為收孥。宗室非有軍功論，不得為屬籍。明尊卑爵秩等級，各以差次名田宅，臣妾衣服以家次。有功者顯榮，無功者雖富無所芬華。令既具，未布，恐民之不信，已乃立三丈之木於國都市南門，募民有能徙置北門者予十金。民怪之，莫敢徙。復曰「能徙者予五十金」。有一人徙之，輒予五十金，以明不欺。卒下令。令行於民期年，秦民之國都言初令之不便者以千數……而令民父子兄弟同室內息者為禁。而集小（都）鄉邑聚為縣，置令、丞，凡三十一縣。為田開阡陌封疆，而賦稅平。平斗桶權衡丈尺。（《史記·商君列傳》，2229～2232頁。）

前317年（楚懷王十二年）上官大夫與之同列，爭寵而心害其能。懷王使屈原造為憲令，屈平屬草稿未定。上官大夫見而欲奪之……（《史記·》屈原賈生列傳，2481頁。）

前307年（趙武靈王十九年）於是始出胡服令也。（《史記·趙世家》，1809頁。）

秦漢

前213年（秦始皇三十四年）臣請史官非秦記皆燒之。非博士官所職，天下敢有藏《詩》、《書》、百家語者，悉詣守、尉雜燒之。有敢偶語《詩書》者棄市。以古非今者族。吏見知不舉者與同罪。令下三十日不燒，黥為城旦。所不去者，醫藥卜筮種樹之書。若欲有學法令，以吏為師。制曰：「可。」

《集解》：如淳曰：《律說》「論決為髡鉗，輸邊築長城，晝日伺寇虜，夜暮築長城」。城旦，四歲刑。（《史記·秦始皇本紀》，255頁。）

閆按：丞相李斯，秦以吏為師，學習法律。

前209年（秦二世元年）於是二世乃遵用趙高，申法令。（《史記·秦始皇本紀》，268頁。）

前207年（秦二世三年）……召諸縣父老豪傑曰：「父老苦秦苛法久矣，誹謗者族，偶語者棄市。吾與諸侯約，先入關者王之，吾當王關中。與父老

約，法三章耳：殺人者死，傷人及盜抵罪。餘悉除去秦法。諸吏人皆案堵如故」。

《集解》：應劭曰：「秦禁民聚語。偶，對也。」瓚曰：「《始皇本紀》曰『偶語經書者棄市』。」《索隱》按：《禮》云「刑人於市，與眾棄之」，故今律謂絞刑為「棄市」是也。

《集解》：……李斐曰：「傷人有曲直，盜臧有多少，罪名不可豫定，故凡言抵罪，未知抵何罪也。」張晏曰：「秦法，一人犯罪，舉家及鄰伍坐之，今但當其身坐，合於《康誥》『父子兄弟罪不相及』也。」《索隱》韋昭云：「抵，當也。謂使各當其罪。」今按：秦法有三族之刑，漢但約法三章耳，殺人者死，傷人及盜者使之抵罪，餘並不論其辜，以言省刑也。則抵訓為至，殺人以外，唯傷人及盜使至罪名耳。（《史記‧高祖本紀》，362～364頁。）

閆按：劉邦「約法三章」，「諸吏人皆案堵如故」，可見當時漢初的行政運行完全繼承秦制。

前207年（秦二世三年）……大王之入武關，秋豪無所害，除秦苛法，與秦民約，法三章耳……（《史記‧淮陰侯列傳》，2612頁。）

前200年（漢高祖七年）……至禮畢，復置法酒……

《集解》文穎曰：「作酒令法也。」蘇林曰：「常會，須天子中起更衣，然後入置酒矣。」《索隱》按：文穎云「作酒法令也」。姚氏云「進酒有禮也。古人飲酒不過三爵，君臣百拜，終日宴不為之亂也」。（《史記‧劉敬叔孫通列傳》，2723～2024頁。）

前194年（漢惠帝元年）……孝惠即位，乃謂叔孫生曰：「先帝園陵寢廟，群臣莫（能）習。」徙為太常，定宗廟儀法。及稍定漢諸儀法，皆叔孫生為太常所論箸也。（《史記‧劉敬叔孫通列傳》，2725頁。）

前179年（漢文帝元年）十二月，上曰：「法者，治之正也，所以禁暴而率善人也。今犯法已論，而使毋罪之父母妻子同產坐之，及為收帑，朕甚不取。其議之。」有司皆曰：「民不能自治，故為法以禁之。相坐坐收，所以累其心，使重犯法，所從來遠矣。如故便。」上曰：「朕聞法正則民愨，罪當則民從。且夫牧民而導之善者，吏也。其既不能導，又以不正之法罪之，是反害於民為暴者也。何以禁之？朕未見其便，其孰計之。」有司皆曰：「陛下加大惠，德甚盛，非臣等所及也。請奉詔書，除收帑諸相坐律令。」

《集解》：應劭曰：「帑，子也。秦法一人有罪，並坐其家室。今除此

律。」（《史記‧孝文本紀》，418～419 頁。）

　　前 178 年（漢文帝二年）上曰：「古之治天下，朝有進善之旌，誹謗之木，所以通治道而來諫者。今法有誹謗妖言之罪，是使眾臣不敢盡情，而上無由聞過失也。將何以來遠方之賢良？其除之。民或祝詛上以相約結而後相謾，吏以為大逆，其有他言，而吏又以為誹謗。此細民之愚無知抵死，朕甚不取。自今以來，有犯此者勿聽治。」（《史記‧孝文本紀》，423～424 頁。）

　　前 113（漢武帝元鼎四年）……除其故黥劓刑，用漢法，比內諸侯。使者皆留填撫之……（《史記‧南越列傳》，2972 頁。）

二、法律理論

三代

　　約前 26 世紀～約前 22 世紀（舜）舜曰：「皋陶，蠻夷猾夏，寇賊姦軌，汝作士，五刑有服，五服三就；五流有度，五度三居：維明能信。」

　　《集解》：馬融曰：「五刑，墨、劓、荆、宮、大辟。三就，謂大罪陳諸原野，次罪於市朝，同族適甸師氏。既服五刑，當就三處。」《正義》：孔安國云：「服，從也，言得輕重之中正也。」案：墨，點鑿其額，涅以墨。劓，截鼻也。荆，刖足也。宮，淫刑也，男子割勢，婦人幽閉也。大辟，死刑也。

　　《正義》：……孔安國云「五刑之流，各有所居」也。

　　《正義》：案：謂度其遠近，為三等之居也。

　　《集解》馬融：曰：「謂在八議，君不忍刑，宥之以遠。五等之差亦有三等之居：大罪投四裔，次九州之外，次中國之外。當明其罪，能使信服之。」（《史記‧五帝本紀》，39～41 頁。）

　　約前 26 世紀～約前 22 世紀（舜）此二十二人咸成厥功：皋陶為大理，平，民各伏得其實……（《史記‧五帝本紀》，43 頁。）

　　前 2070～前 1600 年（禹時）禹為人敏給克勤……身為度，稱以出……

　　《集解》：王肅曰：「以身為法度。」《索隱》：按：今巫猶稱「禹步」。（《史記‧夏本紀》，51 頁。）

　　前 2070～前 1600 年（禹）皋陶作士以理民……

　　《正義》：士若大理卿也。（《史記‧夏本紀》，77～78 頁。）

　　閆按：三代之「大理、士（皋陶）」為法官也。

　　前 1600～前 1300 年（商湯）湯曰：「汝不能敬命，予大罰殛之，無有攸

赦。」作《湯征》。《史記·殷夏本紀》，93～94 頁。）

前 1600～1300 年（商太甲）帝太甲元年，伊尹作《伊訓》，作《肆命》，作《徂后》。

《集解》：鄭玄曰：「……《徂后》者，言湯之法度也。」《史記·殷本紀》，98～99 頁。）

前 1046 年（周武王姬發）……於是武王遍告諸侯曰：「殷有重罪，不可以不畢伐。」乃遵文王，遂率戎車三百乘，虎賁三千人，甲士四萬五千人，以東伐紂。十一年十二月戊午，師畢渡盟津，諸侯咸會。曰：「孳孳無怠！」武王乃作太誓，告於眾庶：「今殷王紂乃用其婦人之言，自絕於天，毀壞其三正，離其王父母弟，乃斷棄其先祖之樂，乃為淫聲，用變亂正聲，怡說婦人。故今予發維共行天罰。勉哉夫子，不可再，不可三！」（《史記·周本紀》，121～122 頁。）

前 1046 年（周武王姬發）今殷王紂維婦人言是用，自棄其先祖肆祀不答，昏棄其家國，遺其王父母弟不用，乃維四方之多罪逋逃是崇是長，是信是使，俾暴虐於百姓，以姦軌於商國。今予發維共行天之罰……（《史記·周本紀》，122 頁。）

前 1042～前 1021 年（周成王時）……於是周公舉康叔為周司寇……（《史記·管蔡世家》，1565 頁。）成王長，用事，舉康叔為周司寇，賜衛寶祭器，以章有德。（《史記·衛康叔世家》，1590 頁。）

前 1020 年（周康王元年）……刑錯四十餘年不用……

《集解》：應劭曰：「錯，置也。民不犯法，無所置刑。」（《史記·周本紀》，134 頁。）

前 976～前 922 年（周穆王）……序成而有不至則修刑。於是有刑不祭，伐不祀，征不享，讓不貢，告不王。於是有刑罰之辟，有攻伐之兵，有征討之備，有威讓之命……

《集解》：韋昭曰：「序成，謂上五者次序已成，有不至則有刑罰也。」（《史記·周本紀》，136 頁。）

前 976～前 922 年（周穆王）……於是周遂作甫刑之辟……（《史記·匈奴列傳》，2881 頁。）

前 976～前 922 年（周穆王）諸侯有不睦者，甫侯言於王，作修刑辟。王曰：「吁，來！有國有土，告汝祥刑。在今爾安百姓，何擇非其人，何敬非

其刑，何居非其宜與？兩造具備，師聽五辭。五辭簡信，正於五刑。五刑不簡，正於五罰。五罰不服，正於五過。五過之疵，官獄內獄，閱實其罪，惟鈞其過。五刑之疑有赦，五罰之疑有赦，其審克之。簡信有眾，惟訊有稽。無簡不疑，共嚴天威。黥辟疑赦，其罰百率，閱實其罪。劓辟疑赦，其罰倍灑，閱實其罪。臏辟疑赦，其罰倍差，閱實其罪。宮辟疑赦，其罰五百率，閱實其罪。大辟疑赦，其罰千率，閱實其罪。墨罰之屬千，劓罰之屬千，臏罰之屬五百，宮罰之屬三百，大辟之罰其屬二百：五刑之屬三千。」命曰《甫刑》。

《集解》：孔安國曰：「不簡核。謂不應五刑，當正五罰，出金贖罪也。」

《集解》：孔安國曰：「不服，不應罰也。正於五過，從赦免之。」

《集解》：孔安國曰：「使與罰名相當。」《索隱》按：《呂刑》云「惟官，惟反，惟內，惟貨，惟來」，今此似闕少，或從省文。

《集解》：馬融曰：「以此五過出入人罪，與犯法者等。」

《集解》：孔安國曰：「刑疑赦從罰，罰疑赦從免，其當清察，能得其理也。」

《集解》：孔安國曰：「簡核誠信，有合眾心，惟察其貌，有所考合，重之至也。」

《集解》：孔安國曰：「無簡核誠信，不聽治其獄，當嚴敬天威，無輕用刑。」

……

《集解》：馬融曰：「倍二百為四百鍰也。差者，又加四百之三分一，凡五百三十三三分一也。」《正義》：倍中之差，二百去三分一，合三百三十三鍰二兩也。宮刑，其罰五百，臏刑既輕，其數豈加？故孔、馬之說非也。（《史記·周本紀》，138～140頁。）

前807年（魯懿公九年）樊穆仲曰：「魯懿公弟稱，肅恭明神，敬事耆老；賦事行刑，必問於遺訓而諮於固實；不干所問，不犯所（知）（諮）。」……（《史記·魯周公世家》，1528頁。）

春秋戰國

前685～641年（齊桓公）《正義》：《七略》云《管子》十八篇，在法家。（《史記·管晏列傳》，2136頁。）

前664年（燕莊公）二十七年，山戎來侵我，齊桓公救燕，遂北伐山戎

而還。燕君送齊桓公出境，桓公因割燕所至地予燕，使燕共貢天子，如成周時職；使燕復修召公之法。（《史記・燕召公世家》，1552 頁。）

前 659 年（衛）文公初立，輕賦平罪，身自勞，與百姓同苦，以收衛民。《索隱》：輕賦稅，平斷刑也……（《史記・衛康叔世家》，1595 頁。）

前 636～前 628 年（晉文公）李離者，晉文公之理也。過聽殺人，自拘當死。文公曰：「官有貴賤，罰有輕重。下吏有過，非子之罪也。」李離曰：「臣居官為長，不與吏讓位；受祿為多，不與下分利。今過聽殺人，傅其罪下吏，非所聞也。」辭不受令。文公曰：「子則自以為有罪，寡人亦有罪邪？」李離曰：「理有法，失刑則刑，失死則死。公以臣能聽微決疑，故使為理。今過聽殺人，罪當死。」遂不受令，伏劍而死。

《正義》：理，獄官也。

《索隱》：言能聽察微理，以決疑獄。故周禮司寇以五聽察獄，詞氣色耳目也。又《尚書》曰「服念五六日，至於旬時」是也。（《史記・循吏列傳》，3102～3103 頁。）

前 626 年（秦穆公三十四年）……繆（穆）公怪之，問曰：「中國以詩書禮樂法度為政，然尚時亂，今戎夷無此，何以為治，不亦難乎？」由余笑曰：「此乃中國所以亂也。夫自上聖黃帝作為禮樂法度，身以先之，僅以小治。及其後世，日以驕淫。阻法度之威，以責督於下，下罷極則以仁義怨望於上，上下交爭怨而相篡弒，至於滅宗，皆以此類也。夫戎夷不然。上含淳德以遇其下，下懷忠信以事其上，一國之政猶一身之治，不知所以治，此真聖人之治也」……（《史記・秦本紀》，192～193 頁。）

前 597 年（晉景公三年）屠岸賈者，始有寵於靈公，及至於景公而賈為司寇，將作難，乃治靈公之賊以致趙盾，遍告諸將曰：「盾雖不知，猶為賊首。以臣弒君，子孫在朝，何以懲罪？請誅之。」韓厥曰：「靈公遇賊，趙盾在外，吾先君以為無罪，故不誅。今諸君將誅其後，是非先君之意而今妄誅。妄誅謂之亂。臣有大事而君不聞，是無君也。」屠岸賈不聽。韓厥告趙朔趣亡。朔不肯，曰：「子必不絕趙祀，朔死不恨。」韓厥許諾，稱疾不出。賈不請而擅與諸將攻趙氏於下宮，殺趙朔、趙同、趙括、趙嬰齊，皆滅其族。（《史記・趙世家》，1783 頁。）晉景公之三年，晉司寇屠岸賈將作亂，誅靈公之賊趙盾。（《史記・韓世家》，1865 頁。）

前 516 年（齊景公三十二年）……是時景公好治宮室，聚狗馬，奢侈，

厚賦重刑，故晏子以此諫之。（《史記・齊太公世家》，1504 頁。）

前 516～前 489 年（楚昭王）石奢者，楚昭王相也。堅直廉正，無所阿避。行縣，道有殺人者，相追之，乃其父也。縱其父而還自繫焉。使人言之王曰：「殺人者，臣之父也。夫以父立政，不孝也；廢法縱罪，非忠也；臣罪當死。」王曰：「追而不及，不當伏罪，子其治事矣。」石奢曰：「不私其父，非孝子也；不奉主法，非忠臣也。王赦其罪，上惠也；伏誅而死，臣職也。」遂不受令，自刎而死。（《史記・循吏列傳》，3102～3103 頁。）

前 501 年（魯定公九年）其後定公以孔子為中都宰，一年，四方皆則之。由中都宰為司空，由司空為大司寇。（《史記・孔子世家》，1915 頁。）

前 496 年（魯）定公十四年，孔子年五十六，由大司寇行攝相事，有喜色……於是誅魯大夫亂政者少正卯……（《史記・孔子世家》，1917 頁。）

前 488 年（魯哀公七年）孔子曰：「野哉由也！夫名不正則言不順，言不順則事不成，事不成則禮樂不興，禮樂不興則刑罰不中，刑罰不中則民無所錯手足矣。夫君子為之必可名，言之必可行。君子於其言，無所苟而已矣。」（《史記・孔子世家》，1933～1934 頁。）

前 480 年～前 456 年（齊平公）田常言於齊平公曰：「德施人之所欲，君其行之；刑罰人之所惡，臣請行之。」行之五年，齊國之政皆歸田常。（《史記・田敬仲完世家》，1884 頁。）

前 395～前 338 年商君者，衛之諸庶孽公子也，名鞅，姓公孫氏，其祖本姬姓也。鞅少好刑名之學，事魏相公叔座為中庶子。（《史記・商君列傳》，2227 頁。）

前 362～333 年（韓昭侯）……《索引》：術即刑名之法術也。

申子之學本於黃老而主刑名。著書二篇，號曰《申子》。

《集解》：劉向《別錄》曰：「今民間所有上下二篇，中書六篇，皆合二篇，已備，過太史公所記」。《索引》：今人間有上下二篇，又有中書六篇，其篇中之言，皆合上下二篇，是書已備，過於太史公所記也。《正義》：阮孝緒《七略》云：《申子》三卷也。（《史記・老子韓非列傳》，2146 頁。）

前 359 年（秦孝公）三年，衛鞅說孝公變法修刑，內務耕稼，外勸戰死之賞罰，孝公善之。甘龍、杜摯等弗然，相與爭之。卒用鞅法，百姓苦之；居三年，百姓便之……（《史記・秦本紀》，203 頁。）

前 355 年（韓昭侯）八年，申不害相韓，修術行道，國內以治，諸侯不

來侵伐。（《史記‧韓世家》，1869 頁。）

前 348 年（齊威王九年）騶忌子曰：「謹受令，請謹修法律而督奸吏。」（《史記‧田敬仲完世家》，1890 頁。）

前 333 年（齊威王二十四年）。吾臣有種首者，使備盜賊，則道不拾遺。將以照千里，豈特十二乘哉！（《史記‧田敬仲完世家》，1891 頁。）

前 320～前 301 年（齊宣王）宣王喜文學游說之士，自如騶衍、淳于髡、田駢、接予、慎到、環淵之徒七十六人，皆賜列第，為上大夫，不治而議論。是以齊稷下學士復盛，且數百千人。

《正義》：趙人，戰國時處士。《藝文志》作《慎子》四十二篇也。（《史記‧田敬仲完世家》，1895 頁。）

前 318 年（燕噲）三年，與楚、三晉攻秦，不勝而還。子之相燕，貴重，主斷。（《史記‧燕召公世家》，1555 頁。）

前 307 年（趙武靈王十九年）趙文、趙造、周袑、趙俊皆諫止王毋胡服，如故法便。王曰：「先王不同俗，何古之法？帝王不相襲，何禮之循？處戲、神農教而不誅，黃帝、堯、舜誅而不怒。及至三王，隨時制法，因事制禮。法度制令各順其宜，衣服器械各便其用……」（《史記‧趙世家》，1810 頁。）

前 295 年（趙惠文王四年）……公子成為相，號安平君，李兌為司寇。（《史記‧趙世家》，1815 頁。）

前 280～前 233 年韓非者，韓之諸公子也。喜刑名法術之學，而其歸本於黃老。非為人口吃，不能道說，而善著書。與李斯俱事荀卿，斯自以為不如非。

《正義》：阮孝緒《七略》云：《韓子》二十卷。

《集解》：《新序》曰：申子之書言人主當執術無刑，因循以督責臣下，其責深刻，故號曰「術」。商鞅所為書號曰「法」。皆曰「刑名」，故號曰「刑名法術之書」。《索隱》：著書三十餘篇，號曰《韓子》。

《索隱》按：劉氏云「黃老之法不尚繁華，清簡無為，君臣自正。韓非之論詆狡浮淫，法制無私，而名實相稱。故曰『歸於黃老』。斯未為得其本旨。今按：《韓子》書有《解老》、《喻老》二篇，是大抵亦崇黃老之學耳。（《史記‧老子韓非列傳》，2146～2147 頁。）

前 280～前 233 年非見韓之削弱，數以書諫韓王，韓王不能用。於是韓非

疾治國不務修明其法制，執勢以御其臣下，富國強兵而以求人任賢，反舉浮淫之蠹而加之於功實之上。以為儒者用文亂法，而俠者以武犯禁。寬則寵名譽之人，急則用介冑之士。今者所養非所用，所用非所養。悲廉直不容於邪枉之臣，觀往者得失之變，故作《孤憤》、《五蠹》、《內外儲》、《說林》、《說難》十餘萬言。（《史記·老子韓非列傳》，2147 頁。）

申子、韓子皆著書，傳於後世，學者多有。（《史記·老子韓非列傳》，2155頁。）

前 271 年（秦昭王三十四年）於是范雎乃得見於離宮，詳為不知永巷而入其中。

《正義》：永巷，宮中獄也。（《史記·范雎蔡澤列傳》，2406 頁。）

前 259 年（秦昭王四十八年）應侯席稿請罪。秦之法，任人而所任不善者，各以其罪罪之。於是應侯罪當收三族。秦昭王恐傷應侯之意，乃下令國中：「有敢言鄭安平事者，以其罪罪之。」……（《史記·范雎蔡澤列傳》，2417頁。）

前 240 年（秦）始皇七年，蒙驁卒。驁子曰武，武子曰恬。恬嘗書獄典文學……

《索隱》：謂恬嘗學獄法，遂作獄官，典文學。（《史記·蒙恬列傳》，2565頁。）

閆按：蒙恬學法律，做獄官，職典文學，文學與法律何種關係？秦時的「文學」具體是什麼？值得思考。

前 237 年（秦王贏政十年）秦王乃除逐客之令，復李斯官，卒用其計謀。官至廷尉……（《史記·李斯列傳》，2546 頁。）

前 234～前 212 年（秦王贏政十三年～秦始皇三十五年）始皇七年趙高者，諸趙疏遠屬也。趙高昆弟數人，皆生隱宮，其母被刑僇，世世卑賤。秦王聞高彊力，通於獄法，舉以為中車府令。高既私事公子胡亥，喻之決獄。高有大罪，秦王令蒙毅法治之。毅不敢阿法，當高罪死，除其宦籍。帝以高之敦於事也，赦之，復其官爵。（《史記·蒙恬列傳》，2566 頁。）

秦漢

前 221 年（秦始皇二十六年）今陛下興義兵，誅殘賊，平定天下，海內為郡縣，法令由一統，自上古以來未嘗有，五帝所不及。……（《史記·秦始皇本紀》，236 頁。）

前 221～前 207 年趙高故嘗教胡亥書及獄律令法事，胡亥私幸之。（《史記‧秦始皇本紀》，264 頁。）

前 221～前 208 前大司馬咎者，故蘄獄掾，長史欣亦故櫟陽獄吏，兩人嘗有德於項梁，是以項王信任之。（《史記‧項羽本紀》，330 頁。）

前 221 年（秦始皇二十六年）剛毅戾深，事皆決於法，刻削毋仁恩和義，然後合五德之數。於是急法，久者不赦。

《索隱》：水主陰，陰刑殺，故急法刻削，以合五德之數。（《史記‧秦始皇本紀》，238 頁。）

前 221～前 210 年蕭相國何者，沛豐人也。以文無害為沛主吏掾。《索隱》按：《春秋緯》「蕭何感昴精而生，典獄制律」。（《史記‧蕭相國世家》，2013 頁。）

前 221～前 210 年平陽侯曹參者，沛人也。秦時為沛獄掾，而蕭何為主吏，居縣為豪吏矣。（《史記‧曹相國世家》，2021 頁。）

前 221～前 210 年（秦始皇）張丞相蒼者，陽武人也。好書律曆。秦時為御史，主柱下方書。有罪，亡歸……（《史記‧張丞相列傳》，2675 頁。）

前 221～前 210 年（秦始皇）任敖者，故沛獄吏……（《史記‧張丞相列傳》，2680 頁。）

前 213 年（秦始皇三十四年）士則學習法令辟禁……（《史記‧秦始皇本紀》，255 頁。）

前 213 年（秦）始皇三十四年……乃上書曰：「古者天下散亂，莫能相一，是以諸侯並作，語皆道古以害今，飾虛言以亂實，人善其所私學，以非上所建立。今陛下並有天下，別白黑而定一尊；而私學乃相與非法教之制，聞令下，即各以其私學議之，入則心非，出則巷議，非主以為名，異趣以為高，率群下以造謗。如此不禁，則主勢降乎上，黨與成乎下。禁之便。臣請諸有文學詩書百家語者，蠲除去之。令到滿三十日弗去，黥為城旦。所不去者，醫藥卜筮種樹之書。若有欲學者，以吏為師。」始皇可其議，收去詩書百家之語以愚百姓，使天下無以古非今。明法度，定律令，皆以始皇起……（《史記‧李斯列傳》，2546 頁。）

前 210 年（秦始皇三十七年）……胡亥既然高之言，高曰「高受詔教習胡亥，使學以法事數年矣，未嘗見過失……」（《史記‧李斯列傳》，2550 頁。）

前 209 年（秦二世元年）……趙高曰：「嚴法而刻刑，令有罪者相坐誅，

至收族，滅大臣而遠骨肉；貧者富之，賤者貴之。盡除去先帝之故臣，更置陛下之所親信者近之。此則陰德歸陛下，害除而姦謀塞，群臣莫不被潤澤，蒙厚德，陛下則高枕肆志寵樂矣。計莫出於此。」二世然高之言，乃更為法律。於是群臣諸公子有罪，輒下高，令鞠治之。殺大臣蒙毅等，公子十二人僇死咸陽市，十公主矺死於杜，財物入於縣官，相連坐者不可勝數……法令誅罰日益刻深，群臣人人自危，欲畔者眾……故申子曰「有天下而不恣睢，命之曰以天下為桎梏」者，無他焉，不能督責，而顧以其身勞於天下之民，若堯、禹然，故謂之『桎梏』也。夫不能修申、韓之明術，行督責之道，專以天下自適也，而徒務苦形勞神，以身徇百姓，則是黔首之役，非畜天下者也，何足貴哉！夫以人徇己，則己貴而人賤；以己徇人，則己賤而人貴。故徇人者賤，而人所徇者貴，自古及今，未有不然者也。凡古之所為尊賢者，為其貴也；而所為惡不肖者，為其賤也。而堯、禹以身徇天下者也，因隨而尊之，則亦失所為尊賢之心矣，夫可謂大繆矣。謂之為『桎梏』，不亦宜乎？不能督責之過也」。故韓子曰「慈母有敗子而嚴家無格虜」者，何也？則能罰之加焉必也。故商君之法，刑棄灰於道者。夫棄灰，薄罪也，而被刑，重罰也。彼唯明主為能深督輕罪。夫罪輕且督深，而況有重罪乎？故民不敢犯也。是故韓子曰「布帛尋常，庸人不釋，鑠金百溢，盜跖不搏」者，非庸人之心重，尋常之利深，而盜跖之欲淺也；又不以盜跖之行，為輕百鎰之重也。搏必隨手刑，則盜跖不搏百鎰；而罰不必行也，則庸人不釋尋常。是故城高五丈，而樓季不輕犯也；泰山之高百仞，而跛牂牧其上。夫樓季也而難五丈之限，豈跛牂也而易百仞之高哉？峭塹之勢異也。明主聖王之所以能久處尊位，長執重勢，而獨擅天下之利者，非有異道也，能獨斷而審督責，必深罰，故天下不敢犯也。今不務所以不犯，而事慈母之所以敗子也，則亦不察於聖人之論矣。夫不能行聖人之術，則舍為天下役何事哉？可不哀邪！書奏，二世悅。於是行督責益嚴，稅民深者為明吏。二世曰：「若此則可謂能督責矣。」刑者相半於道，而死人日成積於市。殺人眾者為忠臣。二世曰：「若此則可謂能督責矣。」且陛下深拱禁中，與臣及侍中習法者待事，事來有以揆之……趙高案治李斯。李斯拘執束縛，居囹圄中……於是二世乃使高案丞相獄，治罪，責斯與子由謀反狀，皆收捕宗族賓客。趙高治斯，榜掠千餘，不勝痛，自誣服。斯所以不死者，自負其辯，有功，實無反心，幸得上書自陳，幸二世之寤而赦之。李斯乃從獄中上書……趙高使其客十餘輩詐為御史、謁者、侍中，更往復訊斯。斯更以其

實對，輒使人復榜之。

《正義》：棄灰於道者黥也。韓子云：「殷之法，棄灰於衢者刑。子貢以為重，問之。仲尼曰：『灰棄於衢必燔，人必怒，怒則鬥，鬥則三族，雖刑之可也。』」（《史記‧李斯列傳》，2552～2561 頁。）

閆按：李斯之獄，參考（日）籾山明《中國古代訴訟制度研究》中對於這一章節的論述。

前 209 年（匈奴）……其法，拔刃尺者死，坐盜者沒入其家；有罪小者軋，大者死。獄久者不過十日，一國之囚不過數人……（《史記‧匈奴列傳》，2892 頁。）……匈奴法，漢使非去節而以墨黥其面者不得入穹廬。王烏，北地人，習胡俗，去其節，黥面，得入穹廬……（《史記‧匈奴列傳》，2913 頁。）

前 207（秦二世三年）功多，秦不能盡封，因以法誅之。（《史記‧項羽本紀》，308 頁。）

前 206～前 140 年……韋丞相賢者，魯人也。以讀書術為吏，至大鴻臚……（《史記‧張丞相列傳》，2686 頁。）

前 206～前 154 年（漢初）御史大夫韓安國者，梁成安人也，後徙睢陽。嘗受韓子、雜家說於騶田生所……

《索隱》案：安國學韓子及雜家說於騶縣田生之所。（《史記‧韓長孺列傳》，2857 頁。）

前 206 年（漢高祖元年）沛公至咸陽，諸將皆爭走金帛財物之府分之，何獨先入收秦丞相御史律令圖書藏之。（《史記‧蕭相國世家》，2014 頁。）

閆按：秦時律令收藏於丞相、御史大夫府。

前 205 年（漢高祖二年）漢二年，漢王與諸侯擊楚，何守關中，侍太子，治櫟陽。為法令約束，立宗廟社稷宮室縣邑，輒奏上，可，許以從事；即不及奏上，輒以便宜施行，上來以聞。（《史記‧蕭相國世家》，2014 頁。）

前 202～前 195 年（漢高祖）趙堯年少，為符璽御史。趙人方與公謂御史大夫周昌曰：「君之史趙堯，年雖少，然奇才也，君必異之，是且代君之位。」周昌笑曰：「堯年少，刀筆吏耳，何能至是乎！」居頃之，趙堯侍高祖……

《正義》：古用簡牘，書有錯謬，以刀削之，故號曰「刀筆吏」。（《史記‧張丞相列傳》，2678 頁。）

前 202～前 157 年（漢高祖～漢文帝）自漢興至孝文二十餘年，會天下初

定，將相公卿皆軍吏。張蒼為計相時，緒正律曆。以高祖十月始至霸上，因故秦時本以十月為歲首，弗革。推五德之運，以為漢當水德之時，尚黑如故。吹律調樂，入之音聲，及以比定律令。若百工，天下作程品。至於為丞相，卒就之，故漢家言律曆者，本之張蒼。蒼本好書，無所不觀，無所不通，而尤善律曆。

《集解》如淳曰：「比謂五音清濁各有所比也。以定十二月律之法令於樂官，使長行之。」瓚曰：「謂以比故取類，以定法律與條令也。」（《史記‧張丞相列傳》，2681 頁。）

閆按：漢興至孝文二十餘年，會天下初定，將相公卿皆軍吏，即漢初的官吏皆出自軍功受益階層，參考李開元《漢帝國的建立與劉邦集團》。

前 193（漢惠帝二年）太史公曰：蕭相國何於秦時為刀筆吏，錄錄未有奇節。及漢興，依日月之末光，何謹守管籥，因民之疾（奉）（秦）法，順流與之更始。淮陰、黥布等皆以誅滅，而何之勳爛焉。位冠群臣，聲施後世，與閎夭、散宜生等爭烈矣。（《史記‧蕭相國世家》，2020 頁。）

前 193 年（漢）惠帝二年，蕭何卒。參聞之，告舍人趣治行，「吾將入相」。居無何，使者果召參。參去，屬其後相曰：「以齊獄市為寄，慎勿擾也。」後相曰：「治無大於此者乎？」參曰：「不然。夫獄市者，所以並容也，今君擾之，奸人安所容也？吾是以先之。」……參曰：「陛下言之是也。且高帝與蕭何定天下，法令既明，今陛下垂拱，參等守職，遵而勿失，不亦可乎？」惠帝曰：「善。君休矣！」

《集解》：《漢書音義》曰：「夫獄市兼受善惡，若窮極，奸人無所容竄；奸人無所容竄，久且為亂。秦人極刑而天下畔，孝武峻法而獄繁，此其效也。老子曰『我無為而民自化，我好靜而民自正』。參欲以道化其本，不欲擾其末。」（《史記‧曹相國世家》，2029、2030 頁。）

前 179 年（漢文帝前元年）居頃之，孝文皇帝既益明習國家事，朝而問右丞相勃曰：「天下一歲決獄幾何？」勃謝曰：「不知。」問：「天下一歲錢穀出入幾何？」勃又謝不知，汗出沾背，愧不能對。於是上亦問左丞相平。平曰：「有主者。」上曰：「主者謂誰？」平曰：「陛下即問決獄，責廷尉；問錢穀，責治粟內史。」……（《史記‧陳丞相世家》，2061 頁。）

閆按：漢之廷尉當主天下之決獄。

前 179 年（漢文帝前元年）賈生名誼，洛陽人也。年十八，以能誦詩屬

書聞於郡中。吳廷尉為河南守，聞其秀才，召置門下，甚幸愛。孝文皇帝初立，聞河南守吳公治平為天下第一，故與李斯同邑而常學事焉，乃徵為廷尉。廷尉乃言賈生年少，頗通諸子百家之書。文帝召以為博士。

《索隱》按：吳，姓也。史失名，故稱公。（《史記·屈原賈生列傳》，2491～2492頁。）

前179年（漢文帝前元年）……孝文帝初即位，謙讓未遑也。諸律令所更定，及列侯悉就國，其說皆自賈生發之。於是天子議以為賈生任公卿之位……（《史記·屈原賈生列傳》，2492頁。）

前179～前157年（漢文帝）御史大夫張叔者，名歐，安丘侯說之庶子也。孝文時以治刑名言事太子。然歐雖治刑名家，其人長者。景帝時尊重，常為九卿。至武帝元朔四年，韓安國免，詔拜歐為御史大夫。自歐為吏，未嘗言案人，專以誠長者處官。官屬以為長者，亦不敢大欺。上具獄事，有可卻，卻之；不可者，不得已，為涕泣面對而封之。其愛人如此。

《集解》：韋昭曰：「有刑名之書，欲令名實相副也。」《索隱》案：劉向別錄云「申子學號曰『刑名家』者，循名以責實，其尊君卑臣，崇上抑下，合於六經也」。說者云刑名家即太史公所說六家之二也。

《正義》：刑，刑家也。名，名家也。在太史公自傳，言治刑法及名實也。（《史記·萬石張叔列傳》，2773頁。）

閆按：此《漢書·百官公卿表》中的廷尉「歐」，漢景帝元年～漢景帝二年（前156～前155年）任職廷尉，與《史記》「景帝時尊重，常為九卿，」相對應。

前179～前157年（漢文帝）孝文時頗徵用，然孝文帝本好刑名之言……（《史記·儒林列傳》，3117頁。）

前177年（漢文帝前三年）……且秦以任刀筆之吏，吏爭以亟疾苛察相高，然其敝徒文具耳，無惻隱之實。以故不聞其過，陵遲而至於二世，天下土崩……其後拜釋之為廷尉。（《史記·張釋之馮唐列傳》，2752～2753頁。）

閆按：張釋之為廷尉，秉公執法，不因文帝干涉，為天下平。

前174年（漢文帝六年）當是時，薄太后及太子諸大臣皆憚厲王，厲王以此歸國益驕恣，不用漢法，出入稱警蹕，稱制，自為法令，擬於天子……「丞相臣張倉、典客臣馮敬、行御史大夫事宗正臣逸、廷尉臣賀、備盜賊中尉臣福昧死言：淮南王長廢先帝法，不聽天子詔，居處無度，為黃屋蓋乘輿，

出入擬於天子，擅為法令，不用漢法。及所置吏，以其郎中春為丞相，聚收漢諸侯人及有罪亡者，匿與居，為治家室，賜其財物爵祿田宅，爵或至關內侯，奉以二千石，所不當得，欲以有為。大夫但、士五開章等七十人與棘蒲侯太子奇謀反，欲以危宗廟社稷。使開章陰告長，與謀使閩越及匈奴發其兵。開章之淮南見長，長數與坐語飲食，為家室娶婦，以二千石俸奉之。開章使人告但，已言之王。春使使報但等。吏覺知，使長安尉奇等往捕開章。長匿不予，與故中尉蕑忌謀，殺以閉口。為棺槨衣衾，葬之肥陵邑，謾吏曰『不知安在』。又詳聚土，樹表其上，曰『開章死，埋此下』。及長身自賊殺無罪者一人；令吏論殺無罪者六人；為亡命棄市罪詐捕命者以除罪；擅罪人，罪人無告劾，繫治城旦舂以上十四人；赦免罪人，死罪十八人，城旦舂以下五十八人；賜人爵關內侯以下九十四人。前日長病，陛下憂苦之，使使者賜書、棗脯。長不欲受賜，不肯見拜使者。南海民處廬江界中者反，淮南吏卒擊之。陛下以淮南民貧苦，遣使者賜長帛五千匹，以賜吏卒勞苦者。長不欲受賜，謾言曰『無勞苦者』。南海民王織上書獻璧皇帝，忌擅燔其書，不以聞。吏請召治忌，長不遣，謾言曰『忌病』。春又請長，願入見，長怒曰『女欲離我自附漢』。長當棄市，臣請論如法。」制曰：「朕不忍致法於王，其與列侯二千石議。」「臣倉、臣敬、臣逸、臣福、臣賀昧死言：臣謹與列侯吏二千石臣嬰等四十三人議，皆曰『長不奉法度，不聽天子詔，乃陰聚徒黨及謀反者，厚養亡命，欲以有為』。臣等議論如法。」制曰：「朕不忍致法於王，其赦長死罪，廢勿王。」……（《史記‧淮南衡山列傳》，3076～3079 頁。）

閆按：廷尉（？）賀與諸大臣言淮南王劉長犯罪之事。

前 166 年（漢文帝十四年）是時北平侯張蒼為丞相，方明律曆。（《史記‧孝文本紀》，429 頁。）

前 156～141 年（漢景帝）蓋聞梁王西入朝，謁竇太后，燕見，與景帝俱侍坐於太后前，語言私說。太后謂帝曰：「吾聞殷道親親，周道尊尊，其義一也。安車大駕，用梁孝王為寄。」景帝跪席舉身曰：「諾。」罷酒出，帝召袁盎諸大臣通經術者曰：「太后言如是，何謂也？」皆對曰：「太后意欲立梁王為帝太子。」帝問其狀，袁盎等曰：「殷道親親者，立弟。周道尊尊者，立子。殷道質，質者法天，親其所親，故立弟。周道文，文者法地，尊者敬也，敬其本始，故立長子。周道，太子死，立適孫。殷道。太子死，立其弟。」帝曰：「於公何如？」皆對曰：「方今漢家法周，周道不得立弟，當立子。故春秋所

以非宋宣公。宋宣公死，不立子而與弟。弟受國死，復反之與兄之子。弟之子
爭之，以為我當代父後，即刺殺兄子。以故國亂，禍不絕。故春秋曰『君子大
居正，宋之禍宣公為之』。臣請見太后白之。」袁盎等入見太后：「太后言欲立
梁王，梁王即終，欲誰立？」太后曰：「吾復立帝子。」袁盎等以宋宣公不立
正，生禍，禍亂後五世不絕，小不忍害大義狀報太后。太后乃解說，即使梁王
歸就國。而梁王聞其義出於袁盎諸大臣所，怨望，使人來殺袁盎。袁盎顧之
曰：「我所謂袁將軍者也，公得毋誤乎？」刺者曰：「是矣！」刺之，置其劍，
劍著身。視其劍，新治。問長安中削屬工，工曰：「梁郎某子來治此劍。」以
此知而發覺之，發使者捕逐之。獨梁王所欲殺大臣十餘人，文吏窮本之，謀
反端頗見。太后不食，日夜泣不止。景帝甚憂之，問公卿大臣，大臣以為遣經
術吏往治之，乃可解。於是遣田叔、呂季主往治之。此二人皆通經術，知大
禮。來還，至霸昌廄，取火悉燒梁之反辭，但空手來對景帝。景帝曰：「何如？」
對曰：「言梁王不知也。造為之者，獨其幸臣羊勝、公孫詭之屬為之耳。謹以
伏誅死，梁王無恙也。」景帝喜說，曰：「急趨謁太后。」太后聞之，立起坐
飡，氣平復。故曰，不通經術知古今之大禮，不可以為三公及左右近臣。少
見之人，如從管中闚天也。（《史記·梁孝王世家》，2091～2092 頁。）

閆按：田叔、呂季主燒毀官吏審判梁孝王的反辭，反辭即訴訟案件中的
審判記錄。參考（日）籾山明《中國古代訴訟制度研究》，李交發《中國訴訟
法史》。

前 156 年（漢景帝元年）晁錯者，潁川人也。學申商刑名於軹張恢先所，
與洛陽宋孟及劉禮同師。以文學為太常掌故。

《集解》徐廣曰：「先即先生。」《索隱》軹張恢生所。軹縣人張恢先生所
學申商之法。

《集解》應劭曰：「掌故，百石吏，主故事。」《索隱》服虔云「百石卒
吏」。《漢舊儀》云「太常博士弟子試射策，中甲科補郎，中乙科補掌故」也。
（《史記·袁盎晁錯列傳》，2745 頁。）

閆按：晁錯，漢初之法家，多所更定法令，當法家在這一時期有一定的
影響，廷尉亦多有所涉獵。

前 156 年（漢景帝元年）……數上書孝文時，言削諸侯事，及法令可更
定者……景帝即位，以錯為內史。錯常數請閒言事，輒聽，寵幸傾九卿，法令
多所更定……丞相嘉聞，大怒，欲因此過為奏請誅錯。錯聞之，即夜請閒，具

為上言之。丞相奏事，因言錯擅鑿廟垣為門，請下廷尉誅。上曰：「此非廟垣，乃壖中垣，不致於法。」丞相謝。罷朝，怒謂長史曰：「吾當先斬以聞，乃先請，為兒所賣，固誤。」丞相遂發病死。錯以此愈貴……錯所更令三十章，諸侯皆諠譁疾晁錯。（《史記·袁盎晁錯列傳》，2746頁。）

前156～前87年（漢景帝～漢武帝）趙王彭祖……為人巧佞卑諂，足恭而心刻深。好法律，持詭辯以中人……相、二千石欲奉漢法以治，則害於王家。是以每相、二千石至，彭祖衣皁布衣，自行迎，除二千石舍，多設疑事以作動之，得二千石失言，中忌諱，輒書之。二千石欲治者，則以此迫劫；不聽，乃上書告，及污以奸利事。彭祖立五十餘年，相、二千石無能滿二歲，輒以罪去，大者死，小者刑，以故二千石莫敢治……（《史記·五宗世家》，2098頁。）

閆按：趙王彭祖好法律，當為好律令，懂得使用法律規定陷害朝廷派遣之官員。

前156～前141年（漢景帝）程不識孝景時以數直諫為太中大夫。為人廉，謹於文法。（《史記·李將軍列傳》，2870頁。）

前156～前141（漢景帝）臨江王徵詣中尉府對簿，臨江王欲得刀筆為書謝上，而都禁吏不予。魏其侯使人以間與臨江王。臨江王既為書謝上，因自殺。竇太后聞之，怒，以危法中都，都免歸家。孝景帝乃使使持節拜都為雁門太守，而便道之官，得以便宜從事。匈奴素聞郅都節，居邊，為引兵去，竟郅都死不近雁門。匈奴至為偶人象郅都，令騎馳射莫能中，見憚如此。匈奴患之。竇太后乃竟中都以漢法。景帝曰：「都忠臣。」欲釋之。竇太后曰：「臨江王獨非忠臣邪？」於是遂斬郅都。（《史記·酷吏列傳》，3133頁。）

前155年（漢景帝元）……二年，晁錯為內史，貴倖用事，諸法令多所請變更，議以謫罰侵削諸侯。而丞相（申屠）嘉自絀所言不用，疾錯。錯為內史，門東出，不便，更穿一門南出。南出者，太上皇廟壖垣。嘉聞之，欲因此以法錯擅穿宗廟垣為門，奏請誅錯。錯客有語錯，錯恐，夜入宮上謁，自歸景帝。至朝，丞相奏請誅內史錯。景帝曰：「錯所穿非真廟垣，乃外壖垣，故他官居其中，且又我使為之，錯無罪。」罷朝，嘉謂長史曰：「吾悔不先斬錯，乃先請之，為錯所賣。」至舍，因歐血而死。諡為節侯。子共侯蔑代，三年卒。子侯去病代，三十一年卒。子侯臾代，六歲，坐為九江太守受故官送有罪，國除。（《史記·張丞相列傳》，2684頁。）

前 145～前 90 年（漢武帝）太史公曰：法令所以導民也，刑罰所以禁姦也……（《史記·循吏列傳》，3099 頁。）

前 145～前 90 年（漢武帝）太史公曰：余讀功令，至於廣厲學官之路，未嘗不廢書而歎也……故因史記作春秋，以當王法，其辭微而指博，後世學者多錄焉。

《索隱》案：謂學者課功著之於令，即今學令是也。（《史記·儒林列傳》，3115 頁。）

前 140～前 87 年（漢武帝）相、二千石往者，奉漢法以治，端輒求其罪告之，無罪者詐藥殺之。所以設詐究變，彊足以距諫，智足以飾非。相、二千石從王治，則漢繩以法。故膠西小國，而所殺傷二千石甚眾。（《史記·五宗世家》，2097 頁。）

前 140～前 87 年（漢武帝）魏丞相相者，濟陰人也。以文吏至丞相……其時京兆尹趙君，丞相奏以免罪，使人執魏丞相，欲求脫罪而不聽。復使人脅恐魏丞相，以夫人賊殺待婢事而私獨奏請驗之，發吏卒至丞相舍，捕奴婢笞擊問之，實不以兵刃殺也。而丞相司直繁君奏京兆尹趙君迫脅丞相，誣以夫人賊殺婢，發吏卒圍捕丞相舍，不道；又得擅屏騎士事，趙京兆坐要斬。又有使掾陳平等劾中尚書，疑以獨擅劫事而坐之，大不敬，長史以下皆坐死，或下蠶室。而魏丞相竟以丞相病死。子嗣。後坐騎至廟，不敬，有詔奪爵一級，為關內侯，失列侯，得食其故國邑……（《史記·張丞相列傳》，2686～2687 頁。）

前 140～前 87 年（漢武帝）邴丞相吉者，魯國人也。以讀書好法令至御史大夫……（《史記·張丞相列傳》，2687 頁。）

前 140～前 87 年（漢武帝）黃丞相霸者，淮陽人也。以讀書為吏，至潁川太守。治潁川，以禮義條教喻告化之。犯法者，風曉令自殺。化大行，名聲聞。孝宣帝下制曰：「潁川太守霸，以宣布詔令治民，道不拾遺，男女異路，獄中無重囚。賜爵關內侯，黃金百斤。」徵為京兆尹而至丞相，復以禮義為治……於丞相已有廷尉傳，在張廷尉語中……韋丞相玄成者，即前韋丞相子也。代父，後失列侯。其人少時好讀書，明於詩、論語。為吏至衛尉……（《史記·張丞相列傳》，2688 頁。）

前 140 年（漢武帝建元元年）丞相公孫弘者，齊菑川國薛縣人也，字季。少時為薛獄吏，有罪，免……於是天子察其行敦厚，辯論有餘，習文法

吏事，而又緣飾以儒術，上大說之。（《史記・平津侯主父列傳》，2949～2950頁。）

前 140～前 87 年（漢武帝）「……臣請歸節，伏矯制之罪。」上賢而釋之，遷為滎陽令。黯恥為令，病歸田里。上聞，乃召拜為中大夫。以數切諫，不得久留內，遷為東海太守。黯學黃老之言，治官理民，好清靜，擇丞史而任之。其治，責大指而已，不苟小。黯多病，臥閨閣內不出。歲餘，東海大治。稱之。上聞，召以為主爵都尉，列於九卿。治務在無為而已，弘大體，不拘文法。（《史記・汲鄭列傳》，3105頁。）

前 140～前 90 年（漢武帝）……孔子曰：「導之以政，齊之以刑，民免而無恥。導之以德，齊之以禮，有恥且格。」老氏稱：「上德不德，是以有德；下德不失德，是以無德。法令滋章，盜賊多有。」太史公曰：信哉是言也！法令者治之具，而非制治清濁之源也。昔天下之網嘗密矣，然姦偽萌起，其極也，上下相遁，至於不振。當是之時，吏治若救火揚沸，非武健嚴酷，惡能勝其任而愉快乎！言道德者，溺其職矣。故曰「聽訟，吾猶人也，必也使無訟乎」。「下士聞道大笑之」。非虛言也。漢興，破觚而為圜，斲雕而為樸，網漏於吞舟之魚，而吏治烝烝，不至於姦，黎民艾安。由是觀之，在彼不在此。（《史記・酷吏列傳》，3131頁。）

趙禹者，斄人。以佐史補中都官，用廉為令史，事太尉亞夫。亞夫為丞相，禹為丞相史，府中皆稱其廉平。然亞夫弗任，曰：「極知禹無害，然文深，不可以居大府。」今上時，禹以刀筆吏積勞，稍遷為御史。上以為能，至太中大夫。與張湯論定諸律令，作見知，吏傳得相監司。用法益刻，蓋自此始。

張湯者，杜人也。其父為長安丞，出，湯為兒守舍。還而鼠盜肉，其父怒，笞湯。湯掘窟得盜鼠及餘肉，劾鼠掠治，傳爰書，訊鞫論報，並取鼠與肉，具獄磔堂下。其父見之，視其文辭如老獄吏，大驚，遂使書獄。父死後，湯為長安吏，久之。

《集解》如淳曰：「決獄之書，謂律令也。」

……武安侯為丞相，徵湯為史，時薦言之天子，補御史，使案事。治陳皇后蠱獄，深竟黨與。於是上以為能，稍遷至太中大夫。與趙禹共定諸律令，務在深文，拘守職之吏。已而趙禹遷為中尉，徙為少府，而張湯為廷尉，兩人交歡，而兄事禹。禹為人廉倨。為吏以來，舍毋食客。公卿相造請禹，禹終不

報謝，務在絕知友賓客之請，孤立行一意而已。見文法輒取，亦不覆案，求官屬陰罪。湯為人多詐，舞智以御人。始為小吏，乾沒，與長安富賈田甲、魚翁叔之屬交私。

閆按：趙禹任職少府，「見文法輒取，亦不覆案，求官屬陰罪。」可見漢武帝時期少府有處理獄案的職能？同時九卿在處理獄案的主要職責是「覆案」。

是時上方鄉文學，湯決大獄，欲傅古義，乃請博士弟子治尚書、春秋補廷尉史，亭疑法。（《集解》李奇曰：「亭，平也，均也。」《索隱》廷史，廷尉之吏也。亭，平也。使之平疑事也。）奏讞疑事，必豫先為上分別其原，上所是，受而著讞決法廷尉絜令，（《集解》韋昭曰：「在板絜。」《正義》按：謂律令也。古以板書之。言上所是，著之為正獄，以廷尉法令決平之，揚主之明監也。）揚主之明。奏事即譴，湯應謝，鄉上意所便，必引正、監、掾史賢者，（《正義》《百官表》云：「廷尉，秦官。有正、左、右監，皆秩千石也。」按：上即責，湯應對謝之如上意，必引正、監等賢者本為臣建議如上意，臣不用，愚昧不從至此也。）曰：「固為臣議，如上責臣，臣弗用，愚抵於此。」罪常釋。（聞）（間）即奏事，上善之，曰：「臣非知為此奏，乃正、監、掾史某為之。」其欲薦吏，揚人之善蔽人之過如此。所治即上意所欲罪，予監史深禍者；即上意所欲釋，與監史輕平者。所治即豪，必舞文巧詆；即下戶羸弱，時口言，雖文致法，上財察。於是往往釋湯所言。湯至於大吏，內行修也。通賓客飲食。於故人子弟為吏及貧昆弟，調護之尤厚。其造請諸公，不避寒暑。是以湯雖文深意忌不專平，然得此聲譽。而刻深吏多為爪牙用者，依於文學之士。丞相弘數稱其美。及治淮南、衡山、江都反獄，皆窮根本。嚴助及伍被，上欲釋之。湯爭曰：「伍被本畫反謀，而助親幸出入禁闥爪牙臣，乃交私諸侯如此，弗誅，後不可治。」於是上可論之。其治獄所排大臣自為功，多此類。於是湯益尊任，遷為御史大夫……於是丞上指，請造白金及五銖錢，籠天下鹽鐵，排富商大賈，出告緡令，鉏豪彊并兼之家，舞文巧詆以輔法。湯每朝奏事，語國家用……

閆按：張湯任職廷尉，請博士弟子治《尚書》、《春秋》補廷尉史，亭疑法。奏讞疑事，必豫先為上分別其原，上所是，受而著讞決法廷尉絜令。在屬官任命上以儒學修養之儒生為提拔，同時制定相關的奏讞判例和廷尉絜令。（此廷尉絜令何為？當考。）

　　河東人李文嘗與湯有卻，已而為御史中丞，恚，數從中文書事有可以傷湯者，不能為地。湯有所愛史魯謁居，知湯不平，使人上蜚變告文奸事，事下湯，湯治論殺文，而湯心知謁居為之。上問曰：「言變事縱跡安起？」湯詳驚曰：「此殆文故人怨之。」謁居病臥閭里主人，湯自往視疾，為謁居摩足。趙國以冶鑄為業，王數訟鐵官事，湯常排趙王。趙王求湯陰事。謁居嘗案趙王，趙王怨之，並上書告：「湯，大臣也，史謁居有病，湯至為摩足，疑與為大奸。」事下廷尉。謁居病死，事連其弟，弟繫導官。湯亦治他囚導官，見謁居弟，欲陰為之，而詳不省。謁居弟弗知，怨湯，使人上書告湯與謁居謀，共變告李文。事下減宣。宣嘗與湯有卻，及得此事，窮竟其事，未奏也。會人有盜發孝文園瘞錢，丞相青翟朝，與湯約俱謝，至前，湯念獨丞相以四時行園，當謝，湯無與也，不謝。丞相謝，上使御史案其事。湯欲致其文丞相見知，丞相患之。三長史皆害湯，欲陷之。

　　闆按：在此案中，先是在廷尉府處理，之後讓減宣（這時減宣任御史中丞？）處理，又皇帝使御史處理。此這一審判過程需要認真的思考。

　　始長史朱買臣，會稽人也。讀《春秋》。莊助使人言買臣，買臣以《楚辭》與助俱幸，侍中，為太中大夫，用事；而湯乃為小吏，跪伏使買臣等前。已而湯為廷尉，治淮南獄，排擠莊助，買臣固心望。及湯為御史大夫，買臣以會稽守為主爵都尉，列於九卿。數年，坐法廢，守長史，見湯，湯坐床上，丞史遇買臣弗為禮。買臣楚士，深怨，常欲死之。王朝，齊人也。以術至右內史。邊通，學長短，剛暴彊人也，官再至濟南相。故皆居湯右，已而失官，守長史，詘體於湯。湯數行丞相事，知此三長史素貴，常凌折之。以故三長史合謀曰：「始湯約與君謝，已而賣君；今欲劾君以宗廟事，此欲代君耳。吾知湯陰事。」使史捕案湯左田信等，曰湯且欲奏請，信輒先知之，居物致富，與湯分之，及他奸事。事辭頗聞。上問湯曰：「吾所為，賈人輒先知之，益居其物，是類有以吾謀告之者。」湯不謝。湯又詳驚曰：「固宜有。」減宣亦奏謁居等事。天子果以湯懷詐面欺，使使八輩簿責湯。湯具自道無此，不服。於是上使趙禹責湯。禹至，讓湯曰：「君何不知分也。君所治夷滅者幾何人矣？今人言君皆有狀，天子重致君獄，欲令君自為計，何多以對簿為？」湯乃為書謝曰：「湯無尺寸功，起刀筆吏，陛下幸致為三公，無以塞責。然謀陷湯罪者，三長史也。」遂自殺。湯死，家產直不過五百金，皆所得奉賜，無他業。昆弟諸子欲厚葬湯，湯母曰：「湯為天子大臣，被污惡言而死，何厚葬乎！」載以牛車，

有棺無槨。天子聞之，曰：「非此母不能生此子。」乃盡案誅三長史。丞相青翟自殺。出田信。上惜湯。稍遷其子安世。

趙禹中廢，已而為廷尉。始條侯以為禹賊深，弗任。及禹為少府，比九卿。禹酷急，至晚節，事益多，吏務為嚴峻，而禹治加緩，而名為平。王溫舒等後起，治酷於禹。禹以老，徙為燕相。數歲，亂悖有罪，免歸。後湯十餘年，以壽卒於家。

義縱者，河東人也。為少年時，嘗與張次公俱攻剽為群盜。縱有姊姁，以醫幸王太后。王太后問：「有子兄弟為官者乎？」姊曰：「有弟無行，不可。」太后乃告上，拜義姁弟縱為中郎，補上黨郡中令。治敢行，少蘊藉，縣無逋事，舉為第一。遷為長陵及長安令，直法行治，不避貴戚。以捕案太后外孫脩成君子仲，上以為能，遷為河內都尉。至則族滅其豪穰氏之屬，河內道不拾遺。而張次公亦為郎，以勇悍從軍，敢深入，有功，為岸頭侯。

寧成家居，上欲以為郡守。御史大夫弘曰：「臣居山東為小吏時，寧成為濟南都尉，其治如狼牧羊。成不可使治民。」上乃拜成為關都尉。歲餘，關東吏隸郡國出入關者，號曰「寧見乳虎，無值寧成之怒」。義縱自河內遷為南陽太守，聞寧成家居南陽，及縱至關，寧成側行送迎，然縱氣盛，弗為禮。至郡，遂案甯氏，盡破碎其家。成坐有罪，及孔、暴之屬皆奔亡，南陽吏民重足一跡。而平氏朱彊、杜衍、杜周為縱牙爪之吏，任用，遷為廷史。軍數出定襄，定襄吏民亂敗，於是徙縱為定襄太守。縱至，掩定襄獄中重罪輕繫二百餘人，及賓客昆弟私入相視亦二百餘人。縱一捕鞠，曰「為死罪解脫」。是日皆報殺四百餘人。其後郡中不寒而慄，猾民佐吏為治。是時趙禹、張湯以深刻為九卿矣，然其治尚寬，輔法而行，而縱以鷹擊毛摯為治。後會五銖錢白金起，民為姦，京師尤甚，乃以縱為右內史，王溫舒為中尉。溫舒至惡，其所為不先言縱，縱必以氣凌之，敗壞其功。其治，所誅殺甚多，然取為小治，姦益不勝，直指始出矣。吏之治以斬殺縛束為務，閻奉以惡用矣。縱廉，其治放郅都。上幸鼎湖，病久，已而卒起幸甘泉，道多不治。上怒曰：「縱以我為不復行此道乎？」嗛之。至冬，楊可方受告緡，縱以為此亂民，部吏捕其為可使者。天子聞，使杜式治，以為廢格沮事，棄縱市。後一歲，張湯亦死。

閏按：平氏朱彊、杜衍、杜周為（義）縱牙爪之吏，為廷史，當時義縱為南陽太守，此等人皆為「廷史」，此廷當為縣廷。

王溫舒者，陽陵人也。少時椎埋為姦。已而試補縣亭長，數廢。為吏，以

治獄至廷史。

　　閆按：此廷史，當為縣廷的基層官吏。

　　事張湯，遷為御史。督盜賊，殺傷甚多，稍遷至廣平都尉。擇郡中豪敢任吏十餘人，以為爪牙，皆把其陰重罪，而縱使督盜賊，快其意所欲得。此人雖有百罪，弗法；即有避，因其事夷之，亦滅宗。以其故齊趙之郊盜賊不敢近廣平，廣平聲為道不拾遺。上聞，遷為河內太守。

　　素居廣平時，皆知河內豪姦之家，及往，九月而至。令郡具私馬五十匹，為驛自河內至長安，部吏如居廣平時方略，捕郡中豪猾，郡中豪猾相連坐千餘家。上書請，大者至族，小者乃死，家盡沒入償臧。奏行不過二三日，得可事。論報，至流血十餘里。河內皆怪其奏，以為神速。盡十二月，郡中毋聲，毋敢夜行，野無犬吠之盜。其頗不得失，之旁郡國，黎來，會春，溫舒頓足歎曰：「嗟乎，令冬月益展一月，足吾事矣！」其好殺伐行威不愛人如此。天子聞之，以為能，遷為中尉。其治復放河內，徙諸名禍猾吏與從事，河內則楊皆、麻戊，關中楊贛、成信等。義縱為內史，憚未敢恣治。及縱死，張湯敗後，徙為廷尉，而尹齊為中尉。

　　尹齊者，東郡茌平人。以刀筆稍遷至御史。事張湯，張湯數稱以為廉武，使督盜賊，所斬伐不避貴戚。遷為關內都尉，聲甚於寧成。上以為能，遷為中尉，吏民益凋敝。尹齊木彊少文，豪惡吏伏匿而善吏不能為治，以故事多廢，抵罪。上復徙溫舒為中尉，而楊僕以嚴酷為主爵都尉。

　　楊僕者，宜陽人也。以千夫為吏。（《集解》《漢書音義》曰：「千夫若五大夫。武帝軍用不足，令民出錢穀為之。」）河南守案舉以為能，遷為御史，使督盜賊關東。治放尹齊，以為敢摯行。稍遷至主爵都尉，列九卿。天子以為能。南越反，拜為樓船將軍，有功，封將梁侯。為荀彘所縛。（《集解》徐廣曰：「受封四年，征朝鮮還，贖為庶人。」《索隱》案：《漢書》云「與左將軍荀彘俱擊朝鮮，為彘所縛。還，免為庶人，病死。」）居久之，病死……歲餘，會宛軍發，詔徵豪吏，溫舒匿其吏華成，及人有變告溫舒受員騎錢，他姦利事，罪至族，自殺。其時兩弟及兩婚家亦各自坐他罪而族。光祿徐自為曰：「悲夫，夫古有三族，而王溫舒罪至同時而五族乎！」

　　自溫舒等以惡為治，而郡守、都尉、諸侯二千石欲為治者，其治大抵盡放溫舒，而吏民益輕犯法，盜賊滋起。南陽有梅免、白政，楚有殷中、杜少，齊有徐勃，燕趙之間有堅盧、范生之屬。大群至數千人，擅自號，攻城邑，取

庫兵，釋死罪，縛辱郡太守、都尉，殺二千石，為檄告縣趣具食；小群（盜）以百數，掠鹵鄉里者，不可勝數也。於是天子始使御史中丞、丞相長史督之。猶弗能禁也，乃使光祿大夫范昆、諸輔都尉及故九卿張德等衣繡衣，持節，虎符發兵以興擊，斬首大部或至萬餘級，及以法誅通飲食，坐連諸郡，甚者數千人。數歲，乃頗得其渠率。散卒失亡，復聚黨阻山川者，往往而群居，無可奈何。於是作「沈命法」，（《集解》《漢書音義》曰：「沈，藏匿也。命，亡逃也。」《索隱》服虔云：「沈匿不發覺之法。」韋昭云：「沈，沒也。」）曰群盜起不發覺，發覺而捕弗滿品者，二千石以下至小吏主者皆死。其後小吏畏誅，雖有盜不敢發，恐不能得，坐課累府，府亦使其不言。故盜賊寖多，上下相為匿，以文辭避法焉。

閏按：此繡衣使者之開始也。沈命法之制定。

減宣者，楊人也。以佐史無害給事河東守府。衛將軍青使買馬河東，見宣無害，言上，徵為大廄丞。官事辨，稍遷至御史及中丞。使治主父偃及治淮南反獄，所以微文深詆，殺者甚眾，稱為敢決疑。數廢數起，為御史及中丞者幾二十歲。王溫舒免中尉，而宣為左內史。其治米鹽，事大小皆關其手，自部署縣名曹實物，官吏令丞不得擅搖，痛以重法繩之。居官數年，一切郡中為小治辨，然獨宣以小致大，能因力行之，難以為經。中廢。為右扶風，坐怨成信，信亡藏上林中，宣使郿令格殺信，吏卒格信時，射中上林苑門，宣下吏詆罪，以為大逆，當族，自殺。而杜周任用。

杜周者，南陽杜衍人。義縱為南陽守，以為爪牙，舉為廷尉史。事張湯，湯數言其無害，至御史。使案邊失亡，（《集解》文穎曰：「邊卒多亡也。或曰郡縣主守有所亡失也。」）所論殺甚眾。奏事中上意，任用，與減宣相編，更為中丞十餘歲。

閏按：杜周任職御史，處理邊卒逃亡事情。

其治與宣相放，然重遲，外寬，內深次骨。宣為左內史，周為廷尉，其治大放張湯而善候伺。上所欲擠者，因而陷之；上所欲釋者，久繫待問而微見其冤狀。客有讓周曰：「君為天子決平，不循三尺法，（《集解》《漢書音義》曰：「以三尺竹簡書法律也。」）專以人主意指為獄。獄者固如是乎？」周曰：「三尺安出哉？前主所是著為律，後主所是疏為令，當時為是，何古之法乎！」

至周為廷尉，詔獄亦益多矣。二千石繫者新故相因，不減百餘人。郡吏

大府舉之廷尉，（《集解》如淳曰：「郡吏，郡太守也。」孟康曰：「舉之廷尉，以章劾付廷尉治之。」）一歲至千餘章。章大者連逮證案數百，小者數十人；遠者數千，近者數百里。會獄，吏因責如章告劾，不服，以笞掠定之。於是聞有逮皆亡匿。獄久者至更數赦（《集解》張晏曰：「詔書赦，或有不從此令。」）十有餘歲而相告言，大抵盡詆以不道以上。廷尉及中都官詔獄逮至六七萬人，吏所增加十萬餘人。周中廢，後為執金吾，逐盜，捕治桑弘羊、衛皇后昆弟子刻深，天子以為盡力無私，遷為御史大夫。家兩子，夾河為守。其治暴酷皆甚於王溫舒等矣。杜周初征為廷史，有一馬，且不全；及身久任事，至三公列，子孫尊官，家訾累數鉅萬矣。

閆按：此「杜周初征為廷史」應該是指「義縱為南陽守，以為爪牙」，「平氏朱彊、杜衍、杜周為（義）縱牙爪之吏，為廷史」，指的是南陽太守的「廷史」，不是之後廷尉史的簡稱。

太史公曰：自郅都、杜周十人者，此皆以酷烈為聲。然郅都伉直，引是非，爭天下大體。張湯以知陰陽，人主與俱上下，時數辯當否，國家賴其便。趙禹時據法守正。杜周從諛，以少言為重。自張湯死後，網密，多詆嚴，官事寖以耗廢。九卿碌碌奉其官，救過不贍，何暇論繩墨之外乎！然此十人中，其廉者足以為儀表，其污者足以為戒，方略教導，禁姦止邪，一切亦皆彬彬質有其文武焉。雖慘酷，斯稱其位矣。至若蜀守馮當暴挫，廣漢李貞擅磔人，東郡彌僕鋸項，天水駱璧推咸，河東褚廣妄殺，京兆無忌、馮翊殷周蝮鷙，水衡閻奉朴擊賣請，何足數哉！何足數哉！（《史記‧酷吏列傳》，3136～3154頁。）

前140～前87年（漢武帝）法家不別親疏，不殊貴賤，一斷於法，則親親尊尊之恩絕矣。可以行一時之計，而不可長用也，故曰『嚴而少恩』。若尊主卑臣，明分職不得相踰越，雖百家弗能改也。（《史記‧太史公自序》，3291頁。）

前135～前90年（漢武帝）及竇太后崩，武安侯田蚡為丞相，絀黃老、刑名百家之言，延文學儒者數百人……「備員。請著功令。佗如律令。」制曰：「可。」……伏生教濟南張生及歐陽生，歐陽生教千乘兒寬。兒寬既通《尚書》，以文學應郡舉，詣博士受業，受業孔安國。兒寬貧無資用，常為弟子都養，及時時間行傭賃，以給衣食。行常帶經，止息則誦習之。以試第次，補廷尉史。是時張湯方鄉學，以為奏讞掾，以古法議決疑大獄，而愛幸寬……（呂

步舒）舒至長史，持節使決淮南獄，於諸侯擅專斷，不報，以春秋之義正之，天子皆以為是。（《史記‧儒林列傳》，3118～3119、3125、3129 頁。）

閆按：兒寬為廷尉史，以古法決疑獄。

前 134（漢武帝元光元年）（主父偃）朝奏，暮召入見。所言九事，其八事為律令，一事諫伐匈奴……願陛下令諸侯得推恩分子弟，以地侯之……（《史記‧平津侯主父列傳》，2953～2954、2961 頁。）

前 126 年（漢武帝元朔三年）張湯方以更定律令為廷尉，（汲）黯數質責湯於上前……黯時與湯論議，湯辯常在文深小苛，黯伉厲守高不能屈，忿發罵曰：「天下謂刀筆吏不可以為公卿，果然。必湯也，令天下重足而立，側目而視矣！」……上方向儒術，尊公孫弘。及事益多，吏民巧弄。上分別文法，湯等數奏決讞以幸。而黯常毀儒，面觸弘等徒懷詐飾智以阿人主取容，而刀筆吏專深文巧詆，陷人於罪，使不得反其真，以勝為功……後數月，黯坐小法，會赦免官。於是黯隱於田園……翟公有言，始翟公為廷尉，賓客闐門；及廢，門外可設雀羅。翟公復為廷尉，賓客欲往，翟公乃人署其門曰：「一死一生，乃知交情。一貧一富，乃知交態。一貴一賤，交情乃見。」……（《史記‧汲鄭列傳》，3107～3108、3110、3114 頁。）

閆按：張湯以定律令，有深厚的法律素養，因此提拔為廷尉。

翟公為廷尉在景帝末期至武帝初，漢初「漢承秦制」，廷尉在諸卿中的地位是比較高的，所以這一條資料正好可以體現出來。

前 111 年（漢武帝元鼎）六年四月戊寅朔，癸卯，御史大夫湯下丞相，丞相下中二千石，二千石下郡太守、諸侯相，丞書從事下當用者。如律令。（《史記‧三王世家》，2111 頁。）

閆按：這是漢初皇帝詔令的下發程序，御史大夫為起發點，因其代皇帝起草詔書，故這就是從皇帝為起發點，下傳至中央政府丞相府，丞相下發「中二千石」卿等相關職事官，職事官下發給郡守及諸侯國相。這是一套完整的中央政令的下發程序。

三、行政法律

三代

前 1147～1113 年（商武乙）……作五官有司……

《集解》：禮記曰：「天子之五官曰司徒、司馬、司空、司士、司寇，典司

五眾。」鄭玄曰：「此殷時制。」（《史記·周本紀》，114頁。）

閆按：殷商時，司法官為司寇。

前1075～前1046年（商紂）百姓怨望而諸侯有畔者……以西伯昌、九侯、鄂侯為三公。《史記·殷本紀》，107頁。）

前1075～前1046年（商紂）武王曰：「嗟！我有國家君，司徒、司馬、司空，亞旅、師氏，千夫長、百夫長……」（《史記·周本紀》，122頁。）

春秋戰國

前409年（秦）簡公六年，令吏初帶劍。

《正義》：春秋官吏各得帶劍。（《史記·秦本紀》，200頁。）

前359年（秦孝公三年）而集小（都）鄉邑聚為縣，置令、丞，凡三十一縣。（《史記·商君列傳》，2229～2232頁。）

秦漢

前221年（秦始皇二十六年）王曰：「去『泰』，著『皇』，採上古『帝』位號，號曰『皇帝』。他如議。」制曰：「可。」追尊莊襄王為太上皇……（《史記·秦始皇本紀》，236頁。）

分天下以為三十六郡，郡置守、尉、監。更名民曰「黔首」。大酺。收天下兵，聚之咸陽，銷以為鍾鐻，金人十二，重各千石，置廷宮中。一法度衡石丈尺。車同軌。書同文字。（《史記·秦始皇本紀》，239頁。）

閆按：「書同文」，是指統一書體。參考（日）冨谷至《木簡竹簡述說的古代中國——書寫材料的文化史》。

前213年（秦始皇）三十四年，適治獄吏不直者，築長城及南越地。（《史記·秦始皇本紀》，253頁。）

前206～前87年（漢高祖～漢武帝）太史公曰：高祖時諸侯皆賦，得自除內史以下，漢獨為置丞相，黃金印。諸侯自除御史、廷尉正、博士，擬於天子。自吳楚反後，五宗王世，漢為置二千石，去「丞相」曰「相」，銀印。諸侯獨得食租稅，奪之權。其後諸侯貧者或乘牛車也。（《史記·五宗世家》，2104頁。）

閆按：漢初諸侯國可以自置廷尉，自漢景帝七國之亂之後，諸侯王無此權力，諸侯王之廷尉由漢中央朝廷任命。但此中「廷尉正」怎麼解釋？當考。

前200年（漢高祖）七年……二月，高祖自平城過趙、洛陽，至長安。

長樂宮成，丞相已下徙治長安。（《史記·高祖本紀》，385頁。）

前194年（漢）孝惠帝元年，除諸侯相國法，更以參為齊丞相。（《史記·曹相國世家》，2028頁。）

前189年（漢）孝惠帝六年，置太尉官，以勃為太尉。《集解》徐廣曰：」功臣表及將相表皆高后四年始置太尉。「《正義》下云」以勃為太尉。十歲高后崩「按：孝惠六年（至）高后八年崩，是十年耳。而功臣表及將相表云高后四年置太尉官，未詳。（《史記·絳侯周勃世家》，2071～2072頁。）

前184年（漢呂后四年）五月丙辰，立常山王義為帝，更名曰弘。不稱元年者，以太后制天下事也。以軹侯朝為常山王。置太尉官，絳侯勃為太尉。（《史記·呂太后本紀》，403頁。）

前178年（漢文帝二年）其令列侯之國，為吏及詔所止者，遣太子。（《史記·孝文本紀》，422頁。）

前178年（漢文帝二年）九月，初與郡國守相為銅虎符、竹使符。（《史記·孝文本紀》，424頁。）

前163年（漢文帝後元年）群臣如張武等受賂遺金錢，覺，上乃發御府金錢賜之，以愧其心，弗下吏。（《史記·孝文本紀》，433頁。）

前157～前135年竇皇后親蚤卒，葬觀津。於是薄太后乃詔有司，追尊竇后父為安成侯，母曰安成夫人。令清河置園邑二百家，長丞奉守，比靈文園法。（《史記·外戚世家》，1973頁。）

前156～前141年（漢景帝）又諸侯王朝見天子，漢法凡當四見耳。始到，入小見；到正月朔旦，奉皮薦璧玉賀正月，法見；後三日，為王置酒，賜金錢財物；後二日，復入小見，辭去。凡留長安不過二十日。小見者，燕見於禁門內，飲於省中，非士人所得入也。今梁王西朝，因留，且半歲。入與人主同輦，出與同車。示風以大言而實不與，令出怨言，謀畔逆，乃隨而憂之，不亦遠乎！非大賢人，不知退讓。今漢之儀法，朝見賀正月者，常一王與四侯俱朝見，十餘歲一至。今梁王常比年入朝見，久留。鄙語曰「驕子不孝」，非惡言也。故諸侯王當為置良師傅，相忠言之士，如汲黯、韓長孺等，敢直言極諫，安得有患害！（《史記·梁孝王世家》，2090～2091頁。）

前156～前141年（漢景帝）司馬相如……以貲為郎，事孝景帝……（《史記·司馬相如列傳》，2999頁。）

前154年（漢景帝元三年）……景帝曰：「請得與丞相議之。」丞相議之，

亞夫曰：「高皇帝約『非劉氏不得王，非有功不得侯。不如約，天下共擊之』。今信雖皇后兄，無功，侯之，非約也。」景帝默然而止。(《史記‧絳侯周勃世家》，2077頁。)

　　前144年（漢景帝中六年）更命廷尉為大理，將作少府為將作大匠，主爵中尉為都尉，長信詹事為長信少府，將行為大長秋，大行為行人，奉常為太常，典客為大行，治粟內史為大農。以大內為二千石，置左右內官，屬大內。(《史記‧孝景本紀》，446頁。)

　　閆按：漢景帝時將廷尉改名為大理。

　　前143（漢景帝）後元年冬，更命中大夫令為衛尉。(《史記‧孝景本紀》，447頁。)

　　前119年（漢武帝元狩四年）……乃益置大司馬位，大將軍、驃騎將軍皆為大司馬。定令，令驃騎將軍秩祿與大將軍等……(《史記‧衛將軍驃騎列傳》，2938頁。)

四、刑事法律

三代

　　約前26世紀～前22世紀（堯）於是舜歸而言於帝，請流共工於幽陵，以變北狄；放歡兜於崇山，以變南蠻；遷三苗於三危，以變西戎；殛鯀於羽山，以變東夷：四罪而天下咸服。(《史記‧五帝本紀》，28頁。)

　　約前26世紀～前22世紀（舜）舜賓於四門，乃流四凶族，遷於四裔……(《史記‧五帝本紀》，36頁。)

　　約前26世紀～前22世紀（舜）皋陶於是敬禹之德，令民皆則禹。不如言，刑從之。

　　《索隱》：謂不用命之人，則亦以刑罰而從之。(《史記‧夏本紀》，81頁。)

　　前2070～前1600年（夏禹）行視鯀之治水無狀，乃殛鯀於羽山以死。天下皆以舜之誅為是。(《史記‧夏本紀》，50頁。)

　　前2070～前1600年（夏桀）乃召湯而囚之夏臺，已而釋之。《史記‧夏本紀》，88頁。)

　　前1600～前1300年（商太甲）帝太甲既立三年，不明，暴虐，不遵湯法，亂德，於是伊尹放之於桐宮。《史記‧殷本紀》，99頁。)

前1075～前1046年（商紂）百姓怨望而諸侯有畔者，於是紂乃重刑辟，有炮格之法。以西伯昌、九侯、鄂侯為三公。九侯有好女，入之紂。九侯女不熹淫，紂怒，殺之，而醢九侯。鄂侯爭之彊，辨之疾，並脯鄂侯。西伯昌聞之，竊歎。崇侯虎知之，以告紂，紂囚西伯羑里。西伯之臣閎夭之徒，求美女奇物善馬以獻紂，紂乃赦西伯。西伯出而獻洛西之地，以請除炮格之刑。紂乃許之……

《集解》：《列女傳》曰：「膏銅柱，下加之炭，令有罪者行焉，輒墮炭中，妲己笑，名曰炮格之刑。」《索隱》：鄒誕生……又云「見蟻布銅斗，足廢而死，於是為銅格，炊炭其下，使罪人步其上」，與《列女傳》少異。《史記‧殷本紀》，107～108頁。）……帝紂乃囚西伯於羑里……乃赦西伯，賜之弓矢斧鉞……西伯乃獻洛西之地，以請紂去炮格之刑。紂許之。（《史記‧周本紀》，116～117頁。）

前1075～前1046年（帝辛）紂怒曰：「吾聞聖人心有七竅。」剖比干，觀其心。箕子懼，乃詳狂為奴，紂又囚之。《史記‧殷本紀》，108頁。）居二年，聞紂昏亂暴虐滋甚，殺王子比干，囚箕子。（《史記‧周本紀》，121頁。）遂入，至紂死所。武王自射之，三發而後下車，以輕劍擊之，以黃鉞斬紂頭，懸大白之旗。已而至紂之嬖妾二女，二女皆經自殺。武王又射三發，擊以劍，斬以玄鉞，懸其頭小白之旗……已而命召公釋箕子之囚。命畢公釋百姓之囚……（《史記‧周本紀》，124頁。）居二年，紂殺王子比干，囚箕子……紂反走，登鹿臺，遂追斬紂……（《史記‧齊太公世家》，1479頁。）

閆按：此「梟首刑」之懸之白旗。

前1042～前1021年（周成王二年）周武王崩，武庚與管叔、蔡叔作亂，成王命周公誅之……《史記‧殷本紀》，109頁。）周公奉成王命，伐誅武庚、管叔，放蔡叔。（《史記‧周本紀》，132頁。）周公乃奉成王命，興師東伐，作大誥。遂誅管叔，殺武庚，放蔡叔。（《史記‧魯周公世家》，1518頁。）周公旦承成王命伐誅武庚，殺管叔，而放蔡叔，遷之，與車十乘，徒七十人從……（《史記‧管蔡世家》，1565頁。）

前1042～前1021年（周成王）……於是伯禽率師伐之於肸，作肸誓，曰：「陳爾甲冑，無敢不善。無敢傷牿。馬牛其風，臣妾逋逃，勿敢越逐，敬復之。無敢寇攘，踰牆垣。魯人三郊三隧，峙爾芻茭、糗糧、楨榦，無敢不逮。我甲戌築而征徐戎，無敢不及，有大刑。」……《集解》：馬融曰：「大

刑，死刑。」（《史記·魯周公世家》，1524 頁。）

前 885～前 878 年（周夷王）（齊）哀公時，紀侯譖之周，周烹哀公，而立其弟靜……（《史記·齊太公世家》，1479～1481 頁。）

前 877～前 841 年（周厲王）王行暴虐侈傲，國人謗王。召公諫曰：「民不堪命矣。」王怒，得衛巫，使監謗者，以告則殺之。其謗鮮矣，諸侯不朝……（《史記·周本紀》，142 頁。）

春秋戰國

前 746 年（秦文公）二十年，法初有三族之罪……

《集解》：張晏曰：「父母、兄弟、妻子也。」如淳曰：「父族、母族、妻族也。」（《史記·秦本紀》，179～180 頁。）

前 739 年（晉孝侯元年）誅潘父（《史記·晉世家》，1638 頁。）

前 718～700 年（衛宣公時）及聞其惡，大怒，乃使太子伋於齊而令盜遮界上殺之，與太子白旄，而告界盜見持白旄者殺之……（《史記·衛康叔世家》，1593 頁。）

前 695 年（秦武公）三年，誅三父等而夷三族，以其殺出子也。（《史記·秦本紀》，182 頁。）

前 685 年（魯莊公八年）……莊公不聽，遂囚管仲與齊……（《史記·魯周公世家》，1531 頁。）管仲夷吾者，潁上人也……及小白立為桓公，公子糾死，管仲囚焉。（《史記·管晏列傳》，2131 頁。）公子糾敗，召忽死之，吾幽囚受辱……（《史記·管晏列傳》，2132 頁。）

前 681 年（宋桓公元年）宋人醢萬也。《集解》：服虔曰：醢，肉醬。（《史記·宋微子世家》，1624～1625 頁。）

前 678 年（秦武公二十年）武公享國二十年。居平陽封宮。葬宣陽聚東南。三庶長伏其罪。（《史記·秦始皇本紀》，285 頁。）

前 672～628 年（鄭文公時）初，鄭文公有三夫人，寵子五人，皆以罪早死。（《史記·鄭世家》，1766 頁。）

前 656 年（晉獻公二十一年）獻公怒，乃誅其傅杜原款……（《史記·晉世家》，1645 頁。）

前 655 年（秦穆公五年）當是時，百里傒年已七十餘。繆公釋其囚，與語國事。（《史記·秦本紀》，186 頁。）

前 639 年（周襄王）十三年，鄭伐滑，王使游孫、伯服請滑，鄭人囚之。

鄭文公怨惠王之入不與厲公爵，又怨襄王之與衛滑，故囚伯服。（《史記‧周本紀》，153 頁。）

前 637 年（晉惠公十四年）懷公怒，囚狐突……懷公卒殺狐突。（《史記‧晉世家》，1656 頁。）

前 635 年（周襄王）十七年，襄王告急於晉，晉文公納王而誅叔帶。（《史記‧周本紀》，154 頁。）

前 616 年（魯文公）十一年十月甲午，魯敗翟於咸，獲長翟喬如，富父終甥舂其喉，以戈殺之，埋其首於子駒之門，以命宣伯……（《史記‧魯周公世家》，1535 頁。）

前 607 年（齊惠公二年）鄋瞞伐齊，齊王子城父獲其弟榮如，埋其首於北門……（《史記‧魯周公世家》，1535 頁。）

前 607 年（晉靈公）十四年，靈公壯，侈，厚斂以彫牆。從臺上彈人，觀其避丸也。宰夫胹熊蹯不熟，靈公怒，殺宰夫，使婦人持其屍出棄之，過朝。（《史記‧晉世家》，1673 頁。）

前 586 年（鄭）悼公元年，鄫公惡鄭於楚，悼公使弟睔於楚自訟。訟不直，楚囚睔。《史記‧鄭世家》，1766 頁。）

前 585 年（晉景公十五年）於是召趙武、程嬰遍拜諸將，遂反與程嬰、趙武攻屠岸賈，滅其族。（《史記‧趙世家》，1785 頁。）

前 572 年（晉悼公元年）……謝欒書等以誅郤氏罪……欒書、中行偃以其黨襲捕厲公，囚之，殺胥童，而使人迎公子周於周而立之，是為悼公。（《史記‧晉世家》，1681 頁。）

前 541 年（郟敖四年）十二月己酉，圍入問王疾，絞而弒之，遂殺其子莫及平夏。（《史記‧楚世家》，1703 頁。，）

前 538 年（楚靈王三年）八月，克之，囚慶封，滅其族。以封徇，曰：「無效齊慶封弒其君而弱其孤，以盟諸大夫！」封反曰：「莫如楚共王庶子圍弒其君兄之子員而代之立！」於是靈王使（棄）疾殺之。（《史記‧楚世家》，1704 頁。）

前 531 年（蔡靈侯）十二年，楚靈王以靈侯弒其父，誘蔡靈侯於申，伏甲飲之，醉而殺之，刑其士卒七十人。（《史記‧管蔡世家》，1567 頁。）

前 529 年（楚靈王十二年）靈王於是獨傍徨山中，野人莫敢入王。王行遇其故鋗人，謂曰：「為我求食，我已不食三日矣。」鋗人曰：「新王下法，有

敢饋王從王者，罪及三族，且又無所得食。」……芋尹申無宇之子申亥曰：「吾父再犯王命，王弗誅，恩孰大焉！」乃求王，遇王饑於釐澤，奉之以歸。（《史記・楚世家》，1708頁。）

前523年（楚平王六年）……於是王遂囚伍奢……（《史記・楚世家》，1713頁。）

前522年（楚平王七年）伍子胥者，楚人也，名員……於是平王怒，囚伍奢，而使城父司馬奮揚往殺太子。行未至，奮揚使人先告太子：「太子急去，不然將誅。」太子建亡奔宋……伍尚至楚，楚並殺奢與尚也……事未會，會自私欲殺其從者，從者知其謀，乃告之於鄭。鄭定公與子產誅殺太子建……父曰：「楚國之法，得伍胥者賜粟五萬石，爵執珪，豈徒百金劍邪！」不受……乃使使賜伍子胥屬鏤之劍，曰：「子以此死。」伍子胥仰天歎曰：「嗟乎！讒臣嚭為亂矣，王乃反誅我。我令若父霸。自若未立時，諸公子爭立，我以死爭之於先王，幾不得立。若既得立，欲分吳國予我，我顧不敢望也。然今若聽諛臣言以殺長者。」乃告其舍人曰：「必樹吾墓上以梓，令可以為器；而抉吾眼縣吳東門之上，以觀越寇之入滅吳也。」乃自剄死。吳王聞之大怒，乃取子胥屍盛以鴟夷革，浮之江中。（《史記・伍子胥列傳》，2171～2173、2180頁。）

前517年（魯昭公二十五年）季氏與郈氏鬥雞，季氏芥雞羽，郈氏金距。季平子怒而侵郈氏，郈昭伯亦怒平子。臧昭伯之弟會偽讒臧氏，匿季氏，臧昭伯囚季氏人。季平子怒，囚臧氏老……（《史記・魯周公世家》，1540頁。）

前514年（晉頃公）十二年，晉之宗家祁傒孫，叔向子，相惡於君。六卿欲弱公室，乃遂以法盡滅其族。而分其邑為十縣，各令其子為大夫。（《史記・晉世家》，1684頁。）晉頃公之十二年，六卿以法誅公族祁氏、羊舌氏，分其邑為十縣，六卿各令其族為之大夫。（《史記・趙世家》，1786頁。）（晉頃公十二年）晉宗室祁氏、羊舌氏相惡，六卿誅之，盡取其邑為十縣，六卿各令其子為之大夫。獻子與趙簡子、中行文子、范獻子並為晉卿。（《史記・魏世家》，1837頁。）

闓按：晉有「法」可依，誅滅宗室祁氏、羊舌氏。

前505年（魯定公五年）陽虎私怒，囚季桓子……（《史記・魯周公世家》，1543頁。）

前 505 年（魯定公五年）桓子怒，陽虎因囚桓子，與盟而醳之。（《史記‧孔子世家》，1914 頁。）

前 501 年（齊景公）四十七年，魯陽虎攻其君，不勝，奔齊，請齊伐魯。鮑子諫景公，乃囚陽虎……四十八年，與魯定公好會夾谷。犁鉏曰：「孔丘知禮而怯，請令萊人為樂，因執魯君，可得志。」景公害孔丘相魯，懼其霸，故從犁鉏之計。方會，進萊樂，孔子歷階上，使有司執萊人斬之，以禮讓景公。（《史記‧齊太公世家》，1504～1505 頁。）

前 498 年（晉定公十四年）趙鞅捕午，囚之晉陽。乃告邯鄲人曰：「我私有誅午也，諸君欲誰立？」遂殺午。（《史記‧趙世家》，1789 頁。）

前 497 年（晉定公十五年）知伯文子謂趙鞅曰：「范、中行雖信為亂，安於發之，是安於與謀也。晉國有法，始亂者死。夫二子已伏罪而安於獨在。」（《史記‧趙世家》，1790 頁。）

前 485 年（吳王夫差十一年）……吳王聞之，大怒，賜子胥屬鏤之劍以死。（《史記‧吳太伯世家》，1472 頁。）

前 482 年以後（越王句踐時）朱公居陶，生少子。少子及壯，而朱公中男殺人，囚於楚。《史記‧越王句踐世家》，1753 頁。）

前 481 年（齊簡公四年）……子我夕，田逆殺人，逢之，遂捕以入。田氏方睦，使囚病而遺守囚者酒，醉而殺守者，得亡……（《史記‧齊太公世家》，1508 頁。）

前 473 年（吳王夫差二十三年）……越王滅吳，誅太宰嚭，以為不忠，而歸。（《史記‧吳太伯世家》，1475 頁。）

前 519～前 470 年孔子曰：「長可妻也，雖在累紲之中，非其罪也。」以其子妻之。（《史記‧仲尼弟子列傳》，2208 頁。）周愬子路於季孫，子服景伯以告孔子，曰：「夫子固有惑志，繚也，吾力猶能肆諸市朝。」（《史記‧仲尼弟子列傳》，2214 頁。）

前 458 年（齊平公二十三年）宰我為臨菑大夫，與田常作亂，以夷其族，孔子恥之。（《史記‧仲尼弟子列傳》，2195 頁。）

前 381 年（楚悼王二十一年）及悼王死，宗室大臣作亂而攻吳起，吳起走之王屍而伏之。擊起之徒因射刺吳起，並中悼王。悼王既葬，太子立，乃使令尹盡誅射吳起而並中王屍者。坐射起而夷宗死者七十餘家。（《史記‧孫子吳起列傳》，2168 頁。）

前 359 年（秦孝公三年）於是太子犯法。衛鞅曰：「法之不行，自上犯之。」將法太子。太子，君嗣也，不可施刑，刑其傅公子虔，黥其師公孫賈。明日，秦人皆趨令。行之十年，秦民大說，道不拾遺，山無盜賊，家給人足。民勇於公戰，怯於私鬥，鄉邑大治。秦民初言令不便者有來言令便者，衛鞅曰「此皆亂化之民也」，盡遷之於邊城。其後民莫敢議令……行之四年，公子虔復犯約，劓之。（《史記·商君列傳》，2231～2232 頁。）

前 348 年（齊威王九年）是日，烹阿大夫，及左右嘗譽者皆並烹之。（《史記·田敬仲完世家》，1888 頁。）

前 341 年（魏惠王二十九年）龐涓既事魏，得為惠王將軍，而自以為能不及孫臏，乃陰使召孫臏。臏至，龐涓恐其賢於己，疾之，則以法刑斷其兩足而黥之，欲隱勿見……齊使者如梁，孫臏以刑徒陰見，說齊使……其後魏伐趙，趙急，請救於齊。齊威王欲將孫臏，臏辭謝曰：「刑餘之人不可。」於是乃以田忌為將，而孫子為師，居輜車中，坐為計謀。（《史記·孫子吳起列傳》，2162～2163 頁。）

閆按：孫臏為「刑徒」之人，以此可見魏國刑徒的生活及其權利。

前 338 年（秦孝公二十四年）是歲，誅衛鞅。鞅之初為秦施法，法不行，太子犯禁。鞅曰：「法之不行，自於貴戚。君必欲行法，先於太子。太子不可黥，黥其傅師。」於是法大用，秦人治。及孝公卒，太子立，宗室多怨鞅，鞅亡，因以為反，而卒車裂以徇秦國。

《集解》：《漢書》曰：「商君為法於秦，戰斬一首賜爵一級，欲為官者五十石。其爵名：一為公士，二上造，三簪裊，四不更，五大夫，六官大夫，七公大夫，八公乘，九五大夫，十左庶長，十一右庶長，十二左更，十三中更，十四右更，十五少上造，十六大上造，十七駟車庶長，十八大庶長，十九關內侯，二十徹侯。」（《史記·秦本紀》，205 頁。）秦發兵攻商君，殺之於鄭黽池。秦惠王車裂商君以徇，曰：「莫如商鞅反者！」遂滅商君之家。（《史記·商君列傳》，2237 頁。）

前 322 年（齊威王三十五年）卜者出，因令人捕為之卜者，驗其辭於王之所。（《史記·田敬仲完世家》，1893 頁。）

前 310 年（秦）武王元年，與魏惠王會臨晉。誅蜀相壯……八月，武王死。族孟說……（《史記·秦本紀》，209 頁。）

前 307～前 279 年孟嘗君在薛，招致諸侯賓客及亡人有罪者，皆歸孟嘗

君。（《史記‧孟嘗君列傳》，2353 頁。）於是秦昭王乃止。囚孟嘗君，謀欲殺之。（《史記‧孟嘗君列傳》，2354 頁。）孟嘗君聞之，怒。客與俱者下，斫擊殺數百人，遂滅一縣以去。（《史記‧孟嘗君列傳》，2355 頁。）

前 305 年（秦昭王）二年，彗星見。庶長壯與大臣、諸侯、公子為逆，皆誅，及惠文後皆不得良死……（《史記‧秦本紀》，210 頁。）

前 301 年（齊宣王十九年）齊宣王卒，湣王即位，說湣王厚葬以明孝，高宮室大苑囿以明得意，欲破敝齊而為燕。燕易王卒，燕噲立為王。其後齊大夫多與蘇秦爭寵者，而使人刺蘇秦，不死，殊而走。齊王使人求賊，不得。蘇秦且死，乃謂齊王曰：「臣即死，車裂臣以徇於市，曰『蘇秦為燕作亂於齊』，如此則臣之賊必得矣。」於是如其言，而殺蘇秦者果自出，齊王因而誅之。燕聞之曰：「甚矣，齊之為蘇生報仇也！」（《史記‧蘇秦列傳》，2265～2266 頁。）

前 296 年（趙惠文王三年）……還歸，行賞，大赦，置酒酺五日（《史記‧趙世家》，1813 頁。）

前 286 年（秦昭王二十一年）魏獻安邑，秦出其人，募徙河東賜爵，赦罪人遷之……（前 281 年）二十六年，赦罪人遷之穰……（前 280 年）二十七年，錯攻楚。赦罪人遷之南陽……

（前 279 年二十八年，大良造白起攻楚，取鄢、鄧，赦罪人遷之……武安君白起有罪，死。（《史記‧秦本紀》，212～214 頁。）

前 283 年（趙惠文王十六年）……臣知欺大王之罪當誅，臣請就湯鑊，唯大王與群臣孰計議之……（《史記‧廉頗藺相如列傳》，2118～2119 頁。）

前 280～前 233 年昔者彌子瑕見愛於君。衛國之法，竊駕君車者罪至刖。（《史記‧老子韓非列傳》，2154 頁。）

前 268 年（魏安釐王九年）趙使人謂魏王曰：「為我殺范痤，吾請獻七十里之地。」魏王曰：「諾。」使吏捕之，圍而未殺。（《史記‧魏世家》，1856 頁。）

前 257 年（秦昭王五十年）於是免武安君為士伍，遷之陰密。（《史記‧白起王翦列傳》，2337 頁。）秦昭王與應侯群臣議曰：「白起之遷，其意尚怏怏不服，有餘言。」秦王乃使使者賜之劍，自裁。武安君引劍將自剄，曰：「我何罪於天而至此哉？」良久，曰：「我固當死。長平之戰，趙卒降者數十萬人，我詐而盡阬之，是足以死。」遂自殺。武安君之死也，以秦昭王五十年十一

月。死而非其罪，秦人憐之，鄉邑皆祭祀焉。（《史記·白起王翦列傳》，2337頁。）

前250年（秦）孝文王元年，赦罪人……莊襄王元年，大赦罪人……（《史記·秦本紀》，219頁。）

前249年（秦）莊襄王元年，大赦，修先王功臣，施德厚骨肉，布惠於民。（《史記·秦始皇本紀》，290頁。）

約前247……公子恐其怒之，乃誡門下：「有敢為魏王使通者，死。」……（《史記·魏公子列傳》，2383頁。）

前239年（秦始皇八年）將軍壁死，卒屯留、蒲鶴反，戮其屍。（《史記·秦始皇本紀》，225頁。）

前238年（楚考烈王二十五年）……春申君入棘門，園死士俠刺春申君，斬其頭，投之棘門外……《史記·春申君列傳》，2398頁。

前238年（秦始皇九年）長信侯毒作亂而覺，矯王御璽及太后璽以發縣卒及衛卒、官騎、戎翟君公、舍人，將欲攻蘄年宮為亂。王知之，令相國昌平君、昌文君發卒攻毒。戰咸陽，斬首數百，皆拜爵，及宦者皆在戰中，亦拜爵一級。毒等敗走。即令國中：有生得毒，賜錢百萬；殺之，五十萬。盡得毒等。衛尉竭、內史肆、佐弋竭、中大夫令齊等二十人皆梟首。車裂以徇，滅其宗。及其舍人，輕者為鬼薪。及奪爵遷蜀四千餘家，家房陵……（《史記·春申君列傳》，2398頁。）

閆按：此梟首刑之正式記錄也。

前238年（秦）始皇九年，有告嫪毐實非宦者，常與太后私亂，生子二人，皆匿之。與太后謀曰「王即薨，以子為後」。於是秦王下吏治，具得情實，事連相國呂不韋。九月，夷嫪毐三族，殺太后所生兩子，而遂遷太后於雍。諸嫪毐舍人皆沒其家而遷之蜀。王欲誅相國，為其奉先王功大，及賓客辯士為游說者眾，王不忍致法。（《史記·呂不韋列傳》，2512頁。）

前237年（秦始皇）十年，相國呂不韋坐嫪毐免。（《史記·秦始皇本紀》，227頁。）是歲也，秦始皇帝立九年矣。嫪毐亦為亂於秦，覺，夷其三族，而呂不韋廢。（《史記·春申君列傳》，2398頁。）

前235年（秦始皇）十二年，文信侯不韋死，竊葬。其舍人臨者，晉人也逐出之；秦人六百石以上奪爵，遷；五百石以下不臨，遷，勿奪爵。自今以來，操國事不道如嫪毐、不韋者籍其門，視此。秋，復嫪毐舍人遷蜀者。（《史

記‧秦始皇本紀》，231頁。）

前233年（秦始皇十四年）李斯、姚賈害之，毀之曰：「韓非，韓之諸公子也。今王欲並諸侯，非終為韓不為秦，此人之情也。今王不用，久留而歸之，此自遺患也，不如以過法誅之。」秦王以為然，下吏治非。李斯使人遺非藥，使自殺。韓非欲自陳，不得見。秦王後悔之，使人赦之，非已死矣。（《史記‧老子韓非列傳》，2155頁。）

前229年（秦始皇十八年）秦王之邯鄲，諸嘗與王生趙時母家有仇怨，皆阬之……（《史記‧秦始皇本紀》，233頁。）

前229年（趙王遷元七年）……李牧不受命，趙使人微捕得李牧，斬之……（《史記‧廉頗藺相如列傳》，2451頁。）

前227年（秦始皇）二十年，燕太子丹患秦兵至國，恐，使荊軻刺秦王。秦王覺之，體解軻以徇，而使王翦、辛勝攻燕。（《史記‧秦始皇本紀》，233頁。）

秦漢

前221～前208年項梁嘗有櫟陽逮，乃請蘄獄掾曹咎書抵櫟陽獄掾司馬欣，以故事得已。項梁殺人，與籍避仇於吳中。吳中賢士大夫皆出項梁下。每吳中有大繇役及喪，項梁常為主辦，陰以兵法部勒賓客及子弟，以是知其能。秦始皇帝遊會稽，渡浙江，梁與籍俱觀。籍曰：「彼可取而代也。」梁掩其口，曰：「毋妄言，族矣！」梁以此奇籍。

《索隱》按：逮訓及。謂有罪相連及，為櫟陽縣所逮錄也。故漢（史）（世）每制獄皆有逮捕也。（《史記‧項羽本紀》，296頁。）

閻按：逮錄，謂今之抓捕。秦時獄掾對此件事情有責任。秦時蘄獄掾曹咎與櫟陽獄掾司馬欣有聯繫，蘄為現在的安徽，櫟陽位於現在的陝西西安，或許這兩人在咸陽參加過獄訟的培訓（？）可見當時官吏之間的交往圈子。

前221～前206年黥布者……少年，有客相之曰：「當刑而王。」及壯，坐法黥……（《史記‧黥布列傳》，2597頁。）

前218年（秦始皇二十九年）皇帝東遊，良與客狙擊秦皇帝博浪沙中，誤中副車。秦皇帝大怒，大索天下，求賊甚急，為張良故也。良乃更名姓，亡匿下邳……居下邳，為任俠。項伯常殺人，從良匿。（《史記‧留侯世家》，2034、2036頁。）

前212年（秦始皇三十五年）行所幸，有言其處者，罪死。始皇帝幸梁

山宮，從山上見丞相車騎眾，弗善也。中人或告丞相，丞相後損車騎。始皇怒曰：「此中人泄吾語。」案問莫服。當是時，詔捕諸時在旁者，皆殺之。自是後莫知行之所在。聽事，群臣受決事，悉於咸陽宮。（《史記·秦始皇本紀》，257頁。）

閏按：此漏泄省中語罪。

前212年（秦始皇三十五年）秦法，不得兼方不驗，輒死……於是使御史悉案問諸生，諸生傳相告引，乃自除。犯禁者四百六十餘人，皆阬之咸陽，使天下知之，以懲後。益發謫徙邊。

《集解》徐廣曰：「一云『並力』。」《正義》：言秦施法不得兼方者，令民之有方伎不得兼兩齊，試不驗，輒賜死。言法酷。（《史記·秦始皇本紀》，258頁。）

前211年（秦始皇）三十六年，熒惑守心。有墜星下東郡，至地為石，黔首或刻其石曰「始皇帝死而地分」。始皇聞之，遣御史逐問，莫服，盡取石旁居人誅之，因燔銷其石。（《史記·秦始皇本紀》，259頁。）

前210年（秦始皇三十七年）更為書賜公子扶蘇、蒙恬，數以罪，（其）賜死。語具在《李斯傳》中。（《史記·秦始皇本紀》，264頁。）

前210年（秦始皇三十七年）二世又遣使者之陽周，令蒙恬曰：「君之過多矣，而卿弟毅有大罪，法及內史。」……（《史記·蒙恬列傳》，2569頁。）

前209～前207年（秦二世）……因稍以法誅秦所置長吏，以其黨為假守……（《史記·南越列傳》，2967頁。）

前208年（秦二世二年）乃行誅大臣及諸公子，以罪過連逮少近官三郎，無得立者，而六公子戮死於杜。公子將閭昆弟三人囚於內宮，議其罪獨後。二世使使令將閭曰：「公子不臣，罪當死，吏致法焉。」將閭曰：「闕廷之禮，吾未嘗敢不從賓贊也；廊廟之位，吾未嘗敢失節也；受命應對，吾未嘗敢失辭也。何謂不臣？願聞罪而死。」使者曰：「臣不得與謀，奉書從事。」將閭乃仰天大呼天者三，曰：「天乎！吾無罪！」昆弟三人皆流涕拔劍自殺。宗室振恐。群臣諫者以為誹謗，大吏持祿取容，黔首振恐。（《史記·秦始皇本紀》，268頁。）

前208年（秦二世二年）驪山徒多，請赦之，授兵以擊之。二世乃大赦天下，使章邯將，擊破周章軍而走，遂殺章曹陽。（《史記·秦始皇本紀》，270頁。）

　　前 208 年（秦二世二年）下去疾、斯、劫吏，案責他罪。去疾、劫曰：「將相不辱。」自殺。斯卒囚，就五刑。（《史記・秦始皇本紀》，271～272頁。）

　　前 208 年（秦）二世元年七月，發閭左適戍漁陽，九百人屯大澤鄉。陳勝、吳廣皆次當行，為屯長。會天大雨，道不通，度已失期。失期，法皆斬……陳勝佐之，並殺兩尉。召令徒屬曰：「公等遇雨，皆已失期，失期當斬。藉弟令毋斬，而戍死者固十六七……」（《史記・陳涉世家》，1950、1952頁。）

　　前 208 年（秦二世元年）秦傳留至咸陽，車裂留以徇。（《史記・陳涉世家》，1959頁。）

　　前 208 年（秦）二世二年七月，具斯五刑，論腰斬咸陽市。斯出獄，與其中子俱執，顧謂其中子曰：「吾欲與若復牽黃犬俱出上蔡東門逐狡兔，豈可得乎！」遂父子相哭，而夷三族……前 207 年（秦二世三年）高上謁，請病，因召入，令韓談刺殺之，夷其三族。（《史記・李斯列傳》，2562～2563頁。）

　　前 208 年（秦二世二年）……於是二世令御史案諸生言反者下吏，非所宜言。諸言盜者皆罷之……（《史記・劉敬叔孫通列傳》，2720～2721頁。）

　　前 207 年（秦二世三年）高因陰中諸言鹿者以法。（《史記・秦始皇本紀》，273頁。）

　　閏按：秦法雖嚴酷，然事皆斷於法，若趙高「指鹿為馬」，仍以法而隱害也。

　　前 207 年（秦二世三年）子嬰遂刺殺高於齋宮，三族高家以徇咸陽……居月餘，諸侯兵至，項籍為從長，殺子嬰及秦諸公子宗族……（《史記・秦始皇本紀》，275頁。）

　　前 207 年（秦二世三年）蕭、曹等皆文吏，自愛，恐事不就，後秦種族其家，盡讓劉季。（《史記・高祖本紀》，350頁。）

　　前 206 年（漢高祖元年）說者曰：「人言楚人沐猴而冠耳，果然。」項王聞之，烹說者。（《史記・項羽本紀》，315頁。）

　　前 206 年（漢高祖元年）項王燒殺紀信……項王怒，烹周苛，並殺樅公。（《史記・項羽本紀》，326頁。）

　　前 206 年（漢高祖元年）漢王之入蜀，信亡楚歸漢，未得知名，為連敖。坐法當斬，其輩十三人皆已斬，次至信……（《史記・淮陰侯列傳》，2610頁。）

前 205 年（漢高祖）二年……正月，虜雍王弟章平。大赦罪人。（《史記·高祖本紀》，369 頁。）

前 205 年（漢高祖二年）漢王之敗彭城而西，行使人求家室，家室亦亡，不相得。敗後乃獨得孝惠，六月，立為太子，大赦罪人。（《史記·高祖本紀》，372 頁。）

前 202 年（漢高祖）五年……六月，大赦天下。（《史記·高祖本紀》，381 頁。）

前 202 年（漢高祖五年）……及項羽滅，高祖購求布千金，敢有舍匿，罪及三族……（《史記·季布欒布列傳》，2729 頁。）

前 201 年（漢高祖）六年……十二月，人有上變事告楚王信謀反，上問左右，左右爭欲擊之。用陳平計，乃偽遊雲夢，會諸侯於陳，楚王信迎，即因執之。是日，大赦天下。（《史記·高祖本紀》，382 頁。）

前 198 年（漢高祖）九年，趙相貫高等事發覺，夷三族。（《史記·高祖本紀》，386 頁。）

前 198 年（漢高祖九年）漢九年，貫高怨家知其謀，乃上變告之。於是上皆並逮捕趙王、貫高等。十餘人皆爭自剄，貫高獨怒罵曰：「誰令公為之？今王實無謀，而並捕王；公等皆死，誰白王不反者！」乃轞車膠致，與王詣長安。治張敖之罪。上乃詔趙群臣賓客有敢從王皆族。貫高與客孟舒等十餘人，皆自髡鉗，為王家奴，從來。貫高至，對獄，曰：「獨吾屬為之，王實不知。」吏治榜笞數千，刺剟，身無可擊者，終不復言。呂后數言張王以魯元公主故，不宜有此。上怒曰：「使張敖據天下，豈少而女乎！」不聽。廷尉以貫高事辭聞，上曰：「壯士！誰知者，以私問之。」中大夫泄公曰：「臣之邑子，素知之。此固趙國立名義不侵為然諾者也。」上使泄公持節問之箯輿前。仰視曰：「泄公邪？」泄公勞苦如生平歡，與語，問張王果有計謀不。高曰：「人情寧不各愛其父母妻子乎？今吾三族皆以論死，豈以王易吾親哉！顧為王實不反，獨吾等為之。」具道本指所以為者王不知狀。於是泄公入，具以報，上乃赦趙王。（《史記·張耳陳餘列傳》，2584 頁。）

閆按：對於重大案件（詔獄）皆轞車送至廷尉，其司法程序為對獄、榜笞、判決。

前 198 年（漢高祖九年）是時漢下詔書：「趙有敢隨王者罪三族。」唯孟舒、田叔等十餘人赭衣自髡鉗……後數歲，叔坐法失官……（《史記·田叔列

傳》，2777 頁。）

前 197 年（漢高祖十年）七月，太上皇崩櫟陽宮。楚王、梁王皆來送葬。赦櫟陽囚……八月，趙相國陳豨反代地。上曰：「豨嘗為吾使，甚有信。代地吾所急也，故封豨為列侯，以相國守代，今乃與王黃等劫掠代地！代地吏民非有罪也。其赦代吏民。」（《史記・高祖本紀》，387 頁。）

前 197 年（漢高祖）十年秋……於是上使使掩梁王，梁王不覺，捕梁王，囚之洛陽。有司治反形已具，請論如法。上赦以為庶人，傳處蜀青衣。西至鄭，逢呂后從長安來，欲之洛陽，道見彭王。彭王為呂后泣涕，自言無罪，願處故昌邑。呂后許諾，與俱東至洛陽。呂后白上曰：「彭王壯士，今徙之蜀，此自遺患，不如遂誅之。妾謹與俱來。」於是呂后乃令其舍人彭越復謀反。廷尉王恬開奏請族之。上乃可，遂夷越宗族，國除。（《史記・魏豹彭越列傳》，2594 頁。）

閆按：廷尉之職能，奏彭王之族罪也。

前 197 年（漢高祖十年）上聞，乃赦趙、代吏人為豨所詿誤劫略者，皆赦之……（《史記・韓信盧綰列傳》，2636 頁。）

前 196 年（漢高祖十一年）春，淮陰侯韓信謀反關中，夷三族。夏，梁王彭越謀反，廢遷蜀；復欲反，遂夷三族。（《史記・高祖本紀》，389 頁。）

前 196 年（漢高祖十一年）呂后用蕭何計，誅淮陰侯，語在淮陰事中……（《史記・蕭相國世家》，2018 頁。）

前 196 年（漢高祖）十一年，高后誅淮陰侯，布因心恐。夏，漢誅梁王彭越，醢之，盛其醢遍賜諸侯……（《史記・黥布列傳》，2603 頁。）

前 196（漢高祖十一年）十二月，上自擊東垣，東垣不下，卒罵上；東垣降，卒罵者斬之，不罵者黥之。（《史記・韓信盧綰列傳》，2641 頁。）

前 195 年（漢高祖十二年）十一月……赦代地吏民為陳豨、趙利所劫掠者，皆赦之……二月，使樊噲、周勃將兵擊燕王綰。赦燕吏民與反者。（《史記・高祖本紀》，391 頁。）

前 195 年（漢高祖十二年）審食其入言之，乃以丁未發喪，大赦天下。（《史記・高祖本紀》，392 頁。）

前 195 年（漢高祖十二年）呂后最怨戚夫人及其子趙王，乃令永巷囚戚夫人，而召趙王……太后遂斷戚夫人手足，去眼，煇耳，飲瘖藥，使居廁中，命曰「人彘」。（《史記・呂太后本紀》，397 頁。）

前 195 年（漢高祖十二年）乃下相國廷尉，械繫之……後嗣以罪失侯者四世，絕，天子輒復求何後，封續酇侯，功臣莫得比焉。（《史記・蕭相國世家》，2020 頁。）

前 195 年（漢高祖十二年）高帝怒曰：「噲見吾病，乃冀我死也。」用陳平謀而召絳侯周勃受詔床下，曰：「陳平亟馳傳載勃代噲將，平至軍中即斬噲頭！」二人既受詔，馳傳未至軍……（《史記・陳丞相世家》，2058 頁。）

前 194～前 188 年（漢惠帝）辟陽侯幸呂太后，人或毀辟陽侯於孝惠帝，孝惠帝大怒，下吏，欲誅之。呂太后慚，不可以言。大臣多害辟陽侯行，欲遂誅之。辟陽侯急，因使人慾見平原君。平原君辭曰：「獄急，不敢見君。」乃求見孝惠幸臣閎籍孺，說之曰：「君所以得幸帝，天下莫不聞。今辟陽侯幸太后而下吏，道路皆言君讒，欲殺之。今日辟陽侯誅，旦日太后含怒，亦誅君。何不肉袒為辟陽侯言於帝？帝聽君出辟陽侯，太后大歡。兩主共幸君，君貴富益倍矣。」於是閎籍孺大恐，從其計，言帝，果出辟陽侯。辟陽侯之囚，欲見平原君，平原君不見辟陽侯，辟陽侯以為倍己，大怒。及其成功出之，乃大驚。（《史記・酈生陸賈列傳》，2702～2703 頁。）

前 188 年（漢惠帝七年）呂氏權由此起。乃大赦天下。（《史記・呂太后本紀》，399 頁。）

前 187 年（漢呂后元年）建成康侯釋之卒，嗣子有罪，廢，立其弟呂祿為胡陵侯，續康侯後。（《史記・呂太后本紀》，401 頁。）

前 184 年（漢呂后四年）帝廢位，太后幽殺之……夏，赦天下。（《史記・呂太后本紀》，403 頁。）

前 180 年（漢呂后八年）辛巳，高后崩，遺詔賜諸侯王各千金，將相列侯郎吏皆以秩賜金。大赦天下。（《史記・呂太后本紀》，406 頁。）

前 180 年（漢呂后八年）遂遣人分部悉捕諸呂男女，無少長皆斬之。辛酉，捕斬呂祿，而笞殺呂嬃。使人誅燕王呂通，而廢魯王偃。（《史記・呂太后本紀》，410 頁。）

前 180～前 157 年（漢文帝）（齊文王）二年，濟北王反，漢誅殺之，地入於漢……而膠西、膠東、濟南、菑川王咸誅滅，地入於漢……王年少，懼大罪為吏所執誅，乃飲藥自殺……是時趙王懼主父偃一出廢齊，恐其漸疏骨肉，乃上書言偃受金及輕重之短。天子亦既囚偃。公孫弘言：「齊王以憂死毋後，國入漢，非誅偃無以塞天下之望。」遂誅偃。（《史記・齊悼惠王世家》，2005

～2006、2008 頁。）

前 179 年（漢文帝前元年）朕初即位，其赦天下，賜民爵一級，女子百戶牛酒，酺五日。（《史記・孝文本紀》，417 頁。）

前 179～前 155 年（漢文帝）……上即令丞相、御史逮考諸縣傳送淮南王不發封餽侍者，皆棄市……（《史記・淮南衡山列傳》，3080 頁。）

前 177 年（漢文帝前三年）七月辛亥，帝自太原至長安。乃詔有司曰：「濟北王背德反上，詿誤吏民，為大逆。濟北吏民兵未至先自定，及以軍地邑降者，皆赦之，復官爵。與王興居去來，亦赦之。」……（漢文帝前）六年，有司言淮南王長廢先帝法，不聽天子詔，居處毋度，出入擬於天子，擅為法令，與棘蒲侯太子奇謀反，遣人使閩越及匈奴，發其兵，欲以危宗廟社稷。群臣議，皆曰「長當棄市」帝不忍致法於王，赦其罪，廢勿王。（《史記・孝文本紀》，426 頁。）

閆按：淮南王擅為法令，此漢初諸侯王國與中央「法權」之關係。

前 177～前 157 年……文吏以法繩之。其賞不行而吏奉法必用。臣愚，以為陛下法太明，賞太輕，罰太重。且雲中守魏尚坐上功首虜差六級，陛下下之吏，削其爵，罰作之……（《史記・張釋之馮唐列傳》，2759 頁。）

前 175 年（漢文帝）留侯不疑，孝文帝五年坐不敬，國除。（《史記・留侯世家》，2049 頁。）

前 166 年（漢文帝十四年）……子代，歲餘坐法死。……（《史記・韓信盧綰列傳》，2636 頁。）

前 163 年（漢文帝後元年）其歲，新垣平事覺，夷三族。（《史記・孝文本紀》，430 頁。）

前 163 年（漢文帝後元年）子勝之代侯。六歲，尚公主，不相中，坐殺人，國除。（《史記・絳侯周勃世家》，2073 頁。）

前 162 年（漢文帝後元二年）……子亭代侯。二十一年，坐事國人過律，孝文後三年，奪侯，國除……至孝文五年，緤以壽終，諡為貞侯。子昌代侯，有罪，國除。至孝景中二年，封緤子居代侯。至元鼎三年，居為太常，有罪，國除。（《史記・傅靳蒯成列傳》，2711～2712 頁。）

前 161～前 144 年（漢文帝～漢景帝）鄒陽者，齊人也。遊於梁，與故吳人莊忌夫子、淮陰枚生之徒交。上書而介於羊勝、公孫詭之間。勝等嫉鄒陽，惡之梁孝王。孝王怒，下之吏，將欲殺之。鄒陽客遊，以讒見禽，恐死而負

累，乃從獄中上書曰……（《史記・魯仲連鄒陽列傳》，2469頁。）

前156年（漢景帝）元年四月乙卯，赦天下。（《史記・孝景本紀》，439頁。）

前156年（漢景帝元年）……孝景帝即位，晁錯為御史大夫，使吏案袁盎受吳王財物，抵罪，詔赦以為庶人。（《史記・袁盎晁錯列傳》，2742頁。）

前156～前141年（漢景帝）將軍公孫賀。賀，義渠人，其先胡種。賀父渾邪，景帝時為平曲侯，坐法失侯……（《史記・衛將軍驃騎列傳》，2941頁。）

閏按：義渠，胡種也，廷尉義渠，當亦為胡人也。

前156年（漢景帝元年）……及文帝崩，景帝立，鄧通免，家居。居無何，人有告鄧通盜出徼外鑄錢。下吏驗問，頗有之，遂竟案，盡沒入鄧通家，尚負責數鉅萬。長公主賜鄧通，吏輒隨沒入之，一簪不得著身。於是長公主乃令假衣食。竟不得名一錢，寄死人家……（《史記・佞倖列傳》，3193頁。）

前154年（漢景帝）三年正月乙巳，赦天下……六月乙亥。赦亡軍及楚元王子藝等與謀反者。（《史記・孝景本紀》，440頁。）

前154年（漢景帝元三年）王戊立二十年，冬，坐為薄太后服私姦，削東海郡。

《索隱》：《漢書》云「私姦服舍中」。姚察云「姦於服舍，非必宮中」。又按：《集注》服虔云「私姦中人」。蓋以罪重，故至削郡也。（《史記・楚元王世家》，1988頁。）

前154年（漢景帝前三年）遂既王趙二十六年，孝景帝時坐晁錯以適削趙王常山之郡。（《史記・楚元王世家》，1990頁。）

前154年（漢景帝三年）吳楚七國果反，以誅錯為名。及竇嬰、袁盎進說，上令晁錯衣朝衣斬東市。（《史記・袁盎晁錯列傳》，2747頁。）

前154年（漢景帝三年）……後十餘日，上使中尉召錯，紿載行東市。錯衣朝衣斬東市……（《史記・吳王濞列傳》，2831頁。）

前153年（漢景帝四年）六月甲戌，赦天下。（《史記・孝景本紀》，442頁。）

前148年（漢）孝景中二年，寄欲取平原君為夫人，景帝怒，下寄吏，有罪，奪侯。景帝乃以商他子堅封為繆侯，續酈氏後。繆靖侯卒，子康侯遂成

立。遂成卒，子懷侯世宗立。世宗卒，子侯終根立，為太常，坐法，國除。（《史記·樊酈滕灌列傳》，2663 頁。）

前 146 年（漢景帝中四年）秋，赦徒作陽陵者……前 145 年（漢景帝中五年）六月丁巳，赦天下，賜爵一級。（《史記·孝景本紀》，445 頁。）

前 145～前 113 年（漢景帝中五年～漢武帝元鼎四年）常山憲王舜，以孝景中五年用皇子為常山王。舜最親，景帝少子，驕怠多淫，數犯禁，上常寬釋之……（《史記·五宗世家》，2102 頁。）

前 144 年（漢）孝景中六年為濟川王。七歲，坐射殺其中尉，漢有司請誅，天子弗忍誅，廢明為庶人。遷房陵，地入於漢為郡。（《史記·梁孝王世家》，2088 頁。）

前 144 年（漢景帝中六年）……六歲，侯家舍人得罪他廣，怨之，乃上書曰：「荒侯市人病不能為人，令其夫人與其弟亂而生他廣，他廣實非荒侯子，不當代後。」詔下吏……（《史記·樊酈滕灌列傳》，2659 頁。）

前 144 年（漢景帝中六年）其後安國坐法抵罪，蒙獄吏田甲辱安國……孝王卒，共王即位，安國坐法失官，居家。（《史記·韓長孺列傳》，2859～2860 頁。）

前 143 年（漢景帝後元年）三月丁酉，赦天下，賜爵一級……（《史記·孝景本紀》，447 頁。）

前 143 年（漢景帝後元年）……居無何，條侯子為父買工官尚方甲楯五百被可以葬者。取庸苦之，不予錢。庸知其盜買縣官器，怒而上變告子，事連污條侯。書既聞上，上下吏。吏簿責條侯，條侯不對。景帝罵之曰：「吾不用也。」召詣廷尉。廷尉責曰：「君侯欲反邪？」亞夫曰：「臣所買器，乃葬器也，何謂反邪？」吏曰：「君侯縱不反地上，即欲反地下耳。」吏侵之益急。初，吏捕條侯，條侯欲自殺，夫人止之，以故不得死，遂入廷尉。因不食五日，嘔血而死。國除。（《史記·絳侯周勃世家》，2079 頁。）

闆按：周亞夫之入廷尉之審判也。

前 140～前 87 年（漢武帝時）膠西於王端……數犯上法，漢公卿數請誅端，天子為兄弟之故不忍，而端所為滋甚。有司再請削其國，去太半。端心慍，遂為無訾省。府庫壞漏盡，腐財物以鉅萬計，終不得收徙。令吏毋得收租賦……（《史記·五宗世家》，2097 頁。）

前 140 年（漢武帝建元元年）武帝即位，徙為內史。外戚多毀成之短，

抵罪髡鉗。是時九卿罪死即死，少被刑，而成極刑，自以為不復收，於是解脫，詐刻傳出關歸家……由後為河東都尉，時與其守勝屠公爭權，相告言罪。勝屠公當抵罪，義不受刑，自殺，而由棄市。（《史記‧酷吏列傳》，3135頁。）

閆按：漢武帝時，九卿罪死而不刑之。

前140～前87年（漢武帝）……吏奏解無罪。御史大夫公孫弘議曰：「解布衣為任俠行權，以睚皆殺人，解雖弗知，此罪甚於解殺之。當大逆無道。」遂族郭解翁伯。（《史記‧遊俠列傳》，3188頁。）

前140～前87年（漢武帝）李延年，中山人也。父母及身兄弟及女，皆故倡也。延年坐法腐，給事狗中。（《史記‧佞倖列傳》，3194頁。）

前139年（漢武帝建元二年）會竇太后治黃老言，不好儒術，使人微得趙綰等奸利事，召案綰、臧，綰、臧自殺，諸所興為者皆廢。

《正義》：《漢書》孝武帝二年，御史大夫趙綰坐請無奏事太皇太后，及郎中令王臧皆下獄，自殺。應劭云：「王臧儒者，欲立明堂、辟雍，太后素好黃老術，非薄《五經》，因故絕奏事太后，太后怒，故令殺。」（《史記‧孝武本紀》，452頁。）

前139年（漢武帝）建元二年，郎中令王臧以文學獲罪……（《史記‧萬石張叔列傳》，2765頁。）

前136年（漢武帝建元五年）……子類代為侯，八年，坐臨諸侯喪後就位不敬，國除……及孫類，長六尺餘，坐法失侯……（《史記‧張丞相列傳》，2682頁。）

前133年（漢武帝元光二年）……漢以恢本造兵謀而不進，斬恢……（《史記‧匈奴列傳》，2905頁。）

前132年（漢武帝元光三年）……及繫，灌夫罪至族，事日急，諸公莫敢復明言於上。魏其乃使昆弟子上書言之，幸得復召見。書奏上，而案尚書大行無遺詔。詔書獨藏魏其家，家丞封。乃劾魏其矯先帝詔，罪當棄市。五年十月，悉論灌夫及家屬。魏其良久乃聞，聞即恚，病痱，不食欲死。或聞上無意殺魏其，魏其復食，治病，議定不死矣。乃有蜚語為惡言聞上，故以十二月晦論棄市渭城。（《史記‧魏其武安侯列傳》，2853頁。）

前130年（漢武帝元光五年）二十三年，何坐略人妻，棄市，國除。（《史記‧陳丞相世家》，2062頁。）

前 130 年（漢武帝元光五年）……衛尉李廣為虜所得，得脫歸：皆當斬，贖為庶人……（《史記‧衛將軍驃騎列傳》，2923 頁。）

前 129 年（漢武帝元光六年）車騎將軍衛青擊匈奴，出上谷，破胡蘢城。將軍李廣為匈奴所得，復失之；公孫敖大亡卒：皆當斬，贖為庶人。（《史記‧韓長孺列傳》，2864 頁。）

前 129 年（漢武帝元光六年）……於是至漢，漢下廣吏。吏當廣所失亡多，為虜所生得，當斬，贖為庶人。（《史記‧李將軍列傳》，2871 頁。）

前 129 年（漢武帝元光六年）……漢囚敖、廣，敖、廣贖為庶人……（《史記‧匈奴列傳》，2906 頁。）

前 129（漢武帝元光六年）將軍公孫敖，義渠人。以郎事武帝。武帝立十二歲，為（驃）騎將軍，出代，亡卒七千人，當斬，贖為庶人。後五歲，以校尉從大將軍有功，封為合騎侯。後一歲，以中將軍從大將軍，再出定襄，無功。後二歲，以將軍出北地，後驃騎期，當斬，贖為庶人。後二歲，以校尉從大將軍，無功。後十四歲，以因杅將軍築受降城。七歲，復以因杅將軍再出擊匈奴，至余吾，亡士卒多，下吏，當斬，詐死，亡居民閒五六歲。後發覺，復繫。坐妻為巫蠱，族。凡四為將軍，出擊匈奴，一侯。（《史記‧衛將軍驃騎列傳》，2942 頁。）

前 128 年（漢武帝元朔元年）定國有所欲誅殺臣肥如令郢人，郢人等告定國，定國使謁者以他法劾捕格殺郢人以滅口。至元朔元年，郢人昆弟復上書具言定國陰事，以此發覺。詔下公卿，皆議曰：「定國禽獸行，亂人倫，逆天，當誅。」上許之。定國自殺，國除為郡。（《史記‧荊燕世家》，1979 頁。）

前 128～123 年（漢武帝）元朔中，睢陽人類犴反者，人有辱其父，而與淮陽太守客出同車。太守客出下車，類犴反殺其仇於車上而去。淮陽太守怒，以讓梁二千石。二千石以下求反甚急，執反親戚。反知國陰事，乃上變事，具告知王與大母爭樽狀。時丞相以下見知之，欲以傷梁長吏，其書聞天子。天子下吏驗問，有之。公卿請廢襄為庶人。天子曰：「李太后有淫行，而梁王襄無良師傅，故陷不義。」乃削梁八城，梟任王后首於市。梁餘尚有十城。襄立三十九年卒，諡為平王。子無傷立為梁王也。（《史記‧梁孝王世家》，2088 頁。）

前 126 年（漢武帝元朔三年）……及齊王自殺，上聞大怒，以為主父劫

其王令自殺，乃徵下吏治。主父服受諸侯金，實不劫王令自殺。上欲勿誅，是時公孫弘為御史大夫，乃言曰：「齊王自殺無後，國除為郡，入漢，主父偃本首惡，陛下不誅主父偃，無以謝天下。」乃遂族主父偃。（《史記‧平津侯主父列傳》，2953 頁。）

前 125 年（漢武帝元朔四年）坐行賕有罪，國除。（《史記‧樊酈滕灌列傳》，2673 頁。）

前 124 年（漢武帝元朔五年）……詔下其事廷尉、河南。河南治，逮淮南太子逮淮南太子，王、王后計欲無遣太子，遂發兵反，計猶豫，十餘日未定。會有詔，即訊太子。當是時，淮南相怒壽春丞留太子逮不遣，劾不敬。王以請相，相弗聽。王使人上書告相，事下廷尉治。蹤跡連王，王使人候伺漢公卿，公卿請逮捕治王。王恐事發，太子遷謀曰：「漢使即逮王，王令人衣衛士衣，持戟居庭中，王旁有非是，則刺殺之，臣亦使人刺殺淮南中尉，乃舉兵，未晚。」是時上不許公卿請，而遣漢中尉宏即訊驗王。王聞漢使來，即如太子謀計。漢中尉至，王視其顏色和，訊王以斥雷被事耳，王自度無何，不發。中尉還，以聞。公卿治者曰：「淮南王安擁閼奮擊匈奴者雷被等，廢格明詔，當棄市。」詔弗許。公卿請廢勿王，詔弗許。公卿請削五縣，詔削二縣。使中尉宏赦淮南王罪，罰以削地。中尉入淮南界，宣言赦王。王初聞漢公卿請誅之，未知得削地，聞漢使來，恐其捕之，乃與太子謀刺之如前計。及中尉至，即賀王，王以故不發。其後自傷曰：「吾行仁義見削，甚恥之。」然淮南王削地之後，其為反謀益甚。諸使道從長安來，為妄妖言，言上無男，漢不治，即喜；即言漢廷治，有男，王怒，以為妄言，非也。（《史記‧淮南衡山列傳》，3083～3084 頁。）

前 124 年（漢武帝元朔五年）……書聞，上以其事下廷尉，廷尉下河南治。是時故辟陽侯孫審卿善丞相公孫弘，怨淮南厲王殺其大父，乃深購淮南事於弘，弘乃疑淮南有畔逆計謀，深窮治其獄……於是廷尉以王孫建辭連淮南王太子遷聞。上遣廷尉監因拜淮南中尉，逮捕太子……吏因捕太子、王后，圍王宮，盡求捕王所與謀反賓客在國中者，索得反具以聞。上下公卿治，所連引與淮南王謀反列侯二千石豪傑數千人，皆以罪輕重受誅。衡山王賜，淮南王弟也，當坐收，有司請逮捕衡山王。天子曰：「諸侯各以其國為本，不當相坐。與諸侯王列侯會肄丞相諸侯議。」趙王彭祖、列侯臣讓等四十三人議，皆曰：「淮南王安甚大逆無道，謀反明白，當伏誅。」膠西王臣端議曰：「淮南

王安廢法行邪，懷詐偽心，以亂天下，熒惑百姓，倍畔宗廟，妄作妖言。春秋曰『臣無將，將而誅』。安罪重於將，謀反形已定。臣端所見其書節印圖及他逆無道事驗明白，甚大逆無道，當伏其法。而論國吏二百石以上及比者，宗室近幸臣不在法中者，不能相教，當皆免官削爵為士伍，毋得宦為吏。其非吏，他贖死金二斤八兩。以章臣安之罪，使天下明知臣子之道，毋敢復有邪僻倍畔之意。」丞相弘、廷尉湯等以聞，天子使宗正以符節治王。未至，淮南王安自剄殺。王后荼、太子遷諸所與謀反者皆族。天子以伍被雅辭多引漢之美，欲勿誅。廷尉湯曰：「被首為王畫反謀，被罪無赦。」遂誅被。國除為九江郡。（《史記・淮南衡山列傳》，3088、3093～3094頁。）

閭按：淮南王謀反事下廷尉、河南治。問題是淮南國之司法審判如何？

前123年（漢武帝元朔六年）……坐與淮南王謀反，死，國除。（《史記・傅靳蒯成列傳》，2708頁。）

前123年（漢武帝元朔六年）……右將軍建至，天子不誅，赦其罪，贖為庶人。（《史記・衛將軍驃騎列傳》，2928頁。）

前123年（漢武帝）元朔六年中，衡山王使人上書請廢太子爽，立孝為太子。爽聞，即使所善白嬴之長安上書，言孝作輣車鏃矢，與王御者姦，欲以敗孝。白嬴至長安，未及上書，吏捕嬴，以淮南事繫。王聞爽使白嬴上書，恐言國陰事，即上書反告太子爽所為不道棄市罪事。事下沛郡治。元（朔七）（狩元）年冬，有司公卿下沛郡求捕所與淮南謀反者未得，得陳喜於衡山王子孝家。吏劾孝首匿喜。孝以為陳喜雅數與王計謀反，恐其發之，聞律先自告除其罪，又疑太子使白嬴上書發其事，即先自告，告所與謀反者救赫、陳喜等。廷尉治驗，公卿請逮捕衡山王治之。天子曰：「勿捕。」遣中尉安、大行息即問王，王具以情實對。吏皆圍王宮而守之。中尉大行還，以聞，公卿請遣宗正、大行與沛郡雜治王。王聞，即自剄殺。孝先自告反，除其罪；坐與王御婢姦，棄市。王后徐來亦坐蠱殺前王后乘舒，及太子爽坐王告不孝，皆棄市。諸與衡山王謀反者皆族。國除為衡山郡。（《史記・淮南衡山列傳》，3097頁。）

前122年（漢武帝元狩元年）……及淮南事發，治黨與頗及江都王建。建恐，因使人多持金錢，事絕其獄。而又信巫祝，使人禱祠妄言。建又盡與其姐弟姦。事既聞，漢公卿請捕治建。天子不忍，使大臣即訊王。王服所犯，遂自殺。國除，地入於漢，為廣陵郡。（《史記・五宗世家》，2096頁。）

前 122 年（漢武帝）元狩元年中，武遂侯平坐詐詔衡山王取百斤金，當棄市，病死，國除也（《史記‧酈生陸賈列傳》，2696 頁。）

前 121 年（漢武帝元狩二年）⋯⋯漢法，博望侯留遲後期，當死，贖為庶人。（《史記‧李將軍列傳》，2873 頁。）

前 121 年（漢武帝元狩二年）⋯⋯漢失亡數千人，合騎侯後驃騎將軍期，及與博望侯皆當死，贖為庶人。（《史記‧匈奴列傳》，2908～2909 頁。）

前 121 年（漢武帝元狩二年）⋯⋯博望侯坐行留，當斬，贖為庶人⋯⋯合騎侯敖坐行留不與驃騎會，當斬，贖為庶人⋯⋯（《史記‧衛將軍驃騎列傳》，2930～2931 頁。）

前 121 年（漢武帝元狩二年）將軍張騫，以使通大夏，還，為校尉。從大將軍有功，封為博望侯。後三歲，為將軍，出右北平，失期，當斬，贖為庶人。其後使通烏孫，為大行而卒，冢在漢中。（《史記‧衛將軍驃騎列傳》，2944 頁。）

前 121 年（漢武帝元狩二年）⋯⋯騫為衛尉，與李將軍俱出右北平擊匈奴。匈奴圍李將軍，軍失亡多；而騫後期當斬，贖為庶人。（《史記‧大宛列傳》，3167 頁。）

前 121 年（漢武帝）元狩二年，弘病，竟以丞相終。子度嗣為平津侯。度為山陽太守十餘歲，坐法失侯。（《史記‧平津侯主父列傳》，2953 頁。）

前 119 年（漢武帝元狩四年）於是誅文成將軍而隱之⋯⋯於是病癒，遂幸甘泉，病良已。大赦天下，置壽宮神君。（《史記‧孝武本紀》，458～459 頁。）

前 119 年（漢武帝元狩四年）⋯⋯而右將軍獨下吏，當死，贖為庶人⋯⋯前 118 年（漢武帝元狩五年）廣死明年，李蔡以丞相坐侵孝景園壖地，當下吏治，蔡亦自殺，不對獄，國除（《史記‧李將軍列傳》，2876 頁。）

前 118 年（漢武帝元狩五年）將軍李蔡，成紀人也。事孝文帝、景帝、武帝。以輕車將軍從大將軍有功，封為樂安侯。已為丞相，坐法死。（《史記‧衛將軍驃騎列傳》，2943 頁。）

前 118 年（漢武帝元狩五年）將軍趙食其，祋祤人也。武帝立二十二歲，以主爵為右將軍，從大將軍出定襄，迷失道，當斬，贖為庶人。（《史記‧衛將軍驃騎列傳》，2944 頁。）

前 115 年（漢武帝）元鼎二年，坐與父御婢姦罪，自殺，國除。（《史記‧樊酈滕灌列傳》，2667 頁。）

前 113 年（漢武帝元鼎四年）……太子勃私姦，飲酒，博戲，擊筑，與女子載馳，環城過市，入牢視囚。天子遣大行騫驗王后及問王勃，請逮勃所與姦諸證左，王又匿之。吏求捕勃大急，使人致擊笞掠，擅出漢所疑囚者。有司請誅憲王后修及王勃。上以修素無行，使梲陷之罪，勃無良師傅，不忍誅。有司請廢王后修，徙王勃以家屬處房陵，上許之。（《史記·五宗世家》，2103頁。）

前 112 年（漢武帝元鼎五年）上乃誅五利。（《史記·孝武本紀》，471頁。）

前 112 年（漢武帝元鼎五年）……坐酎金不善，元鼎五年，有罪，國除。（《史記·絳侯周勃世家》，2080頁。）

前 112 年（漢武帝）元鼎五年秋，丞相有罪，罷。制詔御史：「萬石君先帝尊之，子孫孝，其以御史大夫慶為丞相，封為牧丘侯。」是時漢方南誅兩越，東擊朝鮮，北逐匈奴，西伐大宛，中國多事。天子巡狩海內，修上古神祠，封禪，興禮樂。公家用少，桑弘羊等致利，王溫舒之屬峻法，兒寬等推文學至九卿，更進用事，事不關決於丞相，丞相醇謹而已。在位九歲，無能有所匡言。嘗欲請治上近臣所忠、九卿咸宣罪，不能服，反受其過，贖罪。（《史記·萬石張叔列傳》，2767頁。）

前 111 年（漢武帝元鼎六年）乃下詔曰：「甘泉防生芝九莖，赦天下，毋有復作。」（《史記·孝武本紀》，479頁。）

前 110 年（漢武帝元封元年）其赦天下，如乙卯赦令。（《史記·孝武本紀》，476頁。）

前 109 年（漢武帝元封二年）……左將軍卒正多率遼東兵先縱，敗散，多還走，坐法斬……天子誅遂……左將軍徵至，坐爭功相嫉，乖計，棄市。樓船將軍亦坐兵至洌口，當待左將軍，擅先縱，失亡多，當誅，贖為庶人。（《史記·朝鮮列傳》，2987～2990頁。）

前 108 年（漢武帝元封三年）將軍荀彘，太原廣武人。以御見，侍中，為校尉，數從大將軍。以元封三年為左將軍擊朝鮮，毋功。以捕樓船將軍坐法死。（《史記·衛將軍驃騎列傳》，2945頁。）

前 108 年（漢武帝元封三年）將軍路博德，平州人。以右北平太守從驃騎將軍有功，為符離侯。驃騎死後，博德以衛尉為伏波將軍，伐破南越，益封。其後坐法失侯。（《史記·衛將軍驃騎列傳》，2945頁。）

前 103 年（漢武帝）太初二年中，丞相慶卒，諡為恬侯。慶中子德，慶愛用之，上以德為嗣，代侯。後為太常，坐法當死，贖免為庶人……（《史記·萬石張叔列傳》，2768 頁。）

前 101 年（漢武帝太初四年）李夫人蚤卒，其兄李延年以音幸，號協律。協律者，故倡也。兄弟皆坐姦，族。（《史記·外戚世家》，1980 頁。）

前 101 年（漢武帝太初四年）……自驃騎將軍死後，大將軍長子宜春侯伉坐法失侯……長平侯伉代侯。六歲，坐法失侯。（《史記·衛將軍驃騎列傳》，2940 頁。）

前 91 年（漢武帝徵和二年）衛太子廢後，未復立太子。而燕王旦上書，願歸國入宿衛。武帝怒，立斬其使者於北闕。（《史記·外戚世家》，1985 頁。）

前 91 年（漢武帝徵和二年）坐子敬聲與陽石公主姦，為巫蠱，族滅，無後。（《史記·衛將軍驃騎列傳》，2942 頁。）

前 91 年（漢武帝徵和二年）將軍趙破奴，故九原人……後坐巫蠱，族。（《史記·衛將軍驃騎列傳》，2946 頁。）

前 90 年（漢武帝徵和三年）……貳師聞其家以巫蠱族滅，因並眾降匈奴，得來還千人一兩人耳。游擊說無所得。因杅敖與左賢王戰，不利，引歸。是歲漢兵之出擊匈奴者不得言功多少，功不得御。有詔捕太醫令隨但，言貳師將軍家室族滅，使廣利得降匈奴。（《史記·匈奴列傳》，2918 頁。）

前 87 年（漢武帝後元二年）上居甘泉宮，召畫工圖畫周公負成王也。於是左右群臣知武帝意欲立少子也。後數日，帝譴責鉤弋夫人。夫人脫簪珥叩頭。帝曰：「引持去，送掖庭獄！」（《史記·外戚世家》，1985 頁。）

前 73 年（漢宣帝本始元年）其後胥果作威福，通楚王使者。楚王宣言曰：「我先元王，高帝少弟也，封三十二城。今地邑益少，我欲與廣陵王共發兵云。〔立〕廣陵王為上，我復王楚三十二城，如元王時。」事發覺，公卿有司請行罰誅。天子以骨肉之故，不忍致法於胥，下詔書無治廣陵王，獨誅首惡楚王……（《史記·三王世家》，2117 頁。）

前 73 年（漢宣帝本始元年）會武帝崩，昭帝初立，旦果作怨而望大臣。自以長子當立，與齊王子劉澤等謀為叛逆，出言曰：「我安得弟在者！今立者乃大將軍子也。」欲發兵。事發覺，當誅。昭帝緣恩寬忍，抑案不揚。公卿使大臣請，遣宗正與太中大夫公戶滿意、御史二人，偕往使燕，風喻之。到燕，

各異日，更見責王。宗正者，主宗室諸劉屬籍，先見王，為列陳道昭帝實武帝子狀。侍御史乃復見王，責之以正法，問：「王欲發兵罪名明白，當坐之。漢家有正法，王犯纖介小罪過，即行法直斷耳，安能寬王。」驚動以文法。王意益下，心恐。公戶滿意習於經術，最後見王，稱引古今通義，國家大禮，文章爾雅。謂王曰：「古者天子必內有異姓大夫，所以正骨肉也；外有同姓大夫，所以正異族也。周公輔成王，誅其兩弟，故治。武帝在時，尚能寬王。今昭帝始立，年幼，富於春秋，未臨政，委任大臣。古者誅罰不阿親戚，故天下治。方今大臣輔政，奉法直行，無敢所阿，恐不能寬王。王可自謹，無自令身死國滅，為天下笑。」於是燕王旦乃恐懼服罪，叩頭謝過。大臣欲和合骨肉，難傷之以法。其後旦復與左將軍上官桀等謀反，宣言曰「我次太子，太子不在，我當立，大臣共抑我」云云。大將軍光輔政，與公卿大臣議曰：「燕王旦不改過悔正，行惡不變。」於是修法直斷，行罰誅。旦自殺，國除，如其策指。有司請誅旦妻子。孝昭以骨肉之親，不忍致法，寬赦旦妻子，免為庶人……（《史記·三王世家》，2118～2119頁。）

五、軍事法律

三代

約前26世紀～前22世紀（黃帝）於是黃帝乃徵師諸侯，與蚩尤戰於涿鹿之野，遂禽殺蚩尤。（《史記·五帝本紀》，3頁。）

前2070～前1600年（夏啟）有扈氏不服，啟伐之，大戰於甘。將戰，作《甘誓》，乃召六卿申之。啟曰：「嗟！六事之人，予誓告女：有扈氏威侮五行，怠棄三正，天用勦絕其命。今予維共行天之罰。左不攻於左，右不攻於右，女不共命。御非其馬之政，女不共命。用命，賞於祖；不用命，僇於社，予則帑僇女。」遂滅有扈氏。天下咸朝。（《史記·夏本紀》，84頁。）

前1046～1043年（周武王九年）……九年，欲修文王業，東伐以觀諸侯集否。師行，師尚父左杖黃鉞，右把白旄以誓，曰：「蒼兕蒼兕，總爾眾庶，與爾舟楫，後至者斬！」……（《史記·齊太公世家》，1479頁。）師尚父號曰：「總爾眾庶，與爾舟楫，後至者斬。」（《史記·周本紀》，120頁。）

春秋戰國

前547～前490年司馬穰苴者，田完之苗裔也。齊景公時，晉伐阿、甄，而燕侵河上，齊師敗績。景公患之。晏嬰乃薦田穰苴曰：「穰苴雖田氏庶孽，

然其人文能附眾，武能威敵，願君試之。」景公召穰苴，與語兵事，大說之，以為將軍，將兵扞燕晉之師。穰苴曰：「臣素卑賤，君擢之閭伍之中，加之大夫之上，士卒未附，百姓不信，人微權輕，願得君之寵臣，國之所尊，以監軍，乃可。」於是景公許之，使莊賈往。穰苴既辭，與莊賈約曰：「旦日日中會於軍門。」穰苴先馳至軍，立表下漏待賈。賈素驕貴，以為將己之軍而己為監，不甚急；親戚左右送之，留飲。日中而賈不至。穰苴則仆表決漏，入，行軍勒兵，申明約束。約束既定，夕時，莊賈乃至。穰苴曰：「何後期為？」賈謝曰：「不佞大夫親戚送之，故留。」穰苴曰：「將受命之日則忘其家，臨軍約束則忘其親，援枹鼓之急則忘其身。今敵國深侵，邦內騷動，士卒暴露於境，君寢不安席，食不甘味，百姓之命皆懸於君，何謂相送乎！」召軍正問曰：「軍法期而後至者云何？」對曰：「當斬。」莊賈懼，使人馳報景公，請救。既往，未及反，於是遂斬莊賈以徇三軍。三軍之士皆振栗。久之，景公遣使者持節赦賈，馳入軍中。穰苴曰：「將在軍，君令有所不受。」問軍正曰：「馳三軍法何？」正曰：「當斬。」使者大懼。穰苴曰：「君之使不可殺之。」乃斬其僕，車之左駙，馬之左驂，以徇三軍。遣使者還報，然後行。（《史記・司馬穰苴列傳》，2157～2158 頁。）

前 544～前 470 年孫子武者，齊人也。以兵法見於吳王闔廬。闔廬曰：「子之十三篇，吾盡觀之矣，可以小試勒兵乎？」對曰：「可。」闔廬曰：「可試以婦人乎？」曰：「可。」於是許之，出宮中美女，得百八十人。孫子分為二隊，以王之寵姬二人各為隊長，皆令持戟。令之曰：「汝知而心與左右手背乎？」婦人曰：「知之。」孫子曰：「前，則視心；左，視左手；右，視右手；後，即視背。」婦人曰：「諾。」約束既布，乃設鈇鉞，即三令五申之。於是鼓之右，婦人大笑。孫子曰：「約束不明，申令不熟，將之罪也。」復三令五申而鼓之左，婦人復大笑。孫子曰：「約束不明，申令不熟，將之罪也；既已明而不如法者，吏士之罪也。」乃欲斬左古隊長。吳王從臺上觀，見且斬愛姬，大駭。趣使使下令曰：「寡人已知將軍能用兵矣。寡人非此二姬，食不甘味，願勿斬也。」孫子曰：「臣既已受命為將，將在軍，君命有所不受。」遂斬隊長二人以徇。（《史記・孫子吳起列傳》，2161 頁。）

前 482 年（越王句踐時）乃發習流二千人，教士四萬人，君子六千人，諸御千人，伐吳……《索隱》：《虞書》云「流宥五刑」。按：流放之罪人，使之習戰，任為卒伍，故有二千人。《正義》：謂先慣習流利戰陣死者二千人也。

（《史記·越王句踐世家》，1744～1745 頁。）

前 364 年（秦獻公）二十一年，與晉戰於石門，斬首六萬⋯⋯（《史記·秦本紀》，201 頁。）

前 349～前 326 年「臣聞明主絕疑去讒，屏流言之跡，塞朋黨之門，故尊主廣地彊兵之計臣得陳忠於前矣。故竊為大王計，莫如一韓、魏、齊、楚、燕、趙以從親，以畔秦。今天下之將相會於洹水之上，通質，刳白馬而盟。要約曰：『秦攻楚，齊、魏各出銳師以佐之，韓絕其糧道，趙涉河漳，燕守常山之北。秦攻韓魏，則楚絕其後，齊出銳師而佐之，趙涉河漳，燕守雲中。秦攻齊，則楚絕其後，韓守城皋，魏塞其道，趙涉河漳、博關，燕出銳師以佐之。秦攻燕，則趙守常山，楚軍武關，齊涉勃海，韓、魏皆出銳師以佐之。秦攻趙，則韓軍宜陽，楚軍武關，魏軍河外，齊涉清河，燕出銳師以佐之。諸侯有不如約者，以五國之兵共伐之。』」（《史記·蘇秦列傳》，2248～2249 頁。）

前 331 年（秦惠文王）七年，公子卬與魏戰，虜其將龍賈，斬首八萬⋯⋯韓、趙、魏、燕、齊帥匈奴共攻秦。秦使庶長疾與戰修魚，虜其將申差，敗趙公子渴、韓太子奐，斬首八萬二千⋯⋯前 327 年（秦惠文王）十一年，樗里疾攻魏焦，降之。敗韓岸門，斬首萬，其將犀首走⋯⋯前 325 年（秦惠文王）十三年，庶長章擊楚於丹陽，虜其將屈匄，斬首八萬⋯⋯（《史記·秦本紀》，205～207 頁。）

前 323 年（楚懷王六年）⋯⋯即往見昭陽軍中，曰：「願聞楚國之法，破軍殺將者何以貴之？」昭陽曰：「其官為上柱國，封上爵執珪。」⋯⋯（《史記·楚世家》，1721～1722 頁。）

前 317 年（趙武靈王）九年，與韓、魏共擊秦，秦敗我，斬首八萬級。（《史記·趙世家》，1804 頁。）

前 312 年（韓宣惠王）二十一年，與秦共攻楚，敗楚將屈丐，斬首八萬於丹陽。前 307 年（韓襄王）五年，秦拔我宜陽，斬首六萬。（《史記·韓世家》，1872 頁。）

前 307 年（秦武王）四年，拔宜陽，斬首六萬⋯⋯（《史記·秦本紀》，209 頁。）

前 301 年（秦昭王六年）庶長奐伐楚，斬首二萬。（《史記·秦本紀》，210 頁。）

前 293 年（秦昭王）十四年，左更白起攻韓、魏於伊闕，斬首二十四萬……前 275 年（秦昭王）三十二年，相穰侯攻魏，至大梁，破暴鳶，斬首四萬……擊芒卯華陽，破之，斬首十五萬……前 264 年（秦昭王）四十三年，武安君白起攻韓，拔九城，斬首五萬……秦使武安君白起擊，大破趙於長平，四十餘萬盡殺之……其十月，將軍張唐攻魏，為蔡尉捐弗守，還斬之……二月餘攻晉軍，斬首六千，晉楚流死河二萬人……（《史記・秦本紀》，212～214 頁。）

前 280 年（趙惠文王十九年）……兵去邯鄲三十里，而令軍中曰：「有以軍事諫者死」……（《史記・廉頗藺相如列傳》，2445 頁。）

前 274 年（魏安釐王）三年，秦拔我四城，斬首四萬。（前 273 年）四年，秦破我及韓、趙，殺十五萬人，走我將芒卯。（《史記・魏世家》，1854 頁。）

前 262 年（趙孝成王四年）廉頗免而趙括代將。秦人圍趙括，趙括以軍降，卒四十餘萬皆阬之。（《史記・趙世家》，1826 頁。）

前 260 年（秦昭王四十七年）令軍中有敢泄武安君將者斬。（《史記・白起王翦列傳》，2334 頁。）

前 260 年（秦昭王四十七年）乃挾詐而盡阬殺之，遺其小者二百四十人歸趙。前後斬首虜四十五萬人。（《史記・白起王翦列傳》，2335 頁。）

前 259 年（韓桓惠王）十四年，秦拔趙上黨，殺馬服子卒四十餘萬於長平。（《史記・韓世家》，1877 頁。）

前 256 年（秦昭王）五十一年，將軍摎攻韓，取陽城、負黍，斬首四萬。（《史記・秦本紀》，218 頁。）

前 236 年（趙悼襄王九年）……秦破殺趙將扈輒於武遂，斬首十萬……（《史記・廉頗藺相如列傳》，2451 頁。）

秦漢

前 209 年（秦二世元年）項梁前使項羽別攻襄城，襄城堅守不下。已拔，皆阬之。（《史記・項羽本紀》，299～300 頁。）

前 209 年……冒頓乃作為鳴鏑，習勒其騎射，令曰：「鳴鏑所射而不悉射者，斬之。」行獵鳥獸，有不射鳴鏑所射者，輒斬之。已而冒頓以鳴鏑自射其善馬，左右或不敢射者，冒頓立斬不射善馬者。居頃之，復以鳴鏑自射其愛妻，左右或頗恐，不敢射，冒頓又復斬之。居頃之，冒頓出獵，以鳴鏑射單于

善馬，左右皆射之。（《史記・匈奴列傳》，2888 頁。）

前 196 年（漢高祖）十一年冬，漢兵擊斬陳豨將侯敞、王黃於曲逆下，破豨將張春於聊城，斬首萬餘。（《史記・韓信盧綰列傳》，2640 頁。）

前 181 年（漢呂后七年）朱虛侯年二十，有氣力，忿劉氏不得職。嘗入待高后燕飲，高后令朱虛侯劉章為酒吏。章自請曰：「臣，將種也，請得以軍法行酒。」高后曰：「可。」……頃之，諸呂有一人醉，亡酒，章追，拔劍斬之，而還報曰：「有亡酒一人，臣謹行法斬之。」太后左右皆大驚。業已許其軍法，無以罪也……（《史記・齊悼惠王世家》，2000～2001 頁。）

前 158 年（漢）文帝之後六年，匈奴大入邊……天子先驅至，不得入。先驅曰：「天子且至！」軍門都尉曰：「將軍令曰『軍中聞將軍令，不聞天子之詔』。」（五）居無何，上至，又不得入。於是上乃使使持節詔將軍：「吾欲入勞軍。」亞夫乃傳言開壁門。壁門士吏謂從屬車騎曰：「將軍約，軍中不得驅馳。」於是天子乃按轡徐行。至營，將軍亞夫持兵揖曰：「介胄之士不拜，請以軍禮見。」天子為動，改容式車……（《史記・絳侯周勃世家》，2074 頁。）

前 154 年（漢景帝三年）……灌孟年老，潁陰侯強請之，鬱鬱不得意，故戰常陷堅，遂死吳軍中。軍法，父子俱從軍，有死事，得與喪歸……（《史記・魏其武安侯列傳》，2845 頁。）

六、民事、經濟法律

三代

前 2070～前 1600 年（禹）行自冀州始。冀州：……賦上上錯，田中中……

濟、河維沇州：……田中下，賦貞，作十有三年乃同。其貢漆絲，其篚織文……

海岱維青州：……田上下，賦中上。厥貢鹽絺，海物維錯，岱畎絲、枲、鉛、松、怪石，萊夷為牧，其篚檿絲……

海岱及淮維徐州：……其田上中，賦中中。貢維土五色，羽畎夏狄，嶧陽孤桐，泗濱浮磬，淮夷蠙珠臮魚，其篚玄纖縞……

淮海維揚州：……田下下，賦下上上雜。貢金三品，瑤、琨、竹箭，齒、革、羽、旄，島夷卉服，其篚織貝，其包橘、柚錫貢……

荆及衡陽維荆州：……田下中，賦上下。貢羽、旄、齒、革，金三品，杶、榦、栝、柏，礪、砥、砮、丹，維箘簬、楛，三國致貢其名，包匭菁茅，其篚玄纁璣組，九江入賜大龜……

荆河惟豫州：……田中上，賦雜上中。貢漆、絲、絺、紵，其篚纖絮，錫貢磬錯……

華陽黑水惟梁州：……田下上，賦下中三錯。貢璆、鐵、銀、鏤、砮、磬，熊、羆、狐、貍、織皮……

黑水西河惟雍州：……田上上，賦中下。貢璆、琳、琅玕……（《史記‧夏本紀》，52、54、55、56、58、61、62、63頁。）

閆按：此研究中國各地的自然地理環境變遷的重要資料。

前2017～前1600年（夏禹）令天子之國以外五百里甸服：百里賦納總，二百里納銍，三百里納秸服，四百里粟，五百里米。甸服外五百里侯服：百里采，二百里任國，三百里諸侯。侯服外五百里綏服：三百里揆文教，二百里奮武衛。綏服外五百里要服：三百里夷，二百里蔡。要服外五百里荒服：三百里蠻，二百里流。

《集解》：馬融曰：「蔡，法。受王者刑法而已。」

《集解》：馬融曰：「流行無城郭常居。」（《史記‧夏本紀》，75～76頁。）

前1075～前1046年『（商紂）……厚賦稅以實鹿臺之錢，而盈巨橋之粟……《史記‧殷本紀》，105頁。）

前779年（周幽王三年）褒人有罪，請入童妾所棄女子者於王以贖罪……（《史記‧周本紀》，147頁。）

春秋戰國

前685年（齊）桓公實怒少姬，南襲蔡，管仲因而伐楚，責包茅不入貢於周室。（《史記‧管晏列傳》，2133頁。）

前659～前621年（秦穆公）初，繆公亡善馬，岐下野人共得而食之者三百餘人，吏逐得，欲法之。繆公曰：「君子不以畜產害人。吾聞食善馬肉不飲酒，傷人。」乃皆賜酒而赦之。（《史記‧秦本紀》，188頁。）

前613～前591年（楚）莊王以為幣輕，更以小為大，百姓不便，皆去其業。市令言之相曰：「市亂，民莫安其處，次行不定。」相曰：「如此幾何頃乎？」市令曰：「三月頃。」相曰：「罷，吾今令之復矣。」後五日，朝，相言之王曰：「前日更幣，以為輕。今市令來言曰『市亂，民莫安其處，次行之不

定』。臣請遂令復如故。」王許之，下令三日而市復如故。（《史記·循吏列傳》，3100 頁。）

前 609 年（宋文公二年）昭公子因文公母弟須與武、繆、戴、莊、桓之族為亂，文公盡誅之，出武、繆之族。（《史記·宋微子世家》，1629 頁。）

前 556～前 500 年越石父賢，在縲紲中。晏子出，遭之途，解左驂贖之，載歸。（《史記·管晏列傳》，2135 頁。）

前 547 年～前 490 年（齊景公）田釐子乞事齊景公為大夫，其收賦稅於民以小斗受之，其（粟）（稟）予民以大斗，行陰德於民，而景公弗禁。（《史記·田敬仲完世家》，1881 頁。）

前 378 年（秦）獻公立七年，初行為市。前 375 年（秦獻公）十年，為戶籍相伍。（《史記·秦始皇本紀》，289 頁。）

前 348 年（秦孝公）十四年，初為賦。

《集解》：徐廣曰：「制貢賦之法也。」《索隱》：譙周云：「初為軍賦也。」（《史記·秦本紀》，203～204 頁。）

前 338 年（秦孝公二十四年）後五月而秦孝公卒，太子立。公子虔之徒告商君欲反，發吏捕商君。商君亡至關下，欲舍客舍。客人不知其是商君也，曰：「商君之法，舍人無驗者坐之。」商君喟然歎曰：「嗟乎，為法之敝一至此哉！」（《史記·商君列傳》，2236～2237 頁。）

前 328～前 309 年張儀已學游說諸侯。嘗從楚相飲，已而楚相亡璧，門下意張儀，曰：「儀貧無行，必此盜相君之璧。」共執張儀，掠笞數百，不服，釋之。（《史記·張儀列傳》，2279 頁。）

前 301～前 284 年（齊湣王）田單者，齊諸田疏屬也。湣王時，單為臨菑市掾，不見知……（《史記·田單列傳》，2453 頁。）

前 299～前 279 年其食客三千人。邑入不足以奉客，使人出錢於薛。歲餘不入，貸錢者多不能與其息，客奉將不給。（《史記·孟嘗君列傳》，2359～2360 頁。）

前 271 年（趙惠文王二十八年）趙奢者，趙之田部吏也。收租稅而平原君家不肯出租，奢以法治之，殺平原君用事者九人……（《史記·廉頗藺相如列傳》，2444 頁。）

前 265～前 245 年（趙孝成王）李牧者，趙之北邊良將也。常居代雁門，備匈奴。以便宜置吏，市租皆輸入莫府，為士卒費……（《史記·廉頗藺相如

列傳》，2449頁。）

前260年（秦昭王四十七年）秦王聞趙食道絕，王自之河內，賜民爵各一級，發年十五以上悉詣長平。（《史記·白起王翦列傳》，2334頁。）

前243年（秦王嬴政四年）百姓內粟千石，拜爵一級。（《史記·秦始皇本紀》，224頁。）

秦漢

前220年（秦始皇二十七年）是歲，賜爵一級。（《史記·秦始皇本紀》，241頁。）

前219年（秦始皇二十八年）於是始皇大怒，使刑徒三千人皆伐湘山樹，赭其山。（《史記·秦始皇本紀》，248頁。）

前216年（秦始皇）三十一年……賜黔首里六石米，二羊。（《史記·秦始皇本紀》，251頁。）

前214年（秦始皇）三十三年，發諸嘗捕亡人、贅婿、賈人略取陸梁地，為桂林、象郡、南海，以適遣戍。（《史記·秦始皇本紀》，253頁。）

前212年（秦始皇三十五年）隱宮徒刑者七十餘萬人，乃分作阿房宮，或作驪山。《正義》：餘刑見於市朝。宮刑，一百日隱於蔭室養之乃可，故曰隱宮，下蠶室是。（《史記·秦始皇本紀》，256～257頁。）

前211年（秦始皇三十六年）遷北河榆中三萬家。拜爵一級。（《史記·秦始皇本紀》，259頁。）

前209年（秦二世元年）盡徵其材士五萬人為屯衛咸陽，令教射狗馬禽獸。當食者多，度不足，下調（四）郡縣轉輸菽粟芻，皆令自齎糧食，咸陽三百里內不得食其穀。用法益刻深。（《史記·秦始皇本紀》，269頁。）

前179年（漢文帝前元年）朕初即位，其赦天下，賜民爵一級，女子百戶牛酒，酺五日。（《史記·孝文本紀》，417頁。）

前179年（漢文帝前元年）因賜天下民當代父後者爵各一級（《史記·孝文本紀》，420頁。）

前177～前157年……今臣竊聞魏尚為雲中守，其軍市租盡以饗士卒，（出）私養錢，五日一椎牛，饗賓客軍吏舍人，是以匈奴遠避，不近雲中之塞……（《史記·張釋之馮唐列傳》，2759頁。）

前167年（漢文帝前元十三年）上曰：「農，天下之本，務莫大焉。今勤身從事而有租稅之賦，是為本末者毋以異，其於勸農之道未備。其除田之租

稅。」（《史記・孝文本紀》，428頁。）

前156年（漢景帝元年）元年四月乙巳，賜民爵一級。（《史記・孝景本紀》，439頁。）

前156年（漢景帝）元年五月，除田半租。（《史記・孝景本紀》，439頁。）

前150年（漢景帝七年）五月，募徙陽陵，予錢二十萬……春，免徒隸作陽陵者。（《史記・孝景本紀》，443頁。）

前145年（漢景帝中五年）六月丁巳，赦天下，賜爵一級。（《史記・孝景本紀》，445頁。）

前143年（漢景帝後元年）三月丁酉，赦天下，賜爵一級……（《史記・孝景本紀》，447頁。）

前142年（漢景帝後二年）令内史郡不得食馬粟，沒入縣官。令徒隸衣七綅布。止馬春。為歲不登，禁天下食不造歲。省列侯遣之國……甲子，孝景皇帝崩。遺詔賜諸侯王以下至民為父後爵一級，天下戶百錢。（《史記・孝景本紀》，448頁。）

前102年（漢武帝太初三年）自新，嘉與士大夫更始，賜民百戶牛一酒十石，加年八十孤寡布帛二匹。復博、奉高、蛇丘、歷城，毋出今年租稅。（《史記・孝武本紀》，476頁。）

七、婚姻家庭與繼承法律

三代

約前26世紀～約前22世紀（舜）舜父瞽叟盲，而舜母死，瞽叟更娶妻而生象，象傲……（《史記・五帝本紀》，32頁。）

春秋戰國

前645（齊桓公四十一年）……公曰：「易牙如何？」對曰：「殺子以適君，非人情，不可。」……（《史記・齊太公世家》，1492頁。）

前412年（齊宣公四十四年）吳起者，衛人也，好用兵。嘗學於曾子，事魯君。齊人攻魯，魯欲將吳起，吳起取齊女為妻，而魯疑之。吳起於是欲就名，遂殺其妻，以明不與齊也。（《史記・孫子吳起列傳》，2165頁。）

前332～前321年（燕易王）燕王曰：「若不忠信耳，豈有以忠信而得罪者乎？」蘇秦曰：「不然。臣聞客有遠為吏而其妻私於人者，其夫將來，其私

者憂之，妻曰『勿憂，吾已作藥酒待之矣』。居三日，其夫果至，妻使妾舉藥酒進之。妾欲言酒之有藥，則恐其逐主母也，欲勿言乎，則恐其殺主父也。於是乎詳僵而棄酒。主父大怒，笞之五十。故妾一僵而覆酒，上存主父，下存主母，然而不免於笞，惡在乎忠信之無罪也？夫臣之過，不幸而類是乎！」（《史記‧蘇秦列傳》，2265 頁。）

約前 308～前 251 年於是平原君乃斬笑躄者美人頭，自造門進躄者，因謝焉。《史記‧平原君虞卿列傳》，2366 頁。

秦漢

約前 240～前 210 年……伯聞之，逐其婦而棄之。（《史記‧陳丞相世家》，2051 頁。）

前 206 年（漢高祖元年）沛公奉卮酒為壽，約為婚姻。（《史記‧項羽本紀》，312 頁。）前 206 年（漢高祖元年）項伯見沛公。沛公與飲為壽，結賓婚。（《史記‧留侯世家》，2038 頁。）

前 156～前 141 年（漢景帝）……文君夜亡奔相如，相如乃與馳歸成都……卓王孫不得已，分予文君僮百人，錢百萬，及其嫁時衣被財物……（《史記‧司馬相如列傳》，3000～3001 頁。）

前 140 年……後竟為丞相，病死，而長子有罪論，不得嗣，而立玄成。玄成時佯狂，不肯立，竟立之，有讓國之名。後坐騎至廟，不敬，有詔奪爵一級，為關內侯，失列侯，得食其故國邑……（《史記‧張丞相列傳》，2686 頁。）

前 113 年（漢武帝元鼎四年）憲王雅不以長子梲為人數，及薨，又不分與財物。郎或說太子、王后，令諸子與長子梲共分財物，太子、王后不聽……（《史記‧五宗世家》，2102 頁。）

八、訴訟法律

三代

約前 26 世紀～前 22 世紀（舜）堯崩，三年之喪畢，舜讓辟丹朱於南河之南。諸侯朝覲者不之丹朱而之舜，獄訟者不之丹朱而之舜……（《史記‧五帝本紀》，30 頁。）

前 1075～前 1046（商紂）西伯陰行善，諸侯皆來決平。於是虞、芮之人有獄不能決，乃如周。（《史記‧周本紀》，117 頁。）詩人道西伯，蓋受命

之年稱王而斷虞芮之訟。（《史記‧周本紀》，119 頁。）……周西伯政平，及斷虞芮之訟，而詩人稱西伯受命曰文王……（《史記‧齊太公世家》，1479頁。）

閆按：西伯侯之「獄訟」之決，當為早期氏族部落時期的特性。

前 1042～前 1021 年（周成王）召公巡行鄉邑，有棠樹，決獄政事其下，自侯伯至庶人各得其所，無失職者。召公卒，而民人思召公之政，懷棠樹不敢伐，哥詠之，作《甘棠》之詩。（《史記‧燕召公世家》，1550 頁。）

春秋戰國

前 551～前 479 年孔子在位聽訟，文辭有可與人共者，弗獨有也。（《史記‧孔子世家》，1944 頁。）

秦漢

前 221～前 210 年（秦始皇）汝陰侯夏侯嬰，沛人也。為沛廄司御。每送使客還，過沛泗上亭，與高祖語，未嘗不移日也。嬰已而試補縣吏，與高祖相愛。高祖戲而傷嬰，人有告高祖。高祖時為亭長，重坐傷人，告故不傷嬰，嬰證之。後獄覆，嬰坐高祖繫歲餘，掠笞數百，終以是脫高祖。（《史記‧樊酈滕灌列傳》，2664 頁。）

前 179～前 157 年（漢文帝）……佗郡國吏欲來捕亡人者，訟共禁弗予……（《史記‧吳王濞列傳》，2823 頁。）

前 177～前 157 年……頃之，上行出中渭橋，有一人從橋下走出，乘輿馬驚。於是使騎捕，屬之廷尉。釋之治問。曰：「縣人來，聞蹕，匿橋下。久之，以為行已過，即出，見乘輿車騎，即走耳。」廷尉奏當，一人犯蹕，當罰金。文帝怒曰：「此人親驚吾馬，吾馬賴柔和，令他馬，固不敗傷我乎？而廷尉乃當之罰金！」釋之曰：「法者天子所與天下公共也。今法如此而更重之，是法不信於民也。且方其時，上使立誅之則已。今既下廷尉，廷尉，天下之平也，一傾而天下用法皆為輕重，民安所措其手足？唯陛下察之。」良久，上曰：「廷尉當是也。」其後有人盜高廟坐前玉環，捕得，文帝怒，下廷尉治。釋之案律盜宗廟服御物者為奏，奏當棄市。上大怒曰：「人之無道，乃盜先帝廟器，吾屬廷尉者，欲致之族，而君以法奏之，非吾所以共承宗廟意也。」釋之免冠頓首謝曰：「法如是足也。且罪等，然以逆順為差。今盜宗廟器而族之，有如萬分之一，假令愚民取長陵一抔土，陛下何以加其法乎？」久之，文帝與太

后言之，乃許廷尉當。是時，中尉條侯周亞夫與梁相山都侯王恬開見釋之持議平，乃結為親友。張廷尉由此天下稱之。

《索隱》案：法者，依律以斷也。

《集解》如淳曰：「俱死罪也，盜玉環不若盜長陵土之逆也。」（《史記·張釋之馮唐列傳》，2754～2756頁。）

閆按：漢文帝時，廷尉張釋之處理咸陽中渭橋驚聖駕案、盜高廟玉環案，諸獄案皆為廷尉審理，而為「天下之平」，不為皇權所干擾。

前176年（漢文帝前四年）歲餘，每河東守尉行縣至絳，絳侯勃自畏恐誅，常被甲，令家人持兵以見之。其後人有上書告勃欲反，下廷尉。廷尉下其事長安，逮捕勃治之。勃恐，不知置辭。吏稍侵辱之。勃以千金與獄吏，獄吏乃書牘背示之，曰「以公主為證」。公主者，孝文帝女也，勃太子勝之尚之，故獄吏教引為證。勃之益封受賜，盡以予薄昭。及繫急，薄昭為言薄太后，太后亦以為無反事。文帝朝，太后以冒絮提文帝，曰：「絳侯綰皇帝璽，將兵於北軍，不以此時反，今居一小縣，顧欲反邪！」文帝既見絳侯獄辭，乃謝曰：「吏（事）方驗而出之。」於是使使持節赦絳侯，復爵邑。絳侯既出，曰：「吾嘗將百萬軍，然安知獄吏之貴乎！」（《史記·絳侯周勃世家》，2072～2073頁。）

閆按：漢文帝時，有人告周勃謀反，下廷尉處理，廷尉下其事於長安，當為「長安尹」審理？

前167年（漢文帝前元十三年）五月，齊太倉令淳于公有罪當刑，詔獄逮徙繫長安。太倉公無男，有女五人。太倉公將行會逮，罵其女曰：「生子不生男，有緩急非有益也！」其少女緹縈自傷泣，乃隨其父至長安，上書曰：「妾父為吏，齊中皆稱其廉平，今坐法當刑。妾傷夫死者不可復生，刑者不可復屬，雖復欲改過自新，其道無由也。妾願沒入為官婢，贖父刑罪，使得自新。」書奏天子，天子憐悲其意，乃下詔曰：「蓋聞有虞氏之時，畫衣冠異章服以為僇，而民不犯。何則？至治也。今法有肉刑三，而姦不止，其咎安在？非乃朕德薄而教不明歟？吾甚自愧。故夫馴道不純而愚民陷焉。詩曰「愷悌君子，民之父母」。今人有過，教未施而刑加焉？或欲改行為善而道毋由也。朕甚憐之。夫刑至斷支體，刻肌膚，終身不息，何其楚痛而不德也，豈稱為民父母之意哉！其除肉刑。」

《正義》：《晉書·刑法志》云：「三皇設言而民不違，五帝畫衣冠而民知

禁。犯黥者皁其巾，犯劓者丹其服，犯臏者墨其體，犯宮者雜其屨，大辟之罪，殊刑之極，布其衣裾而無領緣，投之於市，與眾棄之。」

《集解》：李奇曰：「約法三章無肉刑，文帝則有肉刑。」孟康曰：「黥劓二，左右趾合一，凡三。」《索隱》：韋昭云：「斷趾、黥、劓之屬。」崔浩《漢律序》云：「文帝除肉刑而宮不易。」張斐注云：「以淫亂人族序，故不易之也。」（《史記‧孝文本紀》，427～428頁。）

閆按：漢文帝廢除肉刑也。

前167年（漢文帝前元十三年）文帝四年中，人上書言意，以刑罪當傳西之長安。意有五女，隨而泣。意怒，罵曰：「生子不生男，緩急無可使者！」於是少女緹縈傷父之言，乃隨父西。上書曰：「妾父為吏，齊中稱其廉平，今坐法當刑。妾切痛死者不可復生而刑者不可復續，雖欲改過自新，其道莫由，終不可得。妾願入身為官婢，以贖父刑罪，使得改行自新也。」書聞，上悲其意，此歲中亦除肉刑法。

《集解》：徐廣曰：「案年表孝文十二年除肉刑。」《正義》：《漢書刑法志》云「孝文帝即位十三年，除肉刑三」。孟康云：「黥劓二，左右趾一，凡三也。」班固詩曰：「三王德彌薄，惟後用肉刑。太倉令有罪，就逮長安城。自恨身無子，困急獨煢煢。小女痛父言，死者不可生。上書詣闕下，思古歌雞鳴。憂心摧折裂，晨風揚激聲。聖漢孝文帝，惻然感至情。百男何憒憒，不如一緹縈！」（《史記‧扁鵲倉公列傳》，2795～2796頁。）

前156～前141年（漢景帝）魯相初到，民自言相，訟王取其財物百餘人。田叔取其渠率二十人，各笞五十，餘各搏二十，怒之曰：「王非若主邪？何自敢言若主！」魯王聞之大慚，發中府錢，使相償之。相曰：「王自奪之，使相償之，是王為惡而相為善也。相毋與償之。」於是王乃盡償之。（《史記‧田叔列傳》，2777頁。）

正史法律資料類編（《漢書》卷）

一、立法概況

前 1020～前 996 年（周康王十二年）……康王十二年六月戊辰朔，三日庚午，故《畢命豐刑》曰：「惟十（月）（有）二年六月庚午朏，王命作策豐刑。」（《漢書‧律曆志》，第 1017 頁。）

前 206 年（漢王劉邦元年）……十一月，召諸縣豪傑曰：「父老苦秦苛法久矣，誹謗者族，耦語者棄市。吾與諸侯約，先入關者王之，吾當王關中。與父老約，法三章耳：殺人者死，傷人及盜抵罪。餘悉除去秦法。吏民皆按堵如故。凡吾所以來，為父兄除害，非有所侵暴，毋恐！且吾所以軍霸上，待諸侯至而定要束耳。」乃使人與秦吏行至縣鄉邑告諭之。秦民大喜，爭持牛羊酒食獻享軍士……

（應劭曰：「秦法禁民聚語。」師古曰：「族謂誅及其族也。棄市者，取刑人於市，與眾棄之。」

師古曰：「軍中遣人與秦吏相隨，遍至諸縣鄉邑而告諭也。」）（《漢書‧高帝紀》，第 23 頁。）

閆按：此「約法三章」也，是漢初非常重要的立法活動，但參考史實，此立法並未實行，因劉邦被項羽封為漢王，前往巴蜀、漢中。而之後漢王返回關中，所實行的法律已仍為秦朝的法律，即蕭何所次之律令也。此確保了漢王能戰勝項羽，關於這一點，需要參考李開元的著作。

「使人與秦吏行至縣鄉邑告諭之」，此為中國古代法律的傳播方式。秦漢時期的基層法吏有責任傳播法律，宣讀法律。

前 191 年（漢惠帝四年）……省法令妨吏民者；除挾書律。（張晏曰：「秦律敢有挾書者族。」）（《漢書·惠帝紀》，第 90 頁。）

前 187 年（漢呂后元年）元年春正月，詔曰：「前日孝惠皇帝言欲除三族罪、妖言令，（師古曰：『罪之重者戮及三族，過誤之語以為妖言，今謂重酷，皆除之。』議未決而崩，今除之。」（《漢書·高后紀》，第 96 頁。）

前 179 年（漢文帝前元年）十二月……**盡除收帑相坐律令**。（應劭曰：「帑，子也。秦法，一人有罪，並其室家。今除此律。」）（《漢書·文帝紀》，第 110～111 頁。）

前 178 年（漢文帝前二年）五月，詔曰：「古之治天下，朝有進善之旌，誹謗之木，所以通治道而來諫者也。今法有誹謗妖言之罪，（師古曰：高后元年詔除妖言之令，今此又有妖言之罪，是則中間曾重複設此條也。）是使眾臣不敢盡情，而上無由聞過失也。將何以來遠方之賢良？其除之。民或祝詛上，以相約而後相謾，吏以為大逆，其有他言，吏又以為誹謗。此細民之愚，無知抵死，朕甚不取。自今以來，有犯此者勿聽治。」（《漢書·文帝紀》，第 118 頁。）

前 167 年（漢文帝前十三年）五月，除肉刑法，語在《刑法志》。（《漢書·文帝紀》，第 125 頁。）

閏按：漢初以降，除「挾書律、三族罪、妖言令、收帑相坐律令、肉刑法」，可見漢初行寬法。

前 144 年（漢景帝中六年）十二月，改諸官名。定鑄錢偽黃金棄市律。（應劭曰：「文帝五年，聽民放鑄，律尚未除。先時多作偽金，偽金終不可成，而徒損費，轉相誑耀，窮則起為盜賊，故定其律也。」孟康曰：「民先時多作偽金，故其語曰『金可作，世可度』。費損甚多而終不成。民亦稍知其意，犯者希，因此定律也。」師古曰：「應說是。」）（《漢書·景帝紀》，第 148 頁。）

前 66 年（漢宣帝地節四年）……自今子首匿父母，妻匿夫，孫匿大父母，皆勿坐。（師古曰：「凡首匿者，言為謀首而藏匿罪人。」其父母匿子，夫匿妻，大父母匿孫，罪殊死，皆上請廷尉以聞。（《漢書·宣帝紀》，第 251 頁。）

閏按：此漢宣帝時，儒家「親親相隱」之思想入律之重要體現，而對於此重大「殊死」之親屬相隱罪名皆需上報廷尉而審之。

前66年（漢宣帝地節四年）又曰：「令甲，死者不可生，（文穎曰：『蕭何承秦法所作為律令，律經是也。天子詔所增損，不在律上者為令。令甲者，前帝第一令也。』如淳曰：『令有先後，故有令甲、令乙、令丙。』師古曰：『如說是也。甲乙者，若今之第一、第二篇耳。』）刑者不可息。（李斐曰：『息，滅也。若黥劓者，雖欲改過，其創瘢不可覆滅也。』師古曰：『息謂生長也，言劓、刖、臏、割之徒不可更生長，亦猶謂子為息耳。李說非也。』）此先帝之所重，而吏未稱。今繫者或以掠辜若飢寒瘐死獄中，（蘇林曰：『瘐，病也。囚徒病，律名為瘐。』如淳曰：『律，囚以飢寒而死曰瘐。』師古曰：『瘐，病，是也。此言囚或以掠笞及飢寒及疾病而死。如說非矣。』）何用心逆人道也！朕甚痛之。其令郡國歲上繫囚以掠笞若瘐死者所坐名、縣、爵、里，丞相御史課殿最以聞。」（《漢書·宣帝紀》，第252～253頁。）

前63年（漢宣帝元康三年）夏六月，詔曰：「前年夏，神爵集雍。今春，五色鳥以萬數飛過屬縣，翱翔而舞，欲集未下。其令三輔毋得以春夏摘巢探卵，彈射飛鳥。具為令。」（《漢書·宣帝紀》，第258頁。）

前48～前33年（漢元帝）……初，高后時患臣下妄非議先帝宗廟寢園官，故定著令，敢有擅議者棄市。至元帝改制，蠲除此令……（《漢書·韋賢傳》，第3125頁。）

二、法律理論

前26世紀～前22世紀（太昊帝）……任知刑以強，故伯而不王……（《漢書·律曆志》，第1012頁。）

前1075～前1046（商紂）殷道衰，箕子去之朝鮮，教其民以禮義，田蠶織作。樂浪朝鮮民犯禁八條：（師古曰：「八條不具見。」）相殺以當時償殺；相傷以穀償；相盜者男沒入為其家奴，女子為婢，欲自贖者，人五十萬。雖免為民，俗猶羞之，嫁取無所仇，是以其民終不相盜，無門戶之閉，婦人貞信不淫辟……（《漢書·地理志》，第1658頁。）

閆按：這是中華法系在東亞的傳播，參考楊鴻烈的著作。

前1042～前1021年（周成王）……周武王既沒，周道未成，成王幼少，周公屏成王而居攝，以成周道。是以殷有翼翼之化，周有刑錯之功。（師古曰：『謂成康之世囹圄空虛。』）……（《漢書·王莽傳》，第4090～4091頁。）

前 976～前 922 年（周穆王）……自是之後，荒服不至。於是作呂刑之辟。（師古曰：「即《尚書·呂刑》篇是也。辟，法也，音闢。」）……（《漢書·匈奴傳》，第 3745 頁。）

前 536 年（魯昭公六年）《左氏傳》昭公六年「六月丙戌，鄭災」。是春三月，鄭人鑄刑書。士文伯曰：「火見，鄭其火乎？火未出而作火以鑄刑器，臧爭辟焉。（師古曰：『著刑於鼎，故稱刑器。法設下爭，故云爭辟。』）火而象之，不火何為？」說曰：火星出於周五月，而鄭以三月作火鑄鼎，刻刑辟書，以為民約，是為刑器爭辟。故火星出，與五行之火爭明為災，其象然也，又棄法律之占也。不書於經，時不告魯也。（《漢書·五行志》，第 1327 頁。）

前 356～前 207 年（秦）史記曰，秦武王三年渭水赤者三日，昭王三十四年渭水又赤三日。劉向以為近火沴水也。秦連相坐之法，棄灰於道者黥。（孟康曰：「商鞅為政，以棄灰於道必坋人，坋人必鬥，故設黥刑以絕其原也。」臣瓚曰：「棄灰或有火，火則燔廬舍，故刑之也。」師古曰：「孟說是也。坋音蒲頓反。」）罔密而刑虐，加以武伐橫出，殘賊鄰國，至於變亂五行，氣色謬亂。天戒若曰，勿為刻急，將致敗亡。（《漢書·五行志》，第 1438 頁。）

前 306 年（魏襄王十三年）《史記》魏襄王十三年，魏有女子化為丈夫。京房《易傳》曰：「女子化為丈夫，茲謂陰昌，賤人為王；丈夫化為女子，茲謂陰勝，厥咎亡。」一曰，男化為女，宮刑濫也；（如淳曰：『宮刑之行大濫也。』）女化為男，婦政行也。（《漢書·五行志》，第 1472 頁。）

前 221～前 210 年（秦始皇）……蕭、曹（等）皆文吏，自愛，恐事不就，後秦種族其家……（《漢書·高帝紀》，第 7 頁。）

前 221～前 209 年（秦）……咎故蘄獄掾……（《漢書·陳勝項籍傳》，第 1815 頁。）

前 221～前 210 年（秦始皇）……秦皇帝以千八百國之民自養，力罷不能勝其役，財盡不能勝其求。一君之身耳，所以自養者馳騁弋獵之娛，天下弗能供也。勞罷者不得休息，飢寒者不得衣食，亡罪而死刑者無所告訴，人與之為怨，家與之為仇，故天下壞也……（《漢書·賈鄒枚路傳》，第 2332 頁。）

前 221～前 207（秦）……陵夷至於暴秦，燔經書，殺儒士，設挾書之

法，行是古之罪，（師古曰：「以古事為是者即罪之。」）道術由是遂滅……《漢書·楚元王傳》，第 1968～1969 頁。）

前 221～前 207 年（秦）曹參，沛人也。秦時為獄掾……（《漢書·蕭何曹參傳》，第 2013 頁。）

前 221～前 207 年（秦）贊曰：蕭何、曹參皆起秦刀筆吏，（師古曰：」刀所以削書也，古者用簡牒，故吏皆以刀筆自隨也。「）當時錄錄未有奇節……（《漢書·蕭何曹參傳》，第 2021 頁。）

前 221～前 207 年（秦）張蒼，陽武人也，好書律曆。秦時為御史，主柱下方書。（如淳曰：「方，板也，謂事在板上者也。秦置柱下史，蒼為御史，主其事。或曰主四方文書也。」師古曰：「下云蒼自秦時為柱下御史，明習天下圖書計籍，則主四方文書是也。柱下，居殿柱之下，若今侍立御史矣。」）有罪，亡歸……（《漢書·張周趙任申屠傳》，第 2093 頁。）

前 206 年（漢王劉邦元年）……蕭何盡收秦丞相府圖籍文書……（《漢書·高帝紀》，第 23 頁。）前 206 年（漢王劉邦元年）……沛公至咸陽，諸將皆爭走金帛財物之府分之，何獨先入收秦丞相御史律令圖書臧之。沛公具知天下阨塞，戶口多少，彊弱處，民所疾苦者，以何得秦圖書也……（《漢書·蕭何曹參傳》，第 2006 頁。）

閆按：秦丞相府是否藏有律令文書，這是一個疑問？但是諸多法制史書籍均採用之，此內容當從《史記》中來，故以《漢書》、《史記》比對，可以發現許多問題，參考臺灣學者吳昌廉《蕭何收秦圖書初探》。

前 206 年（漢王劉邦元年）……大王之入武關，秋豪亡所害，除秦苛法，與民約，法三章耳，秦民亡不欲得大王王秦者……（《漢書·韓彭英盧吳傳》，第 1864 頁。）

前 206～前 141 年（漢高祖～漢景帝）……孔子曰：「導之以政，齊之以刑，民免而無恥；導之以德，齊之以禮，有恥且格。」老氏稱：「上德不德，是以有德；下德不失德，是以無德。法令滋章，盜賊多有。」信哉是言也！法令者，治之具，而非制治清濁之原也。（師古曰：『言為治之體，亦須法令，而法令非治之本。』）昔天下之罔嘗密矣，然（不）（姦）軌愈起，其極也，上下相遁，至於不振。當是之時，吏治若救火揚沸，非武健嚴酷，惡能勝其任而婾快乎？言道德者，溺於職矣。故曰：「聽訟吾猶人也，必也使無訟乎！」「下士聞道大笑之。」非虛言也。漢興，破觚而為圜，斲琱而為樸，號為罔漏吞舟之

魚。而吏治蒸蒸，不至於姦，黎民艾安。由是觀之，在彼不在此。高后時，酷吏獨有侯封，刻轢宗室，侵辱功臣。呂氏已敗，遂夷侯封之家。孝景時，晁錯以刻深頗用術輔其資，而七國之亂發怒於錯，錯卒被戮。（《漢書・酷吏傳》，第 3645～3646 頁。）

前 206～前 195 年（漢高祖）任敖，沛人也，少為獄吏。高祖嘗避吏，吏繫呂后，遇之不謹⋯⋯漢興二十餘年，天下初定，公卿皆軍吏。蒼為計相時，緒正律曆。以高祖十月始至霸上，故因秦時本十月為歲首，不革。推五德之運，以為漢當水德之時，上黑如故。吹律調樂，入之音聲，及以比定律令。（如淳曰：「比音比次之比。謂五音清濁，各有所比，不相錯入，以定十二律之法令於樂官，使長行之。或曰，比謂比方之比，音必履反。」臣瓚曰：「謂以比故取類，以定法律與條令也。」師古曰：「依如氏之說，比音頻二反。」）若百工，天下作程品。（如淳曰：「若，順也。百工為器物皆有尺寸斤兩斛斗輕重之宜，使得其法，此之謂順。」晉灼曰：「若，豫及之辭。」師古曰：「言吹律調音以定法令，及百工程品，皆取則也。若，晉說是。」）至於為丞相，卒就之。故漢家言律曆者本張蒼。蒼（尤）〔凡〕好書，無所不觀，無所不通，而尤邃律曆。（《漢書・張周趙任申屠傳》，第 2098 頁。）

閆按：漢初之公卿皆為軍吏，即軍功受益階層。漢初之廷尉，吳公之前皆為軍功者。

前 206～前 195 年（漢高祖）⋯⋯初，文王芮，高祖賢之，制詔御史：「長沙王忠，其定著令。」（鄧展曰：『漢約非劉氏不王，而芮王，故著令中，使特王也。或曰，以芮至忠，故著令也。』師古曰：『尋後贊文，或說是也。』）（《漢書・韓彭英盧吳傳》，第 1894～1895 頁。）

前 206～24 年（西漢）《虞書》曰「乃同律度量衡，」所以齊遠近立民信也。自伏戲畫八卦，由數起，至黃帝、堯、舜而大備。三代稽古，法度章焉。周衰官失，孔子陳後王之法，曰：「謹權量，審法度，修廢官，舉逸民，四方之政行矣。」漢興，北平侯張蒼首律曆事，孝武帝時樂官考正。至元始中王莽秉政，欲燿名譽，徵天下通知鍾律者百（餘）餘人，使義和劉歆等典領條奏，言之最詳。故刪其偽辭，取正義，著於篇⋯⋯律十有二，陽六為律，陰六為呂⋯⋯（《漢書・律曆志》，第 955、958 頁。）

閆按：此是漢代歷次修訂律曆之事，而漢代沒有集體修訂律令的事情，故可作為漢代時期的各種學術的集成事件去參考，以此論述漢代的學術集成

活動，而律令沒有，必有其原因。

《呂刑》是否就是律刑？這是一個問題。

前 206～前 174 年（漢初）……其法，拔刃尺者死，坐盜者沒入其家；有罪，小者軋，大者死。獄久者不滿十日，一國之囚不過數人。而單于朝出營，拜日之始生，夕拜月。其坐，長左而北向……（《漢書·匈奴傳》，第 3752頁。）

前 206～24 年（西漢）……故婚姻之禮廢，則夫婦之道苦，而淫辟之罪多；鄉飲之禮廢，則長幼之序亂，而爭鬥之獄蕃；喪祭之禮廢，則骨肉之恩薄，而背死忘先者眾；朝聘之禮廢，則君臣之位失，而侵陵之漸起。故孔子曰：「安上治民，莫　於禮；移風易俗，莫　於樂。」禮節民心，樂和民聲，政以行之，刑以防之。禮樂政刑四達而不悖，則王道備矣。（《漢書·禮樂志》，第 1028 頁。）

前 206～24 年（西漢）……漢興，撥亂反正，日不暇給，猶命叔孫通制禮儀，以正君臣之位。高祖說而歎曰：「吾乃今日知為天子之貴也！」以通為奉常，遂定儀法，未盡備而通終。至文帝時，賈誼以為「漢承秦之敗俗，廢禮義，捐廉恥，今其甚者殺父兄，盜者取廟器，而大臣特以簿書不報期會為故，至於風俗流溢，恬而不怪，以為是適然耳。夫移風易俗，使天下迴心而鄉道，類非俗吏之所能為也。夫立君臣，等上下，使綱紀有序，六親和睦，此非天之所為，人之所設也。人之所設，不為不立，不修則壞。漢興至今二十餘年，宜定制度，興禮樂，然後諸侯軌道，百姓素樸，獄訟衰息」。天子說焉。而大臣絳、灌之屬害之，故其議遂寢。至武帝即位，進用英雋，議立明堂，制禮服，以興太平。會竇太后好黃老言，不說儒術，其事又廢。後董仲舒對策言：「王者欲有所為，宜求其端於天。天道大者，在於陰陽。陽為德，陰為刑。天使陽常居大夏而以生育長養為事，陰常居大冬而積於空虛不用之處，以此見天之任德不任刑也。陽出布施於上而主歲功，陰入伏藏於下而時出佐陽。陽不得陰之助，亦不能獨成歲功。王者承天意以從事，故務德教而省刑罰。刑罰不可任以治世，猶陰之不可任以成歲也。今廢先王之德教，獨用執法之吏治民，而欲德化被四海，故難成也。是故古之王者莫不以教化為大務，立大學以教於國，設庠序以化於邑。教化已明，習俗已成，天下嘗無一人之獄矣。至周末世，大為無道，以失天下。秦繼其後，又益甚之。自古以來，未嘗以亂濟亂，大敗天下如秦者也。習俗薄惡，民人抵冒。今漢繼秦之後，雖欲治之，無可奈

何。法出而姦生，令下而詐起，一歲之獄以萬千數，如以湯止沸，沸俞甚而無益。辟之琴瑟不調，甚者必解而更張之，乃可鼓也。為政而不行，甚者必變而更化之，乃可理也。故漢得天下以來，常欲善治，而至今不能勝殘去殺者，失之當更化而不能更化也。古人有言：『臨淵羨魚，不如歸而結網。』今臨政而願治七十餘歲矣，不如退而更化。更化則可善治，而災害日去，福祿日來矣。」是時，上方征討四夷，銳志武功，不暇留意禮文之事。至宣帝時，琅邪王吉為諫大夫，又上疏言：「欲治之主不世出，公卿幸得遭遇其時，未有建萬世之長策，舉明主於三代之隆者也。其務在於簿書斷獄聽訟而已，此非太平之基也。今俗吏所以牧民者，非有禮義科指可世世通行者也，以意穿鑿，各取一切。是以詐偽萌生，刑罰無極，質樸日消，恩愛寖薄。孔子曰『安上治民，莫善於禮』，非空言也。願與大臣延及儒生，述舊禮，明王制，驅一世之民，濟之仁壽之域，則俗何以不若成康？壽何以不若高宗？」上不納其言，吉以病去。至成帝時，犍為郡於水濱得古磬十六枚，議者以為善祥。劉向因是說上：「宜興辟雍，設庠序，陳禮樂，隆雅頌之聲，盛揖攘之容，以風化天下。如此而不治者，未之有也。或曰，不能具禮。禮以養人為本，如有過差，是過而養人也。刑罰之過，或至死傷。今之刑，非皋陶之法也，而有司請定法，削則削，筆則筆，救時務也。至於禮樂，則曰不敢，是敢於殺人不敢於養人也。為其俎豆筦弦之間小不備，因是絕而不為，是去小不備而就大不備，（大不備）或莫甚焉。夫教化之比於刑法，刑法輕，是舍所重而急所輕也。且教化，所恃以為治也，刑法所以助治也。今廢所恃而獨立其所助，非所以致太平也。自京師有悖逆不順之子孫，至於陷大辟受刑戮者不絕，繇不習五常之道也。夫承千歲之衰周，繼暴秦之餘敝，民漸漬惡俗，貪饕險詖，不閑義理，不示以大化，而獨毆以刑罰，終已不改。故曰：『導之以禮樂，而民和睦。』初，叔孫通將制定禮儀，見非於齊魯之士，然卒為漢儒宗，業垂後嗣，斯成法也。」成帝以向言下公卿議，會向病卒，丞相大司空奏請立辟雍。案行長安城南，營表未作，遭成帝崩，群臣引以定謚。及王莽為宰衡，欲燿眾庶，遂興辟癰，因以篡位，海內畔之。世祖受命中興，撥亂反正，改定京師於土中。即位三十年，四夷賓服，百姓家給，政教清明，乃營立明堂、辟癰。顯宗即位，躬行其禮，宗祀光武皇帝於明堂，養三老五更於辟癰，威儀既盛美矣。然德化未流洽者，禮樂未具，群下無所誦說，而庠序尚未設之故也。孔子曰：「譬如為山，未成一簣，止，吾止也。」今叔孫通所撰禮儀，與律令同錄，臧於理官，（師古曰：

「理官，即法官也。」）法家又復不傳。漢典寢而不著，民臣莫有言者。又通沒之後，河間獻王採禮樂古事，稍稍增輯，至五百餘篇。今學者不能昭見，但推士禮以及天子，說義又頗謬異，故君臣長幼交接之道浸以不章。（《漢書‧禮樂志》，第 1030～1035 頁。）

閆按：此叔孫通所撰禮儀與律令同藏於理官之處，可能就是廷尉府，此當為廷尉之職能也。而這個時候法家之學已經終結，所以漢武帝時期是律學時代之前法律學術轉變的關鍵，即從法家之學到法吏之學，這個時候的主流，就是法吏之學（這是自己思考中國古代律學時代之前法律學術的生存狀態）。

前 206～24 年（西漢）杓端有兩星：一內為矛，招搖；一外為盾，天蜂。有句圜十五星，屬杓，曰賤人之牢。牢中星實則囚多，虛則開出⋯⋯參為白虎。三星直者，是為衡石。下有三星，銳，曰罰，為斬艾事⋯⋯凡五星所聚宿，其國王天下：從歲以義，從熒惑以禮，從填以重，從太白以兵，從辰以法。以法者，以法致天下也⋯⋯《星傳》曰：「日者德也，月者刑也，故曰日食修德，月食修刑。」然而曆紀推月食，與二星之逆亡異。熒惑主內亂，太白主兵，月主刑。自周室衰，亂臣賊子師旅數起，刑罰失中，雖其亡亂臣賊子師旅之變，內臣猶不治，四夷猶不服，兵革猶不寢，刑罰猶不錯，故二星與月為之失度，三變常見；及有亂臣賊子伏屍流血之兵，大變乃出⋯⋯《星傳》曰：「月入畢則將相有以家犯罪者」，言陰盛也⋯⋯（《漢書‧天文志》，第 1275、1278、1286～1287、1291、1295 頁。）

閆按：此天文與法律的關係，實在是讀不大懂，但非常有意思，古人世界中的法律問題一定是在一個自己的世界產生的，有當時的文化特性，而天文必定是重要的一部分。可以參看方瀟的《天文與法律》。

前 206～24 年（西漢）《傳》曰：「棄法律，逐功臣，殺太子，以妾為妻，則火不炎上。」（《漢書‧五行志》，第 1320 頁。）

前 206～24 年（西漢）此條資料主要收集《漢書‧藝文志》中的法律文獻著錄：

六藝略‧春秋

《公羊董仲舒治獄》十六篇。（《漢書‧藝文志》，第 1714 頁。）

諸子略‧儒家

《李克》七篇。（子夏弟子，為魏文侯相。）（《漢書‧藝文志》，第 1724 頁。）

......

《周政》六篇。（周時法度政教。）

《周法》九篇。（法天地，立百官。）

《河間周制》十八篇。（似河間獻王所述也。）（子夏弟子，為魏文侯相。）（《漢書・藝文志》，第 1725 頁。）

諸子略・法家

《李子》三十二篇。（名悝，相魏文侯，富國彊兵。）

《商君》二十九篇。（名鞅，姬姓，衛後也，相秦孝公，有列傳。）

《申子》六篇。（名不害，京人，相韓昭侯，終其身諸侯不敢侵韓。）

《處子》九篇。（師古曰：「《史記》云趙有處子。」）

《慎子》四十二篇。（名到，先申韓，申韓稱之。）

《韓子》五十五篇。（名非，韓諸公子，使秦，李斯害而殺之。）

《游棣子》一篇。

《晁錯》三十一篇。

《燕十事》十篇。不知作者。

法家言二篇。不知作者。

右法十家，二百一十七篇。法家者流，蓋出於理官，信賞必罰，以輔禮制。《易》曰「先王以明罰飭法」，此其所長也。及刻者為之，則無教化，去仁愛，專任刑法而欲以致治，至於殘害至親，傷恩薄厚。（師古曰：「薄厚者，變厚為薄。」）（《漢書・藝文志》，第 1735～1736 頁。）

諸子略・名家

《鄧析》二篇。鄭人，與子產並時。（師古曰：「列子及孫卿並云子產殺鄧析。據《左傳》，昭公二十年子產卒，定公九年駟歂殺鄧析而用其竹刑，則非子產所殺也。」）（《漢書・藝文志》，第 1735～1736 頁。）

閆按：《漢書・藝文志》辨章學術，考鏡源流，此中法律資料之分析，尤為重要，以藝文志分析學術體系，是不錯的學術觀點。具體參考辛德勇、潘晟的關於地理學的文獻在目錄學分析上的意義，還有葛兆光的《中國思想史》。關於法律的內容，參看閆強樂《法家與法吏——秦漢時期法律學術問題研究》。

前204～前24年（西漢）誰毀誰譽，譽其有試。泯泯群黎，化成良吏。淑人君子，時同功異。沒世遺愛，民有餘思。述《循吏傳》第五十九。上替下

陵，姦軌不勝，猛政橫作，刑罰用興。曾是強圉，掊克為雄，報虐以威，殃亦凶終。述《酷吏傳》第六十。（《漢書・敘傳》，第 4266 頁。）

前 206～前 179 年（漢高祖～漢文帝）漢興，除秦煩苛，約法令，施德惠，人人自安，難動搖，三矣。（《漢書・文帝紀》，第 106 頁。）

前 206～24 年（西漢）……民三年耕，則餘一年之畜。衣食足而知榮辱，廉讓生而爭訟息，故三載考績……（《漢書・食貨志》，第 1123 頁）

前 206～前 154 年（漢高祖～漢景帝）晁錯，穎川人也。學申商刑名於軹張恢生所，（師古曰：「軹縣之儒生姓張名恢，錯從之受申商法也。」）與洛陽宋孟及劉帶同師。以文學為太常掌故。（應劭曰：「掌故，六百石吏，主故事。」）（《漢書・爰盎晁錯傳》，第 2276～2277 頁。）

閏按：晁錯即為漢初之法家，故《漢書・藝文志》諸子略・法家中晁錯的著述。

前 206～24 年（西漢）……匈奴法，漢使不去節，不以墨黥其面，不得入穹廬。師古曰：「以墨黥面也。」王烏，北地人，習胡俗，去其節，黥面入廬。單于愛之……（《漢書・匈奴傳》，第 3772 頁。）

前 203 年（漢王劉邦四年）「……吾以義兵從諸侯誅殘賊，使刑餘罪人擊公，何苦乃與公挑戰！」……（《漢書・高帝紀》，第 44 頁。）

前 202 年（漢高祖五年）……詔曰：「諸侯子在關中者，復之十二歲，其歸者半之。民前或相聚保山澤，不書名數，今天下已定，令各歸其縣，復故爵田宅，吏以文法教訓辨告，勿笞辱。民以飢餓自賣為人奴婢者，皆免為庶人。軍吏卒會赦，其亡罪而亡爵及不滿大夫者，皆賜爵為大夫。（如淳曰：『軍吏卒會赦，得免罪，及本無罪而亡爵級者，皆賜爵為大夫。』）故大夫以上賜爵各一級，其七大夫以上，皆令食邑，（臣瓚曰：『秦制，列侯乃得食邑，今七大夫以上皆食邑，所以寵之也。』）非七大夫以下，皆復其身及戶，勿事。」又曰：「七大夫、公乘以上，皆高爵也。諸侯子及從軍歸者，甚多高爵，吾數詔吏先與田宅，及所當求於吏者，亟與。爵或人君，上所尊禮，久立吏前，曾不為決，不早為決斷。」甚亡謂也。異日秦民爵公大夫以上，令丞與亢禮。今吾於爵非輕也，吏獨安取此！且法以有功勞行田宅，今小吏未嘗從軍者多滿，而有功者顧不得，背公立私，守尉長吏教訓甚不善。其令諸吏善遇高爵，稱吾意。且廉問，有不如吾詔者，以重論之。」（《漢書・高帝紀》，第 54～55 頁。）

　　前 201 年（漢高祖六年）初，高祖不修文學，而性明達，好謀，能聽，自監門戍卒，見之如舊。初順民心作三章之約。天下既定，命蕭何次律令，韓信申軍法，張蒼定章程，（如淳曰：「章，曆數之章術也。程者，權衡丈尺斗斛之平法也。」師古曰：「程，法式也。」）叔孫通制禮儀，陸賈造《新語》。又與功臣剖符作誓，丹書鐵契，金匱石室，藏之宗廟。雖日不暇給，規摹弘遠矣。（《漢書·高帝紀》，第 80～81 頁。）

　　閆按：蕭何次律令，故漢初，漢承秦制，基本繼承秦代的法律體系，蕭何根據時代的變化修改律令，此亦當劉邦自漢中返回關中之後也，此為漢初的法律概況，是否就是後世所說的《九章律》，需要認真的梳理資料。這時候是法吏之學，因蕭何為秦代的法吏，漢初的軍功受益階層，從事法律的修改。

　　前 200 年（漢高祖七年）……趙堯為符璽御史，趙人方與公謂御史大夫周昌曰：「君之史趙堯，年雖少，然奇士，君必異之，是且代君之位。」昌笑曰：「堯年少，刀筆吏耳，何至是乎！」……（《漢書·張周趙任申屠傳》，第 2096 頁。）

　　前 200～前 141 年（漢初）公孫弘，菑川薛人也。少時為獄吏，有罪，免。家貧，牧豕海上。年四十餘，乃學《春秋》雜說。（《漢書·公孫弘卜式兒寬》，第 2613 頁。）

　　閆按：公孫弘法吏出身，後學《春秋》，在漢武帝時期，以儒飾法。同時公孫弘任左內史時間，各種史料存在矛盾之處，需要考釋。

　　前 193（漢惠帝二年）惠帝二年正月癸酉旦，有兩龍見於蘭陵廷東里溫陵井中，至乙亥夜去。劉向以為龍貴象而困於庶人井中，象諸侯將有幽執之禍。其後呂太后幽殺三趙王，諸呂亦終誅滅。京房《易傳》曰：「有德遭害，厥妖龍見井中。」又曰：「行刑暴惡，黑龍從井出。」（《漢書·五行志》，第 1466～1467 頁。）

　　前 193 年（漢惠帝二年）……蕭何薨，參聞之，告舍人趣治行，」吾且入相。「居無何，使者果召參。參去，屬其後相曰：」以齊獄市為寄，慎勿擾也。「……（《漢書·蕭何曹參傳》，第 2018 頁。）

　　前 179 年（漢文帝前元年）……居頃之，上益明習國家事，朝而問右丞相勃曰：「天下一歲決獄幾何？」勃謝不知。問「天下錢穀一歲出入幾何？」勃又謝不知。汗出洽背，媿不能對。上亦問左丞相平。平曰：「（各）有主者。」

上曰：「主者為誰乎？」平曰：「陛下即問決獄，責廷尉；問錢穀，責治粟內史。」……（《漢書・張陳王周傳》，第 2049 頁。）

闓按：廷尉之職能即為問決獄也，廷尉之職責。

前 179～前 177 年（漢文帝）……及孝文初即位，自以為最親，驕蹇，數不奉法。上寬赦之。三年，入朝，甚橫。從上入苑獵，與上同輦，常謂上「大兄」。厲王有材力，力扛鼎，乃往請辟陽侯。辟陽侯出見之，即自袖金椎椎之，命從者刑之。（如淳曰：「刻其形體，備五刑也。」師古曰：「直斷其首，非五刑也。事見《史記》。」）馳詣闕下，肉袒而謝曰：「臣母不當坐趙時事，辟陽侯力能得之呂后，不爭，罪一也。趙王如意子母無罪，呂后殺之，辟陽侯不爭，罪二也。呂后王諸呂，欲以危劉氏，辟陽侯不爭，罪三也。臣謹為天下誅賊，報母之仇，伏闕下請罪。」文帝傷其志，為親故不治，赦之。當是時，自薄太后及太子諸大臣皆憚厲王。厲王以此歸國益恣，不用漢法，出入警蹕，稱制，自做法令，數上書不遜順……（《漢書・淮南衡山濟北王傳》，第 2136 頁。）

前 179～前 157 年（漢文帝）……專務以德化民，是以海內殷富，興於禮義，斷獄數百，幾致刑措。（應劭曰：「措，置也。民不犯法，無所刑也。」師古曰：「斷獄數百者，言普天之下死罪人不過數百。」）（《漢書・文帝紀》，第 135 頁。）

前 179～前 157 年（漢文帝）……除誹謗，去肉刑，賞賜長老，收恤孤獨，以遂群生；減耆欲，不受獻，罪人不帑，（蘇林曰：「刑不及妻子。」）不誅亡罪，不私其利也；除宮刑，出美人……（《漢書・景帝紀》，第 137 頁。）

前 179～前 157 年（漢文帝）……民貧，則姦邪生。貧生於不足，不足生於不農，不農則不地著，不地著則離鄉輕家，民如鳥獸，雖有高城深池，嚴法重刑，猶不能禁也。（《漢書・食貨志》，第 1130 頁）

前 179～前 157 年（漢文帝）……今法律賤商人，商人已富貴矣；尊農夫，農夫已貧賤矣。故俗之所貴，主之所賤也；吏之所卑，法之所尊也。上下相反，好惡乖迕，而欲國富法立，不可得也。方今之務，莫若使民務農而已矣。欲民務農，在於貴粟；貴粟之道，在於使民以粟為賞罰。今募天下入粟縣官，得以拜爵，得以除罪。如此，富人有爵，農民有錢，粟有所渫。夫能入粟以受爵，皆有餘者也；取於有餘，以供上用，則貧民之賦可損，所謂損有餘補不足，令出而民利者也……粟者，民之所種，生於地而不乏。夫得高爵與免

罪，人之所甚欲也。使天下（人）入粟於邊，以受爵免罪，不過三歲，塞下之粟必多矣。（《漢書・食貨志》，第 1133～1134 頁）

閆按：此漢代法律對於商人的規定，似乎漢代商人與賈人是有區別的，應該重視這個問題。

《漢書・地理志》（第 1661 頁）明確有記載「臨淄、海、岱之間一都會也，其中具五民云。（服虔曰：『士、農、商、工、賈也』。如淳曰：『遊子樂其俗，不復歸，故有五方之民也。』師古曰：『如說是』。）」

前 179～前 157 年（漢文帝）……今吳王前有太子之隙，詐稱病不朝，於古法當誅。文帝不忍，因賜几杖，德至厚也……高曰：「今者主上任用邪臣，聽信讒賊，變更律令，侵削諸侯，徵求滋多，誅罰良重，日以益甚……」（《漢書・荊燕吳傳》，第 1906～1907 頁。）

前 179～前 157 年（漢文帝）孝文時，為燕相，至將軍。布稱曰：「窮困不能辱身，非人也；富貴不能快意，非賢也。」於是嘗有德，厚報之；有怨，必以法滅之……（《漢書・季布欒布田叔傳》，第 1981 頁。）

前 179～前 157 年（漢文帝）……其為法令也，合於人情而後行之……五伯之佐之為人臣也，察身而不敢誣，奉法令不容私，盡心力不敢矜，遭患難不避死，見賢不居其上，受祿不過其量，不以亡能居尊顯之位。自行若此，可謂方正之士矣。其立法也，非以苦民傷眾而為之機陷也，以之興利除害，尊主安民而救暴亂也。其行賞也，非虛取民財妄予人也，以勸天下之忠孝而明其功也。故功多者賞厚，功少者賞薄。如此，斂民財以顧其功，而民不恨者，知與而安己也。其行罰也，非以忿怒妄誅而從暴心也，以禁天下不忠不孝而害國者也。故罪大者罰重，罪小者罰輕。如此，民雖伏罪至死而不怨者，知罪罰之至，自取之也。立法若此，可謂平正之吏矣。法之逆者，請而更之，不以傷民；主行之暴者，逆而復之，不以傷國。救主之失，補主之過，揚主之美，明主之功，使主內亡邪辟之行，外亡騫污之名。事君若此，可謂直言極諫之士矣。此五伯之所以德匡天下，威正諸侯，功業甚美，名聲章明。舉天下之賢主，五伯與焉……妄賞以隨（善）（喜）意，妄誅以快怒心，法令煩僭，刑罰暴酷，輕絕人命，身自射殺……今陛下配天象地，覆露萬民，絕秦之跡，除其亂法；躬親本事，廢去淫末；除苛解嬈，寬大愛人；肉刑不用，罪人亡帑；（師古曰：「謂除收帑相坐律。亡讀曰無。帑讀曰孥。」非謗不治，鑄錢者除；（張晏曰：「除鑄錢之律，聽民得自鑄也。」）通關去塞，（張晏曰：「文帝十二年，

除關不用傳。」）不孽諸侯；賓禮長老，愛卹少孤；罪人有期，（張晏曰：「早決之也。」）晉灼曰：「《刑法志》云『罪人各以輕重不亡逃，有年而免』。滿其年，免為庶人也。」）後宮出嫁；尊賜孝悌，農民不租；明詔軍師，愛士大夫；求進方正，廢退姦邪；除去陰刑，（張晏曰：「宮刑也。」）害民者誅；憂勞百姓，列侯就都；親耕節用，視民不奢。所為天下興利除害，變法易故，以安海內者，大功數十，皆上世之所難及，陛下行之，道純德厚，元元之民幸矣。詔策曰「永惟朕之不德」，愚臣不足以當之……錯又言宜削諸侯事，及法令可更定者，書凡三十篇。（《漢書‧爰盎晁錯傳》，第2294～2299頁。）

閆按：此書三十篇，是否就是《漢書‧藝文志》的《晁錯三十一篇》？

前179～前157年（漢文帝）韓安國字長孺，梁成安人也，後徙睢陽。嘗受《韓子》、雜說鄒田生所。（《漢書‧竇田灌韓傳》，第2394頁。）

閆按：韓安國亦受韓非之學，故其在文景時期應該是有法家之學的影響，故這一出身，應該去考察他的任職，即是否有法律類職官的經歷。

前179～前157年（漢文帝）……然孝文本好刑名之言。及至孝景，不任儒，竇太后又好黃老術，故諸博士具官待問，未有進者……（《漢書‧儒林傳》，第3592頁。）

前179～前125年（漢文帝～漢武帝）張歐字叔，高祖功臣安丘侯說少子也。孝文時以治刑名侍太子，（師古曰：「劉向《別錄》云申子學號曰刑名。刑名者，循名以責實，其尊君卑臣，崇上抑下，合於六經。說者云，刑，刑家，名，名家也，即太史公所論六家之（一）（二）也。此說非。）然其人長者。景帝時尊重，常為九卿。至武帝元朔中，代韓安國為御史大夫。為吏，未嘗言按人，專以誠長者處官。官屬以為長者，亦不敢大欺。上具獄事，有可卻，卻之；不可者，不得已，為涕泣，面而封之。（如淳曰：「不正視，若不見者也。」晉灼曰：「面對囚讀而封之，使其聞見，死而無恨也。」師古曰：「二說皆非也。面謂偝之也，言不忍視之，與呂馬童面之同義。」）其愛人如此。（《漢書‧萬石衛直周張傳》，第3204頁。）

閆按：此是法家在漢文帝到漢武帝時期的一個人物，同時亦是法吏之學的代表，所以這一時期當時法家之學向法吏之學的過渡。

前179年（漢文帝前元年）賈誼，雒陽人也，年十八，以能誦詩書屬文稱於郡中。河南守吳公聞其秀材，召置門下，甚幸愛。文帝初立，聞河南守吳公治平為天下第一，故與李斯同邑，而嘗學事焉，（師古曰：「事之而從其學

也。」）徵以為廷尉。廷尉乃言誼年少，頗通諸家之書。文帝召以為博士……
然諸法令所更定，及列侯就國，其說皆誼發之……斯遊遂成，卒被五刑；（應
劭曰：「李斯西遊於秦，身登相位，二世時為趙高所讒，身伏五刑。」）……百
姓素樸，獄訟衰息……若此諸王，雖名為臣，實皆有布衣昆弟之心，慮亡不
帝制而天子自為者。擅爵人，赦死罪，甚者或戴黃屋，漢法令非行也。雖行不
軌如厲王者，令之不肯聽，召之安可致乎！幸而來至，法安可得加！動一親
戚，天下圜視而起，（師古曰：「不軌，謂不修法制也。致，至也。」應劭曰：
「圜，精正視也。」師古曰：「言驚愕也。」）……權勢法制，人主之斤斧也……
商君遺禮義，棄仁恩，並心於進取，行之二歲，秦俗日敗。故秦人家富子壯則
出分，家貧子壯則出贅……俗吏之所務，在於刀筆筐篋，（師古曰：「刀所以
削書札。筐篋所以盛書。」）而不知大（禮）（體）……《筦子》曰：（師古曰：
「筦與管同。管子，管仲也。」）「禮義廉恥，是謂四維；四維不張，國乃滅
亡。」使筦子愚人也則可，筦子而少知治體，則是豈可不為寒心哉！秦滅四
維而不張，故君臣乖亂，六親殃戮，奸人並起，萬民離叛，凡十三歲，（而）
社稷為虛……夫三代之所以長久者，以其輔翼太子有此具也。及秦而不然。
其俗固非貴辭讓也，所上者告訐也；固非貴禮義也，所上者刑罰也。使趙高
傅胡亥而教之獄，所習者非斬劓人，則夷人之三族也。故胡亥今日即位而明
日射人，忠諫者謂之誹謗，深計者謂之妖言，其視殺人若艾草菅然。豈惟胡
亥之性惡哉？彼其所以道之者非其理故也……夫禮者禁於將然之前，而法者
禁於已然之後，是故法之所用易見，而禮之所為生難知也。若夫慶賞以勸善，
刑罰以懲惡，先王執此之政，堅如金石，行此之令……信如四時，據此之公，
無私如天地耳，豈顧不用哉？然而曰禮云禮云者，貴絕惡於未萌，而起教於
微眇，使民日遷善遠罪而不自知也。孔子曰：「聽訟，吾猶人也，必也使毋訟
乎！」（師古曰：「《論語》載孔子之言也。言使吾聽訟，與眾人齊等，然能先
以德義化之，使其無訟。」）為人主計者，莫如先審取舍；取舍之極定於內，
而安危之萌應於外矣。安者非一日而安也，危者非一日而危也，皆以積漸然，
不可不察也。人主之所積，在其取捨。以禮義治之者，積禮義；以刑罰治之
者，積刑罰。刑罰積而民怨背，禮義積而民和親。故世主欲民之善同，而所以
使民善者或異。或道之以德教，或導之以法令。道之以德教者，德教洽而民
氣樂；導之以法令者，法令極而民風哀。哀樂之感，禍福之應也。秦王之欲尊
宗廟而安子孫，與湯武同，然而湯武廣大其德行，六七百歲而弗失，秦王治

天下，十餘歲則大敗。此亡它故矣，湯武之定取捨審而秦王之定取捨不審矣。夫天下，大器也。今人之置器，置諸安處則安，置諸危處則危。天下之情與器亡以異，在天子之所置之。湯武置天下於仁義禮樂，而德澤洽，禽獸草木廣裕，德被蠻貊四夷，累子孫數十世，此天下所共聞也。秦王置天下於法令刑罰，德澤亡一有，而怨毒盈於世，下憎惡之如仇仇，　幾及身，子孫誅絕，此天下之所共見也。是非其明效大驗邪！人之言曰：「聽言之道，必以其事觀之，則言者莫敢妄言。」今或言禮誼之不如法令，教化之不如刑罰，人主胡不引殷、周、秦事以觀之也？人主之尊譬如堂，群臣如陛，眾庶如地。故陛九級上，廉遠地，則堂高；陛亡級，廉近地，則堂卑。高者難攀，卑者易陵，理勢然也。故古者聖王制為等列，內有公卿大夫士，外有公侯伯子男，然後有官師小吏，延及庶人，等級分明，而天子加焉，故其尊不可及也。里諺曰：「欲投鼠而忌器。」此善諭也。鼠近於器，尚憚不投，恐傷其器，況於貴臣之近主乎！廉恥節禮以治君子，故有賜死而亡戮辱。是以黥劓之罪不及大夫，以其離主上不遠也。禮不敢齒君之路馬，蹴其芻者有罰；見君之几杖則起，遭君之乘車則下，入正門則趨；君之寵臣雖或有過，刑戮之罪不加其身者，尊君之故也。此所以為主上豫遠不敬也，所以體貌大臣而厲其節也。今自王侯三公之貴，皆天子之所改容而禮之也，古天子之所謂伯父、伯舅也，而令與眾庶同黥劓髡刖笞傌棄市之法，然則堂不亡陛虖？被戮辱者不泰迫虖？廉恥不行，大臣無乃握重權，大官而有徒隸亡恥之心虖？夫望夷之事，二世見當以重法者，（如淳曰：「決罪曰當。閻樂殺二世於望夷宮，本由秦制無忌上之風也。」）投鼠而不忌器之習也。臣聞之，履雖鮮不加於枕，冠雖敝不以苴履。夫嘗已在貴寵之位，天子改容而體貌之矣，吏民嘗俯伏以敬畏之矣，今而有過，帝令廢之可也，退之可也，賜之死可也，滅之可也；若夫束縛之，繫縛之，輸之司寇，編之徒官，（師古曰：「司寇，主刑罰之官。編，次列也。」）司寇小吏詈罵而榜笞之，殆非所以令眾庶見也。夫卑賤者習知尊貴者之一旦吾亦乃可以加此也，（蘇林曰：「知其有一旦之刑。」）非所以習天下也，非尊尊貴貴之化也。夫天子之所嘗敬，眾庶之所嘗寵，死而死耳，賤人安宜得如此而頓辱之哉！豫讓事中行之君，智伯伐而滅之，移事智伯。及趙滅智伯，豫讓釁面吞炭，必報襄子，五起而不中。人問豫子，豫子曰：「中行眾人畜我，我故眾人事之；智伯國士遇我，我故國士報之。」故此一豫讓也，反君事讎，行若狗彘，已而抗節致忠，行出虖列士，人主使然也。故主上遇其大臣如遇

犬馬，彼將犬馬自為也；如遇官徒，彼將官徒自為也。頑頓亡恥訽亡節，廉恥不立，且不自好，苟若而可，故見利則逝，見便則奪。主上有敗，則因而挻之矣；主上有患，則吾苟免而已，立而觀之耳；有便吾身者，則欺賣而利之耳。人主將何便於此？群下至眾，而主上至少也，所託財器職業者粹於群下也。俱亡恥，俱苟妄，則主上最病。故古者禮不及庶人，刑不至大夫，所以厲寵臣之節也。古者大臣有坐不廉而廢者，不謂不廉，曰「簠簋不飾」；坐污穢淫亂男女亡別者，不曰污穢，曰「帷薄不修」；坐罷軟不勝任者，不謂罷軟，曰「下官不職」。故貴大臣定有其罪矣，猶未斥然正以呼之也，尚遷就而為之諱也。故其在大譴大何之域者，聞譴何則白冠氂纓，盤水加劍，造請室而請罪耳，（應劭曰：「請室，請罪之室。」蘇林曰：「音絜清。胡公漢官車駕出有請室令在前先驅，此官有別獄也。」如淳曰：「水性平，若己有正罪，君以平法治之也。加劍，當以自刎也。或曰，殺牲者以盤水取頸血，故示若此也。」師古曰：「應、如二說皆是。」）上不執縛繫引而行也。其有中罪者，聞命而自弛，上不使人頸盭而加也。其有大罪者，聞命則北面再拜，跪而自裁，上不使捽抑而刑之也，曰：「子大夫自有過耳！吾遇子有禮矣。」遇之有禮，故群臣自喜；嬰以廉恥，故人矜節行。上設廉恥禮義以遇其臣，而臣不以節行報其上者，則非人類也。故化成俗定，則為人臣者主耳忘身，國耳忘家，公耳忘私，利不苟就，害不苟去，唯義所在。上之化也，故父兄之臣誠死宗廟，法度之臣誠死社稷，輔翼之臣誠死君上，守圉扞敵之臣誠死城郭封疆。故曰聖人有金城者，比物此志也。彼且為我死，故吾得與之俱生；彼且為我亡，故吾得與之俱存；夫將為我危，故吾得與之皆安。顧行而忘利，守節而仗義，故可以託不禦之權，可以寄六尺之孤。此厲廉恥行禮誼之所致也，主上何喪焉！此之不為，而顧彼之久行，故曰可為長太息者此也。是時丞相絳侯周勃免就國，人有告勃謀反，逮繫長安獄治，卒亡事，復爵邑，故賈誼以此譏上。上深納其言，養臣下有節。是後大臣有罪，皆自殺，不受刑。至武帝時，稍復入獄，自寧成始。初，文帝以代王入即位，後分代為兩國，立皇子武為代王，參為太原王，小子勝則梁王矣。後又徙代王武為淮陽王，而太原王參為代王，盡得故地。居數年，梁王勝死，亡子。誼復上疏曰：

陛下即不定制，如今之勢，不過一傳再傳，諸侯猶且人恣而不制，豪植而大強，漢法不得行矣。陛下所以為蕃扞及皇太子之所恃者，唯淮陽、代二國耳。代北邊匈奴，與強敵為鄰，能自完則足矣。而淮陽之比大諸侯，廑如黑

子之著面，適足以餌大國耳，不足以有所禁禦。方今制在陛下，制國而令子適足以為餌，豈可謂工哉！人主之行異布衣。布衣者，飾小行，競小廉，以自託於鄉黨，人主唯天下安社稷固不耳。高皇帝瓜分天下以王功臣，反者如蝟毛而起，以為不可，故蕲去不義諸侯而虛其國。擇良日，立諸子洛陽上東門之外，畢以為王，而天下安。故大人者，不牽小行，以成大功。今淮南地遠者或數千里，越兩諸侯，而縣屬於漢。其吏民繇役往來長安者，自悉而補，中道衣敝，錢用諸費稱此，其苦屬漢而欲得王至甚，逋逃而歸諸侯者已不少矣。其勢不可久。臣之愚計，願舉淮南地以益淮陽，而為梁王立後，割淮陽北邊二三列城與東郡以益梁；不可者，可徙代王而都睢陽。梁起於新郪以北著之河，淮陽包陳以南揵之江，則大諸侯之有異心者，破膽而不敢謀。梁足以扞齊、趙，淮陽足以禁吳、楚，陛下高枕，終亡山東之憂矣，此二世之利也。當今恬然，適遇諸侯之皆少，數歲之後，陛下且見之矣。夫秦日夜苦心勞力以除六國之禍，今陛下力制天下，頤指如意，高拱以成六國之禍，難以言智。苟身亡事，畜亂宿禍，孰視而不定，萬年之後，傳之老母弱子，將使不寧，不可謂仁。臣聞聖主言問其臣而不自造事，故使人臣得畢其愚忠。唯陛下財幸！文帝於是從誼計，乃徙淮陽王武為梁王，北界泰山，西至高陽，得大縣四十餘城；徙城陽王喜為淮陽王，撫其民。時又封淮南厲王四子皆為列侯。誼知上必將復王之也，上疏諫曰：「竊恐陛下接王淮南諸子，曾不與如臣者孰計之也。淮南王之悖逆亡道，天下孰不知其罪？陛下幸而赦遷之，自疾而死，天下孰以王死之不當？今奉尊罪人之子，適足以負謗於天下耳。此人少壯，豈能忘其父哉？白公勝所為父報仇者，大父與伯父、叔父也。白公為亂，非欲取國代主也，發憤快志，剡手以衝仇人之匈，固為俱靡而已。淮南雖小，黥布嘗用之矣，漢存特幸耳。夫擅仇人足以危漢之資，於策不便。雖割而為四，四子一心也。予之眾，積之財，此非有子胥、白公報於廣都之中，即疑有專諸、荊軻起於兩柱之間，所謂假賊兵為虎翼者也。願陛下少留計！」梁王勝墜馬死，常哭泣，後歲餘，亦死。賈生之死，年三十三矣。後四歲，齊文王薨，亡子。文帝思賈生之言，乃分齊為六國，盡立悼惠王子六人為王；又遷淮南王喜於城陽，分淮南為三國，盡立厲王三子以王之。後十年，文帝崩，景帝立，三年而吳、楚、趙與四齊王合從舉兵，西鄉京師，梁王扞之，卒破七國。至武帝時，淮南厲王子為王者兩國亦反誅。《漢書·賈誼傳》，第 2221～2222、2227、2231、2234～2235、2236、2244～2247、2251～2264 頁。）

　　閏按：賈生師吳公，吳公與李斯同鄉，並從之學習，當為法家之學也，賈誼亦當受到法家思想的影響。故賈誼有更定法令之作為，這當是法家在漢初的存在之例證也。賈誼之策論中的法家思想就是這具體的體現。

　　前179～前157年（漢文帝）孝文皇帝時，貴廉絜，賤貪污，賈人贅婿及吏坐贓者皆禁錮不得為吏，賞善罰惡，不阿親戚，罪白者伏其誅，疑者以與民，亡贖罪之法，故令行禁止，海內大化，天下斷獄四百，與刑錯亡異。武帝始臨天下，尊賢用士，闢地廣境數千里，自見功大威行，遂從耆欲，用度不足，乃行壹切之變，使犯法者贖罪，入穀者補吏，是以天下奢侈，官亂民貧，盜賊並起，亡命者眾。郡國恐伏其誅，則擇便巧史書習於計簿能欺上府者，以為右職；姦軌不勝，則取勇猛能操切百姓者，以苛暴威服下者，使居大位。故亡義而有財者顯於世，欺謾而善書者尊於朝，悖逆而勇猛者貴於官。故俗皆曰：「何以孝悌為？財多而光榮。何以禮義為？史書而仕宦。何以謹慎為？勇猛而臨官。」故黥劓而髡鉗者猶復攘臂為政於世，行雖犬彘，家富勢足，目指氣使，是為賢耳。故謂居官而置富者為雄桀，處姦而得利者為壯士，兄勸其弟，父勉其子，俗之壞敗，乃至於是！察其所以然者，皆以犯法得贖罪，求士不得真賢，相守崇財利，誅不行之所致也。今欲興至治，致太平，宜除贖罪之法。相守選舉不以實，及有臧者，輒行其誅，亡但免官，則爭盡力為善，貴孝悌，賤賈人，進真賢，舉實廉，而天下治矣……以其舍法度而任私意，奢侈行而仁義廢也……（《漢書・王貢兩龔鮑傳》，第3077～3078頁。）

　　前179～前141年（漢文帝～漢景帝）……至於文、景，遂移風易俗。是時循吏如河南守吳公、蜀守文翁之屬，皆謹身帥先，居以廉平，不至於嚴，而民從化……（《漢書・循吏傳》，第3623頁。）

　　前177年（漢文帝前三年）……且秦以任刀筆之吏，爭以亟疾苛察相高，其敝徒文具，亡惻隱之實……（《漢書・張馮汲鄭傳》，第2308頁。）

　　前177年（漢文帝前三年）……其後，拜釋之為廷尉。（《漢書・張馮汲鄭傳》，第2309～2310頁。）

　　前175年（漢文帝前五年）……賈誼諫曰：法使天下公得顧租鑄銅錫為錢，敢雜以鉛鐵為它巧者，其罪黥。然鑄錢之情，非殽雜為巧，則不可得贏；而殽之甚微，為利甚厚。（師古曰：「微謂精妙也。言殽雜鉛鐵，其術精妙，不可覺知，而得利甚厚，故令人輕犯之，姦不可止也。」）夫事有召禍而法有起姦，今令細民人操造幣之勢，各隱屏而鑄作，因欲禁其厚利微姦，雖黥罪日

報，其勢不止。乃者，民人抵罪，多者一縣百數，及吏之所疑，榜笞奔走者甚眾。夫縣法以誘民，使入陷阱，孰積於此！曩禁鑄錢，死罪積下；今公鑄錢，黥罪積下。為法若此，上何賴焉……今農事棄捐而采銅者日蕃，釋其耒耨，冶鎔炊炭，姦錢日多，五穀不為多。善人怵而為姦邪，願民陷而之刑戮，刑戮將甚不詳，奈何而忽！國知患此，吏議必曰禁之。禁之不得其術，其傷必大。令禁鑄錢，則錢必重；（師古曰：「令謂法令也。」）重則其利深，盜鑄如雲而起，棄市之罪又不足以禁矣。姦數不勝而法禁數潰，銅使之然也。故銅布於天下，其為禍博矣。（《漢書·食貨志》，第 1153～1155 頁。）

前 174 年（漢文帝前六年）……王至長安，丞相張蒼，典客馮敬行御史大夫事，與宗正、廷尉雜奏：「長廢先帝法，不聽天子詔，居處無度，為黃屋蓋儗天子，擅為法令，不用漢法。及所置吏，以其郎中春為丞相，收聚漢諸侯人及有罪亡者，匿與居，為治家室，賜與財物爵祿田宅，爵或至關內侯，奉以二千石所當得。大夫但、士伍開章等七十人（如淳曰：「律，有罪失官爵，稱士伍也。開章，名。」）與棘蒲侯太子奇謀反，欲以危宗廟社稷，謀使閩越及匈奴發其兵。事覺，長安尉奇等往捕開章，長匿不予，與故中尉蕑忌謀，殺以閉口，為棺槨衣衾，葬之肥陵，謾吏曰『不知安在』。又陽聚土，樹表其上曰『開章死，葬此下』。及長身自賊殺無罪者一人；令吏論殺無罪者六人；為亡命棄市詐捕命者以除罪；（晉灼曰：「亡命者當棄市，而王藏之。詐捕不命者而言命，以脫命者之罪。」師古曰：「為音於偽反。」）擅罪人，無告劾繫治城旦以上十四人；敗免罪人死罪十八人，城旦舂以下五十八人；賜人爵關內侯以下九十四人。前日長病，陛下心憂之，使使者賜棗脯，長不肯見拜使者。南海民處廬江界中者反，淮南吏卒擊之。陛下遣使者賫帛五十匹，以賜吏卒勞苦者。長不欲受賜，謾曰『無勞苦者』。南海王織上書獻璧帛皇帝，忌擅燔其書，不以聞。吏請召治忌，長不遣，謾曰『忌病』。長所犯不軌，當棄市，臣請論如法。」制曰：「朕不忍置法於王，其與列侯吏二千石議。」列侯吏二千石臣嬰等四十三人議，皆曰：「宜論如法。」制曰：「其赦長死罪，廢勿王。」有司奏：「請處蜀嚴道邛郵，遣其子、子母從居，縣為築蓋家室，皆日三食，給薪菜鹽炊食器席蓐。」制曰：「食長，給肉日五斤，酒二斗。令故美人材人得幸者十人從居。」於是盡誅所與謀者。乃遣長，載以輜車，令縣次傳。爰盎諫曰：「上素驕淮南王，不為置嚴相傅，以故至此。且淮南王為人剛，今暴摧折之，臣恐其逢霧露病死，陛下有殺弟之名，奈何！」上曰：「吾特苦之耳，

令復之。」淮南王謂侍者曰：「誰謂乃公勇者？吾以驕不聞過，故至此。」乃不食而死。縣傳者不敢發車封。至雍，雍令發之，以死聞。上悲哭，謂爰盎曰：「吾不從公言，卒亡淮南王。」盎曰：「淮南王不可奈何，願陛下自寬。」上曰：「為之奈何？」曰：「獨斬丞相、御史以謝天下乃可。」上即令丞相、御史逮諸縣傳淮南王不發封餽侍者，皆棄市。乃以列侯葬淮南王於雍，置守冢三十家。（《漢書·淮南衡山濟北王傳》，第 2141～2143 頁。）

前 166 年（漢文帝前十四年）……文吏以法繩之。其賞不行，吏奉法必用。愚以為陛下法太明，賞太輕，罰太重。且雲中守尚坐上功首虜差六級，陛下下之吏，削其爵，罰作之……（《漢書·張馮汲鄭傳》，第 2314 頁。）

前 156～前 141 年（漢景帝）景帝即位，以錯為內史。錯數請間言事，輒聽，幸傾九卿，法令多所更定……丞相奏事，因言錯擅鑿廟垣為門，請下廷尉誅。上曰：「此非廟垣，乃壖中垣，不致於法。」丞相謝……錯所更令三十章，諸侯讙嘩……後十餘日，丞相青翟、中尉嘉、廷尉歐劾奏錯曰……（《漢書·爰盎晁錯傳》，第 2299～2300、2302 頁。）

閆按：此當為廷尉之主要職責的體現。

前 156～前 141 年（漢景帝）……不識孝景時以數直諫為太中大夫，為人廉，謹於文法。（《漢書·李廣蘇建傳》，第 2442 頁。）

前 156～前 141 年（漢景帝）……是時民樸，畏罪自重，而都獨先嚴酷，致行法不避貴戚，列侯宗室見都側目而視，號曰「蒼鷹」。臨江王徵詣中尉府對簿，（師古曰：『簿者，獄辭之文書也，音步戶反。』）臨江王欲得刀筆為書謝上，而都禁吏弗與。魏其侯使人間予臨江王。臨江王既得，為書謝上，因自殺。竇太后聞之，怒，以危法中都，都免歸家。景帝乃使使即拜都為雁門太守，便道之官，得以便宜從事。匈奴素聞郅都節，舉邊為引兵去，竟都死不近雁門。匈奴至為偶人象都，令騎馳射，莫能中，其見憚如此。匈奴患之。乃中都以漢法。景帝曰：「都忠臣。」欲釋之。竇太后曰：「臨江王獨非忠臣乎？」於是斬都也。（《漢書·酷吏傳》，第 3648 頁。）

前 156～前 135 年（漢景帝～漢武帝）黯學黃老言，治官民，好清靜，擇丞史任之，責大指而已，不細苛。黯多病，臥閣內不出。歲餘，東海大治，稱之。上聞，召為主爵都尉，列於九卿。治務在無為而已，引大體，不拘文法。為人性倨，少禮……（《漢書·張馮汲鄭傳》，第 2316 頁。）

前 156～前 130 年（漢初）張湯，杜陵人也。父為長安丞，出，湯為兒守

舍。還，鼠盜肉，父怒，笞湯。湯掘薰得鼠及餘肉，劾鼠掠治，傳爰書，訊鞫論報，並取鼠與肉，具獄磔堂下。（師古曰：「具為治獄之文，處正其罪而磔鼠也。」）父見之，視文辭如老獄吏，大驚，遂使書獄。（如淳曰：「決獄之書，謂律令也。」）父死後，湯為長安吏。周陽侯為諸卿時，嘗繫長安，湯傾身事之……（《漢書・張湯傳》，第2637頁。）

　　閆按：此完整的獄訟程序。

　　前156～前130年（漢景帝～漢武帝）……久之，都死，後長安左右宗室多犯法，上召成為中尉。其治效郅都，其廉弗如，然宗室豪傑人皆惴恐。武帝即位，徙為內史，外戚多毀成之短，抵罪髡鉗。是時九卿死即死，少被刑，而成刑極，自以為不復收，（如淳曰：『以被重刑，將不復見收用也。』師古曰：『刑極者，言殘毀之重也。』）乃解脫，詐刻傳出關歸家。稱曰：「仕不至二千石，賈不至千萬，安可比人乎！」乃貰貸陂田千餘頃，假貧民，役使數千家。數年，會赦，致產數千萬，為任俠，持吏長短，出從數十騎……（《漢書・酷吏傳》，第3649～3650頁。）

　　前141～前125年（漢武帝）……遷為長陵及長安令，直法行治，不避貴戚。以捕案太后外孫修成子中，上以為能，遷為河內都尉。至則族滅其豪穰氏之屬，河內道不拾遺……杜衍杜周為縱爪牙之吏，任用，遷為廷尉史……於是徙縱為定襄太守。縱至，掩定襄獄中重罪二百餘人，及賓客昆弟私入相視者亦二百餘人。縱壹切捕鞠，曰「為死罪解脫」。（孟康曰：『壹切皆捕之也。律，諸囚徒私解脫桎梏鉗赭，加罪一等；為人解脫，與同罪。縱鞠相賂餉者二百人以為解脫死罪，盡殺之。』師古曰：『鞠，窮也，謂窮治也。』）是日皆報殺四百餘人。郡中不寒而慄，猾民佐吏為治。是時趙禹、張湯為九卿矣，然其治尚寬，輔法而行，縱以鷹擊毛摯為治。後會更五銖錢白金起，民為姦，京師尤甚，乃以縱為右內史，王溫舒為中尉。溫舒至惡，所為弗先言縱，縱必以氣陵之，敗壞其功。其治，所誅殺甚多，然取為小治，姦益不勝，直指始出矣。吏之治以斬殺縛束為務，閻奉以惡用矣。縱廉，其治效郅都。上幸鼎湖，病久，已而卒起幸甘泉，道不治。上怒曰：「縱以我為不行此道乎？」銜之。至冬，楊可方受告緡，縱以為此亂民，部吏捕其為可使者。天子聞，使杜式治，以為廢格沮事，棄縱市。後一歲，張湯亦死。（《漢書・酷吏傳》，第3655頁。）

　　閆按：杜衍、杜周是在義縱手下為法吏，是標準的法吏之學的代表。

　　前 141～前 87（漢武帝）王溫舒，陽陵人也……數廢。數為吏，以治獄至廷尉史。事張湯，遷為御史，督盜賊，殺傷甚多。稍遷至廣平都尉，擇郡中豪敢往吏十餘人為爪牙，已而試縣亭長，皆把其陰重罪，而縱使督盜賊，師古曰：「縱，放也。督，察視也。」快其意所欲得。此人雖有百罪，弗法；即有避回，夷之，亦滅宗。」以故齊趙之郊盜不敢近廣平，廣平聲為道不拾遺。上聞，遷為河內太守。」素居廣平時，皆知河內豪奸之家。及往，以九月至，令郡具私馬五十疋，為驛自河內至長安，部吏如居廣平時方略，捕郡中豪猾，相連坐千餘家。上書請，大者至族，小者乃死，家盡沒入償臧。奏行不過二日，得可，事論報，至流血十餘里。河內皆怪其奏，以為神速。盡十二月，郡中無犬吠之盜。其頗不得，失之旁郡，追求，會春，溫舒頓足歎曰：「嗟乎，令冬月益展一月，卒吾事矣！」其好殺行威不愛人如此。上聞之，以為能，遷為中尉。其治復放河內，徙請召猜禍吏與從事，河內則楊皆、麻戊，關中揚贛、成信等。義縱為內史，憚之，未敢恣治。及縱死，張湯敗後，徙為延尉。而尹齊為中尉坐法抵罪，溫舒復為中尉。為人少文，居它惛惛不辯，至於中尉則心開。素習關中俗，知豪惡吏，豪惡吏盡復為用。吏苛察淫惡少年，投缿購告言姦，置伯落長以收司奸。溫舒多諂，善事有勢者；即無勢，視之如奴。有勢家，雖有奸如山，弗犯；無勢，雖貴戚，必侵辱。舞文巧，請下戶之猾，以動大豪。其治中尉如此。姦猾窮治，大氐盡靡爛獄中，行論無出者。其爪牙吏虎而冠。於是中尉部中中猾以下皆伏，有勢者為遊聲譽，稱治。數歲，其吏多以權貴富。溫舒擊東越還，議有不中意，坐以法免。是時上方欲作通天臺而未有人，溫舒請覆中尉脫卒，得數萬人作。上說，拜為少府。徙右內史，治如其故，姦邪少禁。坐法失官，復為右輔，行中尉，如故操。歲餘，會宛軍發，詔徵豪吏。溫舒匿其吏華成，及人有變告溫舒受員騎錢，它奸利事，罪至族，自殺。其時兩弟及兩婚家亦各自坐它罪而族。光祿勳徐自為曰：「悲夫！夫古有三族，而王溫舒罪至同時而五族乎！」（師古曰：『溫舒與弟同三族，而兩妻家各一，故為五也。』）溫舒死，家累千金。（《漢書‧酷吏傳》，第 3655～3658 頁。）

　　閆按：王溫舒，行苛法，自廷尉史，任職地方，自張湯、義縱後任廷尉。

　　前 156～前 87 年（漢景帝～漢武帝）景、武間，文翁為蜀守，教民讀書法令，未能篤信道德，反以好文刺譏，貴慕權勢。（《漢書‧地理志》，第 1645 頁。）

　　閏按：文翁為蜀地太守，教民讀書法令，此即法吏之學的主要內容，即法律的普及過程。

　　前 156～前 87 年（漢景帝～漢武帝）……盜賊銷，則刑罰少；刑罰少，則陰陽和，四時正，風雨時……臣聞周有天下，其治三百餘歲，成康其隆也，刑錯四十餘年而不用……（《漢書·嚴朱吾丘主父徐嚴終王賈傳》，第 2810～2811 頁。）

　　前 155 年（漢景帝前二年）……二年，朝錯為內史，貴倖用事，諸法令多所請變更，議以適罰侵削諸侯……傳子至孫臾，有罪，國除。（《漢書·張周趙任申屠傳》，第 2102 頁。）

　　前 155～前 92 年（漢景帝～漢武帝）……彭祖為人巧佞，卑諂足共，而心刻深，好法律，持詭辯以中人。多內寵姬及子孫。相二千石欲奉漢法以治，則害於王家……彭祖立六十餘年，相二千石無能滿二歲，輒以罪去，大者死，小者刑。以故二千石莫敢治，而趙王擅權……彭祖不好治宮室禨祥，好為吏。上書願督國中盜賊。常夜從走卒行徼邯鄲中。諸使過客，以彭祖險陂，莫敢留邯鄲。（《漢書·景十三王傳》，第 2419～2420 頁。）

　　閏按：這一點資料表明，漢初時期諸侯國與漢朝廷之間法律的施行問題，即諸侯國地區漢代國家法律普及的問題。同時趙王劉彭祖好法律，好為吏，當是漢武帝時期的法吏之學的一個重要的代表。

　　前 154 年（漢景帝三年）……漢法，父子俱，有死事，得與喪歸……（《漢書·竇田灌韓傳》，第 2382 頁。）

　　前 154 年（漢景帝三年）……有所愛幸少年，以為郎。郎與後宮亂，端禽滅之，及殺其子母。數犯法，漢公卿數請誅端，天子弗忍，而端所為滋甚。有司比再請，削其國，去太半。端心慍，遂為無訾省。府庫壞漏，盡腐財物，以鉅萬計，終不得收徙。令吏毋得收租賦。端皆去衛，封其宮門，從一門出入。數變名姓，為布衣，之它國。相二千石至者，奉漢法以治，端輒求其罪告之，亡罪者詐藥殺之。所以設詐究變，彊足以距諫，知足以飾非。相二千石從王治，則漢繩以法。（《漢書·景十三王傳》，第 2418～2419 頁。）

　　閏按：這一點資料表明，漢初時期諸侯國與漢朝廷之間法律的施行問題，即諸侯國地區漢代國家法律普及的問題。

　　前 150 年（漢景帝前七年）後數歲，叔坐法失官。梁孝王使人殺漢議臣爰盎，景帝召叔案梁，具得其事。還報，上曰：「梁有之乎？」對曰：「有之。」

「事安在？」叔曰：「上無以梁事為問也。今梁王不伏誅，是廢漢法也；如其伏誅，太后食不甘味，臥不安席，此憂在陛下。」……（《漢書·季布欒布田叔傳》，第 1983 頁。）

前 149 年（漢景帝中元年）……竇太后好老子書，召問固。固曰：「此家人言耳。」太后怒曰：「安得司空城旦書乎！」（服虔曰：『道家以儒法為急，比之於律令也。』）乃使固入圈擊彘……（《漢書·儒林傳》，第 3612～3613 頁。）

前 144 年（漢景帝中六年）五月，詔曰：「夫吏者，民之師也，車駕衣服宜稱。吏六百石以上，皆長吏也，亡度者或不吏服，出入閭里，與民亡異。令長吏二千石車朱兩轓，千石至六百石朱左轓。車騎從者不稱其官衣服，下吏出入閭巷亡吏體者，二千石上其官屬，三輔舉不如法令者，皆上丞相御史請之。」先是吏多軍功，車服尚輕，故為設禁。又惟酷吏奉憲失中，乃詔有司減笞法，定箠令。語在《刑法志》。（《漢書·景帝紀》，第 149 頁。）

閆按：先是吏有軍功，此漢初軍功受益階層也，後隨著帝制統治不斷完善，吏之出身有了明確的制度，法吏階層逐漸興起，以維持漢帝國的日常法律運作，參考李開元的著作。

前 143～前 141（漢景帝末年）……景帝末，為蜀郡守，仁愛好教化。見蜀地辟陋有蠻夷風，文翁欲誘進之，乃選郡縣小吏開敏有材者張叔等十餘人親自飭厲，遣詣京師，受業博士，或學律令。減省少府用度，買刀布蜀物，齎計吏以遺博士。數歲，蜀生皆成就還歸，文翁以為右職，用次察舉，官有至郡守刺史者。又修起學官於成都市中，招下縣子弟以為學官弟子，為除更繇，高者以補郡縣吏，次為孝悌力田。常選學官僮子，使在便坐受事。每出行縣，益從學官諸生明經飭行者與俱，使傳教令，出入閨閣。縣邑吏民見而榮之，數年，爭欲為學官弟子，富人至出錢以求之。繇是大化，蜀地學於京師者比齊魯焉。至武帝時，乃令天下郡國皆立學校官，自文翁為之始云。（《漢書·循吏傳》，第 3625～3626 頁。）

閆按：文翁於蜀地建立學官，同時派遣官員去長安學習，其中有「律令」之內容。

前 140 年（漢武帝建元元年）冬十月，詔丞相、御史、列侯、中二千石、二千石、諸侯相舉賢良方正直言極諫之士。丞相綰奏：「所舉賢良，或治申、商、韓非、蘇秦、張儀之言，（應劭曰：『申不害，韓昭侯相也。衛公孫鞅為秦

孝公相，封於商，號商君韓非，韓諸公子，非，名也。蘇秦為關東從長。張儀為秦昭王相，為衡說以抑諸侯。』李奇曰：『申不害書執術。商鞅為法，賞不失卑，刑不諱尊，然深刻無恩德。韓非兼行申、商之術。』）亂國政，請皆罷。」奏可。（《漢書・武帝紀》，第 155～156 頁。）

閆按：此為法家之學的重要資料。學申韓之學在漢武帝時期仍然存在，只是這個時候與縱橫家皆被打擊。這是法家之學在漢武帝時期的概況。

前 140～前 130 年（漢武帝）……景帝時，由為郡守。武帝即位，吏治尚修謹，然由居二千石中最為暴酷驕恣。所愛者，撓法活之；所憎者，曲法滅之。所居郡，必夷其豪。為守，視都尉如令；為都尉，陵太守，奪之治。汲黯為忮，司馬安之文惡，（孟康曰：『以文法傷害人也。』）俱在二千石列，同車未嘗敢均茵馮。後由為河東都尉，與其守勝屠公爭權，相告言，勝屠公當抵罪，（議）（義）不受刑，自殺，而由棄市。（《漢書・酷吏傳》，第 3650 頁。）

前 140～前 105 年（漢武帝）……太史公仕於建元、元封之間，愍學者不達其意而師悖，乃論六家之要指曰：《易大傳》曰：「天下一致而百慮，同歸而殊塗。」夫陰陽、儒、墨、名、法、道德，此務為治者也，直所從言之異路，有省不省耳……法家嚴而少恩，然其正君臣上下之分，不可改也……法家不別親疏，不殊貴賤，壹斷於法，則親親尊尊之恩絕矣，可以行一時之計，而不可長用也，故曰「嚴而少恩」。若尊主卑臣，明分職不得相踰越，雖百家不能改也……夫禮禁未然之前，法施已然之後；法之所為用者易見，而禮之所為禁者難知……漢興，蕭何次律令，韓信申軍法，張蒼為章程，叔孫通定禮儀，則文學彬彬稍進，詩書往往間出。自曹參薦蓋公言黃老，而賈誼、朝錯明申韓……（《漢書・司馬遷傳》，第 2709～2710、2713、2718、2723 頁。）

閆按：此即司馬談《論六家要旨》，法家之流別。法家是漢代儒生界定的學術概念，在漢景帝～漢武帝時期已經無傳，最後一個法家應該是晁錯，參看李銳關於九流十家的文章，還有閆強樂的秦漢時期法律學術研究的成果。

前 140～前 95 年（漢武帝）杜周，南陽杜衍人也。義縱為南陽太守，以周為爪牙，薦之張湯，為廷尉史。使案邊失亡，所論殺甚多。奏事中意，任用，與減宣更為中丞者十餘歲。周少言重遲，而內深次骨。（李奇曰：『其用法深刻至骨。』）宣為左內史，周為廷尉，其治大抵放張湯，而善候司。上所欲

擠者，因而陷之；上所欲釋，久繫待問而微見其冤狀。客有謂周曰：「君為天下決平，不循三尺法，（孟康曰：『以三尺竹簡書法律也。』師古曰：『循，因也，順也。』）專以人主意指為獄，獄者固如是乎？」周曰：「三尺安出哉？前主所是著為律，後主所是疏為令；（師古曰：『著謂明表也。疏謂分條也。』）當時為是，何古之法乎！」至周為廷尉，詔獄亦益多矣。二千石繫者新故相因，不減百餘人。郡吏大府舉之廷尉，（如淳曰：『郡吏，太守也。』文穎曰：『大府，公府也。』孟康曰：『舉之廷尉，以章劾付廷尉治之也。』師古曰：『孟說非也。舉，皆也。言郡吏大府獄事皆歸廷尉也。大府，丞相、御史之府也。』）一歲至千餘章。章大者連逮證案數百，小者數十人；遠者數千里，近者數百里。會獄，吏因責如章告劾，（師古曰：『皆令服罪如所告劾之本章。』）不服，以掠笞定之。於是聞有逮證，皆亡匿。獄久者至更數赦十餘歲而相告言，（師古曰：『更，歷也。其罪或非赦例，故不得除，而久逃亡不出至於十餘歲，猶相告言，由周用法深刻故也。更音工衡反。』）大氐盡詆以不道，以上廷尉及中都官，詔獄逮至六七萬人，（師古曰：『中都官，凡京師諸官府也。獄辭所及，追考問者六七萬人也。』）吏所增加十有餘萬。周中廢，後為執金吾，逐捕桑弘羊、衛皇后昆弟子刻深，上以為盡力無私，遷為御史大夫。始周為廷史，有一馬，（師古曰：『廷史，即廷尉史也。』）及久任事，列三公，而兩子夾河為郡守，家訾累鉅萬矣。治皆酷暴，唯少子延年行寬厚云。（《漢書·杜周傳》，第 2659～2661 頁。）

閆按：杜周任廷尉，行苛法，於律令亦有研究，後有大杜律。

前 140～前 87 年（漢武帝）……故貧民常衣牛馬之衣，而食犬彘之食。重以貪暴之吏，刑戮妄加，民愁亡聊，亡逃山林，轉為盜賊，赭衣半道，斷獄歲以千萬數……（《漢書·食貨志》，第 1137 頁。）

前 140～前 87 年（漢武帝）……干戈日滋，行者齎，居者送，中外騷擾相奉，百姓抏敝以巧法，財賂衰耗而不澹。入物者補官，出貨者除罪，選舉陵夷，廉恥相冒，武力進用，法嚴令具，興利之臣自此而始。（《漢書·食貨志》，第 1157 頁。）

前 140～前 87 年（漢武帝）……乃募民能入奴婢得以終身復，為郎增秩，（師古曰：「庶人入奴婢則復終身，先為郎者就增其秩也。一曰入奴婢少者復終身，多者得為郎，舊為郎更增秩也。」）……有司請令民得買爵及贖禁錮免（臧）（減）罪；請置賞官，名曰武功爵。（臣瓚曰：「茂陵中書有武功爵，

一級曰造士，二級曰閒輿衛，三級曰良士，四級曰元戎士，五級曰官首，六級曰秉鐸，七級曰千夫，八級曰樂卿，九級曰執戎，十級曰政戾庶長，十一級曰軍衛。此武帝所制，以寵軍功。」師古曰：「此下云級十七萬，凡直三十餘萬金，今瓚所引茂陵中書止於十一級，則計數不足，與本文乖矣。或者茂陵書說之不盡也。」）級十七萬，凡直三十餘萬金。諸買武功爵官首者試補吏，先除；千夫如五大夫；（師古曰：「五大夫，舊二十等爵之第九級也。至此以上，始免徭役，故每先選以為吏。千夫者，武功十一等爵之第七也，亦得免役，今則先除為吏，比於五大夫也。」）其有罪又減二等；爵得至樂卿，以顯軍功……自（公）孫弘以春秋之義繩臣下取漢相，張湯以峻文決理為廷尉，於是見知之法生，而廢格沮誹窮治之獄用矣。（張晏曰：「吏見知不舉劾為故縱，官有所作，廢格沮敗誹謗，則窮治之也。」如淳曰：「廢格天子文法，使不行也。誹謂非上所行，若顏異反脣之比也。」）其明年，淮南、衡山、江都王謀反跡見，而公卿尋端治之，竟其黨與，坐而死者數萬人，吏益慘急而法令察……（《漢書·食貨志》，第1158～1160頁。）

前140～前87年（漢武帝）……自造白金五銖錢後五歲，而赦吏民之坐盜鑄金錢死者數十萬人。其不發覺相殺者，不可勝計。赦自出者百餘萬人。然不能半自出，天下大氐無慮皆鑄金錢矣。犯法者眾，吏不能盡誅，於是遣博士褚大、徐偃等分行郡國，舉并兼之徒守相為利者。而御史大夫張湯方貴用事，減宣、杜周等為中丞，義縱、尹齊、王溫舒等用急刻為九卿，直指夏蘭之屬始出。而大農顏異誅矣。初，異為濟南亭長，以廉直稍遷至九卿。上與湯既造白鹿皮幣，問異。異曰：「今王侯朝賀以倉璧，直數千，而其皮薦反四十萬，本末不相稱。」天子不說。湯又與異有隙，及人有告異以它議，事下湯治。異與客語，客語初令下有不便者，異不應，微反脣。湯奏當異九卿見令不便，不入言而腹非，（師古曰：「當謂處斷其罪。」）論死。自是後有腹非之法比，（師古曰：「比，則例也，」）而公卿大夫多詔諛取容。天（下）（子）既下緡錢令而尊卜式，百姓終莫分財佐縣官，於是告緡錢縱矣。楊可告緡遍天下，中家以上大氐皆遇告。杜周治之，獄少反者。（如淳曰：「治匿緡之罪，其獄少有反者。」）乃分遣御史廷尉正監分曹往，（服虔曰：「分曹職案行也。」）（往）即治郡國緡錢，得民財物以億計，奴婢以千萬數，田大縣數百頃，小縣百餘頃，宅亦如之……乃徵諸犯令，相引數千人，名曰「株送徒」。入財者得補郎，郎選衰矣。（應劭曰：「株，根本也。送，致也。」如淳曰：「株，蔕也。諸坐

博戲事決為徒者，能入錢，得補郎。」李奇曰：「先至者為魁株也。」師古曰：「言被牽引者為其根株所送當充徒役，而能入財者，即當補郎。」）……邊兵不足，乃發武庫工官兵器以澹之。車騎馬乏，縣官錢少，買馬難得，乃著令，令封君以下至三百石吏以上差出（牡）（牝）馬天下亭，亭有畜字馬，歲課息……弘羊又請令民得入粟補吏，及罪以贖。令民入粟甘泉各有差，以復終身，不復告緡……（《漢書·食貨志》，第 1168～1173、1175 頁。）

前 138 年（漢武帝建元三年）吾丘壽王字子贛，趙人也。年少，以善格五召待詔。詔使從中大夫董仲舒受春秋，高材通明。遷侍中中郎，坐法免……於是秦兼天下，廢王道，立私議，滅詩書而首法令，（師古曰：『以法令為首。』）去仁恩而任刑戮，墮名城，殺豪傑，銷甲兵，折鋒刃。其後，民以鉏耰棰梃相撻擊，犯法滋眾，盜賊不勝，至於赭衣塞路，群盜滿山，卒以亂亡。故聖王務教化而省禁防，知其不足恃也……後坐事誅。（《漢書·嚴朱吾丘主父徐嚴終王賈傳》，第 2794、2796、2798 頁。）

前 140～前 87 年（漢武帝）……孝武之世，外攘四夷，內改法度，民用彫敝，姦軌不禁。時少能以化治稱者，惟江都相董仲舒、內史公孫弘、兒寬，居官可紀。三人皆儒者，通於世務，明習文法，以經術潤飾吏事，天子器之。仲舒數謝病去，弘、寬至三公。（《漢書·循吏傳》，第 3623～3624 頁。）

閆按：漢武帝時，以儒飾法，諸人皆儒者而通文法。

前 140～前 87 年（漢武帝）尹齊，東郡茌平人也。以刀筆吏稍遷至御史。事張湯，湯數稱以為廉。武帝使督盜賊，斬伐不避貴勢。遷關都尉，聲甚於寧成。上以為能，拜為中尉。吏民益彫敝，輕齊木彊少文，豪惡吏伏匿而善吏不能為治，以故事多廢，抵罪……（《漢書·酷吏傳》，第 3659 頁。）

前 140～前 87 年（漢武帝）楊僕，宜陽人也。以千夫為吏。河南守舉為御史，使督盜賊關東，治放尹齊，以敢擊行。稍遷至主爵都尉，上以為能……（《漢書·酷吏傳》，第 3659 頁。）

前 140～前 87 年（漢武帝）……咸宣，楊人也。以佐史給事河東守。衛將軍青使買馬河東，見宣無害，言上，徵為廄丞。官事辦，稍遷至御史及（中）丞，使治主父偃及淮南反獄，所以微文深詆殺者甚眾，稱為敢決疑。數廢數起，為御史及中丞者幾二十歲。王溫舒為中尉，而宣為左內史。其治米鹽，事小大皆關其手，自部署縣名曹寶物，官吏令丞弗得擅搖，痛以重法繩之。居官數年，壹切為小治辯，然獨宣以小至大，能自行之，難以為經。中廢為右扶

風，坐怒其吏成信，信亡藏上林中，宣使郿令將吏卒，闌入上林中蠶室門攻亭格殺信，射中苑門，宣下吏，為大逆當族，自殺。而杜周任用。是時郡守尉諸侯相二千石欲為治者，大抵盡效王溫舒等，而吏民益輕犯法，盜賊滋起。南陽有梅免、百政，楚有段中、杜少，齊有徐勃，燕趙之間有堅盧、范主之屬。大群至數千人，擅自號，攻城邑，取庫兵，釋死罪，縛辱郡守都尉，殺二千石，為檄告縣趣具食；小群以百數，掠鹵鄉里者不可稱數。於是上始使御史中丞、丞相長史使督之，猶弗能禁，乃使光祿大夫范昆、諸部都尉及故九卿張德等衣繡衣持節，虎符發兵以興擊，斬首大部或至萬餘級。及以法誅通行飲食，坐相連郡，甚者數千人。數歲，乃頗得其渠率。散卒失亡，復聚黨阻山川。往往而群，無可奈何。於是作沈命法，曰：「群盜起不發覺，發覺而弗捕滿品者，二千石以下至小吏主者皆死。」其後小吏畏誅，雖有盜弗敢發，恐不能得，坐課累府，府亦使不言。故盜賊浸多，上下相為匿，以避文法焉。（《漢書‧酷吏傳》，第3661～3663頁。）

閏按：御史中丞也有治理獄訟的職能。

前138年（漢武帝建元三年）……久之，隆慮公主子昭平君尚帝女夷安公主，隆慮主病困，以金千斤錢千萬為昭平君豫贖死罪，上許之。隆慮主卒，昭平君日驕，醉殺主傅，獄繫內官。以公主子，廷尉上請請論。（師古曰：『論決其罪也。』）左右人人為言：「前又入贖，陛下許之。」上曰：「吾弟老有是一子，死以屬我。」於是為之垂涕歎息，良久曰：「法令者，先帝所造也，用弟故而誣先帝之法，吾何面目入高廟乎！又下負萬民。」乃可其奏，哀不能自止，左右盡悲……皋陶為大理（師古曰：『以其作士，士亦理官。』）……久之，朔上書陳農戰彊國之計，因自訟獨不得大官，欲求試用。其言專商鞅、韓非之語也，指意放蕩，頗復詼諧，辭數萬言，終不見用。（《漢書‧東方朔傳》，第2851～2852、2860、2863～2864頁。）

閏按：對於權貴，廷尉在審判處理的時候一般需要上請皇帝。

前135年（漢武帝建元六年）……及竇太后崩，武安君田蚡為丞相，黜黃老、刑名百家之言，延文學儒者以百數，而公孫弘以治春秋為丞相封侯，天下學士靡然鄉風矣……（《漢書‧儒林傳》，第3593頁。）

前134年（漢武帝元光元年）……五月，詔賢良曰：「朕聞昔在唐虞，畫像而民不犯，（應劭曰：『二帝但畫衣冠，異章服，而民不敢犯也。』）師古曰：《白虎通》云『畫像者，其衣服象五刑也。犯墨者蒙巾，犯劓者以赭著其衣，

犯髕者以墨蒙其髕象而畫之，犯宮者扉，犯大辟者布衣無領。』墨謂以墨黥其面也。劓，截其鼻也。髕，去膝蓋骨也。宮，割其陰也。扉，草屨也。）日月所燭，莫不率俾。周之成康，刑錯不用……（《漢書·武帝紀》，第160～161頁。）

前134年（漢武帝元光元年）……諸侯背畔，殘賊良民以爭壤土，廢德教而任刑罰。刑罰不中，則生邪氣……陽為德，陰為刑；刑主殺而德主生。是故陽常居大夏，而以生育養長為事；陰常居大冬，而積於空虛不用之處。以此見天之任德不任刑也。天使陽出布施於上而主歲功，使陰入伏於下而時出佐陽；陽不得陰之助，亦不能獨成歲。終陽以成歲為名，此天意也。王者承天意以從事，故任德教而不任刑。刑者不可任以治世，猶陰之不可任以成歲也。為政而任刑，不順於天，故先王莫之肯為也。今廢先王德教之官，而獨任執法之吏治民，毋乃任刑之意與！孔子曰：「不教而誅謂之虐。」虐政用於下，而欲德教之被四海，故難成也……漢繼秦之後，如朽木糞牆矣，雖欲善治之，亡可奈何。法出而姦生，令下而詐起，如以湯止沸，抱薪救火，愈甚亡益也……殷人執五刑以督姦，傷肌膚以懲惡。成康不式，四十餘年（師古曰：「式，用也。成康之時刑措不用。」）天下不犯，囹圄空虛。秦國用之，死者甚眾，刑者相望，耗矣哀哉……古者修教訓之官，務以德善化民，民已大化之後，天下常亡一人之獄矣。今世廢而不修，亡以化民，民以故棄行誼而死財利，是以犯法而罪多，一歲之獄以萬千數。以此見古之不可不用也，（師古曰：「古謂古法也。」）故春秋變古則譏之……故舉賢良方正之士，論（誼）（議）考問，將欲興仁誼之休德，明帝王之法制，建太平之道也……《春秋》大一統者，天地之常經，古今之通誼也。今師異道，人異論，百家殊方，指意不同，是以上亡以持一統；法制數變，下不知所守。臣愚以為諸不在六藝之科孔子之術者，皆絕其道，勿使並進。邪辟之說滅息，然後統紀可一而法度可明，民知所從矣。（《漢書·董仲舒傳》，第2500、2502、2504、2507、2515、2519、2523頁。）

前132（漢武帝元光三年）……乃上書闕下。朝奏，暮召入見。所言九事，其八事為律令，一事諫伐匈奴……（《漢書·嚴朱吾丘主父徐嚴終王賈傳》，第2798頁。）

前130年（漢武帝元光五年）張湯以更定律令為廷尉，黯質責湯於上前，曰：「公為正卿，上不能褒先帝之功業，下不能化天下之邪心，安國富

民，使囹圄空虛，何空取高皇帝約束紛更之為？而公以此無種矣！」黯時與湯論議，湯辯常在文深小苛，黯憤發，罵曰：「天下謂刀筆吏不可（謂）（為）公卿，果然。必湯也，令天下重足而立，仄目而視矣！」……上分別文法，湯等數奏決讞以幸。而黯常毀儒，面觸弘等徒懷詐飾智以阿人主取容，而刀筆之吏專深文巧詆，陷人於罔，以自為功……（《漢書・張馮汲鄭傳》，第2318～2319頁。）

前130～前127年（漢武帝元光五年～漢武帝元朔二年）先是下邽翟公為廷尉，賓客亦填門，及廢，門外可設爵羅。後復為廷尉，客欲往……（《漢書・張馮汲鄭傳》，第2325頁。）

前130年（漢武帝元光五年）……制曰：蓋聞上古至治，畫衣冠，異章服，而民不犯……弘對曰：臣聞上古堯舜之時，不貴爵賞而民勸善，不重刑罰而民不犯，躬率以正而遇民信也；末世貴爵厚賞而民不勸，深刑重罰而奸不止，其上不正，遇民不信也。夫厚（當）（賞）重刑未足以勸善而禁非，必信而已矣……罰當罪，則姦邪止；賞當賢，則臣下勸：凡此八者，治（民）之本也……故法不遠義，則民服而不離；和不遠禮，則民親而不暴。故法之所罰，義之所去也；和之所賞，禮之所取也。禮義者，民之所服也，而賞罰順之，則民不犯禁矣。故畫衣冠，異章服，而民不犯者，此道素行也。（《漢書・公孫弘卜式兒寬》，第2613、2615頁。）

前130年（漢武帝元光五年）……武安侯為丞相，徵湯為史，薦補侍御史。治陳皇后巫蠱獄，深竟黨與，上以為能，遷太中大夫。與趙禹共定諸律令，務在深文，拘守職之吏。已而禹至少府，湯為廷尉，兩人交歡，兄事禹。（《漢書・張湯傳》，第2638頁。）

前130年（漢武帝元光五年）……是時，上方鄉文學，湯決大獄，欲傅古義，乃請博士弟子治《尚書》、《春秋》，補廷尉史，平亭疑法。奏讞疑，（李奇曰：『亭亦平也。』師古曰：『亭，均也，調也。言平均疑法及為讞疑奏之。』）必奏先為上分別其原，上所是，受而著讞法廷尉絜令，（韋昭曰：『在板絜也。』師古曰：『著謂明書之也。絜，獄訟之要也。書於讞法絜令以為後式也。絜音口計反。』）揚主之明。奏事即譴，湯摧謝，鄉上意所便，必引正監掾史賢者，曰：「固為臣議，如（此）上責臣，臣弗用，愚抵此。」罪常釋。間即奏事，上善之，曰：「臣非知為此奏，乃監、掾、史某所為。」其欲薦吏，揚人之善解人之過如此。所治即上意所欲罪，予監吏深刻者；即上

意所欲釋，予監吏輕平者。所治即豪，必舞文巧詆；即下戶羸弱，時口言「雖文致法，上裁察。」於是往往釋湯所言。（李奇曰：『先見上口言之，欲與輕平，故皆見原釋也。』如淳曰：『雖文書按察致下戶之罪，湯以先口解之矣。上以湯言，輒裁察之，輕其罪也。』師古曰：『李、如二說皆非也。此言下戶羸弱，湯欲佐助，雖具文奏之，而又口奏，言雖律令之文合致此罪，聽上裁察，蓋為此人希恩宥也。於是上得湯言，往往釋其人罪，非未奏之前口豫言也。』）湯至於大吏，內行修，交通賓客飲食，於故人子弟為吏及貧昆弟，調護之尤厚。其造請諸公，不避寒暑。是以湯雖文深意忌不專平，然得此聲譽。而深刻吏多為爪牙用者，依於文學之士。丞相弘數稱其美。（《漢書·張湯傳》，第 2639 頁。）

閆按：《尚書》、《春秋》，古義決獄之始也。張湯當是漢代法吏飾儒的代表，這也是漢代法吏與儒學的融合，是儒學官學化在司法獄訟領域的影響之體現。故《史記》酷吏、循吏列傳以及《漢書》這些法吏的傳記需要認真讀讀。

前 130 年（漢武帝元光五年）……趙禹，斄人也。以佐史補中都官，用廉為令史，事太尉周亞夫。亞夫為丞相，禹為丞相史，府中皆稱其廉平。然亞夫弗任，曰：「極知禹無害，然文深，（應劭曰：『禹持文法深刻。』）不可以居大府。」武帝時，禹以刀筆吏積勞，遷為御史。上以為能，至中大夫。與張湯論定律令，作見知，吏傳相監司以法，盡自此始……見法輒取，亦不覆案求官屬陰罪。嘗中廢，已為廷尉……（《漢書·酷吏傳》，第 3651～3652 頁。）

前 130～前 51 年（漢武帝、漢昭帝、漢宣帝）……黃霸字次公，淮陽陽夏人也，以豪傑役使徙雲陵。霸少學律令，喜為吏，武帝末以待詔入錢賞官，補侍郎謁者，坐同產有罪劾免。後復入穀沈黎郡，補左馮翊二百石卒史。馮翊以霸入財為官，不署右職，使領郡錢穀計。簿書正，以廉稱，察補河東均輸長，復察廉為河南太守丞。霸為人明察內敏，又習文法，然溫良有讓，足知，善御眾。為丞，處議當於法，合人心，太守甚任之，吏民愛敬焉。自武帝末，用法深。昭帝立，幼，大將軍霍光秉政，大臣爭權，上官桀等與燕王謀作亂，光既誅之，遂遵武帝法度，以刑罰痛繩群下，繇是俗吏上嚴酷以為能，而霸獨用寬和為名。會宣帝即位，在民間時知百姓苦吏急也，聞霸持法平，召以為廷尉正，數決疑獄，庭中稱平。（師古曰：『此廷中謂廷尉之中。』）守丞相

長史，坐公卿大議廷中知長信少府夏侯勝非議詔書大不敬，霸阿從不舉劾，皆下廷尉，繫獄當死。霸因從勝受尚書獄中，再踰冬，積三歲乃出，語在勝傳。勝出，復為諫大夫，令左馮翊宋畸舉霸賢良。勝又口薦霸於上，上擢霸為揚州刺史。三歲，宣帝下詔曰：「制詔御史：其以賢良高第揚州刺史霸為潁川太守，秩比二千石，居官賜車蓋，特高一丈，別駕主簿車，緹油屏泥於軾前，以章有德。」時上垂意於治，數下恩澤詔書，吏不奉宣。太守霸為選擇良吏，分部宣布詔令，令民咸知上意。使郵亭鄉官皆畜雞豚，以贍鰥寡貧窮者，然後為條教，置父老師帥伍長，班行之於民間，勸以為善防奸之意，及務耕桑，節用殖財，種樹畜養，去食穀馬。米鹽靡密，初若煩碎，然霸精力能推行之。吏民見者，語次尋繹，問它陰伏，以相參考。嘗欲有所司察，擇長年廉吏遣行，屬令周密。吏出，不敢舍郵亭，食於道旁，烏攫其肉。民有欲詣府口言事者適見之，霸與語道此。後日吏還謁霸，霸見迎勞之，曰：「甚苦！食於道旁乃為烏所盜肉。」吏大驚，以霸具知其起居，所問豪氂不敢有所隱。鰥寡孤獨有死無以葬者，鄉部書言，霸具為區處，某所大木可以為棺，某亭豬子可以祭，吏往皆如言。其識事聰明如此，吏民不知所出，咸稱神明。奸人去入它郡，盜賊日少。霸力行教化而後誅罰，（師古曰：『力猶勤也。言先以德教化於下，若有弗從，然後用刑罰也。』）務在成就全安長吏……獄或八年亡重罪囚……而長吏守丞畏丞相指，歸舍法令，各為私教……漢家承敝通變，造起律令，所以勸善禁奸，條貫詳備，不可復加……宜令貴臣明飭長吏守丞，歸告二千石，舉三老孝悌力田孝廉廉吏務得其人，郡事皆以義法令撿式，毋得擅為條教；敢挾詐偽以奸名譽者，必先受戮，以正明好惡。（《漢書・循吏傳》，第 3627～3631、3633、3635 頁。）

閆按：黃霸，亦法吏之代表也。自基層做起，任職廷尉正。

前 129 年（漢武帝元光六年）……校尉又背義妄行，棄軍而北，少吏犯禁。用兵之法：不勤不教，將率之過也；教令宣明，不能盡力，士卒之罪也。將軍已下廷尉，使理正之，（師古曰：「下謂以身付廷尉也。理，法也，言以法律處正其罪。」）而又加法於士卒，二者並行，非仁聖之心。朕閔眾庶陷害，欲刷恥改行，復奉正（議）（義），其赦雁門、代郡軍士不循法者。（《漢書・武帝紀》，第 165～166 頁。）

前 129 年（漢武帝元光六年）……於是上察其行慎厚，辯論有餘，習文法吏事，緣飾以儒術，（師古曰：「緣飾者，譬之於衣，加純緣者。」）上說之，

一歲中至左內史。（《漢書·公孫弘卜式兒寬》，第2618頁。）

　　閆按：公孫弘法吏出身，後學《春秋》，在漢武帝時期，以儒飾法，任職廷尉，是非常重要的資料。同時公孫弘任左內史時間，各種史料存在矛盾之處，需要考釋。

　　前124年（漢武帝元朔五年）……時漢方事匈奴，式上書，願輸家財半助邊。上使使問式：「欲為官乎？」式曰：「自（少）（小）牧羊，不習仕宦，不願也。」……（《漢書·公孫弘卜式兒寬》，第2625頁。）

　　閆按：為官需要習仕宦之事，當法律為其之一也。

　　前124年（漢武帝元朔五年）……「臣謹案詔書律令下者，明天人分際，通古今之誼，文章爾雅，訓辭深厚，恩施甚美。小吏淺聞，弗能究宣，亡以明布諭下。以治禮掌故以文學禮義為官，遷留滯。請選擇其秩比二百石以上及吏百石通一藝以上補左右內史、大行卒史，比百石以下補郡太守卒史，皆各二人，邊郡一人。先用誦多者，不足，擇掌故以補中二千石屬，文學掌故補郡屬，備員。請著功令。（師古曰：「新立此條，請以著於功令。功令，篇名，若今選舉令。」它如律令。」（師古曰：『此外並如舊律令。』）制曰：「可。」自此以來，公卿大夫士吏彬彬多文學之士矣……（《漢書·儒林傳》，第3594、3596頁。）

　　閆按：自公孫弘之後，漢代官吏皆以儒生出？是現實情況否？

　　前121～前104年（漢武帝）仲舒在家，朝廷如有大議，使使者及廷尉張湯就其家而問之，其對皆有明法。（《漢書·董仲舒傳》，第2525頁。）

　　閆按：此董仲舒春秋決獄的例證。參考《史記》、《漢書》董仲舒列傳，記載大有出處，故筆者在研讀秦漢間正史的過程過，發現《漢書·董仲舒傳》關於董仲舒是有意構建的，故運用「歷史書寫」的方法，解構董仲舒春秋決獄背後的故事，這或許就是漢代法律學術在漢武帝時期儒學官學化影響下的大變，這也就是律學產生的主要原因，在於對律法的國家意識建構，可進一步分析春秋決獄這一事件。

　　前118年（漢武帝元狩五年）「……然御史大夫湯智足以距諫，詐足以飾非，非肯正為天下言，專阿主意。主意所不欲，因而毀之；主意所欲，因而譽之。好興事，舞文法，內懷詐以御主心，外挾賊吏以為重。公列九卿不早言之何？公與之俱受其戮矣！」息畏湯，終不敢言。黯居郡如其故治，淮陽政清。後張湯敗，上聞黯與息言，抵息罪。令黯以諸侯相秩居淮陽。（如淳曰：「諸侯

王相在郡守上，秩真二千石。律，真二千石月得百五十斛，歲凡得千八百石耳。二千石月得百二十斛，歲凡得一千四百四十石耳。」）居淮陽十歲而卒……（《漢書·張馮汲鄭傳》，第 2322 頁。）

前 117 年（漢武帝元狩六年）夏四月乙巳，廟立皇子閎為齊王，旦為燕王，胥為廣陵王。初作誥。服虔曰：「誥敕王，如《尚書》諸誥也。」李斐曰：「今敕封拜諸侯王策文亦是也。見《武五子傳》。」）（《漢書·武帝紀》，第 179～180 頁。）

前 116～前 111 年（漢武帝元鼎年間）……御史大夫張湯劾偃矯制大害，法至死。偃以為春秋之義，大夫出疆，有可以安社稷，存萬民，顓之可也。湯以致其法，不能詘其義。有詔下軍問狀……軍遂往說越王，越王聽許，請舉國內屬。天子大說，賜南越大臣印綬，壹用漢法，以新改其俗，令使者留填撫之……今天下獨有關東，關東大者獨有齊楚，民眾久困，連年流離，離其城郭，相枕席於道路。人情莫親父母，莫樂夫婦，至嫁妻賣子，法不能禁，義不能止，此社稷之憂也……（《漢書·嚴朱吾丘主父徐嚴終王賈傳》，第 2818、2821、2833 頁。）

前 113 年（漢武帝元鼎四年）……以射策為掌故，功次，補廷尉文學卒史……為人溫良，有廉知自將，善屬文，然懦於武，口弗能發明也。時張湯為廷尉，廷尉府盡用文史法律之吏，而寬以儒生在其間，見謂不習事，不署曹，除為從史，之北地視畜數年。（師古曰：「之，往也。畜謂廷尉之畜在北地者，若今諸司公廨牛羊。」）還至府，上畜簿，會廷尉時有疑奏，已再見卻矣，掾史莫知所為。寬為言其意，掾史因使寬為奏。奏成，讀之皆服，以白廷尉湯。湯大驚，召寬與語，乃奇其材，以為掾。上寬所作奏，實時得可。異日，湯見上。問曰：「前奏非俗吏所及，誰為之者？湯言兒寬。上曰：「吾固聞之久矣。」湯由是鄉學，以寬為奏讞掾，以古法義決疑獄，甚重之。及湯為御史大夫，以寬為掾，舉侍御史。見上，語經學。上說之，從問尚書一篇。擢為中大夫，遷左內史。寬既治民，勸農業，緩刑罰，理獄訟，卑體下士，務在於得人心……定令則趙禹、張湯……（《漢書·公孫弘卜式兒寬》，第 2628～2630、2634 頁。）

閆按：此漢武帝時期法吏之士逐漸飾儒之表現也。

前 113 年（漢武帝元鼎四年）……嬰齊猶尚樂擅殺生自恣，懼入見，要以用漢法，比內諸侯，固稱病，遂不入見……除其故黥劓刑，用漢法……（《漢

書‧西南夷兩粵朝鮮傳》，第 3854 頁。）

前 104 年（漢武帝太初元年）壺遂與太史遷等定漢律曆，官至詹事，其人深中篤行君子。（《漢書‧竇田灌韓傳》，第 2406 頁。）

前 100～前 88 年（漢武帝）……且陛下春秋高，法令亡常，大臣亡罪夷滅者數十家，安危不可知，子卿尚復誰為乎……（《漢書‧李廣蘇建傳》，第 2464 頁。）

前 97 年（漢武帝天漢四年）四年春正月，朝諸侯王於甘泉宮。發天下七科謫（張晏曰：「吏有罪一，亡（人）（命）二，亡（人）（命）二，贅婿三，賈人四，故有市籍五，父母有市籍六，大父母有市籍七，凡七科也。」）及勇敢士，遣貳師將軍李廣利將六萬騎、步兵七萬人出朔方……（《漢書‧武帝紀》，第 205 頁。）

閆按：七科謫，是為漢代的一種社會身份的界定，值得研究，可以寫文章探討（瞿同祖《漢代社會結構》，日本學者堀敏一的《漢代七科謫及其起源》，後收入氏著《中國古代の身份制》，明治大學人文科學研究所叢書，汲古書院，1997 年。）

前 87 年（漢武帝後元二年）丙吉字少卿，魯國人也。治律令，為魯獄史。積功勞，稍遷至廷尉右監。坐法失官，歸為州從事。（《漢書‧魏相丙吉傳》，第 3142 頁。）

閆按：丙吉治律令之學，為地方獄史，升任廷尉右監，典型的法吏。

前 87～前 52 年（漢昭帝～漢宣帝）延年字幼公，亦明法律……延年本大將軍霍光吏，首發大奸，有忠節，由是擢為太僕右曹給事中。光持刑罰嚴，延年輔之以寬。治燕王獄時，御史大夫桑弘羊子遷亡，過父故吏侯史吳。後遷捕得，伏法。會赦，侯史吳自出繫獄，廷尉王平與少府徐仁雜治反事，皆以為桑遷坐父謀反而侯史吳臧之，非匿反者，乃匿為隨者也。即以赦令除吳罪。後侍御史治實，以桑遷通經術，知父謀反而不諫爭，與反者身無異；侯史吳故三百石吏，首匿遷，不與庶人匿隨從者等，吳不得赦。奏請覆治，劾廷尉、少府縱反者。少府徐仁即丞相車千秋女婿也，故千秋數為侯史吳言。恐光不聽，千秋即召中二千石、博士會公交車門，議問吳法。（師古曰：『（言）（於）法律之中吳當得何罪。』）議者知大將軍指，皆執吳為不道。明日，千秋封上眾議，光於是以千秋擅召中二千石以下，外內異言，遂下廷尉平、少府仁獄。朝廷皆恐丞相坐之。延年乃奏記光爭，以為「吏縱罪人，有常法，今更詆吳為

不道，恐於法深。又丞相素無所守持，而為好言於下，盡其素行也。至擅召中二千石，甚無狀。延年愚，以為丞相久故，及先帝用事，非有大故，不可棄也。間者民頗言獄深，吏為峻詆，今丞相所議，又獄事也，如是以及丞相，恐不合眾心。群下讙嘩，庶人私議，流言四布，延年竊重將軍失此名於天下也！」光以廷尉、少府弄法輕重，皆論棄市，而不以及丞相，終與相竟。延年論議持平，合和朝廷，皆此類也。見國家承武帝奢侈師旅之後，數為大將軍光言：「年歲比不登，流民未盡還，宜修孝文時政，示以儉約寬和，順天心，說民意，年歲宜應。」光納其言，舉賢良，議罷酒榷鹽鐵，皆自延年發之。吏民上書言便宜，有異，輒下延年平處覆奏。言可官試者，至為縣令，或丞相、御史除用，滿歲以狀聞，或抵其罪法，（師古曰：『抵，至也。言事之人有姦妄者，則（特）致之於罪法。』）常與兩府及廷尉分章。（《漢書‧杜周傳》，第2662～2664頁。）

閏按：燕王謀反、廷尉從事相關的司法審判，但政治權利運作的過程中，廷尉的司法權利受到了影響，自身都受到迫害。

前86年（漢昭帝始元元年）閏月，遣故廷尉王平等五人持節行郡國，舉賢良，問民所疾苦、冤、失職者。（《漢書‧昭帝紀》，第220頁。）

前86～前62年（漢昭帝～漢宣帝）尹翁歸字子兄，河東平陽人也，徙杜陵。翁歸少孤，與季父居。為獄小吏，曉習文法……所舉應法，得其罪辜，屬縣長吏雖中傷，莫有怨者……徵拜東海太守，過辭廷尉于定國……翁歸治東海明察，郡中吏民賢不肖，及姦邪罪名盡知之。縣縣各有記籍。自聽其政，（師古曰：『言決斷諸縣姦邪之事，不委令長。』）有急名則少緩之；吏民小解，輒披籍。（服虔曰：『披有罪者籍也。』）縣縣收取黠吏豪民，案致其罪，高至於死。收取人必於秋冬課吏大會中，及出行縣，（師古曰：『於大會之中及行縣時則收取罪人，以警眾也。行音下更反。』）不以無事時。其有所取也，以一警百，吏民皆服，恐懼改行自新。東海大豪郯許仲孫為姦猾，亂吏治，郡中苦之。二千石欲捕者，輒以力勢變詐自解，終莫能制。翁歸至，論棄仲孫市，一郡怖栗，莫敢犯禁……翁歸為政雖任刑，其在公卿之間清潔自守，語不及私，然溫良嗛退，不以行能驕人，甚得名譽於朝廷……（《漢書‧趙尹韓張兩王傳》，第3206～3209頁。）

前74年（漢昭帝元平元年）……廷尉臣光……（《漢書‧霍光金日磾傳》，第2940頁。）

前 73 年（漢宣帝本始元年）……廷尉光（師古曰：「李光。」）……（《漢書‧宣帝紀》，第 240 頁。）

前 73 年（漢宣帝本始元年）……臣願丞相御史且無拘臣以文法，得一切便宜從事……移書敕屬縣悉罷逐捕盜賊吏……吏民皆富實。獄訟止息……信臣為民作均水約束，刻石立於田畔，以防分爭。禁止嫁娶送終奢靡，務出於儉約。府縣吏家子弟好遊敖，不以田作為事，輒斥罷之，甚者案其不法，以視好惡。其化大行，郡中莫不耕稼力田，百姓歸之，戶口增倍，盜賊獄訟衰止……（《漢書‧循吏傳》，第 3639、3640、3642 頁。）

前 73～前 60 年（漢宣帝）……擢為司隸校尉，刺舉無所迴避，小大輒舉，所劾奏眾多，廷尉處其法，半用半不用，公卿貴戚及郡國吏綰使至長安，皆恐懼莫敢犯禁，京師為清……是時上方用刑法，信任中尚書宦官，寬饒奏封事曰：「方今聖道廢漸，儒術不行，以刑餘為周召，以法律為《詩書》。」（師古曰：『言以（行）（刑）法成教化也。』）又引《韓氏易傳》言：「五帝官天下，三王家天下，家以傳子，官以傳賢，若四時之運，功成者去，不得其人則不居其位。」書奏，上以寬饒怨謗終不改，下其書中二千石……上不聽，遂下寬饒吏。寬饒引佩刀自剄北闕下，眾莫不憐之。（《漢書‧蓋諸葛劉鄭孫毋將何傳》，第 3244、3247～3248 頁。）

前 73～前 49 年（漢宣帝）贊曰：孝宣之治，信賞必罰，（師古曰：「有功必賞，有罪必罰。」綜覈名實，政事文學法理之士咸精其能，至於技巧工匠器械，自元、成間鮮能及之，亦足以知吏稱其職……（《漢書‧宣帝紀》，第 275 頁。）

前 73～前 49 年（漢宣帝）孝元皇帝，宣帝太子也。母曰共哀許皇后，宣帝微時生民間。年二歲，宣帝即位。八歲，立為太子。壯大，柔仁好儒。見宣帝所用多文法吏，以刑名繩下，（晉灼曰：「刑，刑家；名，名家也。太史公曰：『法家嚴而少恩，名家儉而善失真。』」師古曰：「晉說非也。劉向《別錄》云申子學號刑名。刑名者，以名責實，尊君卑臣，崇上抑下。宣帝好觀其《君臣篇》。繩謂彈治之耳。」）大臣楊惲、（盍）（蓋）寬饒等坐剌譏辭語為罪而誅，嘗侍燕從容言：「陛下持刑太深，宜用儒生。」宣帝作色曰：「漢家自有制度，本以霸王道雜之，奈何純（住）（任）德教，用周政乎！且俗儒不達時宜，好是古非今，使人眩於名實，不知所守，何足委任！」乃歎曰：「亂我家者，太子也！」繇是疏太子而愛淮陽王，曰：「淮陽王明察好法，宜為吾子。」而

王母張倢伃尤幸。上有意欲用淮陽王代太子，然以少依許氏，俱從微起，故終不背焉。（《漢書·元帝紀》，第 277 頁。）前 73～前 49 年（漢宣帝）初，宣帝寵姬張倢伃男淮陽憲王好政事，通法律，上奇其材，有意欲以為嗣，然用太子起於細微，又早失母，故不忍也……（《漢書·韋賢傳》，第 3112～3113 頁。）

閆按：淮陽憲王「好法律」，當是法吏之學的代表人物。

前 73～前 49 年（漢宣帝）……孝宣，親而貴；闕，法令所從出也。天戒若曰，去法令，內臣親而貴者必為國害。後堪希得進見，因顯言事，事決顯口。堪病不能言。顯誣告張猛，自殺於公交車。成帝即位，顯卒伏辜。（《漢書·五行志》，第 1336 頁。）

閆按：此可能是關於公交車的歷史記載，很有意思。

前 73～前 49 年（漢宣帝）宣帝時，鄭弘、召信臣為南陽太守，治皆見紀。信臣勸民農桑，去末歸本，郡以殷富。穎川，韓都。士有申子、韓非，刻害餘烈，（師古曰：「申子，申不害也。」）高（士）（仕）宦，好文法，民以貪遴爭訟生分為失。韓延壽為太守，先之以敬讓；黃霸繼之，教化大行，獄或八年亡重罪囚。南陽好商賈，召父富以本業；穎川好爭訟分異，黃、韓化以篤厚。「君子之德風也，小人之德草也」，信矣。（《漢書·地理志》，第 1655 頁。）

閆按：此之穎川、韓都仍有申韓之學的傳播。漢宣帝時期法家的存在，但是個別的、特殊的，所以《漢書》予以記載。

前 73～前 49 年（漢宣帝）路溫舒字長君，鉅鹿東里人也。父為里監門。使溫舒牧羊，溫舒取澤中蒲，截以為牒，編用寫書。稍習善，求為獄小吏，因學律令，轉為獄史，縣中疑事皆問焉。太守行縣，見而異之，署決曹史。又受春秋，通大義。舉孝廉，為山邑丞，坐法免，復為郡吏。元鳳中，廷尉光以治詔獄，請溫舒署奏曹掾，守廷尉史。會昭帝崩，昌邑王賀廢，宣帝初即位，溫舒上書，言宜尚德緩刑。其辭曰：「臣聞齊有無知之禍，而桓公以興；晉有驪姬之難，而文公用伯。近世趙王不終，諸呂作（難）（亂），而孝文為大宗。繇是觀之，禍亂之作，將以開聖人也。故桓文扶微興壞，尊文武之業，澤加百姓，功潤諸侯，雖不及三王，天下歸仁焉。文帝永思至德，以承天心，崇仁義，省刑罰，通關梁，一遠近，敬賢如大賓，愛民如赤子，內恕情之所安，而施之於海內，是以囹圄空虛，天下太平。夫繼變化之後，必有異舊之恩，此

賢聖所以昭天命也。往者，昭帝即世而無嗣，大臣憂戚，焦心合謀，皆以昌邑尊親，援而立之。然天不授命，淫亂其心，遂以自亡。深察禍變之故，乃皇天之所以開至聖也。故大將軍受命武帝，股肱漢國，披肝膽，決大計，黜亡義，立有德，輔天而行，然後宗廟以安，天下咸寧。臣聞春秋正即位，大一統而慎始也。陛下初登至尊，與天合符，宜改前世之失，正始受（命）之統，滌煩文，除民疾，存亡繼絕，以應天意。臣聞秦有十失，其一尚存，治獄之吏是也。秦之時，羞文學，好武勇，賤仁義之士，貴治獄之吏；正言者謂之誹謗，遏過者謂之妖言。故盛服先生不用於世，忠良切言皆鬱于胸，譽諛之聲日滿於耳；虛美薰心，實禍蔽塞。此乃秦之所以亡天下也。方今天下賴陛下恩厚，亡金革之危，飢寒之患，父子夫妻勠力安家，然太平未洽者，獄亂之也。夫獄者，天下之大命也，死者不可復生，刑者不可復屬。書曰：「與其殺不辜，寧失不經。」（師古曰：『虞書大禹謨載咎繇之言。辜，罪也。經，常也。言人命至重，治獄宜慎，寧失不常之過，不濫無罪之人，所以（常）（崇）寬恕也。』）今治獄吏則不然，上下相毆，以刻為明；深者獲公名，平者多後患。故治獄之吏皆欲人死，非憎人也，自安之道在人之死。是以死人之血流離於市，被刑之徒比肩而立，大辟之計歲以萬數，此仁聖之所以傷也。太平之未洽，凡以此也。夫人情安則樂生，痛則思死。棰楚之下，何求而不得？故囚人不勝痛，則飾辭以視之；吏治者利其然，則指道以明之；上奏畏卻，則鍛練而周內之。（晉灼曰：「精熟周悉，致之法中也。」師古曰：「卻，退也，畏為上所卻退。卻音丘略反。」）蓋奏當之成，（師古曰：「當謂處其罪也。」）雖咎繇聽之，猶以為死有餘辜。（師古曰：「咎繇作士，善聽獄訟，故以為喻也。」）何則？成練者眾，文致之罪明也。是以獄吏專為深刻，殘賊而亡極，媮為一切，不顧國患，此世之大賊也。故俗語曰：「畫地為獄，議不入；刻木為吏，期不對。」（師古曰：「畫獄木吏，尚不入對，況真實乎。期猶必也。議必不入對。」）此皆疾吏之風，悲痛之辭也。故天下之患，莫深於獄；敗法亂正，離親塞道，莫甚乎治獄之吏。此所謂一尚存者也。臣聞烏鳶之卵不毀，而後鳳凰集；誹謗之罪不誅，而後良言進。故古人有言：「山藪藏疾，川澤納污，瑾瑜匿惡，國君含詬。」唯陛下除誹謗以招切言，開天下之口，廣箴諫之路，掃亡秦之失，尊文武之德，省法制，寬刑罰，以廢治獄，則太平之風可興於世，永履和樂，與天亡極，天下幸甚。上善其言，遷廣陽私府長……（《漢書·賈鄒枚路傳》，第2367～2371頁。）

閆按：路溫舒即是法吏之學的代表，以獄吏起家，同時學習律令，有《尚德緩刑書》，此是非常關鍵的資料。

前73～前49年（漢宣帝）廣漢奏請，令長安游徼獄吏秩百石，其後百石吏皆差自重，不敢枉法妄繫留人。京兆政清，吏民稱之不容口。長老傳以為自漢興以來治京兆者莫能及。左馮翊、右扶風皆治長安中，犯法者從跡喜過京兆界。廣漢歎曰：「亂吾治者，常二輔也！誠令廣漢得兼治之，直差易耳。」……（《漢書·趙尹韓張兩王傳》，第3203頁。）

前73～前49年（漢宣帝）……敞到膠東，明設購賞，開群盜令相捕斬除罪。吏追捕有功……敞皆以為吏，遣歸休。置酒，小偷悉來賀，且飲醉，偷長以赭污其衣裾。吏坐里閭閱出者，污赭輒收縛之，一日捕得數百人。窮治所犯，或一人百餘發，盡行法罰。由是枹鼓稀鳴，市無偷盜，天子嘉之……秦時獄法吏冠柱後惠文，武意欲以刑法治梁。吏還道之，敞笑曰：「審如掾言，武必辨治梁矣。」……（《漢書·趙尹韓張兩王傳》，第3220～3221、3226頁。）

前73～前49（漢宣帝）……初，宣帝不甚從儒術，任用法律，而中書宦官用事。中書令弘恭、石顯久典樞機，明習文法，亦與車騎將軍高為表裏，論議常獨持故事，不從望之等……（《漢書·蕭望之傳》，第3284頁。）

閆按：此明確表示漢宣帝時期任用法律，法吏之學大興。

前73～前49年（漢宣帝）……而憲王壯大，好經書法律，聰達有材，帝甚愛之。太子寬仁，喜儒術，上數嗟歎憲王，曰：「真我子也！」……（《漢書·宣元六王傳》，第3311頁。）

閆按：憲王好法律，宣帝亦好之。

前73～前49年（漢宣帝）……嚴延年字次卿，東海下邳人也。其父為丞相掾，延年少學法律丞相府，歸為郡吏。以選除補御史掾，舉侍御史。是時大將軍霍光廢昌邑王，尊立宣帝。宣帝初即位，延年劾奏光「擅廢立，亡人臣禮，不道」。奏雖寢，然朝廷肅焉敬憚。延年後復劾大司農田延年持兵干屬車，大司農自訟不干屬車。事下御史中丞，譴責延年何以不移書宮殿門禁止大司農，而令得出入宮。於是覆劾延年闌內罪人，法至死。延年亡命。會赦出，丞相御史府徵書同日到，延年以御史書先至，詣御史府，復為掾。宣帝識之，拜為平陵令，坐殺不辜，去官。後為丞相掾，復擢好畤令……貧弱雖陷法，曲文以出之；其豪傑侵小民者，以文內之。眾人所謂當死者，一朝出

之；所謂當生者，詭殺之。吏民莫能測其意深淺，戰慄不敢犯禁。桉其獄，皆文致不可得反……然疾惡泰甚，中傷者多，尤巧為獄文，善史書，所欲誅殺，奏成於手，中主簿親近史不得聞知。奏可論死，奄忽如神。冬月，傳屬縣囚，會論府上，流血數里，河南號曰「屠伯」。令行禁止，郡中正清。是時張敞為京兆尹，素與延年善。敞治雖嚴，然尚頗有縱舍，聞延年用刑刻急，乃以書諭之曰：「昔韓盧之取菟也，上觀下獲，不甚多殺。願次卿少緩誅罰，思行此術。」……義愈益恐，自筮得死卦，忽忽不樂，取告至長安，上書言延年罪名十事。已拜奏，因飲藥自殺，以明不欺。事下御史丞按驗，有此數事，以結延年，坐怨望非謗政治不道棄市。初，延年母從東海來，欲從延年臘，到洛陽，適見報囚。母大驚，便止都亭，不肯入府。延年出至都亭謁母，母閉閤不見。延年免冠頓首閤下，良久，母乃見之，因子責延年：幸得備郡守，專治千里，不聞仁愛教化，有以全安愚民，顧乘刑罰多刑殺人，欲以立威，豈為民父母意哉！」延年服罪，重頓首謝，」因自為母御，歸府舍。母畢正臘，謂延年：「天道神明，人不可獨殺。我不意當老見壯子被刑戮也！行矣！去女東歸，埽除墓地耳。」遂去。歸郡，見昆弟宗人，復為言之。後歲餘，果敗。東海莫不賢知其母。延年兄弟五人皆有吏材，至大官，東海號曰「萬石嚴嫗」。次弟彭祖，至太子太傅，在《儒林傳》。（《漢書‧酷吏傳》，第 3667、3669～3672 頁。）

闇按：學法律於丞相府，當丞相府藏有法律之書也。

前 73～前 49 年（漢宣帝）石顯字君房，濟南人；弘恭，沛人也。皆少坐法腐刑，為中黃門，以選為中尚書。宣帝時任中書官，恭明習法令故事，善為請奏，能稱其職。恭為令，顯為僕射……（《漢書‧佞倖傳》，第 3726 頁。）

前 73～前 49 年（漢宣帝）中宗明明，蠡用刑名，時舉傅納，聽斷惟精。柔遠能邇，煇燿威靈，龍荒幕朔，莫不來庭。丕顯祖烈，尚於有成。述《宣紀》第八。（《漢書‧敘傳》，第 4238 頁。）

前 71 年（漢宣帝本始三年）于定國字曼倩，東海郯人也。其父於公為縣獄史，郡決曹，決獄平，羅文法者於公所決皆不恨。郡中為之生立祠，號曰於公祠……定國少學法於父，父死，後定國亦為獄史，郡決曹，補廷尉史，以選與御史中丞從事治反者獄，以材高舉侍御史，遷御史中丞……數年，遷水衡都尉，超為廷尉。定國乃迎師學《春秋》，身執經，北面備弟子禮。為人謙恭，

尤重經術士，雖卑賤徒步往過，定國皆與鈞禮，恩敬甚備，學士咸（聲）（稱）焉。其決疑平法，務在哀鰥寡，罪疑從輕，加審慎之心。朝廷稱之曰：「張釋之為廷尉，天下無冤民；于定國為廷尉，民自以不冤。」（師古曰：『言知其寬平，皆無冤枉之慮。』）定國食酒至數石不亂，冬月請治讞，飲酒益精明。為廷尉十八歲，遷御史大夫……定國父於公，其閭門壞，父老方共治之。於公謂曰：「少高大閭門，令容駟馬高蓋車。我治獄多陰德，未嘗有所冤，子孫必有興者。」至定國為丞相，永為御史大夫，封侯傳世云。（《漢書·雋疏於薛平彭傳》，第 3041～3043、3046 頁。）

閆按：于定國，法吏出身，後學儒學，以儒飾法，在漢宣帝這一時期，法吏與儒學的融合，于定國是一個例證。

前 71 年（漢宣帝本始三年）（王）翁孺生禁，字稚君，少學法律長安，為廷尉史。本始三年，生女政君，即元後也……（《漢書·元后傳》，第 4014 頁。）

閆按：王翁孺，法吏也。

前 70 年（漢宣帝本始四年）……律令有可蠲除以安百姓，條奏……（《漢書·宣帝紀》，第 245 頁。）

前 66 年（漢宣帝地節四年）……惲為中郎將，罷山郎，移長度大司農，以給財用。其疾病休謁洗沐，皆以法令從事。郎、謁者有罪過，輒奏免……（《漢書·公孫劉田王楊蔡陳鄭傳》，第 2890 頁。）

前 66～前 49（漢宣帝）……自霍光薨後始躬萬機，厲精為治，五日一聽事，自丞相已下各奉職而進。及拜刺史守相，輒親見問，觀其所繇，退而考察所行以質其言，有名實不相應，必知其所以然。常稱曰：「庶民所以安其田里而亡歎息愁恨之心者，政平訟理也。（師古曰：『訟理，言所訟見理而無冤滯也。』）與我共此者，其唯良二千石乎！」以為太守，吏民之本也，數變易則下不安，民知其將久，不可欺罔，乃服從其教化。故二千石有治理效，輒以璽書勉厲，增秩賜金，或爵至關內侯，公卿缺則選諸所表以次用之。是故漢世良吏，於是為盛，稱中興焉。若趙廣漢、韓延壽、尹翁歸、嚴延年、張敞之屬，皆稱其位，然任刑罰，或抵罪誅……（《漢書·循吏傳》，第 3624～3625 頁。）

前 65～前 61 年（漢宣帝元康年間）……遣諫大夫博士巡行天下，察風俗，舉賢良，平冤獄，冠蓋交道；省諸用，寬租賦，弛山澤波池，禁秣馬酤酒

貯積……（《漢書・魏相丙吉傳》，第 3137 頁。）

前 64 年（漢宣帝元康二年）二年春正月，詔曰：「《書》云『文王作罰，刑茲無赦』，（師古曰：『《周書・康誥》之辭也。言文王做法，罰其有亂常違教者，則刑之無放釋也。』）今吏修身奉法，未有能稱朕意，朕甚愍焉。其赦天下，與士大夫厲精更始。」（李斐曰：「今吏已修身奉法矣，但不能稱上意耳，故赦之。」師古曰：「言文王作罰，有犯之者，皆刑無赦，今我意有所閔，閔吏修身奉法矣，而未稱其任，故特赦之，與更始耳。李說非也。」（《漢書・宣帝紀》，第 255 頁。）

前 64 年（漢宣帝元康二年）夏五月，詔曰：「獄者萬民之命，所以禁暴止邪，養育群生也。能使生者不怨，死者不恨，則可謂文吏矣。今則不然。用法或持巧心，析律貳端，深淺不平，（師古曰：『析，分也。謂分破律條，妄生端緒，以出入人罪。』）增辭飾非，以成其罪。奏不如實，上亦亡繇知。此朕之不明，吏之不稱，四方黎民將何仰哉！二千石各察官屬，勿用此人。吏務平法。或擅興繇役，飾廚傳，稱過使客，越職踰法，以取名譽，譬猶踐薄冰以待白日，豈不殆哉！……」（《漢書・宣帝紀》，第 255～256 頁。）

前 64 年（漢宣帝元康二年）……今欲令民量粟以贖罪，如此則富者得生，貧者獨死，是貧富異刑而法不壹也。人情，貧窮，父兄囚執，聞出財得以生活，為人子弟者將不顧死亡之患，敗亂之行，以赴財利，求救親戚……《甫刑》之罰，小過赦，薄罪贖，（師古曰：「呂侯為周穆王司寇，作贖刑之法，謂之呂刑。後改為甫侯，故又稱甫刑也。」）有金選之品，（應劭曰：「選音刷，金銖兩名也。」師古曰：「音刷是也。字本作鋝，鋝即鍰也，其重十一銖二十五分銖之十三，一曰重六兩。呂刑曰：『墨辟疑赦，其罰百鍰；劓闢疑赦，其罰惟倍；剕辟疑赦，其罰倍差；宮辟疑赦，其罰六百鍰；大辟疑赦，其罰千鍰。』是其品也。」）所從來久矣，何賊之所生？厰備皁衣二十餘年，（如淳曰：「雖有五時服，至朝皆著皁衣。」）嘗聞罪人贖矣，未聞盜賊起也……（《漢書・蕭望之傳》，第 3275、3277 頁。）

前 62 年（漢宣帝元康四年）自今以來，諸年八十以上，非誣告殺傷人，佗皆勿坐。（師古曰：「誣告人及殺傷人皆如舊法，其餘則不論。」）（《漢書・宣帝紀》，第 258 頁。）

前 59 年（漢宣帝神爵三年）吉本起獄法小吏，後學詩、禮，皆通大義。及居相位，上寬大，好禮讓。掾史有罪臧，不稱職，輒予長休告，終無所案

驗。客或謂吉曰：「君侯為漢相，奸吏成其私，然無所懲艾。」吉曰：「夫以三公之府有案吏之名，吾竊陋焉。」後人代吉，因以為故事，公府不案吏，自吉始……吉又嘗出，逢清道群鬥者，死傷橫道，吉過之不問，掾史獨怪之。吉前行，逢人逐牛，牛喘吐舌。吉止駐，使騎吏問：「逐牛行幾里矣？」掾史獨謂丞相前後失問，或以譏吉，吉曰：「民鬥相殺傷，長安令、京兆尹職所當禁備逐捕，歲竟丞相課其殿最，奏行賞罰而已。宰相不親小事，非所當於道路問也。方春少陽用事，未可大熱，恐牛近行用暑故喘，此時氣失節，恐有所傷害也。三公典調和陰陽，職（所）當憂，是以問之。」掾史乃服，以吉知大體……（《漢書‧魏相丙吉傳》，第3145、3147頁。）

閆按：丙吉以法吏出身，後學以儒學而飾之，這也就是儒學官學化在法律層面上的表現。

前56年（漢宣帝五鳳二年）……大鴻臚禹奏：「元前以刃賊殺奴婢，子男殺謁者，為刺史所舉奏，罪名明白。病先令，令能為樂奴婢從死，迫脅自殺者凡十六人，暴虐不道。故《春秋》之義，誅君之子不宜立。元雖未伏誅，不宜立嗣。」奏可，國除。（《漢書‧景十三王傳》，第2421～2422頁。）

閆按：漢宣帝時期，《春秋決獄》可能也以此資料作為反面的證據，當時國家大政有以《春秋》作為參考，而司法之刑獄在這個時候也出現，而漢儒為了更加明確儒學官學化，所以構建董仲舒《春秋決獄》，以完成自己的學理基礎，這或許就是一個思路，同時可以參考李俊強、閆曉君的《回歸文獻與歷史現場：重審有關董仲舒的若干成說》。

前55年（漢宣帝五鳳三年）……廷尉于定國執憲詳平，天下自以不冤……以廷尉于定國代為御史大夫……（《漢書‧魏相丙吉傳》，第3148頁。）

前54年（漢宣帝五鳳四年）夏四月辛丑晦，日有蝕之。詔曰：「皇天見異，以戒朕躬，是朕之不逮，吏之不稱也。以前使使者問民所疾苦，復遣丞相、御史掾二十四人循行天下，舉冤獄，察擅為苛禁深刻不改者。」（《漢書‧宣帝紀》，第268頁。）

前52年（漢宣帝甘露二年）……父延年薨，徵視喪事，拜為太常，治諸陵縣，每冬月封具獄日，常去酒省食，（師古曰：『獄案已具，當論決之，故封上。』）……欽字子夏，少好經書，家富而目偏盲，故不好為吏……（《漢書‧杜周傳》，第2666～2667頁。）

閆按：杜欽不好為吏，當其中亦不好法律也。

前 51 年（漢宣帝甘露三年）……廷尉于定國……（《漢書·李廣蘇建傳》，第 2469 頁。）

前 48～前 33 年（漢元帝）……萬年死後，元帝擢咸為御史中丞，總領州郡奏事，課第諸刺史，內執法殿中，公卿以下皆敬憚之。（《漢書·公孫劉田王楊蔡陳鄭傳》，第 2900 頁。）

前 48～前 33 年（漢元帝）……兄昌字次卿，亦好學，皆明經，通法律政事。次卿為太原、涿郡太守，弘為南陽太守，皆著治跡，條教法度，為後所述。次卿用刑罰深，不如弘平……（《漢書·公孫劉田王楊蔡陳鄭傳》，第 2902 頁。）

閆按：此亦法吏之學的重要資料。

前 48～前 33 年（漢元帝）……湯明法令，善因事為勢，納說多從。常受人金錢作章奏，卒以此敗。（《漢書·傅常鄭甘陳段傳》，第 3023 頁。）

前 48～前 33 年（漢成帝）……欲治之主不世出，公卿幸得遭遇其時，言聽諫從，然未有建萬世之長策，舉明主於三代之隆者也。其務在於期會簿書，斷獄聽訟而已，此非太平之基也……周之所以能致治，刑措而不用者，以其禁邪於冥冥，絕惡於未萌也……（《漢書·王貢兩龔鮑傳》，第 3063、3065 頁。）

前 48～前 33 年（漢元帝）陳遵字孟公，杜陵人也……元帝時，徵遂為京兆尹，至廷尉。（《漢書·遊俠傳》，第 3709 頁。）

前 48～前 33 年（漢元帝）……多畜妻妾，淫於聲色，不奉法度。（《漢書·佞倖傳》，第 3731 頁。）

前 47 年（漢元帝初元二年）……至秦乃不說，傷之以法，（師古曰：「說音悅。言不悅詩、書而以文法傷文學之人也。」）是以大道不通，至於滅亡。今陛下明聖，深懷要道，燭臨萬方，布德流惠，靡有闕遺。罷省不急之用，振救困貧，賦醫藥，賜棺錢，恩澤甚厚……（《漢書·眭兩夏侯京翼李傳》，第 3172～3173 頁。）

前 47 年（漢元帝初元二年）……陛下躬聖德，開太平之路，閔愚吏民觸法抵禁，比年大赦，使百姓得改行自新，天下幸甚。臣竊見大赦之後，姦邪不為衰止，今日大赦，明日犯法，相隨入獄，此殆導之未得其務也……（《漢書·匡張孔馬傳》，第 3333 頁。）

前 46 年（漢元帝初元三年）……王尊字子贛，涿郡高陽人也。少孤，歸

諸父，使牧羊澤中。尊竊學問，能史書。年十三，求為獄小吏。數歲，給事太守府，問詔書行事，尊無不對。太守奇之，除補書佐，署守屬監獄。久之，尊稱病去，事師郡文學官，治尚書、論語，略通大義。復召署守屬治獄，為郡決曹史。數歲，以令舉幽州刺史從事。而太守察尊廉，補遼西鹽官長。數上書言便宜事，事下丞相御史。初元中，舉直言，遷虢令，轉守槐里，兼行美陽令事。春正月，美陽女子告假子不孝，曰：「兒常以我為妻，妒笞我。」尊聞之，遣吏收捕驗問，辭服。尊曰：「律無妻母之法，聖人所不忍書，此經所謂造獄者也。」（晉灼曰：『歐陽《尚書》有此造獄事也。』師古曰：『非常刑名，造殺戮之法。』）尊於是出坐廷上，取不孝子縣磔著樹，使騎吏五人張弓射殺之，吏民驚駭。（《漢書‧趙尹韓張兩王傳》，第3226～3227頁。）

闫按：王尊，亦法吏之出身，後學儒家，以儒飾法。

前44年（漢元帝初元五年）……省刑罰七十餘事。除光祿大夫以下至郎中保父母同產之令。（應劭曰：「舊時相保，一人有過，皆當坐之。」師古曰：「特為郎中以上除此令者，所以憂之也。同產，謂兄弟也。」）令從官給事宮司馬中者，得為大父母父母兄弟通籍……（《漢書‧元帝紀》，第285～286頁。）

前40年（漢元帝永光四年）……廷尉忠以為孝武皇帝改正朔，易服色，攘四夷，宜為世宗之廟……（《漢書‧韋賢傳》，第3119頁。）

闫按：漢元帝時期廷尉官，同時有參與國家政治決策的活動記載。

前37年（漢元帝建昭二年）……詔使房作其事，房奏考功課吏法。（晉灼曰：「令丞尉治一縣，崇教化亡犯法者輒遷。有盜賊，滿三日不覺者則尉事也。令覺之，自除，二尉負其（二）（罪）。率相準如此法。」）上令公卿朝臣與房會議溫室……房罷出，後上令房上弟子曉知考功課吏事者，欲試用之。房上中郎任良、姚平，「願以為刺史，試考功法，臣得通籍殿中，為奏事，以防雍塞。」……（《漢書‧眭兩夏侯京翼李傳》，第3160～3161、3163頁。）

前34年（漢元帝建昭五年）……又曰：「方春農桑興，百姓（戮）（勠）力自盡之時也，故是月勞農勸民，無使後時。今不良之吏，覆案小罪，徵召證案，興不急之事，以妨百姓，使失一時之作，亡終歲之功，公卿其明察申敕之。」（《漢書‧元帝紀》，第296頁。）

前33年（漢元帝竟寧元年）……乃著令，令太子得絕馳道云。（師古曰：

「言云者，此舉著令之文。」）……（《漢書・成帝紀》，第 301 頁。）

前 33 年（漢元帝竟寧元年）……宇謂中謁者信等曰：「漢大臣議天子少弱，未能治天下，以為我知文法，建欲使我輔佐天子……」宇覺知，絞殺胸臑。有（詔）（司）奏請逮捕，有詔削樊、亢父二縣……（《漢書・宣元六王傳》，第 3323 頁。）

閆按：劉宇知文法，即表示其有法吏之學。

前 32 年（漢成帝建始元年）罷上林詔獄。（師古曰：「《漢舊儀》云上林詔獄主治苑中禽獸宮館事，屬水衡。」）（《漢書・成帝紀》，第 303 頁。）

前 32 年（漢成帝建始元年）……杜欽時在大將軍莫府，欽素高野王父子行能，奏記於鳳，為野王言曰：「竊見令曰，吏二千石告，過長安謁，（如淳曰：「謁者，自白得告也。律，吏二千石以上告歸歸寧，道不過行在所者，便道之官無辭。」）不分別予賜。今有司以為予告得歸，賜告不得，是一律兩科，失省刑之意。夫三最予告，令也；病滿三月賜告，詔恩也。令告則得，詔恩則不得，失輕重之差。又二千石病賜告得歸有故事，不得去郡亡著令。（如淳曰：「律施行無不得去郡之文也。」）傳曰：『賞疑從予，所以廣恩勸功也；罰疑從去，所以慎刑，闕難知也。』今釋令與故事而假不敬之法，（師古曰：「釋，廢棄也。假謂假託法律而致其罪。」）甚違闕疑從去之意。即以二千石守千里之地，任兵馬之重，不宜去郡，將以制刑為後法者，則野王之罪，在未制令前也。刑賞大信，不可不慎。」……（《漢書・馮奉世傳》，第 3303～3304 頁。）

前 32 年（漢成帝建始元年）……起家復為南陽太守。所居以殺伐立威，豪猾吏及大姓犯法，輒論輸府，以律程作司空，為地臼木杵，舂不中程，或私解脫鉗釱，衣服不如法，輒加罪笞。督作劇，不勝痛，自絞死，歲數百千人，久者蟲出腐爛，家不得收。其治放嚴延年，其廉不如。所居調發屬縣所出食物以自奉養，奢侈玉食。然操持掾史，郡中長吏皆令閉門自斂，不得踰法……（《漢書・公孫劉田王楊蔡陳鄭傳》，第 2901 頁。）

前 32 年（漢成帝建始元年）……是時，博士選三科，高（第）為尚書，次為刺史，其不通政事，以久次補諸侯太傅。光以高第為尚書，觀故事品式，數歲明習漢制及法令。上甚信任之，轉為僕射，尚書令。有詔光周密謹慎，未嘗有過，加諸吏官，以子男放為侍郎，給事黃門。數年，遷諸吏光祿大夫，秩中二千石，給事中，賜黃金百斤，領尚書事。後為光祿勳，復領尚書，諸吏給

事中如故。凡典樞機十餘年，守法度，修故事。上有所問，據經法以心所安而對，不希指苟合；如或不從，不敢強諫爭，以是久而安……（《漢書·匡張孔馬傳》，第 3353～3354 頁。）

閆按：孔光善法吏之學。

前 32 年（漢成帝建始元年）薛宣字贛君，東海郯人也。少為廷尉書佐都船獄史。後以大司農斗食屬察廉，補不其丞。琅邪太守趙貢行縣，見宣，甚說其能。從宣歷行屬縣，還至府，令妻子與相見，戒曰：「贛君至丞相，我兩子亦中丞相史。」察宣廉，遷樂浪都尉丞。幽州刺史舉茂材，為宛句令。大將軍王鳳聞其能，薦宣為長安令，治果有名，以明習文法詔補御史中丞……（《漢書·薛宣朱博傳》，第 3385 頁。）

閆按：薛宣亦法吏之學也。

前 32～前 20 年（漢成帝）是時，成帝初即位，宣為中丞，執法殿中，外總部刺史，上疏曰：「陛下至德仁厚，哀閔元元，躬有日昃之勞，而亡佚豫之樂，允執聖道，刑罰惟中，然而嘉氣尚凝，陰陽不和……」始高陵令（陽）（楊）湛、櫟陽令謝游皆貪猾不遜，持郡短長，前二千石數案不能竟。（師古曰：「雖每案驗之，不能窮竟其事。」）及宣視事，詣府謁，宣設酒飯與相對，接待甚備。已而陰求其罪臧，具得所受取。宣察湛有改節敬宣之效，乃手自牒書，條其姦臧，封與湛曰：「吏民條言君如牒，或議以為疑於主守盜。（孟康曰：「法有主守盜，斷官錢自入己也。」）馮翊敬重令，又念十金法重，不忍相暴章。（師古曰：「依當時律條，臧直十金，則至重罪。」）故密以手書相曉，欲君自圖進退，可復伸眉於後。即無其事，復封還記，得為君分明之。」湛自知罪臧皆應記，而宣辭語溫潤，無傷害意。湛實時解印綬付吏，為記謝宣，終無怨言。而櫟陽令游自以大儒有名，輕宣。宣獨移書顯責之曰：「告櫟陽令：吏民言令治行煩苛，適罰作使千人以上；賊取錢財數十萬，給為非法；（師古曰：「言斂取錢財，以供給興造非法之用。」）賣買聽任富吏，賈數不可知。證驗以明白，欲遣吏考案，恐負舉者，恥辱儒士，故使掾平鐫令。孔子曰：『陳力就列，不能者止。』令詳思之，方調守。」游得檄，亦解印綬去……宣為吏賞罰明，用法平而必行，所居皆有條教可紀，多仁恕愛利。池陽令舉廉吏獄掾王立，府未及召，聞立受囚家錢。宣責讓縣，縣案驗獄掾，乃其妻獨受繫者錢萬六千，受之再宿，獄掾實不知。掾慚恐自殺。宣聞之，移書池陽曰：「縣所舉廉吏獄掾王立，家私受賕，而立不知，殺身以自明。立誠廉士，甚可閔

惜！其以府決曹掾書立之枢，以顯其魂。府掾史素與立相知者，皆予送葬。」……辭訟者歷年不至丞相府，赦後餘盜賊什分三輔之一。（文穎曰：『減三輔之賊什九也。』）功效卓爾，自左內史初置以來未嘗有也……其法律任廷尉有餘，經術文雅足以謀王體，斷國論；身兼數器，有『退食自公』之節……宣為相，府辭訟例不滿萬錢不為移書，後皆遵用薛侯故事。（《漢書·薛宣朱博傳》，第 3386～3388、3390～3393 頁。）

閆按：薛宣亦法吏之學也。

前 32～前 15 年（漢成帝）……久之，太僕王音舉武賢良方正，徵對策，拜為諫大夫，遷揚州刺史。所舉奏二千石長吏必先露章，服罪者為虧除，免之而已；不服，極法奏之，抵罪或至死。九江太守戴聖，禮經號小戴者也，行治多不法，前刺史以其大儒，優容之。及武為刺史，行部錄囚徒，有所舉以屬郡。聖曰：「後進生何知，乃欲亂人治！」皆無所決。武使從事廉得其罪，聖懼，自免……（《漢書·何武王嘉師丹傳》，第 3482～3483 頁。）

前 32～前 8 年（漢成帝）彭宣字子佩，淮陽陽夏人也。治《易》，事張禹，舉為博士，遷東平太傅。禹以帝師見尊信，薦宣經明有威重，可任政事，繇是入為右扶風，遷廷尉，以王國人出為太原太守。（《漢書·雋疏於薛平彭傳》，第 3051 頁。）

前 32～前 8 年（漢成帝）鄭崇字子游，本高密大族，世與王家相嫁娶。祖父以訾徙平陵。父賓明法令，為御史，事貢公，（師古曰：『貢禹也。』）名公直……（《漢書·蓋諸葛劉鄭孫母將何傳》，第 3254 頁。）

閆按：鄭崇之父鄭賓，明法令，為獄史，是典型的法吏之學之人。

前 32～前 8 年（漢成帝）……博本武吏，不更文法，及為刺史行部，吏民數百人遮道自言，官寺盡滿……博見謂曰：「如太守漢吏，奉三尺律令以從事耳，亡奈生所言聖人道何也！且持此道歸，堯舜君出，為陳說之。」其折逆人如此……博口占檄文曰：「府告姑幕令丞：言賊發不得，有書。檄到，令丞就職，游徼王卿力有餘，如律令！」（師古曰：『游徼職主捕盜賊，故云如律令。』）……遷為大司農。歲餘，坐小法，左遷犍為太守。先是南蠻若兒數為寇盜，博厚結其昆弟，使為反間，襲殺之，郡中清。徙為山陽太守，病免官。復徵為光祿大夫，遷廷尉，職典決疑，當讞平天下獄。博恐為官屬所誣，視事，召見正監典法掾史，謂曰：「廷尉本起於武吏，不通法律，幸有眾賢，亦何憂！然廷尉治郡斷獄以來且二十年，亦獨耳剽日久，三尺律令，人事出其

中。掾史試與正監共撰前世決事吏議難知者數十事，持以問廷尉，得（為）諸君覆意之。」正監以為博苟強，意未必能然，即共條白焉。博皆召掾史，並坐而問，為平處其輕重，十中八九。官屬咸服博之疏略，材過人也。每遷徙易官，所到輒出奇謫如此，以明示下為不可欺者。久之，遷後將軍，與紅陽侯立相善。立有罪就國，有司奏立黨友，博坐免。（《漢書·薛宣朱博傳》，第3399～3404頁。）

閭按：朱博為武吏，不習文法，非法吏之人也，任廷尉，有擔心，說明秦漢時期廷尉是專業司法官員。

前30年（漢成帝建始三年）……秦居平土，一夫大呼而海內崩析者，刑罰深酷，吏行殘賊也。夫違天害德，為上取怨於下，莫甚乎殘賊之吏。誠放退殘賊酷暴之吏（錮）廢勿用，益選溫良上德之士以親萬姓，平刑釋冤以理民命，務省繇役，毋奪民時，薄收賦稅，毋殫民財，使天下黎元咸安家樂業，不苦踰時之役，不患苛暴之政，不疾酷烈之吏，雖有唐堯之大災，民無離上之心……（《漢書·谷永杜鄴傳》，第3449頁。）

前28～前25年（漢成帝河平年間）……既至甘泉宮，會殿中，慶與廷尉范延壽語，時慶有章劾，自道：「行事以贖論，今尚書持我事來，當於此決。前我為尚書時，嘗有所奏事，忽忘之，留月餘。」方進於是舉劾慶曰：「案慶奉使刺舉大臣，故為尚書，知機事周密壹統，明主躬親不解。慶有罪未伏誅，無恐懼心，豫自設不坐之比。又暴揚尚書事，言遲疾無所在，虧損聖德之聰明，奉詔不謹，皆不敬，臣謹以劾。」慶坐免官。會北地浩商為義渠長所捕，亡，長取其母，與貑豬連繫都亭下。商兄弟會賓客，自稱司隸掾、長安縣尉，殺義渠長妻子六人，亡。丞相、御史請遣掾史與司隸校尉、部刺史並力逐捕，察無狀者，奏可。司隸校尉涓勳奏言：「《春秋》之義，王人微者序乎諸侯之上，尊王命也。臣幸得奉使，以督察公卿以下為職，今丞相宣請遣掾史，以宰士督察天子奉使命大夫，甚悖逆順之理。宣本不師受經術，因事以立姦威。案浩商所犯，一家之禍耳，而宣欲專權作威，乃害於乃國，不可之大者。願下中朝特進列侯、將軍以下，正國法度。」議者以為丞相掾不宜移書督趣司隸。會浩商捕得伏誅，家屬徙合浦……上以方進所舉應科，不得用逆詐廢正法，遂貶勳為昌陵令……方進知能有餘，兼通文法吏事，以儒雅緣飾法律，號為通明相，天子甚器重之，奏事亡不當意，內求人主微指以固其位。（《漢書·翟方進傳》，第3412～3413、3415、3421頁。）

閭按：翟方進為儒生，亦明法吏之學。

前 24 年（漢成帝陽朔元年）……取民所上書，陛下之所善，試下之廷尉，廷尉必曰「非所宜言，大不敬。」以此卜之，一矣……（《漢書·楊胡朱梅雲傳》，第 2922 頁。）

前 21 年（漢成帝陽朔四年）四年春正月，詔曰：「夫洪範八政，以食為首，斯誠家給刑錯之本也。（師古曰：『言倉廩充盈，則家家自足，人不犯禁，無所用刑也。』）先帝劭農，薄其租稅，寵其彊力，令與孝悌同科……」（《漢書·成帝紀》，第 314 頁。）

前 20 年（漢成帝鴻嘉元年）鴻嘉元年春二月，詔曰：「朕承天地，獲保宗廟，明有所蔽，德不能綏，刑罰不中，眾冤失職，趨闕告訴者不絕。是以陰陽錯謬，寒暑失序，日月不光，百姓蒙辜，朕甚閔焉。書不云乎？『即我御事，罔克耆壽，咎在厥躬。』平王自謂，故帝引之以自責耳。文氏乃云咎在用事，斯失之矣。方春生長時，臨遣諫大夫理等舉三輔、三河、弘農冤獄。公卿大夫、部刺史明申敕守相，稱朕意焉……」（《漢書·成帝紀》，第315 頁。）

前 20～前 15 年（漢成帝）……初，宣為丞相，而翟方進為司直。宣知方進名儒，有宰相器，深結厚焉。後方進竟代為丞相，思宣舊恩，宣免後二歲，薦宣明習文法，練國制度，前所坐過薄，可復進用……（《漢書·薛宣朱博傳》，第 3394 頁。）

前 16～前 13 年（漢成帝永始年間）……永始中，相禹奏立對外家怨望，有惡言。有司案驗，因發淫亂事，奏立禽獸行，請誅。太中大夫谷永上疏曰：「臣聞『禮，天子外屏，不欲見外』也。是故帝王之意，不窺人閨門之私，聽聞中冓之言。《春秋》為親者諱。《詩》云『戚戚兄弟，莫遠具爾』。今梁王年少，頗有狂病，始以惡言按驗，既亡事實，而發閨門之私，非本章所指。王辭又不服，猥強劾立，傅致難明之事，獨以偏辭成罪斷獄，亡益於治道。污蔑宗室，以內亂之惡披布宣揚於天下，非所以為公族隱諱，增朝廷之榮華，昭聖德之風化也。臣愚以為王少，而父同產長，年齒不倫；梁國之富，足以厚聘美女，招致妖麗；父同產亦有恥辱之心。（師古曰：「言其姑亦當自恥，必不與奸。」）案事者乃驗問惡言，何故猥自發抒？以三者揆之，殆非人情，疑有所迫切，過誤失言，文吏躡尋，不得轉移。萌牙之時，加恩勿治，上也。既已案驗舉憲，宜及王辭不服，詔廷尉選上德通理之吏，更審考清問，著

不然之效，定失誤之法，而反命於下吏，以廣公族附疏之德，為宗室刷污亂之恥，甚得治親之誼。」天子由是寢而不治。（《漢書·文三王傳》，第2216～2217頁。）

前15年（漢成帝永始二年）……又以掖庭獄大為亂阱，榜箠憯於炮格，（師古曰：『憯，痛也。炮格，紂所作刑也。膏塗銅柱，加之（以）火上，令罪人行其上，輒墮炭中，笑而以為樂。憯音千感反。』）絕滅人命，主為趙、李報德復怨，反除白罪，建治正吏，（師古曰：『反讀曰幡。罪之明白者反而除之，吏之公正者建議劾治也。』）多係無辜，掠立迫恐，至為人起責，分利受謝……（《漢書·谷永杜鄴傳》，第3460頁。）

前11年（漢成帝元延二年）……皆在今年四月丙辰赦令前。臣謹案永光三年男子忠等發長陵傅夫人冢。事更大赦，孝元皇帝下詔曰：「（比）（此）朕不當所得赦也。」窮治，盡伏辜，天下以為當。魯嚴公夫人殺世子，齊桓召而誅焉，春秋予之。趙昭儀傾亂聖朝，親滅繼嗣，家屬當伏天誅。前平安剛侯夫人謁坐大逆，同產當坐，以蒙赦令，歸故郡。今昭儀所犯尤悖逆，罪重於謁，而同產親屬皆在尊貴之位，迫近幃幄，群下寒心，非所以懲惡崇誼示四方也。請事窮竟，丞相以下議正法。（《漢書·外戚傳》，第3996頁。）

前9年（漢成帝元延四年）……孝哀皇帝，元帝庶孫，定陶恭王子也。母曰丁姬。年三歲嗣立為王，長好文辭法律。元延四年入朝，盡從傅、相、中尉。時成帝少弟中山孝王亦來朝，獨從傅。上怪之，以問定陶王，對曰：「令，諸侯王朝，得從其國二千石。傅、相、中尉皆國二千石，故盡從之。」上令誦詩，通習，能說。他日問中山王：「獨從傅在何法令？」不能對。令誦尚書，又廢……（《漢書·哀帝紀》，第333頁。）

前8年（漢成帝綏和元年）……光以議不中意，左遷廷尉。光久典尚書，練法令，號稱詳平。時定陵侯淳于長坐大逆誅，長小妻乃始等六人皆以長事未發覺時棄去，或更嫁。及長事發，丞相方進、大司空武議，以為「令，犯法者各以法時律令論之，（師古曰：『此（其）（具）引令條之文也。法時謂始犯法之時也。』）明有所訖也。長犯大逆時，乃始等見為長妻，已有當坐之罪，與身犯法無異。後乃棄去，於法無以解。請論。」光議以為「大逆無道，父母妻子同產無少長皆棄市，欲懲後犯法者也。師夫婦之道，有義則合，無義則離。長未自知當坐大逆之法，而棄去乃始等，或更嫁，義已絕，而欲以為長妻論殺之，名不正，不當坐。」有詔光議是。（《漢書·匡張孔馬傳》，第3355～

3356頁。）

閆按：孔光善法吏之學，孔光任廷尉，當為西漢元、成之時，崇尚儒學，官吏逐漸以儒生為主的代表。

前8年（漢成帝綏和元年）……數歲，坐郡中被災害什四以上免。久之，大司馬曲陽侯王根薦武，徵為諫大夫。遷兗州刺史，入為司隸校尉，徙京兆尹。二歲，坐舉方正所舉者召見槃辟雅拜，有司以為詭眾虛偽。武坐左遷楚內史，遷沛郡太守，復入為廷尉。綏和（三）（元）年，御史大夫孔光左遷廷尉，武為御史大夫……然疾朋黨，問文吏必於儒者，問儒者必於文吏，以相參檢。欲除吏，先為科例以防請託。其所居亦無赫赫名，去後常見思。及為御史大夫司空，與丞相方進共奏言：「往者諸侯王斷獄治政，內史典獄事，相總綱紀輔王，中尉備盜賊。今王不斷獄與政，中尉官罷，職並內史，郡國守相委任，所以壹統信，安百姓也……」（《漢書‧何武王嘉師丹傳》，第3484～3485頁。）

閆按：何武曾任廷尉，「疾朋黨，問文吏必於儒者，問儒者必於文吏，以相參檢。」故漢成帝時文吏與儒生必定有一分界。

前7年（漢成帝綏和二年）綏和二年三月，成帝崩。四月丙午，太子即皇帝位，謁高廟。尊皇太后曰太皇太后，皇后曰皇太后。大赦天下。（《漢書‧哀帝紀》，第334頁。）

前7年（漢成帝綏和二年）……犯者以律論。諸名田畜奴婢過品，皆沒入縣官。齊三服官、諸官織綺繡，難成，害女紅之物，皆止，無作輸。除任子令及誹謗詆欺法。掖庭宮人年三十以下，出嫁之。官奴婢五十以上，免為庶人。禁郡國無得獻名獸。益吏三百石以下奉。察吏殘賊酷虐者，以時退。有司無得舉赦前往事。博士弟子父母死，予寧三年。（《漢書‧哀帝紀》，第336頁。）

前7年（漢成帝綏和二年）二年春，熒惑守心。二月乙丑，丞相翟方進欲塞災異，自殺。（二）（三）月丙戌，宮車晏駕。（《漢書‧天文志》，第1311頁。）

前7年（漢成帝綏和二年）……事下有司，御史中丞眾等奏：「況朝臣，父故宰相，再封列侯，不相敕丞化，而骨肉相疑，疑咸受修言以謗毀宣。咸所言皆宣行跡，眾人所共見，公家所宜聞。況知咸給事中，恐為司隸舉奏宣，而公令明等迫切宮闕，要遮創戮近臣於大道人眾中，欲以鬲塞聰明，杜絕論議

之端。桀黠無所畏忌，萬眾讙譁，流聞四方，不與凡民忿怒爭鬥者同。臣聞敬近臣，為近主也。禮，下公門，式路馬，君畜產且猶敬之。春秋之義，意惡功遂，不免於誅，上浸之源不可長也。況首為惡，明手傷，功意俱惡，皆大不敬。明當以重論，及況皆棄市。」廷尉直以為「律曰『鬥以刃傷人，完為城旦，其賊加罪一等，與謀者同罪。』詔書無以詆欺成罪傳曰：『遇人不以義而見疻者，與痏人之罪鈞，惡不直也。』咸厚善修，而數稱宣惡，流聞不誼，不可謂直。況以故傷咸，計謀已定，後聞置司隸，因前謀而趣明，非以恐咸為司隸故造謀也。本爭私變，雖於掖門外傷咸道中，與凡民爭鬥無異。殺人者死，傷人者刑，古今之通道，三代所不易也。孔子曰：『必也正名。』名不正，則至於刑罰不中；刑罰不中，而民無所錯手足。今以況為首惡，明手傷為大不敬，公私無差。《春秋》之義，原心定罪。原況以父見謗發忿怒，無它大惡。加詆欺，輯小過成大辟，陷死刑，違明詔，恐非法意，不可施行。聖王不以怒增刑。明當以賊傷人不直，況與謀者皆爵減完為城旦。」（師古曰：「以其身有爵級，故得減罪而為完也。況身及同謀之人，皆從此科。」）上以問公卿議臣。丞相孔光、大司空師丹以中丞議是，自將軍以下至博士議郎皆是廷尉。況竟減罪一等，徙敦煌。宣坐免為庶人，歸故郡，卒於家……惠自知治縣不稱宣意，遣門下掾送宣至陳留，令掾進見，自從其所問宣不教戒惠吏職之意。宣笑曰：「吏道以法令為師，可問而知。及能與不能，自有資材，何可學也？」眾人傳稱，以宣言為然。（《漢書·薛宣朱博傳》，第3395～3397頁。）

　　前7年（漢成帝綏和二年）……張敞為京兆尹，有罪當免，黠吏知而犯敞，敞收殺之，其家自冤，使者覆獄，劾敞賊殺人，上逮捕不下，會免，亡命數十日，宣帝徵敞拜為冀州刺史，卒獲其用。前世非私此三人，貪其材器有益於公家也……（《漢書·何武王嘉師丹傳》，第3489頁。）

　　前7年（漢成帝綏和二年）……臣遣從事掾業、史望驗問知狀者掖庭獄丞籍武、故中黃門王舜、吳恭、靳嚴，官婢曹曉、道房、張棄、故趙昭儀御者於客子、王偏、臧兼等，皆曰宮即曉子女，前屬中宮，為學事史，通詩，授皇后……（《漢書·外戚傳》，第3990頁。）

　　前7～前1年（漢哀帝）……時潁川鍾元為尚書令，領廷尉，用事有權。弟威為郡掾，臧千金。並為太守，（故）（過）辭鍾廷尉，廷尉免冠為弟請一等之罪，（如淳曰：『減死罪一等。』）願蚤就鬃鉗。並曰：「罪在弟身與君律，不在於太守。」元懼，馳遣人呼弟。陽翟輕俠趙季、李款多畜賓客，以氣力漁食

閭里，至奸人婦女，持吏長短，從橫郡中，聞並且至，皆亡去。並下車求勇猛曉文法吏且十人，使文吏治三人獄，武吏往捕之，各有所部。敕曰：「三人非負太守，乃負王法，不得不治。鍾威所犯多在赦前，驅使入函谷關，勿令污民間；不入關，乃收之。趙、李桀惡，雖遠去，當得其頭，以謝百姓。」鍾威負其兄，止洛陽，吏格殺之。亦得趙、李它郡，持頭還，並皆縣頭及其具獄於市。郡中清靜，表善好士，見紀潁川，名次黃霸。（《漢書·蓋諸葛劉鄭孫毋將何傳》，第3267～3268頁。）

前7～前1年（漢哀帝）馬宮字游卿，東海戚人也。治《春秋》嚴氏，以射策甲科為郎，遷楚長史，免官。後為丞相史司直。師丹薦宮行能高絜，遷廷尉平，青州刺史，汝南、九江太守，所在見稱。（《漢書·匡張孔馬傳》，第3365頁。）

前6年（漢哀帝建平元年）……又有七死：酷吏毆殺，一死也；治獄深刻，二死也；冤陷亡辜，三死也……（《漢書·王貢兩龔鮑傳》，第3088頁。）

前3～前4年（漢哀帝）後歲餘，丞相王嘉上書薦故廷尉梁相等……（《漢書·王貢兩龔鮑傳》，第3079頁。）

閆按：梁相在此之前曾經任過廷尉，具體考察梁相的出身及仕宦經歷。

前2～前1年（漢哀帝元壽元年～二年）元壽元年十一月，歲星入太微，逆行干右執法。占曰：「大臣有憂，執法者誅，若有罪。」二年十月戊寅，高安侯董賢免大司馬位，歸第自殺。（《漢書·天文志》，第1312頁。）

前1年（漢成帝元壽二年）帝年九歲，太皇太后臨朝，大司馬莽秉政，百官總己以聽於莽。詔曰：「夫赦令者，將與天下更始，誠欲令百姓改行絜己，全其性命也。（性）（往）者有司多舉奏赦前事，累增罪過，誅陷亡辜，殆非重信慎刑，灑心自新之意也。及選舉者，其歷職更事有名之士，則以為難保，廢而弗舉，甚謬於赦小過舉賢材之義。對諸有臧及內惡未發而薦舉者，皆勿案驗。令士厲精鄉進，不以小疵妨大材。自今以來，有司無得陳赦前事置奏上。有不如詔書為虧恩，以不道論。定著令，布告天下，使明知之。」（《漢書·平帝紀》，第348頁。）

1年（漢平帝元始元年）……以故蕭相國甲第為安漢公第，定著於令，傳之無窮。（《漢書·王莽傳》，第4047頁。）

4年（漢平帝元始四年）詔曰：「蓋夫婦正則父子親，人倫定矣。前詔有司復貞婦，歸女徒，誠欲以防邪辟，全貞信。及眊悼之人刑罰所不加，聖王之

所制也。惟苛暴吏多拘繫犯法者親屬，婦女老弱，搆怨傷化，百姓苦之。其明敕百僚，婦女非身犯法，及男子年八十以上七歲以下，家非坐不道，詔所名捕，它皆無得繫。（張晏曰：『名捕，謂下詔特所捕也。』）其當驗者，即驗問。定著令。」（《漢書·平帝紀》，第356頁。）

5年（漢平帝元始五年）風俗使者八人還，言天下風俗齊同，詐為郡國造歌謠，頌功德，凡三萬言。莽奏定著令。又奏為市無二賈，官無獄訟，邑無盜賊，野無饑民，道不拾遺，男女異路之制，犯者象刑。（師古曰：『象刑，解在《武紀》及《刑法志》。』）……又增法五十條，犯者徙之西海……（《漢書·王莽傳》，第4076～4077頁。）

新莽

6年（漢孺子嬰居攝元年）十二月，群臣奏請：「益安漢公宮及家吏，置率更令，廟、廄、廚長丞，中庶子，虎賁以下百餘人，又置衛士三百人。安漢公廬為攝省，府為攝殿，第為攝宮。」奏可。（《漢書·王莽傳》，第4086頁。）

9年（新始建國元年）……大理曰作士……每一卿置大夫三人，一大夫置元士三人，凡二十七大夫，八十一元士，分主中都官諸職……御史曰執法……（《漢書·王莽傳》，第4103頁。）

11年（新始建國三年）三年，莽曰：「百官改更，職事分移，律令儀法，未及悉定，且因漢律令儀法以從事。令公卿大夫諸侯二千石舉吏民有德行通政事能言語明文學者各一人，詣王路四門。」（《漢書·王莽傳》，第4125頁。）

15年（新天鳳二年）……卿旦入暮出，議論連年不決，不暇省獄訟冤結民之急務。縣宰缺者，數年守兼，一切貪殘日甚。中郎將、繡衣執法在郡國者，並乘權勢，傳相舉奏。又十一公士分布勸農桑，班時令，案諸章，冠蓋相望，交錯道路，召會吏民，逮捕證左，郡縣賦斂，遞相賕賂，白黑紛然，守闕告訴者多……（《漢書·王莽傳》，第4140頁。）

17年（新天鳳四年）是歲，復明六筦之令。每一筦下，為設科條防禁，犯者罪至死，吏民抵罪者浸眾。又一切調上公以下諸有奴婢者，率一口出錢三千六百，天下愈愁，盜賊起。納言馮常以六筦諫，莽大怒，免常官。置執法左右刺姦。選用能吏侯霸等分督六尉、六隊，如漢刺史，與三公士郡一人從事。（《漢書·王莽傳》，第4150頁。）

20年（新地皇元年）自莽為不順時令，百姓怨恨，莽猶安之，又下書曰：「惟設此壹切之法以來，常安六鄉巨邑之都，枹鼓稀鳴，盜賊衰少，百姓安土，歲以有年，此乃立權之力也。今胡虜未滅誅，蠻僰未絕焚，江湖海澤麻沸，盜賊未盡破殄，又興奉宗廟社稷之大作，民眾動搖。今復壹切行此令，盡二年止之，以全元元，救愚姦。」（《漢書·王莽傳》，第4163頁。）

20年（新地皇元年）……出見男女不異路者，尊自下車，以象刑赭幡污染其衣。莽聞而說之，下詔申敕公卿思與厥齊……（《漢書·王莽傳》，第4164頁。）

21年（新地皇二年）……士還，上書具言狀。莽大怒，下獄以為誣罔。因下書責七公曰：「夫吏者，理也。宣德明恩，以牧養民，仁之道也。抑強督姦，捕誅盜賊，義之節也。今則不然。盜發不輒得，至成群黨，遮略乘傳宰士。士得脫者，又妄自言『我責數賊「何故為是？」賊曰「以貧窮故耳」。賊護出我。』今俗人議者率多若此。惟貧困飢寒，犯法為非，大者群盜，小者偷穴，不過二科，今乃結謀連黨以千百數，是逆亂之大者，豈飢寒之謂邪？七公其嚴敕卿大夫、卒正、連率、庶尹，謹牧養善民，急捕殄盜賊。有不同心並力，疾惡黜賊，而妄曰飢寒所為，輒補繫，請其罪。」……（《漢書·王莽傳》，第4171頁。）

東漢

25～92年（東漢初）今海內更始，民人歸本，戶口歲息，平其刑辟，牧以賢良，至於家給，既庶且富，則須庠序禮樂之教化矣……（《漢書·禮樂志》，第1075頁。）

三、行政法律

前202年（漢高祖五年）後九月，徙諸侯子關中。（《漢書·高帝紀》，第58頁。）

前201年（漢高祖六年）六年冬十月，令天下縣邑城。（《漢書·高帝紀》，第59頁。）

前201年（漢高祖六年）……夏五月丙午，詔曰：「人之至親，莫親於父子，故父有天下傳歸於子，子有天下尊歸於父，此人道之極也。前日天下大亂，兵革並起，萬民苦殃，朕親被堅執銳，自帥士卒，犯危難，平暴亂，立諸侯，偃兵息民，天下大安，此皆太公之教訓也。諸王、通侯、將軍、群卿、

大夫已尊朕為皇帝，而太公未有號。今上尊太公曰太上皇。」（《漢書・高帝紀》，第 62 頁。）

前 200 年（漢高祖七年）……自櫟陽徙都長安。置宗正（宮）（官）以序九族。（《漢書・高帝紀》，第 64 頁。）

前 195 年（漢高祖十二年）三月，詔曰：「吾立為天子，帝有天下，十二年於今矣。與天下之豪士賢大夫共定天下，同安輯之。其有功者上致之王，次為列侯，下乃食邑。而重臣之親，或為列侯，皆令自置吏，得賦斂，女子公主。為列侯食邑者，皆佩之印，賜大第室。吏二千石，徙之長安，受小第室。入蜀漢定三秦者，皆世世復。吾於天下賢士功臣，可謂亡負矣。其有不義背天子擅起兵者，與天下共伐誅之。布告天下，使明知朕意。」（《漢書・高帝紀》，第 78 頁。）

前 195 年（漢高祖十二年）……五月丙寅，太子即皇帝位，尊皇后曰皇太后。賜民爵一級。中郎、郎中滿六歲爵三級，四歲二級。外郎滿六歲二級。中郎不滿一歲一級。外郎不滿二歲賜錢萬。宦官尚食比郎中。謁者、執楯、執戟、武士、騶比外郎。太子御驂乘賜爵五大夫，舍人滿五歲二級。賜給喪事者，二千石錢二萬，六百石以上萬，五百石、二百石以下至佐史五千。（如淳曰：「律有斗食、佐史。」）視作斥上者，將軍四十金，二千石二十金，六百石以上六金，五百石以下至佐史二金。減田租，復十五稅一。（鄧展曰：「漢家初十五稅一，儉於周十稅一也。」如淳曰：「秦作阿房之宮，收太半之賦，遂行，至此乃復十五而稅一。」）……又曰：吏所以治民也，能盡其治則民賴之，故重其祿，所以為民也。今吏六百石以上父母妻子與同居，及故吏嘗佩將軍都尉印將兵及佩二千石官印者，家唯給軍賦，他無有所與。（師古曰：『同居，謂父母妻子之外若兄弟及兄弟之子等見與同居業者，若今言同籍及同財也。』）

（《漢書・惠帝紀》，第 85～87 頁。）

前 194 年（漢惠帝元年）孝惠元年，除諸侯相國法，更以參為齊丞相……（《漢書・蕭何曹參傳》，第 2018 頁。）

前 179（漢文帝前元年）張釋之字季，南陽堵陽人也。與兄仲同居，以貲為騎郎，（蘇林曰：「雇錢若出穀也。」如淳曰：「漢注貲五百萬得為常侍郎。」師古曰：「如說是也。」）事文帝……（《漢書・張馮汲鄭傳》，第 2307 頁。）

前 178 年（漢文帝前二年）⋯⋯其令列侯之國，為吏及詔所止者，遣太子。（李奇曰：「為吏，謂為卿大夫者。詔所止，特以恩愛見留者。」）⋯⋯太僕見馬遺財足，餘皆以給傳置。（《漢書·文帝紀》，第 115～116 頁。）

前 178 年（漢文帝前二年）九月，初與郡守為銅虎符、竹使符。（《漢書·文帝紀》，第 118 頁。）

前 177 年（漢文帝前三年）⋯⋯頃之，太子與梁王共車入朝，不下司馬門，（如淳曰：「宮衛令『諸出入殿門公交車司馬門者皆下，不如令，罰金四兩』。」）於是釋之追止太子、梁王毋入殿門。遂劾不下公門不敬，奏之⋯⋯（《漢書·張馮汲鄭傳》，第 2309 頁。）

前 168 年（漢文帝前十二年）三月，除關無用傳。（張晏曰：「傳，信也，若今過所也。」如淳曰：「兩行書繒帛，分持其一，出入關，合之乃得過，謂之傳也。」李奇曰：「傳，棨也。」師古曰：「張說是也。古者或用棨，或用繒帛。棨者，刻木為合符也。」）（《漢書·文帝紀》，第 123～124 頁。）

前 167 年（漢文帝前十三年）文帝即位十三年，下詔曰：「祕祝之官移過於下，朕甚弗取，其除之。」（《漢書·郊祀志》，第 1212 頁。）

前 156 年（漢景帝元年）秋七月，詔曰：「吏受所監臨，以飲食免，重；受財物，賤買貴賣，論輕。（師古曰：『帝以為當時律條吏受所監臨賂遺飲食，即坐免官爵，於法太重，而受所監臨財物及賤買貴賣者，論決太輕，故令更議改之。』）廷尉與丞相更議著令。」廷尉信謹與丞相議曰：「吏及諸有秩受其官屬所監、所治、所行、所將，其與飲食計償費，勿論。（師古曰：『計其所費，而償其直，勿論罪也。』）它物，若買故賤，賣故貴，皆坐臧為盜，沒入臧縣官。吏遷徙免罷，受其故官屬所將監治送財物，奪爵為士伍，免之。（李奇曰：『有爵者奪之，使為士伍，有位者免官也。』師古曰：『此說非也。謂奪其爵，令為士伍，又免其官職，即今律所謂除名也。謂之士伍者，言從士卒之伍也。』）無爵，罰金二斤，令沒入所受。有能捕告，畀其所受臧。」（《漢書·景帝紀》，第 140～141 頁。）

前 156～前 141 年（漢景帝）⋯⋯相如既學，慕藺相如之為人也，更名相如。以訾為郎，事孝景帝，為武騎常侍，非其好也。（師古曰：「訾讀與貲同。貲，財也。以家財多得拜為郎也。武騎常侍秩六百石。」）⋯⋯（《漢書·司馬相如傳》，第 2529 頁。）

閆按：關於司馬相如的選官、與卓文君的婚事，具體可以參考伏俊璉的

《司馬相如「買官」「竊色」「竊財」辨正》，此文章深有啟發。本人在本科階段的古代漢語課程即是伏俊璉教授，很有意思。

前 153 年（漢景帝四年）四年春，復置諸關用傳出入。（應劭曰：「文帝十二年除關無用傳，至此復用傳。以七國新反，備非常。」）（《漢書·景帝紀》，第 143 頁。）

前 150 年（漢景帝七年）……太后除嬰門籍，不得朝請。（《漢書·竇田灌韓傳》，第 2375 頁。）

前 148 年（漢景帝中二年）秋七月，更郡守為太守，郡尉為都尉。（《漢書·景帝紀》，第 146 頁。）

前 145 年（漢景帝中五年）更名諸侯丞相為相。（《漢書·景帝紀》，第 148 頁。）

前 142 年（漢景帝後二年）今訾算十以上乃得宦，（服虔曰：「訾萬錢，算百二十七也。」應劭曰：「古者疾吏之貪，衣食足知榮辱，限訾十算乃得為吏。十算，十萬也。賈人有財不得為吏，廉士無訾又不得宦，故減訾四算得宦矣。」）廉士算不必眾。有市籍不得宦，無訾又不得宦，朕甚愍之。訾算四得宦，亡令廉士久失職，貪夫長利。（《漢書·景帝紀》，第 152 頁。）

前 136 年（漢武帝建元五年）置五經博士。（《漢書·武帝紀》，第 159 頁。）

前 134 年（漢武帝元光元年）冬十一月，初令郡國舉孝廉各一人。（《漢書·武帝紀》，第 160 頁。）

前 127 年（漢武帝元朔二年）「……願陛下令諸侯得推恩分子弟，以地侯之。彼人人喜得所願，上以德施，實分其國，必稍自銷弱矣。」於是上從其計……（《漢書·嚴朱吾丘主父徐嚴終王賈傳》，第 2802 頁。）

前 124 年（漢武帝元朔五年）……其以高成之平津鄉戶六百五十封丞相弘為平津侯。其後以為故事，至丞相封，自弘始也。（《漢書·公孫弘卜式兒寬》，第 2620～2621 頁。）

前 119 年（漢武帝元狩四年）……乃置大司馬位，大將軍、票騎將軍皆為大司馬。定令，令票騎將軍秩祿與大將軍等。（《漢書·衛青霍去病傳》，第 2488 頁。）

前 106 年（漢武帝元封五年）初置刺史部十三州（師古曰：「假刺史印綬，有常治所。常以秋分行部，御史為駕四封乘傳。到所部，郡國各遣一吏迎

之界上，所察六條。」）……（《漢書·武帝紀》，第 197 頁。）

前 74 年（漢昭帝元平元年）十一月壬子，立皇后許氏。賜諸侯王以下金錢，至吏民鰥寡孤獨各有差。皇太后歸長樂宮。初置屯衛。（《漢書·宣帝紀》，第 239 頁。）

前 67 年（漢宣帝地節三年）十二月，初置廷尉平四人，秩六百石。（《漢書·宣帝紀》，第 250 頁。）

前 59 年（漢宣帝神爵三年）秋八月，詔曰：「吏不廉平則治道衰。今小吏皆勤事，而奉祿薄，欲其毋侵漁百姓，難矣。其益吏百石以下奉十五。」（如淳曰：「律，百石奉月六百。」）（《漢書·宣帝紀》，第 263 頁。）

前 49 年（漢宣帝黃龍元年）夏四月，詔曰：「舉廉吏，誠欲得其真也。吏六百石位大夫，有罪先請，秩祿上通，足以效其賢材，自今以來毋得舉。」（《漢書·宣帝紀》，第 274 頁。）

前 46 年（漢元帝初元三年）三年春，令諸侯相位在郡守下。（《漢書·元帝紀》，第 283 頁。）

前 36 年（漢元帝建昭三年）三年夏，令三輔都尉、大郡都尉秩皆二千石。（《漢書·元帝紀》，第 294 頁。）

前 28 年（漢成帝河平元年）六月，罷典屬國並大鴻臚。（《漢書·成帝紀》，第 309 頁。）

前 23 年（漢成帝陽朔二年）夏五月，除吏八百石、五百石秩。（李奇曰：「除八百就六百，除五百就四百。」）（《漢書·成帝紀》，第 312 頁。）

前 9 年（漢成帝元延四年）二月，罷司隸校尉官。（《漢書·成帝紀》，第 327 頁。）

前 7 年（漢成帝綏和二年）十二月，罷部刺史，更置州牧，秩二千石。（《漢書·成帝紀》，第 329 頁。）

前 5 年（漢成帝建平二年）罷州牧，復刺史。（《漢書·哀帝紀》，第 339 頁。）

前 3 年（漢成帝建平四年）冬，詔將軍、中二千石舉明兵法有大慮者。（《漢書·哀帝紀》，第 342 頁。）

1 年（漢平帝元始元年）二月，置羲和官，秩二千石；外史、閭師，秩六百石。（《漢書·平帝紀》，第 351 頁。）

3 年（漢平帝元始三年）夏，安漢公奏車服制度，吏民養生、送終、嫁

娶、奴婢、田宅、器械之品。立官稷及學官。郡國曰學，縣、道、邑、侯國曰校。校、學置經師一人。鄉曰庠，聚曰序。序、庠置孝經師一人。（《漢書·平帝紀》，第 355 頁。）

4 年（漢平帝元始四年）……平帝時王莽秉政，增元士之子得受業如弟子，勿以為員，歲課甲科四十人為郎中，乙科二十人為太子舍人，丙科四十人補文學掌故云……（《漢書·儒林傳》，第 3596 頁。）

11 年（新始建國三年）遣著武將軍逄並等填名都，中郎將、繡衣執法各五十五人，分填緣邊大郡，督大姦猾擅弄兵者，皆便為姦於外，撓亂州郡，貨賂為市，侵漁百姓。莽下書曰：「虜知罪當夷滅，故遣猛將分十二部，將同時出，一舉而決絕之矣。內置司命軍正，外設軍監十有二人，誠欲以司不奉命，令軍人咸正也。今則不然，各為權勢，恐猲良民，妄封人頸，得錢者去。毒並作，農民離散。司監若此，可謂稱不？自今以來，敢犯此者，輒補繫，以名聞。」然猶放縱自若。（《漢書·王莽傳》，第 4125 頁。）

21 年（新地皇二年）二年正月，以州牧位三公，刺舉怠解，更置牧監副，秩元士，冠法冠，行事如漢刺史。（《漢書·王莽傳》，第 4165 頁。）

四、刑事法律

前 616（魯文公十一年）文公十一年，「敗狄於咸」。《穀梁》、《公羊傳》曰，長狄兄弟三人，一者之魯，一者之齊，一者之晉。皆殺之，身橫九畝；斷其首而載之，眉見於軾。何以書？記異也。（《漢書·五行志》，第 1471 頁。）

閆按：此梟首刑之大概也。

前 238 年（秦始皇九年）……始皇既冠，毒懼誅作亂，始皇誅之，斬首數百級，大臣二十人，皆車裂以徇，夷滅其宗，遷四千餘家於房陵……（《漢書·五行志》，第 1422 頁。）史記秦始皇八年，河魚大上。劉向以為近魚孽也。是歲，始皇弟長安君將兵擊趙，反，死屯留，軍吏皆斬，遷其民於臨洮。（師古曰：「本使長安君擊趙，至屯留而謀反作亂，故賜長安君死，斬其軍吏，遷其黔首也。」）明年有嫪（毒）（毒）之誅。（《漢書·五行志》，第 1430 頁。）

前 221～前 209 年（秦）……秦始皇帝東遊會稽，渡浙江，梁與籍觀。籍曰：「彼可取而代也。」梁掩其口，曰：「無妄言，族矣！」（師古曰：「凡言族

者，謂族誅之。」）（《漢書·陳勝項籍傳》，第 1796 頁。）

前 221～前 209 年……黥布，六人也，姓英氏。少時客相之，當刑而王。及壯，坐法黥……（《漢書·韓彭英盧吳傳》，第 1881 頁。）

前 218 年（秦始皇二十九年）……秦皇帝大怒，大索天下，求賊急甚。良乃更名姓，亡匿下邳……（《漢書·張陳王周傳》，第 2023 頁。）

前 209 年（秦二世元年）秦二世元年秋七月，發閭左戍漁陽九百人，（師古曰：「閭，里門也。發閭左之人皆遣戍也。解具在《食貨志》。」）勝、廣皆為屯長。行至蘄大澤鄉，會天大雨，道不通，度已失期。失期法斬，勝、廣乃謀曰……（《漢書·陳勝項籍傳》，第 1786 頁。）

前 208 年（秦二世二年）……宋留以軍降秦。秦傳留至咸陽，車裂留以徇。（師古曰：「徇，行示也，以示眾為戒。徇音辭峻反。」）（《漢書·陳勝項籍傳》，第 1794 頁。）

閆按：古代刑罰中的「徇」，當為在身體刑之後的再一次懲處？示眾以戒。

前 207 年（秦二世三年）二月……楊熊走之滎陽，二世使使斬之以徇（師古曰：「徇，行示也。《司馬法》曰『斬以徇』，言使人將行遍示眾士以為戒。」……（《漢書·高帝紀》，第 18～19 頁。）

前 207 年（秦二世三年）九月……子嬰誅滅趙高，遣將將兵距嶢關……（《漢書·高帝紀》，第 22 頁。）

前 207 年（秦二世三年）「……蒙恬為秦將，北逐戎人，開榆中地數（十）（千）里，竟斬陽周。何者？功多，秦不能封，因以法誅之。今將軍為秦將三歲矣，所亡失已十萬數，而諸侯並起茲益多。彼趙高素諛日久，今事急，亦恐二世誅之，故欲以法誅將軍以塞責」……（《漢書·陳勝項籍傳》，第 1805 頁。）

前 206 年（漢王劉邦元年）……韓生曰：「人謂楚人沐猴而冠，果然。」羽聞之，斬韓生。（《漢書·陳勝項籍傳》，第 1808 頁。）

前 206 年（漢王劉邦元年）……漢王之入蜀，信亡楚歸漢，未得知名，為連敖。坐法當斬，其疇十三人皆已斬，至信，信乃仰視，適見滕公……（《漢書·韓彭英盧吳傳》，第 1862 頁。）

前 205 年（漢王劉邦二年）……諸將拔北地，虜雍王弟章平。赦罪人……（《漢書·高帝紀》，第 33 頁。）

前 205 年（漢王劉邦二年）六月，漢王還櫟陽。壬午，立太子，赦罪人……（《漢書・高帝紀》，第 38 頁。）

前 204 年（漢王劉邦三年）……羽亨周苛，並殺樅公，而虜韓王信……（《漢書・高帝紀》，第 42 頁。）

前 203 年（漢王劉邦四年）……韓信用蒯通計，襲破齊。齊王亨酈生，東走高密。（《漢書・高帝紀》，第 43 頁。）

前 203 年（漢王劉邦四年）……漢王疾瘳，西入關，至櫟陽，存問父老，置酒。梟故塞王欣頭櫟陽市。（師古曰：「梟，懸首於木上。」）（《漢書・高帝紀》，第 43 頁。）

閆按：此「梟首」刑也，用於司馬欣，因司馬欣為故塞王，此欲以威懾關中，達到後方之穩固也。具體參見閆強樂《「梟首刑」考》。

前 202 年（漢高祖五年）……灌嬰追斬羽東城。楚地悉定，獨魯不下。漢王引天下兵欲屠之，為其守節禮義之國，乃持羽頭示其父兄，魯乃降……（《漢書・高帝紀》，第 50 頁。）

前 202 年（漢高祖五年）……又曰：「兵不得休八年，萬民與苦甚，今天下事畢，其赦天下殊死以下。」（如淳曰：「死罪之明白也。左傳曰斬其木而弗殊。」韋昭曰：「殊死，斬刑也。」師古曰：「殊，絕也，異也，言其身首離絕而異處也。」）（《漢書・高帝紀》，第 51 頁。）

前 202 年（漢高祖五年）……上恐其久為亂，遣使者赦橫，曰：「橫來，大者王，小者侯；不來，且發兵加誅。」……（《漢書・高帝紀》，第 57 頁。）

前 202 年（漢高祖五年）……六月壬辰，大赦天下。（《漢書・高帝紀》，第 58 頁。）

閆按：秦漢時期的大赦與歷代的大赦有什麼區別？

前 202 年（漢高祖五年）……項籍滅，高祖購求布千金，敢有舍匿，罪三族……上乃赦布……（《漢書・季布欒布田叔傳》，第 1975 頁。）

前 201 年（漢高祖六年）詔曰：「天下既安，豪傑有功者封侯，新立，未能盡圖其功。身居軍九年，或未習法令，或以其故犯法，大者死刑，吾甚憐之。其赦天下。」（韋昭曰：『言未習知法令而犯之者，有司因以故犯法之罪罪之，故帝愍焉。』師古曰：『此說非也。言以未習法令之故，不知避罪，遂致犯刑，帝原其本情，故加憐之。』）（《漢書・高帝紀》，第 59 頁。）

前 200 年（漢高祖七年）春，令郎中有罪耐以上，請之。民產子，復勿

事二歲。（應劭曰：「輕罪不至於髡，完其耏鬢，故曰耏。古耐字從彡，髮膚之意也。杜林以為法度之字皆從寸，後改如是。言耐罪已上，皆當先請也。」……）（《漢書·高帝紀》，第 63～64 頁。）

前 200 年（漢高祖七年）……械繫敬廣武。遂往，至平城，匈奴果出奇兵圍高帝白登，七日然後得解。高帝至廣武，赦敬……（《漢書·酈陸朱劉叔孫傳》，第 2121 頁。）

前 199 年（漢高祖八年）秋八月，吏有罪未發覺者，赦之。（《漢書·高帝紀》，第 65 頁。）

前 198 年（漢高祖九年）貫高等謀逆發覺，逮捕高等，（師古曰：「逮捕，謂事相連及者皆捕之也。一曰，在道守禁，相屬不絕，若今之傳送囚耳。」並捕趙王敖下獄。詔敢有隨王，罪三族。（張晏曰：「父母兄弟妻子也。」如淳曰：「父族、母族、妻族也。」師古曰：「如說是也。」）郎中田叔、孟舒等十人自髡鉗為王家奴，（師古曰：「鉗，以鐵束頸也，音其炎反。」）從王就獄。王實不知其謀。春正月，廢趙王敖為宣平侯。徙代王如意為趙王，王趙國。丙寅，前有罪殊死以下，皆赦之。（《漢書·高帝紀》，第 67 頁。）

前 198 年（好高祖九年）……會趙午、貫高等謀弒上，事發覺，漢下詔捕趙王及群臣反者。趙有敢隨王，罪三族。唯田叔、孟舒等十餘人赭衣自髡鉗，隨王至長安……（《漢書·季布欒布田叔傳》，第 1982 頁。）

前 197 年（漢高祖十年）秋七月癸卯，太上皇崩，葬萬年。赦櫟陽囚死罪以下。（臣瓚曰：「萬年陵在櫟陽縣界，故特赦之。」（《漢書·高帝紀》，第 67～68 頁。）

前 197 年（漢高祖十年）九月，代相國陳豨反。上曰：「……吏民非有罪也，能去豨、黃來歸者，皆赦之……吾以羽檄徵天下兵，未有至者，（師古曰：『檄者，以木簡為書，長尺二寸，用徵召也。其有急事，則加以鳥羽插之，示速疾也。《魏武奏事》云今邊有警，輒露檄插羽。』」……（《漢書·高帝紀》，第 68～69 頁。）

閆按：此檄者，在秦漢時期是用於交流信息的工具，是否秦漢時期的法律傳播也是這樣一種方式，這需要其他史料佐證。

前 197 年（漢高祖十年）漢十年，豨果反，高帝自將而往，信（稱）病不從。陰使人之豨所，而與家臣謀，夜詐赦諸官徒奴，欲發兵襲呂后、太子。部署已定，待豨報。其舍人得罪信，信囚，欲殺之。舍人弟上書變告信欲反狀

於呂后。呂后欲召，恐其黨不（亂）（就），乃與蕭相國謀，詐令人從帝所來，稱豨已死，群臣皆賀。相國紿信曰：「雖病，強入賀。」信入，呂后使武士縛信，斬之長樂鍾室。信方斬，曰：「吾不用蒯通計，反為女子所詐，豈非天哉！」遂夷信三族。（《漢書・韓彭英盧吳傳》，第 1877～1878 頁。）

前 197 年（漢高祖十年）……梁太僕有罪，亡走漢，告梁王與扈輒謀反。於是上使使掩捕梁王，囚之洛陽。有司治反形已具，（張晏曰：「扈輒勸越反，越不聽，而云反形已具，有司非也。」臣瓚曰：「扈輒勸越反，而越不誅輒，是反形已具也。」師古曰：「瓚說是也。」）請論如法。上赦以為庶人，徙蜀青衣。西至鄭，逢呂后從長安東，欲之洛陽，道見越。越為呂后泣涕，自言亡罪，願處故昌邑。呂后許諾，詔與俱東。至洛陽，呂后言上曰：「彭越壯士也，今徙之蜀，此自遺患，不如遂誅之。妾謹與俱來。」於是呂后令其舍人告越復謀反。廷尉奏請，遂夷越宗族。（《漢書・韓彭英盧吳傳》，第 1880～1881 頁。）

前 196 年（漢高祖十一年）……卒罵，上怒。城降，卒罵者斬之。（《漢書・高帝紀》，第 70 頁。）

前 196 年（漢高祖十一年）春正月，淮陰侯韓信謀反長安，夷三族。（《漢書・高帝紀》，第 70 頁。）

闇按：此夷三族，三族，當以前面前 198 年（漢高祖九年）貫高謀反條中的解釋為參考。

前 196 年（漢高祖十一年）……燕王綰、相國何等三十三人皆曰：「子恒賢知溫良，請立以為代王，都晉陽。」大赦天下。（《漢書・高帝紀》，第 70 頁。）

前 196 年（漢高祖十一年）三月，梁王彭越謀反，夷三族。（《漢書・高帝紀》，第 72 頁。）

前 196 年（漢高祖十一年）……布見赫以罪亡上變，已疑其言國陰事，漢使又來，頗有所驗，遂族赫家，發兵反。（《漢書・韓彭英盧吳傳》，第 1887 頁。）

前 196 年（漢高祖十一年）……漢召彭越責以謀反，夷三族，梟首洛陽，下詔有收視者輒捕之……（《漢書・季布欒布田叔傳》，第 1980 頁。）

前 195 年（漢高祖十二年）……審食其入言之，乃以丁未發喪，大赦天下。（《漢書・高帝紀》，第 80 頁。）

前195年（漢高祖十二年）……爵五大夫、吏六百石以上及宦皇帝而知名者有罪當盜械者，皆頌繫。上造以上及內外公孫耳孫有罪當刑及當為城旦舂者，皆耐為鬼薪白粲。（應劭曰：「上造，爵滿十六者也。內外公孫謂王侯內外孫也。耳孫者，玄孫之子也，言去其曾高益遠，但耳聞之也。今以上造有功勞，內外孫有骨血屬？施德布惠，故事從其輕也。城旦者，旦起行治城；舂者，婦人不豫外徭，但舂作米：皆四歲刑也。今皆就鬼薪白粲。取薪給宗廟為鬼薪，坐擇米使正白為白粲，皆三歲刑也。」民年七十以上若不滿十歲有罪當刑者，皆完之。孟康曰：「不加肉刑髡也。」師古曰：「若，預及之言也。謂七十以上及不滿十歲以下，皆完之也。」）（《漢書·惠帝紀》，第85～88頁。）

前194年（漢惠帝元年）……民有罪，得買爵三十級以免死罪。（應劭曰：「一級值錢二千，凡為六萬，若今贖罪入三十疋縑矣。」師古曰：「令出買爵之錢以贖罪。」）（《漢書·惠帝紀》，第88頁。）

前194年（漢惠帝元年）……昌謝病不朝見，三歲而薨，諡曰悼侯。傳子至孫意，有罪，國除。景帝復封昌孫左車為安陽侯，有罪，國除。（《漢書·張周趙任申屠傳》，第2097頁。）

前194年（漢惠帝元年）高祖崩，惠帝立，呂后為皇太后，乃令永巷囚戚夫人，髡鉗衣赭衣，令舂……（《漢書·外戚傳》，第3937頁。）

前191年（漢惠帝四年）三月甲子，皇帝冠，赦天下。（《漢書·惠帝紀》，第90頁。）

前187年（漢呂后元年）……太后臨朝稱制，大赦天下……（《漢書·高后紀》，第95頁。）

前182年（漢呂后六年）夏四月，赦天下。（《漢書·高后紀》，第99頁。）

前180年（漢呂后八年）秋七月辛巳，皇太后崩於未央宮。遺詔賜諸侯王各千金，將相列侯下至郎吏各有差。大赦天下。（《漢書·高后紀》，第100頁。）

前180年（漢呂后八年）……辛酉，（殺）（斬）呂祿，笞殺呂嬃。分部悉捕諸呂男女，無少長皆斬之。（《漢書·高后紀》，第103頁。）

前179年（漢文帝前元年）……下詔曰：「制詔丞相、太尉、御史大夫：間者諸呂用事擅權，謀為大逆，欲危劉氏宗廟，賴將相列侯宗室大臣誅之，

皆伏其辜。朕初即位，其赦天下……」（《漢書・文帝紀》，第 108 頁。）

前 179（漢文帝元年）……文帝復以遺弟則嗣，有罪免。（《漢書・蕭何曹參傳》，第 2012 頁。）

前 178 年（漢文帝前二年）……傳子至曾孫何，坐略人妻棄（主）（市）。（《漢書・張陳王周傳》，第 2050 頁。）

前 177 年（漢文帝前三年）……濟北吏民兵未至先自定及以軍城邑降者，皆赦之，復官爵。與王興居去來者，亦赦之。八月，虜濟北王興居，自殺。赦諸與興居反者。（《漢書・文帝紀》，第 120 頁。）

前 176 年（漢文帝前四年）……及絳侯就國，人上書告以為反，徵繫請室，（師古曰：「請室，獄也，解在賈誼傳。」）諸公莫敢為言，唯盎明絳侯無罪。絳侯得釋，盎頗有力。絳侯乃大與盎結交。（《漢書・爰盎晁錯傳》，第 2268 頁。）

前 175 年（漢文帝前五年）五年十月，楚王都彭城大風從東南來，毀市門，殺人。是月王戊初嗣立，後坐淫削國，與吳王謀反，刑僇諫者。吳在楚東南，天戒若曰，勿與吳為惡，將敗市朝。王戊不寤，卒隨吳亡。（《漢書・五行志》，第 1444 頁。）

前 175（漢文帝前五年）子昌嗣，有罪，國除……子仲居嗣，坐為太常有罪，國除。（《漢書・樊酈滕灌傅斬周傳》，第 2088 頁。）

前 174 年（漢文帝前六年）十一月，淮南王長謀反，廢遷蜀嚴道，死雍。（《漢書・文帝紀》，第 121 頁。）

前 174 年（漢文帝前六年）……後三歲，淮南王長謀反，發覺，遷，道死。京房《易傳》曰：「夏雨雪，戒臣為亂。」（《漢書・五行志》，第 1424 頁。）
前 174 年（漢文帝前六年）文帝二年六月，淮南王都壽春大風毀民室，殺人。劉向以為是歲南越反，攻淮南邊，淮南王長破之，後年入朝，殺漢故丞相辟陽侯，上赦之，歸聚奸人謀逆亂，自稱東帝，見異不寤，後遷於蜀，道死癰。（《漢書・五行志》，第 1444 頁。）

前 173 年（漢文帝前七年）夏四月，赦天下。（《漢書・文帝紀》，第 122 頁。）

前 169 年（漢文帝前十一年）……子勝之嗣，尚公主不相中，坐殺人，死，國絕。（《漢書・張陳王周傳》，第 2051 頁。）

前 165 年（漢文帝前十五年）夏四月，上幸雍，始郊見五帝，赦天下……

（《漢書·文帝紀》，第 127 頁。）

前 164 年（漢文帝前十六年）……於是上使使治廟汾陰南，臨河，欲祠出周鼎。人有上書告平所言皆詐也。下吏治，誅夷平。（師古曰：「夷者，平也，謂盡平除其家室宗族。」）（《漢書·郊祀志》，第 1215～1216 頁。）

前 163 年（漢文帝後元年）冬十月，新垣平詐覺，謀反，夷三族。（《漢書·文帝紀》，第 128 頁。）前 163（漢文帝後元年）先是，趙人新垣平以望氣得幸，為上立渭陽五帝廟，欲出周鼎，以夏四月，郊見上帝。歲餘懼誅，謀為逆，發覺，要斬，夷三族。（《漢書·五行志》，第 1346 頁。）

前 161 年（漢文帝後三年）三年冬，楚王來朝，錯因言楚王戊往年為薄太后服，私姦服舍，（服虔曰：「服在喪次，而私姦宮中也。」師古曰：「言於服舍為姦，非宮中也。服舍，居喪之次，堊室之屬也。」）請誅之。詔赦，削東海郡。及前二年，趙王有罪，削其常山郡。膠西王卬以賣爵事有姦，削其六縣。（《漢書·荊燕吳傳》，第 1906 頁。）

前 160 年（漢文帝後四年）五月，赦天下。免官奴婢為庶人。（《漢書·文帝紀》，第 130 頁。）

前 158 年（漢文帝後六年）……八月，天狗下梁野，是歲誅反者周殷長安市。（《漢書·天文志》，第 1303 頁。）

前 156 年（漢景帝元年）夏四月，赦天下。賜民爵一級。（《漢書·景帝紀》，第 139 頁。）

前 156～前 141 年（漢景帝）孝景帝時，綰孫它人以東胡王降，封為惡谷侯。傳至曾孫，有罪，國除。（《漢書·韓彭英盧吳傳》，第 1894 頁。）

前 156～前 141 年（漢景帝）……其後，安國坐法抵罪，蒙獄吏田甲辱安國。安國曰：「死灰獨不復然乎？」甲曰：「然即溺之。」……（《漢書·竇田灌韓傳》，第 2395 頁。）

前 155 年（漢景帝前二年）……嘉，則弟也。蕘，子勝嗣，後有罪免。（《漢書·蕭何曹參傳》，第 2012 頁。）

前 155 年（漢景帝二年）……及孝景即位，晁錯為御史大夫，使吏案盎受吳王財物，抵罪，詔赦以為庶人。（《漢書·爰盎晁錯傳》，第 2273 頁。）

前 154 年（漢景帝三年）三年冬十二月，詔曰：「襄平侯嘉子恢說不孝，謀反，欲以殺嘉，大逆無道。其赦嘉為襄平侯，及妻子當坐者復故爵。（如淳曰：『律，大逆不道，父母妻子同產皆棄市。今赦其餘子不與恢說謀者，復其

故爵。』）論恢說及妻子如法。」（《漢書·景帝紀》，第 142 頁。）

前 154 年（漢景帝三年）吳王濞、膠西王卬、楚王戊、趙王遂、濟南王辟光、菑川王賢、膠東王雄渠皆舉兵反。大赦天下。遣太尉亞夫、大將軍竇嬰將兵擊之。斬御史大夫晁錯以謝七國。（《漢書·景帝紀》，第 142 頁。）

前 154 年（漢景帝三年）……今濞等已滅，吏民當坐濞等及逋逃亡軍者，皆赦之。楚元王子藝等與濞等為逆，朕不忍加法，除其籍，毋令污宗室。（《漢書·景帝紀》，第 143 頁。）

前 154 年（漢景帝前三年）……至傳舍，召令入戶，使從者以罪斬令……擊反虜者，深入多殺為功，斬首捕虜比三百石以上皆殺，無有所置。敢有議詔及不如詔者，皆要斬。（《漢書·荊燕吳傳》，第 1914～1915 頁。）

前 154 年（漢景帝三年）……錯當要斬，父母妻子同產無少長皆棄市。臣請論如法。制曰：「可。」錯殊不知。乃使中尉召錯，紿載行市。錯衣朝衣斬東市。（師古曰：「朝衣，朝服也。」）（《漢書·爰盎晁錯傳》，第 2302 頁。）

前 154 年（漢景帝三年）……濟北王得不坐，徙封於淄川……（《漢書·賈鄒枚路傳》，第 2357 頁。）

前 153 年（漢景帝四年）六月，赦天下，賜民爵一級。（《漢書·景帝紀》，第 143 頁。）

前 153 年（漢景帝四年）……三年，為王使，與冗從爭，見讒惡遇罪，家室沒入。皋亡至長安。會赦，……（《漢書·賈鄒枚路傳》，第 2366 頁。）

前 152 年（漢景帝前五年）……孝景五年薨，諡曰文侯。傳子至孫類，有罪，國除。（《漢書·張周趙任申屠傳》，第 2099 頁。）

前 150 年（漢景帝七年）……遂案誅大行，而廢太子為臨江王……（《漢書·外戚傳》，第 3946 頁。）

前 149 年（漢景帝中元年）中元年夏四月，赦天下，賜民爵一級。（《漢書·景帝紀》，第 144 頁。）

前 148 年（漢景帝中二年）改磔曰棄市，（應劭曰：「先此諸死刑皆磔於市，今改曰棄市，自非妖逆不復磔也。」師古曰：「磔謂張其屍也。棄市，殺之於市也。謂之棄市者，取刑人於市，與眾棄之也。」）勿復磔。（《漢書·景帝紀》，第 145～146 頁。）

閆按：磔與棄市是否有區別？

前 146 年（漢景帝中四年）秋，赦徒作陽陵者死罪；欲腐者，許之。（蘇

林曰：「宮刑，其創腐臭，故曰腐也。」如淳曰：「腐，宮刑也。丈夫割勢，不能復生子，如腐木不生實。」師古曰：「如說是。」）（《漢書・景帝紀》，第147頁。）

前145年（漢景帝中五年）六月，赦天下，賜民爵一級。（《漢書・景帝紀》，第148頁。）

前144年（漢景帝中六年）孝王薨，共王即位，安國坐法失官，家居……（《漢書・竇田灌韓傳》，第2398頁。）

前143年（漢景帝後元年）三月，赦天下……（《漢書・景帝紀》，第150頁。）

前140年（漢武帝建元元年）春二月，赦天下……（《漢書・武帝紀》，第156頁。）

前140年（漢武帝建元元年）……舍人恚曰：「朔擅詆欺天子從官，當棄市。」……（《漢書・東方朔傳》，第2844頁。）

前140～前87年（漢武帝）……令縣官銷半兩錢，更鑄三銖錢，重如其文。盜鑄諸金錢罪皆死，而吏民之犯者不可勝數……敢私鑄鐵器　鹽者，鈦左趾，沒入其器物……（《漢書・食貨志》，第1164、1166頁。）

前140～前87年（漢武帝）……生賀，字翁孺。為武帝繡衣御史，逐捕魏郡群盜堅盧等黨與，及吏畏懦逗遛當坐者，翁孺皆縱不誅。它部御史暴勝之等奏殺二千石，誅千石以下，及通行飲食坐連及者，大部至斬萬餘人，語見《酷吏傳》……（《漢書・元后傳》，第4013頁。）

前139年（漢武帝建元二年）潁陰侯言夫，夫為郎中將。數歲，坐法去……二年，夫與長樂衛尉竇甫飲，輕重不得，夫醉，搏甫。甫，竇太后昆弟。上恐太后誅夫，徙夫為燕相。數歲，坐法免，家居長安……（《漢書・竇田灌韓傳》，第2383頁。）

前138年（漢武帝建元三年）孝武建元三年三月，有星孛於注、張，歷太微，干紫宮，至於天漢。《春秋》「星孛於北斗，齊、（魯）〔宋〕、晉之君皆將死亂」。今星孛歷五宿，其後濟東、膠西、江都王皆坐法削黜自殺，淮陽、衡山謀反而誅。（《漢書・天文志》，第1305頁。）

前138年（漢武帝建元三年）濟川王明以垣邑侯立。七年，坐射殺其中尉，有司請誅，武帝弗忍，廢為庶人，徙房陵，國除。（《漢書・文三王傳》，第2213頁。）

前 138 年（漢武帝建元三年）……先是，朔嘗醉入殿中，小遺殿上，劾不敬。有詔免為庶人……（《漢書‧東方朔傳》，第 2852 頁。）

前 135 年（漢武帝建元六年）「……臣過河內，河內貧人傷水旱萬餘家，或父子相食，臣謹以便宜，持節發河內倉粟以振貧民。請歸節，伏矯制罪。（師古曰：『矯，託也，託奉制詔而行之。』）上賢而釋之，遷為滎陽令……（《漢書‧張馮汲鄭傳》，第 2316 頁。）

前 135 年（漢武帝建元六年）……六年，竇太后崩，丞相昌、御史大夫青翟坐喪事不辦，免。（《漢書‧竇田灌韓傳》，第 2379 頁。）

前 135 年（漢武帝建元六年）……於是下仲舒吏，當死，詔赦之。（《漢書‧董仲舒傳》，第 2524 頁。）

前 134 年（漢武帝元光元年）夏四月，赦天下……（《漢書‧武帝紀》，第 160 頁。）

前 133 年（漢武帝元光二年）……漢以恢本建造兵謀而不進，誅恢。（《漢書‧匈奴傳》，第 3765 頁。）

前 131 年（漢武帝元光四年）四年冬，魏其侯竇嬰有罪，棄市……五月，地震。赦天下。（《漢書‧武帝紀》，第 164 頁。）

前 131 年（漢武帝元光四年）……劾灌夫罵坐不敬，繫居室。遂其前事，遣吏分曹逐捕諸灌氏支屬，皆得棄市罪……（《漢書‧竇田灌韓傳》，第 2387 頁。）

前 131 年（漢武帝元光四年）……詔書獨藏嬰家，嬰家丞封。乃劾嬰矯先帝詔害，罪當棄市……或聞上無意殺嬰，復食，治病，議定不死矣。乃有飛語為惡言聞上，故以十二月晦論棄市渭城。（張晏曰：「著日月者，見春垂至，恐遇赦贖之。」）……子恬嗣，元朔中有罪免。（《漢書‧竇田灌韓傳》，第 2392 ～2393 頁。）

前 130 年（漢武帝元光五年）乙巳，皇后陳氏廢。捕為巫蠱者，皆梟首。（《漢書‧武帝紀》，第 164 頁。）

前 130 年（漢武帝元光五年）……德寬厚，好施生，每行京兆尹事，多所平反罪人。家產過百萬，則以振昆弟賓客食飲，曰：「富，民之怨也。」立十一年，子向坐鑄偽黃金，當伏法，（如淳曰：「律，鑄偽黃金棄市也。」）德上書訟罪。會薨，大鴻臚奏德訟子罪，失大臣體，不宜賜諡置嗣。制曰：「賜諡繆侯，為置嗣。」……（《漢書‧楚元王傳》，第 1928 頁。）

　　前 130 年（漢武帝元光五年）……元光五年，上遂窮治之，女子楚服等坐為皇后巫蠱祠祭祝詛，大逆無道，相連及誅者三百餘人。楚服梟首於市。使有司賜皇后策曰：「皇后失序，惑於巫祝，不可以承天命。其上璽綬，罷退居長門宮。」明年，堂邑侯午薨，主男須嗣侯。主寡居，私近董偃。十餘年，主薨。須坐淫亂，兄弟爭財，當死，自殺，國除。（《漢書·外戚傳》，第 3948～3949 頁。）

　　前 129 年（漢武帝元光六年）……於是至漢，漢下廣吏。吏當廣亡失多，為虜所生得，（師古曰：「當謂處其罪也。」）當斬，贖為庶人。（《漢書·李廣蘇建傳》，第 2443 頁。）

　　前 129 年（漢武帝元光六年）……衛尉廣為虜所得，得脫歸，皆當斬，贖為庶人。（《漢書·衛青霍去病傳》，第 2472 頁。）

　　前 129 年（漢武帝元光六年）……至武帝立十二歲，為騎將軍，出代，亡卒七千人，當斬，贖為庶人。（《漢書·衛青霍去病傳》，第 2491 頁。）

　　前 129 年（漢武帝元光六年）……漢囚敖、廣，敖、廣贖為庶人。（《漢書·匈奴傳》，第 3766 頁。）

　　前 128 年（漢武帝元朔元年）……不舉孝，不奉詔，當以不敬論；不察廉，不勝任也，當免。（《漢書·武帝紀》，第 167 頁。）

　　前 128 年（漢武帝元朔元年）……其赦天下，與民更始。諸逋貸及辭訟在孝景後三年以前，皆勿聽治。（師古曰：「逋，亡也。久負官物亡匿不還者，皆謂之逋。」）（《漢書·武帝紀》，第 169 頁。）

　　前 128 年（漢武帝元朔元年）……定國使謁者以它法劾捕格殺郢人滅口。至元朔中，郢人昆弟復上書具言定國事。下公卿，皆議曰：「定國禽獸行，亂人倫，逆天道，當誅。」上許之。定國自殺，立四十二年，國除。（《漢書·荊燕吳傳》，第 1903 頁。）

　　前 128～前 123 年（漢武帝元朔年間）初，孝王有罍尊，直千金，戒後世善寶之，毋得以與人。任后聞而欲得之。李太后曰：「先王有命，毋得以尊與人。他物雖百鉅萬，猶自恣。」任后絕欲得之。王襄直使人開府取尊賜任后，又王及母陳太后事李太后多不順。有漢使者來，李太后欲自言，王使謁者中郎胡等遮止，閉門。李太后與爭門，措指，太后啼謼，不得見漢使者。李太后亦私與食官長及郎尹霸等姦亂，王與任后以此使人風止李太后。李太后亦已，後病薨。病時，任后未嘗請疾；薨，又不侍喪。元朔中，睢陽人犴

反，人辱其父，而與睢陽太守客俱出同車。䜣反殺其仇車上，亡去。睢陽太守怒，以讓梁二千石。二千石以下求反急，執反親戚。反知國陰事，乃上變告梁王與大母爭尊狀。時相以下具知之，欲以傷梁長吏，書聞。天子下吏驗問，有之。公卿治，奏以為不孝，請誅王及太后。天子曰：「首惡失道，任后也。朕置相吏不逮，無以輔王，故陷不誼，不忍致法。」削梁王五縣，奪王太后湯沐成陽邑，梟任后首於市，中郎胡等皆伏誅。（《漢書‧文三王傳》，第2214～2135頁。）

前127年（漢武帝元朔二年）秋，燕王定國有罪，自殺。（《漢書‧武帝紀》，第170頁。）

前127年（漢武帝元朔二年）……王年少，懼以罪為吏所執誅，乃飲藥自殺。是時趙王懼主父偃壹出敗齊，恐其漸疏骨肉，乃上書言偃受金及輕重之短，天子亦因囚偃。公孫弘曰：「齊王以憂死，無後，非誅偃無以塞天下之望。」偃遂坐誅。屬王立五年，國除。（《漢書‧高五王傳》，第1991～1992頁。）

前127年（漢武帝元朔二年）……軹有儒生侍使者坐，客譽郭解，生曰：「解專以姦犯公法，何謂賢？」解客聞之，殺此生，斷舌。吏以責解，解實不知殺者，殺者亦竟莫知為誰。吏奏解無罪。御史大夫公孫弘議曰：「解布衣為任俠行權，以睚眦連殺人，解不知，此罪甚於解知殺之。當大逆無道。」遂族解。（《漢書‧遊俠傳》，第3704頁。）

前126年（漢武帝元朔三年）……三月，詔曰：「夫刑罰所以防姦也，內長文所以見愛也；以百姓之未洽於教化，朕嘉與士大夫日新厥業，祗而不解。其赦天下。」（《漢書‧武帝紀》，第171頁。）

前126年（漢武帝元朔三年）……上大怒，以為偃劫其王令自殺，乃徵下吏治。偃服受諸侯之金，實不劫齊王令自殺。上欲勿誅，公孫弘爭曰：「齊王自殺無後，國除為郡，入漢，偃本首惡，非誅偃無以謝天下。」乃遂族偃。（《漢書‧嚴朱吾丘主父徐嚴終王賈傳》，第2804頁。）

前124年（漢武帝元朔五年）……傳至孫（彊）（彊），有罪，絕。武帝復封嬰孫賢為臨汝侯，奉嬰後，後有罪，國除。（《漢書‧樊酈滕灌傅靳周傳》，第2085頁。）

前124年（漢武帝元朔五年）元朔五年秋，當朝，六年，過淮南。淮南王乃昆弟語，除前隙，約束反具。衡山王即上書謝病，上賜不朝。乃使人上

書請廢太子爽，立孝為太子。爽聞，即使所善白嬴之長安上書，言衡山王與子謀逆，言孝作兵車鍛矢，與王御者奸。至長安未及上書，即吏捕嬴，以淮南事繫。（師古曰：「漢有司補繫之。」）王聞之，恐其言國陰事，即上書告太子，以為不道。事下沛郡治。元狩元年冬，有司求捕與淮南王謀反者，得陳喜於孝家。吏劾孝首匿喜。（師古曰：「為頭首而藏匿之。」）孝以為陳喜雅數與王計反，恐其發之，聞律先自告除其罪，又疑太子使白嬴上書發其事，即先自告所與謀反者枚赫、陳喜等。廷尉治，事驗，請逮捕衡山王治。上曰：「勿捕。」遣中尉安、大行息即問王，王具以情實對。吏皆圍王宮守之。中尉、大行還，以聞。公卿請遣宗正、大行與沛郡雜治王。王聞，即自殺。孝先自告反，告除其罪。（師古曰：「先告有反謀，又告人與己反，而自得除反罪。」）孝坐與王御婢奸，及後徐來坐蠱前後乘舒，及太子爽坐告王父不孝，皆棄市。諸坐與王謀反者皆誅。國除為郡。（《漢書‧淮南衡山濟北王傳》，第2156頁。）

閆按：秦漢雜治考。

前123年（漢武帝元朔六年）六年春二月……赦天下……夏四月……右將軍蘇建亡軍，獨身脫還，贖為庶人。（《漢書‧武帝紀》，第172頁。）前123年（漢武帝元朔六年）……後一歲，以右將軍再從大將軍出定襄，亡翕侯，失軍當斬，贖為庶人。（《漢書‧李廣蘇建傳》，第2459頁。）

前123年（漢武帝元朔六年）……諸禁錮及有過者，咸蒙厚賞，得免減罪。（師古曰：「有罪者，或被釋免，或得減輕。」）……（《漢書‧武帝紀》，第173頁。）

前123年（漢武帝元朔六年）……當時為大司農，任人賓客僦，入多逋負。司馬安淮陽太守，發其事，當時以此陷罪，贖為庶人……（《漢書‧張馮汲鄭傳》，第2325頁。）

前123年（漢武帝元朔六年）……是時廣軍幾沒，罷歸。漢法，博望侯後期，當死，贖為庶人。廣軍自當，亡賞。（《漢書‧李廣蘇建傳》，第2445頁。）

前123年（漢武帝元朔六年）……蘇建至，上弗誅，贖為庶人。（《漢書‧衛青霍去病傳》，第2478頁。）

前123年（漢武帝元朔六年）……及博望侯皆當死，贖為庶人。（《漢書‧匈奴傳》，第3769頁。）

前 122 年（漢武帝元狩元年）十一月，淮南王安、衡山王賜謀反，誅。黨與死者數萬人……夏四月，赦天下。（《漢書・武帝紀》，第 174 頁。）

前 122 年（漢武帝元狩元年）江都王建有罪，自殺。（《漢書・武帝紀》，第 177 頁。）

前 122 年（漢武帝元狩元年）武帝元狩元年十二月，大雨雪，民多凍死。是歲淮南、衡山王謀反，發覺，皆自殺。使者行郡國，治黨與，坐死者數萬人。（《漢書・五行志》，第 1424 頁。）

前 122 年（漢武帝元狩元年）……傳至曾孫偃，謀反，誅，國除。（《漢書・樊酈滕灌傳靳周傳》，第 2086 頁。）

前 122 年（漢武帝元狩元年）……三世，侯平有罪，國除。（《漢書・酈陸朱劉叔孫傳》，第 2110 頁。）

前 122 年（漢武帝元狩元年）……後王復召問被：「苟如公言，不可以徼幸邪？」被曰：「必不得已，被有愚計。」王曰：「奈何？」被曰：「當今諸侯無異心，百姓無怨氣。朔方之郡土地廣美，民徙者不足以實其地。可為丞相、御史請書，徙郡國豪傑及耐罪以上，以赦令除，家產五十萬以上者，皆徙其家屬朔方之郡，（師古曰：「以赦令除，謂遇赦免罪者。」）益發甲卒，急其會日。又偽為左右都司空上林中都官詔獄書，逮諸侯太子及幸臣。（師古曰：「追對獄。」）如此，則民怨，諸侯懼，即使辯士隨而說之，黨可以徼幸。」王曰：「此可也。雖然，吾以不至若此，專發而已。」後事發覺，被詣吏自告與淮南王謀反（縱）（蹤）跡如此。天子以伍被雅辭多引漢美，欲勿誅。張湯進曰：「被首為王畫反計，罪無赦。」遂誅被。（《漢書・蒯伍江息夫傳》，第 2174 頁。）

前 122 年（漢武帝元狩元年）後淮南王來朝，厚賂遺助，交私論議。及淮南王反，事與助相連，上薄其罪，欲勿誅。廷尉張湯爭，以為助出入禁門，腹心之臣，而外與諸侯交私如此，不誅，後不可治。助竟棄市。（《漢書・嚴朱吾丘主父徐嚴終王賈傳》，第 2790～2791 頁。）

前 121 年（漢武帝元狩二年）……遣衛尉張騫、郎中令李廣皆出右北平。廣殺匈奴三千餘人，盡亡其軍四千人，獨身脫還，及公孫敖、張騫皆後期，當斬，贖為庶人。（《漢書・武帝紀》，第 176 頁。）

前 121 年（漢武帝元狩二年）……匈奴渾邪王帥眾來降，漢發車二萬乘。縣官亡錢，從民貰馬。民或匿馬，馬不具。上怒，欲斬長安令。黯曰：「長安

令亡罪，獨斬臣黯，民乃肯出馬。且匈奴畔其主而降漢，徐以縣次傳之，何至今天下騷動，罷中國，甘心夷狄之人乎！」上默然。後渾邪王至，賈人與市者，坐當死五百餘人……後數月，黯坐小法，會赦，免官。（《漢書·張馮汲鄭傳》，第2320～2321頁。）

前121年（漢武帝元狩二年）……後復謂近臣曰：「我為王，詔獄歲至，生又無歡怡日，壯士不坐死，欲為人所不能為耳。」建時佩其父所賜將軍印，載天子旗出。積數歲，事發覺，漢遣丞相長史與江都相雜案，索得兵器璽綬節反具，有司請捕誅建。制曰：「與列侯吏二千石博士議。」議皆曰：「建失臣子道，積久，輒蒙不忍，遂謀反逆。所行無道，雖桀紂惡不至於此。天誅所不赦，當以謀反法誅。」有詔宗正、廷尉即問建。建自殺，後成光等皆棄市。（《漢書·景十三王傳》，第2417頁。）

前121年（漢武帝元狩二年）……騫坐行留，當斬，贖為庶人。（師古曰：「軍行而輒稽留，故坐法。」）（《漢書·衛青霍去病傳》，第2480頁。）前121年（漢武帝元狩二年）……後二年，騫為衛尉，與李廣俱出右北平擊匈奴。匈奴圍李將軍，軍失亡多，而騫後期當斬，贖為庶人。（《漢書·張騫李廣利傳》，第2691頁。）

前121年（漢武帝元狩二年）……合騎侯敖坐留不與票騎將軍會，當斬，贖為庶人。（《漢書·衛青霍去病傳》，第2481頁。）

前121年（漢武帝元狩二年）……後二歲，以將軍出北地，後票騎，失期當斬，贖為庶人。（《漢書·衛青霍去病傳》，第2491頁。）

前121年之後（漢武帝）……弘子度嗣侯，為山陽太守十餘歲，詔徵巨野令史成詣公交車，度留不遣，坐論為城旦。（《漢書·公孫弘卜式兒寬》，第2624頁。）

前120年（漢武帝元狩三年）夏五月，赦天下。（《漢書·武帝紀》，第177頁。）

前119年（漢武帝元狩四年）……前將軍廣、後將軍食其皆後期。廣自殺，食其贖死。（《漢書·武帝紀》，第178頁。）

前119年（漢武帝元狩四年）……於是誅文成將軍，隱之。（《漢書·郊祀志》，第1220頁。）

前119年（漢武帝元狩四年）「……且廣年六十餘，終不能復對刀筆之吏矣！」遂引刀自剄。百姓聞之，知與不知，老壯皆為垂泣。而右將軍獨下吏，

當死，贖為庶人。（《漢書・李廣蘇建傳》，第 2449 頁。）

前 119 年（漢武帝元狩四年）……青欲使使歸報，令長史簿責廣，廣自殺。食其贖為庶人。（《漢書・衛青霍去病傳》，第 2486 頁。）

前 119 年（漢武帝元狩四年）……明年，為右將軍，從大將軍出定襄，迷失道，當斬，贖為庶人。（《漢書・衛青霍去病傳》，第 2492 頁。）

前 118 年（漢武帝元狩五年）五年春三月甲午，丞相李蔡有罪，自殺。（文穎曰：「李廣從弟，坐侵陵壖地。」）（《漢書・武帝紀》，第 179 頁。）

前 118 年（漢武帝元狩五年）……廣死明年，李蔡以丞相坐詔賜冢地陽陵當得二十畝，蔡盜取三頃，頗賣得四十餘萬，又盜取神道外壖地一畝葬其中，當下獄，自殺。（《漢書・李廣蘇建傳》，第 2449 頁。）

前 118 年（漢武帝元狩五年）……於是上病瘉，遂起，幸甘泉，病良已。大赦，置壽宮神君……（《漢書・郊祀志》，第 1220 頁。）

前 116 年（漢武帝元鼎元年）夏五月，赦天下，大酺五日。（《漢書・武帝紀》，第 181 頁。）

前 116 年（漢武帝元鼎元年）濟東王彭離有罪，廢徙上庸。（《漢書・武帝紀》，第 182 頁。）

前 116 年（漢武帝元鼎元年）……自去病死後，青長子宜春侯伉坐法失侯。後五歲，伉弟二人，陰安侯不疑、發干侯登，皆坐酎（伉）（金）失侯。後二歲，冠軍侯國絕。後四年，元封五年，青薨，諡曰烈侯。子伉嗣，六年坐法免。（《漢書・衛青霍去病傳》，第 2489～2490 頁。）

前 115 年（漢武帝元鼎二年）二年冬十一月，御史大夫張湯有罪，自殺。（《漢書・武帝紀》，第 182 頁。）

前 115 年（漢武帝元鼎二年）元鼎二年三月，雪，平地厚五尺。是歲御史大夫張湯有罪自殺，丞相嚴青翟坐與三長史謀陷湯，青翟自殺，三長史皆棄市。（《漢書・五行志》，第 1424 頁。）

前 115 年（漢武帝元鼎二年）……傳至曾孫頗，尚平陽公主，坐與父御婢姦，自殺，國除。（《漢書・樊酈滕灌傅靳周傳》，第 2076 頁。）

前 115 年（漢武帝元鼎二年）濟東王彭離立二十九年。彭離驕悍，昏莫私與其奴亡命少年數十人行剽，殺人取財物以為好。所殺發覺者百餘人，國皆知之，莫敢夜行。所殺者子上書告言，有司請誅，武帝弗忍，廢為庶人，徙上庸，國除，為大河郡。（《漢書・文三王傳》，第 2213 頁。）

前 115 年（漢武帝元鼎二年）……上聞之，曰：「非此母不生此子。」乃盡按誅三長史。丞相青翟自殺。（《漢書・張湯傳》，第 2646 頁。）

前 115 年（漢武帝元鼎二年）……數年，坐法免官，復為丞相長史。張湯為御史大夫。始買臣與嚴助俱侍中，貴用事，湯尚為小吏，趨走買臣等前。後湯以廷尉治淮南獄，排陷嚴助，買臣怨湯。及買臣為長史，湯數行丞相事，知買臣素貴，故陵折之。買臣見湯，坐床上弗為禮。買臣深怨，常欲死之。後遂告湯陰事，湯自殺，上亦誅買臣。（《漢書・嚴朱吾丘主父徐嚴終王賈傳》，第 2794 頁。）

前 114 年（漢武帝元鼎三年）常山王舜薨。子勃嗣立，有罪，廢徙房陵。（《漢書・武帝紀》，第 183 頁。）

前 113 年（漢武帝元鼎四年）……於是天子曰：「韓千秋雖亡成功，亦軍鋒之冠。封其子延年為成安侯。摎樂，其姊為王太后，首願屬漢，封其子廣德為龖侯。」乃赦天下……（《漢書・西南夷兩粵朝鮮傳》，第 3857 頁。）

前 112 年（漢武帝元鼎五年）夏四月，南越王相呂嘉反，殺漢使者及其王、王太后。赦天下。（《漢書・武帝紀》，第 186 頁。）

前 112 年（漢武帝元鼎五年）九月，列侯坐獻黃金酎祭宗廟不如法奪爵者百六人，丞相趙周下獄死。樂通侯欒大坐誣罔要斬。（《漢書・武帝紀》，第 187 頁。）

前 112 年（漢武帝元鼎五年）……五利妄言見其師，其方盡，多不仇。上乃誅五利。（《漢書・郊祀志》，第 1232 頁。）

前 112 年（漢武帝元鼎五年）……元鼎五年，丞相趙周坐酎金免，制詔御史：「萬石君先帝尊之，子孫至孝，其以御史大夫慶為丞相，封牧丘侯。」是時漢方南誅兩越，東擊朝鮮，北逐匈奴，西伐大宛，中國多事。天子巡狩海內，修古神祠，封禪，興禮樂。公家用少，桑弘羊等致利，王溫舒之屬峻法，兒寬等推文學，九卿更進用事，事不關決於慶，慶醇謹而已。在位九歲，無能有所匡言。嘗欲請治上近臣所忠、九卿咸宣，不能服，反受其過，贖罪……（《漢書・萬石衛直周張傳》，第 2197 頁。）

前 109 年（漢武帝元封二年）……夏，有芝生甘泉殿房內中。天子為塞河，興通天，若有光云，乃下詔赦天下。（《漢書・郊祀志》，第 1242 頁。）

前 108 年（漢武帝元封三年）樓船將軍楊僕坐失亡多免為庶民，左將軍荀彘坐爭功棄市。（師古曰：「棄市，殺之於市也。解在《景紀》。」）（《漢書・

武帝紀》，第 194 頁。）

前 109 年（漢武帝元封二年）……山報，天子誅山……以報，天子（許）（誅）遂。（《漢書‧西南夷兩粵朝鮮傳》，第 3865～3866 頁。）

前 108 年（漢武帝元封三年）……元封三年，為左將軍擊朝鮮，無功，坐捕樓船將軍誅。（《漢書‧衛青霍去病傳》，第 2492 頁。）

前 108 年（漢武帝元封三年）……左將軍徵至，坐爭功相嫉乖計，棄市。樓船將軍亦坐兵至列口當待左將軍，擅先縱，失亡多，當誅，贖為庶人……（《漢書‧西南夷兩粵朝鮮傳》，第 3867 頁。）

前 107 年（漢武帝元封四年）四年冬十月……其赦汾陰、夏陽、中都死罪以下，賜三縣及楊氏皆無出今年租賦。（《漢書‧武帝紀》，第 195 頁。）

前 106 年（漢武帝元封五年）五年冬……其赦天下。所幸縣毋出今年租賦，賜鰥寡孤獨帛，貧窮者粟。（《漢書‧武帝紀》，第 196 頁。）

前 105 年（漢武帝元封六年）……其赦汾陰殊死以下……（《漢書‧武帝紀》，第 198 頁。）

前 104～101 年（漢武帝）李延年，中山人，身及父母兄弟皆故倡也。延年坐法腐刑，給事狗監中……上遂誅延年兄弟宗族。（《漢書‧佞倖傳》，第 3725～3726 頁。）

前 103 年（漢武帝太初二年）……其赦汾陰、安邑殊死以下。（《漢書‧武帝紀》，第 200 頁。）

前 103 年（漢武帝太初二年）……時朝廷多事，督責大臣。自公孫弘後，丞相李蔡、嚴青翟、趙周三人比坐事死……（《漢書‧公孫劉田王楊蔡陳鄭傳》，第 2877 頁。）

前 100 年（漢武帝天漢元年）夏五月，赦天下。（《漢書‧武帝紀》，第 202 頁。）

前 100 年（漢武帝天漢元年）……會論虞常，欲因此時降武。劍斬虞常已，律曰：「漢使張勝謀殺單于近臣，當死，單于募降者赦罪。」舉劍欲擊之，勝請降。律謂武曰：「副有罪，當相坐。」武曰：「本無謀，又非親屬，何謂相坐？」復舉劍擬之，武不動……（《漢書‧李廣蘇建傳》，第 2462 頁。）

前 99 年（漢武帝天漢二年）秋，止禁巫祠道中者。大搜。（《漢書‧武帝紀》，第 203 頁。）

前 99 年（漢武帝天漢二年）泰山、琅邪群盜徐勃等阻山攻城，道路不

通。遣直指使者暴勝之等衣繡衣杖斧分部逐捕。刺史郡守以下皆伏誅。（《漢書·武帝紀》，第 204 頁。）

前 99 年（漢武帝天漢二年）……上以遷誣罔，欲沮貳師，為陵游說，下遷腐刑。（《漢書·李廣蘇建傳》，第 2456 頁。）

前 98 年（漢武帝天漢三年）三年春二月，御史大夫王卿有罪，自殺。（《漢書·武帝紀》，第 204 頁。）

前 98 年（漢武帝天漢三年）夏四月，赦天下。（《漢書·武帝紀》，第 204 頁。）

前 97 年（漢武帝天漢四年）秋九月，令死罪（人）（入）贖錢五十萬減死一等。（《漢書·武帝紀》，第 205 頁。）

前 97 年（漢武帝天漢四年）……上聞，於是族陵家，母弟妻子皆伏誅。（《漢書·李廣蘇建傳》，第 2457 頁。）

前 96 年（漢武帝泰始元年）春正月，因杆將軍敖有罪，要斬。（《漢書·武帝紀》，第 205 頁。）

前 96 年（漢武帝泰始元年）夏六月，赦天下。（《漢書·武帝紀》，第 206 頁。）

前 96 年（漢武帝泰始元年）……七歲，復以因杆將軍再出擊匈奴，至余吾，亡士多，下吏，當斬，詐死，亡居民間五六歲。後覺，復繫。坐妻為巫蠱，族。（《漢書·衛青霍去病傳》，第 2491 頁。）

前 95 年（漢武帝泰始二年）秋，旱。九月，募死罪（人）（入）贖錢五十萬減死一等。（《漢書·武帝紀》，第 206 頁。）

前 94 年（漢武帝泰始三年）……詣闕告太子丹與同產姊及王後宮姦亂，交通郡國豪猾，攻剽為奸，吏不能禁。書奏，天子怒，遣使者詔郡發吏卒圍趙王宮，收捕太子丹，移繫魏郡詔獄，與廷尉雜治，法至死……上以充為謁者，使匈奴還，拜為直指繡衣使者，督三輔盜賊，禁察踰侈。貴戚近臣多奢僭，充皆舉劾，奏請沒入車馬，令身待北軍擊匈奴。（文穎曰：「令貴戚身待於北軍也。」）奏可。充即移書光祿勳中黃門，逮名近臣侍中諸當詣北軍者，移劾門衛，禁止無令得出入宮殿。於是貴戚子弟惶恐，皆見上叩頭求哀，願得入錢贖罪。上許之，令各以秩次輸錢北軍，凡數千萬。上以充忠直，奉法不阿，所言中意。充出，逢館陶長公主行馳道中。充呵問之，公主曰：「有太后詔。」充曰：「獨公主得行，車騎皆不得。」盡劾沒入官。（如淳曰：「令乙，

騎乘車馬行馳道中，已論者，沒入車馬被具。」）後充從上甘泉，逢太子家使乘車馬行馳道中，充以屬吏。太子聞之，使人謝充曰：「非愛車馬，誠不欲令上聞之，以教敕亡素者。（師古曰：「言素不教敕左右。」）唯江君寬之！」充不聽，遂白奏。上曰：「人臣當如是矣。」大見信用，威震京師。遷為水衡都尉，宗族知友多得其力者。久之，坐法免。會陽陵朱安世告丞相公孫賀子太僕敬聲為巫蠱事，連及陽石、諸邑公主，賀父子皆坐誅。語在賀傳。後上幸甘泉，疾病，充見上年老，恐晏駕後為太子所誅，因是為奸，奏言上疾祟在巫蠱。於是上以充為使者治巫蠱。充將胡巫掘地求偶人，捕蠱及夜祠，視鬼，染污令有處，輒收捕驗治，燒鐵鉗灼，強服之。民轉相誣以巫蠱，吏輒劾以大逆亡道，坐而死者前後數萬人。是時，上春秋高，疑左右皆為蠱祝詛，有與亡，莫敢訟其冤者。充既知上意，因言宮中有蠱氣，先治後宮希幸夫人，以次及皇后，遂掘蠱於太子宮，得桐木人。太子懼，不能自明，收充，自臨斬之。罵曰：「趙虜！亂乃國王父子不足邪！乃復亂吾父子也！」太子繇是遂敗。語在戾園傳。後武帝知充有詐，夷充三族。（《漢書·蒯伍江息夫傳》，第2175～2179頁。）

前93年（漢武帝泰始四年）夏五月，還幸建章宮，大置酒，赦天下。（《漢書·武帝紀》，第207頁。）

前92年（漢武帝征和元年）徵和元年，樓蘭王死，國人來請質子在漢者，欲立之。質子常坐漢法，下蠶室宮刑，故不遣。（《漢書·西域傳》，第3877頁。）

前91年（漢武帝征和二年）閏月，諸邑公主、陽石公主皆坐巫蠱死。（《漢書·武帝紀》，第208頁。）

前91年（漢武帝征和二年）秋七月，（桉）（按）道侯韓說、使者江充等掘蠱太子宮。壬午，太子與皇后謀斬充，以節發兵與丞相劉屈氂大戰長安，死者數萬人。庚寅，太子亡，皇后自殺。初置城門屯兵。更節加黃旄。御史大夫暴勝之、司直田仁坐失縱，勝之自殺，仁要斬。八月辛亥，太子自殺於湖。（《漢書·武帝紀》，第208～209頁。）

前91年（漢武帝征和二年）……子（韓）興嗣，坐巫蠱誅……（《漢書·魏豹田儋韓（王）信傳》，第1857頁。）

前91年（漢武帝征和二年）……數歲，戾太子舉兵，仁部閉城門，令太子得亡，坐縱反者族。（《漢書·季布欒布田叔傳》，第1984頁。）

前 91 年（漢武帝征和二年）……子宗嗣，有罪，完為城旦……（《漢書·蕭何曹參傳》，第 2021 頁。）

前 91 年（漢武帝征和二年）傳至玄孫終根，武帝時為太常，坐巫蠱誅，國除。（《漢書·樊酈滕灌傅靳周傳》，第 2076 頁。）

前 91 年（漢武帝征和二年）……後人告禹謀欲亡從陵，下吏死。（《漢書·李廣蘇建傳》，第 2450 頁。）

前 91 年（漢武帝征和二年）……後坐巫蠱，族。（《漢書·衛青霍去病傳》，第 2493 頁。）

前 91 年（漢武帝征和二年）初，安世兄賀幸於衛太子，太子敗，賓客皆誅，安世為賀上書，得下蠶室。（師古曰：「謂腐刑也。凡養蠶者，欲其溫而早成，故為密室蓄火以置之。而新腐刑亦有中風之患，須入密室乃得以全，因呼為蠶室耳。」）（《漢書·張湯傳》，第 2651～2652 頁。）

前 91 年（漢武帝征和二年）……丞相公孫賀父子，陽石、諸邑公主，及皇后弟子長平侯衛伉皆坐誅。語在《公孫賀、江充傳》。（《漢書·武五子傳》，第 2742 頁。）

前 91 年（漢武帝征和二年）……乃斬充以徇，炙胡巫上林中……（《漢書·武五子傳》，第 2743 頁。）

前 91 年（漢武帝征和二年）……太子軍敗，南奔覆盎城門，得出。會夜司直田仁部閉城門，坐令太子得出，丞相欲斬仁。御史大夫暴勝之謂丞相曰：「司直，吏二千石，當先請，柰何擅斬之。」丞相釋仁。上聞而大怒，下吏責問御史大夫曰：「司直縱反者，丞相斬之，法也，大夫何以擅止之？」勝之皇恐，自殺。及北軍使者任安，坐受太子節，懷二心，司直田仁縱太子，皆要斬。上曰：「侍郎莽通獲反將如侯，長安男子景建從通獲少傅石德，可謂元功矣。大鴻臚商丘成力戰獲反將張光。其封通為重合侯，建為德侯，成為秅侯。」諸太子賓客，嘗出入宮門，皆坐誅。其隨太子發兵，以反法族。吏士劫略者，皆徙敦煌郡……貳師女為屈氂子妻，故共欲立焉。是時治巫蠱獄急，內者令郭穰告丞相夫人以丞相數有譴，使巫祠社，祝詛主上，有惡言，及與貳師共禱祠，欲令昌邑王為帝。有司奏請案驗，罪至大逆不道。有詔載屈氂廚車以徇，要斬東市，妻子梟首華陽街。貳師將軍妻子亦收。貳師聞之，降匈奴，宗族遂滅。（《漢書·公孫劉田王楊蔡陳鄭傳》，第 2881～2883 頁。）

前 90 年（漢武帝征和三年）夏五月，赦天下。六月，丞相屈氂下獄要斬，

妻（子）梟首。妻（子）梟首。（鄭氏曰：「妻作巫蠱，夫從坐，但要斬也。」師古曰：「屈氂亦坐與貳師將軍謀立昌邑王。」）……九月，反者公孫勇、胡倩發覺，皆伏辜。（《漢書‧武帝紀》，第 210 頁。）

前 90 年（漢武帝後元元年）二月，詔曰：「朕郊見上帝，巡於北邊，見群鶴留止，以不羅罔，靡所獲獻。薦於泰畤，光景並見。其赦天下。」夏六月，御史大夫商丘成有罪自殺。侍中僕射莽何羅與弟重合侯通謀反，侍中駙馬都尉金日磾、奉車都尉霍光、騎都尉上官桀討之。（《漢書‧武帝紀》，第 211 頁。）

前 90 年（漢武帝征和三年）明年，屈氂復坐祝詛要斬，妻梟首也。（《漢書‧五行志》，第 1334 頁。）

前 90 年（漢武帝征和三年）……久之，巫蠱事多不信。上知太子惶恐無他意，而車千秋復訟太子冤，上遂擢千秋為丞相，而族滅江充家，焚蘇文於橫橋上，及泉鳩里加兵刃於太子者，初為北地太守，後族。（《漢書‧武五子傳》，第 2747 頁。）

前 90 年（漢武帝征和三年）……其後李延年弟季坐姦亂後宮，廣利降匈奴，家族滅矣……先是其父坐法宮刑，為中黃門，死長安，葬雍門……（《漢書‧外戚傳》，第 3956 頁。）

前 87 年（漢武帝後元二年）夏六月，赦天下……濟北王寬有罪，自殺。（《漢書‧昭帝紀》，第 218 頁。）

前 87 年（漢武帝後元二年）……武帝末，巫蠱事起，吉以故廷尉監徵詔治巫蠱郡邸獄。時宣帝生數月，以皇曾孫坐衛太子事繫，吉見而憐之。又心知太子無事實，重哀曾孫無辜，吉擇謹厚女徒，令保養曾孫，置閒燥處。吉治巫蠱事，連歲不決。後元二年，武帝疾，往來長楊、五柞宮，望氣者言長安獄中有天子氣，於是上遣使者分條中都官詔獄繫者，亡輕重一切皆殺之。內謁者令郭穰夜到郡邸獄，吉閉門拒使者不納，曰：「皇曾孫在。他人亡辜死者猶不可，況親曾孫乎！」相守至天明不得入，穰還以聞，因劾奏吉。武帝亦寤，曰：「天使之也。」因赦天下。郡邸獄繫者獨賴吉得生，恩及四海矣。（《漢書‧魏相丙吉傳》，第 3142 頁。）

閭按：丙吉以廷尉監治理巫蠱獄案，可見廷尉監是有一定獨立辦理獄案的權利。

前 86 年（漢昭帝始元元年）秋七月，赦天下，賜民百戶牛酒。大雨，渭

橋絕。八月，齊孝王孫劉澤謀反，欲殺青州刺史雋不疑，發覺，皆伏誅。（《漢書·昭帝紀》，第219頁。）

前86年（漢昭帝始元元年）……天子遣大鴻臚丞治，連引燕王。有詔弗治，而劉澤等皆伏誅。（《漢書·武五子傳》，第2754頁。）

前86～前80年（漢昭帝）……頃之，御史大夫桑弘羊客詐稱御史止傳，丞不以時謁，客怒縛丞。相疑其有姦，收捕，案致其罪，論棄客市，（師古曰：「殺之於市。」）……（《漢書·魏相丙吉傳》，第3133頁。）

前86～前74年（漢昭帝）……遂持王首還詣闕，公卿將軍議者咸嘉其功。上乃下詔曰：「樓蘭王安歸嘗為匈奴間，候遮漢使者，發兵殺略衛司馬安樂、光祿大夫忠、期門郎遂成等三輩，及安息、大宛使，盜取節印獻物，甚逆天理。平樂監傅介子持節使誅斬樓蘭王安歸首，懸掛之北闕，以直報怨……」（《漢書·傅常鄭甘陳段傳》，第3002頁。）

前83年（漢昭帝始元四年）四年春三月甲寅，立皇后上官氏。赦天下。（《漢書·昭帝紀》，第221頁。）

前83年（漢昭帝始元四年）廷尉李種坐故縱死罪棄市。（《漢書·昭帝紀》，第222頁。）

閆按：廷尉犯罪因被殺。

前82年（漢昭帝始元五年）夏陽男子張延年詣北闕，自稱衛太子，誣罔，要斬。（《漢書·昭帝紀》，第222頁。）

前82年（漢昭帝始元五年）……後趙廣漢為京兆尹，言「我禁姦止邪，行於吏民，至於朝廷事，不及不疑遠甚。」廷尉驗治何人，竟得姦詐。本夏陽人，姓成名方遂，居湖，以卜筮為事。有故太子舍人嘗從方遂卜，謂曰：「子狀貌甚似衛太子。」方遂心利其言，幾得以富貴，即詐自稱詣闕。廷尉逮召鄉里識知者張宗祿等，方遂坐誣罔不道，要斬東市。（《漢書·雋疏於薛平彭傳》，第3038頁。）

閆按：平民獄案，牽扯貴族高層，影響甚大，廷尉處理。

前80年（漢昭帝元鳳元年）夏六月，赦天下。（《漢書·昭帝紀》，第226頁。）

前80年（漢昭帝元鳳元年）九月，鄂邑長公主、燕王旦與左將軍上官桀、桀子票騎將軍安、御史大夫桑弘羊皆謀反，伏誅。（《漢書·昭帝紀》，第226頁。）

前80年（漢昭帝元鳳元年）……丞相徵事任宮手捕斬傑……王及公主皆自伏辜。其赦王太子建、公主子文信及宗室子與燕王、上官桀等謀反父母同產當坐者，皆免為庶人。其吏為傑等所詿誤，未發覺在吏者，除其罪。（《漢書‧昭帝紀》，第227頁。）

前80年（漢昭帝始元七年）……弘羊自以為國興大利，伐其功，欲為子弟得官，怨望大將軍霍光，遂與上官桀等謀反，誅滅……（《漢書‧食貨志》，第1176頁。）

前80年（漢昭帝元鳳元年）昭帝元鳳元年，燕王都薊大風雨，拔宮中樹七圍以上十六枚，壞城樓。燕王旦不寤，謀反發覺，卒伏其辜。（《漢書‧五行志》，第1444頁。）

前80年（漢昭帝元鳳元年）……於是武帝憐泗水王絕，復立安世弟賀，是為戴王。立二十二年薨，有遺腹子煖，相內史不以聞。太后上書，昭帝閔之，抵相內史罪，立煖，是為勤王……（《漢書‧景十三王傳》，第2436頁。）

前80年（漢昭帝元鳳元年）……武來歸明年，上官桀子安與桑弘羊及燕王、蓋王謀反。武子男元與安有謀，坐死。（《漢書‧李廣蘇建傳》，第2467頁。）

前80年（漢昭帝始元七年）……丞相賜璽書，部中二千石逐捕孫縱之及左將軍桀等，皆伏誅。（《漢書‧武五子傳》，第2757頁。）

前80年（漢昭帝元鳳元年）……得書，以符璽屬醫工長，謝相二千石：「奉事不謹，死矣。」即以綬自絞。后夫人隨旦自殺者二十餘人。天子加恩，赦王太子建為庶人，賜旦諡曰剌王。旦立三十八年而誅，國除。（《漢書‧武五子傳》，第2759頁。）

前80年（漢昭帝元鳳元年）桑弘羊為御史大夫八年，自以為國家興榷筦之利，伐其功，欲為子弟得官，怨望霍光，與上官桀等謀反，遂誅滅。（《漢書‧公孫劉田王楊蔡陳鄭傳》，第2887頁。）

前80年（漢昭帝元鳳元年）……光盡誅桀、安、弘羊、外人宗族。燕王、蓋主皆自殺……（《漢書‧霍光金日磾傳》，第2936頁。）

前80年（漢昭帝始元七年）……又桀妻父所幸充國為太醫監，闌入殿中，下獄當死。冬月且盡，蓋主為充國入馬二十匹贖罪，乃得減死論……（《漢書‧外戚傳》，第3959頁。）

前80年（漢昭帝始元七年）……從武帝上甘泉，誤取它郎鞍以被其馬，

發覺，吏劾從行而盜，當死，有詔募下蠶室。（孟康曰：『死罪囚欲就宮者聽之。』）後為宦者丞。上官桀謀反時，廣漢部索，其殿中廬有索長數尺可以縛人者數千枚，滿一篋緘封，廣漢索不得，它吏往得之。廣漢坐論為鬼薪，輸掖庭，後為暴室嗇夫。時宣帝養於掖庭，號皇曾孫，與廣漢同寺居。時掖庭令張賀，本衛太子家吏，及太子敗，賀坐下刑……既立，霍光以后父廣漢刑人不宜君國，歲餘乃封為昌成君。（《漢書·外戚傳》，第 3964 頁。）

前 79 年（漢昭帝元鳳二年）六月，赦天下。（《漢書·昭帝紀》，第 228 頁。）

前 78 年（漢昭帝元鳳三年）夏四月，少府徐仁、廷尉王平、左馮翊賈勝胡皆坐縱反者，仁自殺，平、勝胡皆要斬。（《漢書·昭帝紀》，第 229 頁。）

前 78 年（漢昭帝元鳳三年）……時，昭帝幼，大將軍霍光秉政，惡之，下其書廷尉。奏賜、孟妄設祅言惑眾，大逆不道，皆伏誅……（《漢書·眭兩夏侯京翼李傳》，第 3154 頁。）

閆按：霍光將眭弘上書請求昭帝仿堯禪讓帝位的奏章交給廷尉，這是保留證據，進一步將其置於死地。

前 77 年（漢昭帝元鳳四年）……平樂監傅介子持節使，誅斬樓蘭王安，歸首縣北闕……（《漢書·昭帝紀》，第 230 頁。）

前 77 年（漢昭帝元鳳四年）……太常及廟令丞郎吏皆劾大不敬，會赦，太常轑陽侯德免為庶人。（師古曰：「會六月赦耳。史終言之。」）六月，赦天下。（《漢書·昭帝紀》，第 230～231 頁。）

前 77 年（漢昭帝元鳳四年）……介子遂斬王嘗歸首，馳傳詣闕，懸首北闕下……（《漢書·西域傳》，第 3878 頁。）

閆按：這就是梟首刑的同樣作用，即威懾。

前 75 年（漢昭帝元鳳六年）夏，赦天下。（《漢書·昭帝紀》，第 232 頁。）

前 74 年（漢昭帝元平元年）九月，大赦天下。（《漢書·宣帝紀》，第 239 頁。）

前 74 年（漢昭帝元平元年）宣帝即位，由武帝正統興，故立三年，尊孝武廟為世宗，行所巡狩郡國皆立廟。告祠世宗廟日，有白鶴集後庭。以立世宗廟告祠孝昭寢，有雁五色集殿前。西河築世宗廟，神光興於殿旁，有鳥如白鶴，前赤後青。神光又興於房中，如燭狀。廣川國世宗廟殿上有鍾音，門

戶大開，夜有光，殿上盡明。上乃下詔赦天下。（《漢書・郊祀志》，第 1248 頁。）

前 74 年（漢昭帝元平元年）……昌邑群臣坐亡輔導之誼，陷王於惡，光悉誅殺二百餘人。出死，號呼市中曰：「當斷不斷，反受其亂。」……（《漢書・霍光金日磾傳》，第 2946 頁。）

前 74 年（漢昭帝元平元年）王既到，即位二十餘日以行淫亂廢。昌邑群臣坐在國時不舉奏王罪過，令漢朝不聞知，又不能輔道，陷王大惡，皆下獄誅。唯吉與郎中令龔遂以忠直數諫正得減死，髡為城旦。（《漢書・王貢兩龔鮑傳》，第 3062 頁。）

前 74 年（漢昭帝元平元年）……昭帝崩，昌邑王嗣立，以行淫亂廢，昌邑群臣皆下獄誅，唯中尉王吉、郎中令龔遂以數諫減死論。式繫獄當死，治事使者責問曰：「師何以亡諫書？」式對曰：「臣以《詩》三百五篇朝夕授王，至於忠臣孝子之篇，未嘗不為王反覆誦之也；至於危亡失道之君，未嘗不流涕為王深陳之也。臣以三百五篇諫，是以亡諫書。」使者以聞，亦得減死論，歸家不教授……式徵來，衣博士衣而不冠，曰：「刑餘之人，何宜復充禮官？」既至，止舍中，會諸大夫博士，共持酒肉勞式，皆注意高仰之……（《漢書・儒林傳》，第 3610 頁。）

前 74 年（漢昭帝元平元年）……昌邑群臣坐陷王於惡不道，皆誅，死者二百餘人，唯遂與中尉王陽以數諫爭得減死，髡為城旦。（《漢書・循吏傳》，第 3638 頁。）

前 73 年（漢宣帝本始元年）五月，鳳皇集膠東、千乘。赦天下。（《漢書・宣帝紀》，第 242 頁。）

前 73～49 年（漢宣帝）……傳子至孫獲，坐使奴殺人減死論。（《漢書・蕭何曹參傳》，第 2013 頁。）

前 73～前 49 年（漢宣帝）……宣帝時坐獵縱火燔民九十六家，殺二人，又以縣官事怨內史，教人誣告以棄市罪，削八縣，罷中尉官。（《漢書・景十三王傳》，第 2427 頁。）

前 73～前 49 年（漢宣帝）……子順嗣侯，官至雲中太守，宣帝時以虎牙將軍擊匈奴，坐盜增鹵獲自殺，國除。（《漢書・公孫劉田王楊蔡陳鄭傳》，第 2887 頁。）

前 73～前 49 年（漢宣帝）……下太守杜延年簿責，廣明自殺闕下，國

除。兄雲中為淮陽守，亦敢誅殺，吏民守闕告之，竟坐棄市。（《漢書·酷吏傳》，第 3664～3665 頁。）

前 73～前 52 年（漢宣帝）……初，破羌將軍武賢在軍中時與中郎將卬宴語，卬道：「車騎將軍張安世始嘗不快上，上欲誅之，卬家將軍以為安世本持橐簪筆事孝武帝數十年，見謂忠謹，宜全度之。安世用是得免。」及充國還言兵事，武賢罷歸故官，深恨，上書告卬泄省中語。卬坐禁止而入至充國莫府司馬中亂屯兵下吏，自殺。（《漢書·趙充國辛慶忌傳》，第 2993～2994 頁。）

閆按：此漏泄省中語的案例。

前 74～前 33 年（漢元帝）……中授同郡公孫文、東門雲。雲為荊州刺史，文東平太傅，徒眾尤盛。雲坐為江賊拜辱命，下獄誅。（《漢書·儒林傳》，第 3616 頁。）

前 72 年（漢宣帝本始二年）大司農陽城侯田延年有罪，自殺。（《漢書·宣帝紀》，第 242 頁。）

前 71 年（漢宣帝本始三年）夏五月，軍罷。祁連將軍廣明、虎牙將軍順有罪，下有司，皆自殺。（《漢書·宣帝紀》，第 244 頁。）

前 70 年（漢宣帝本始四年）三月乙卯，立皇后霍氏。賜丞相以下至郎吏從官金錢帛各有差。赦天下。（《漢書·宣帝紀》，第 245 頁。）

前 70 年（漢宣帝本始四年）……大赦天下。（《漢書·宣帝紀》，第 245 頁。）

前 70 年（漢宣帝本始四年）秋，廣川王吉有罪，廢遷上庸，自殺。（《漢書·宣帝紀》，第 246 頁。）

前 70 年（漢宣帝本始四年）……至四年夏，關東四十九郡同日地動，或山崩，壞城郭室屋，殺六千餘人……因大赦……（《漢書·睦兩夏侯京翼李傳》，第 3158 頁。）

前 69 年（漢宣帝地節元年）冬十一月，楚王延壽謀反，自殺。（《漢書·宣帝紀》，第 246 頁。）

前 69～前 66 年（漢宣帝地節年間）……有司奏年淫亂，年坐廢為庶人，徙房陵，與湯沐邑百戶。（《漢書·文三王傳》，第 2212 頁。）

前 68 年（漢宣帝地節二年）夏四月，鳳皇集魯郡，群鳥從之。大赦天下。（《漢書·宣帝紀》，第 247 頁。）

前 67 年（漢宣帝地節三年）夏四月戊申，立皇太子，大赦天下。（《漢書·宣帝紀》，第 249 頁。）

前 67 年（漢宣帝地節三年）……宣帝惡之，下廣漢廷尉獄，又坐賊殺不辜，鞠獄故不以實，擅斥除騎士乏軍興數罪。天子可其奏。吏民守闕號泣者數萬人，或言「臣生無益縣官，願代趙京兆死，使得牧養小民。」廣漢竟坐要斬。（《漢書·趙尹韓張兩王傳》，第 3204～3205 頁。）

前 66 年（漢宣帝地節四年）……諸為霍氏所詿誤未發覺在吏者，皆赦除之。（《漢書·宣帝紀》，第 251 頁。）

前 66 年（漢宣帝地節四年）十二月，清河王年有罪，廢遷房陵。（《漢書·宣帝紀》，第 253 頁。）

前 66 年（漢宣帝地節四年）……後歲餘，禹謀反，夷宗族，安世素小心畏忌，已內憂矣。其女孫敬為霍氏外屬婦，當相坐，安世瘦懼，形於顏色。上怪而憐之，以問左右，乃赦敬，以慰其意。（《漢書·張湯傳》，第 2649 頁。）

前 66 年（漢宣帝地節四年）霍光薨後，子禹與宗族謀反，誅。上以延年霍氏舊人，欲退之，而丞相魏相奏延年素貴用事，官職多姦。遣吏考案，但得苑馬多死，官奴婢乏衣食，（師古曰：『傳言延年身不犯法，但丞相致之於罪耳。』）延年坐免官，削戶二千。（《漢書·杜周傳》，第 2665 頁。）

前 66 年（漢宣帝地節四年）……會李竟坐與諸侯王交通，辭語及霍氏，有詔雲、山不宜宿衛，免就第。光諸女遇太后無禮，馮子都數犯法，上並以為讓，山、禹等甚恐……山又坐寫祕書，顯為上書獻城西第，入馬千匹，以贖山罪。書報聞。會事發覺，雲、山、明友自殺，顯、禹、廣漢等捕得。禹要斬，顯及諸女昆弟皆棄市。唯獨霍後廢處昭臺宮。與霍氏相連坐誅滅者數千家。（《漢書·霍光金日磾傳》，第 2955～2956 頁。）

前 66 年（漢宣帝地節四年）……及霍氏怨相，又憚之，謀矯太后詔，先召斬丞相，然後廢天子。事發覺，伏誅。（《漢書·魏相丙吉傳》，第 3135 頁。）

前 66 年（漢宣帝地節四年）……其後霍氏竟謀反誅，望之寖益任用。（《漢書·蕭望之傳》，第 3273 頁。）

前 66 年（漢宣帝地節四年）……後殺許後事頗泄，顯遂與諸婿昆弟謀反，發覺，皆誅滅。（《漢書·外戚傳》，第 3968 頁。）

前 65 年（漢宣帝元康元年）……其赦天下徒……（《漢書·宣帝紀》，第

254 頁。）

前 65 年（漢宣帝元康元年）上自幸河東之明年正月，鳳皇集殺祤，於所集處得玉寶，起步壽宮，乃下詔赦天下。（《漢書・郊祀志》，第 1252 頁。）

前 65 年（漢宣帝元康元年）……介子薨，子敞有罪不得嗣，國除。（《漢書・傅常鄭甘陳段傳》，第 3003 頁。）

前 64 年（漢宣帝元康二年）又曰：「聞古天子之名，難知而易諱也。今百姓多上書觸諱以犯罪者，朕甚憐之。其更諱詢。諸觸諱在令前者，赦之。」冬，京兆尹趙廣漢有罪，要斬。（《漢書・宣帝紀》，第 256 頁。）

前 64 年（漢宣帝元康二年）……上書，翁還，坐死。副使季都別將醫養視狂王，狂王從十餘騎送之。都還，坐知狂王當誅，見便不發，下蠶室。（《漢書・西域傳》，第 3906 頁。）

前 62 年（漢宣帝元康四年）二月，河東霍徵史等謀反，誅。（《漢書・宣帝紀》，第 258 頁。）

前 60 年（漢宣帝神爵二年）二年春二月，詔曰：「乃者正月乙丑，鳳皇甘露降集京師，群鳥從以萬數。朕之不德，屢獲天福，祇事不怠，其赦天下。」（《漢書・宣帝紀》，第 262 頁。）

前 60 年（漢宣帝神爵二年）夏五月，羌虜降服，斬其首惡大豪楊玉、酋非首。置金城屬國以處降羌……九月，司隸校尉蓋寬饒有罪，下有司，自殺。（《漢書・宣帝紀》，第 262 頁。）

前 58 年（漢宣帝神爵四年）……其赦天下，賜民爵一級，女子百戶牛酒，鰥寡孤獨高年帛。（《漢書・宣帝紀》，第 263 頁。）

前 58 年（漢宣帝神爵四年）十一月，河南太守嚴延年有罪，棄市。（《漢書・宣帝紀》，第 264 頁。）

前 58 年（漢宣帝神爵四年）……後間歲，鳳皇神爵甘露降集京師，赦天下。（《漢書・郊祀志》，第 1252 頁。）

前 57 年（漢宣帝五鳳元年）夏，赦徒作杜陵者……左馮翊韓延壽有罪，棄市。（《漢書・宣帝紀》，第 265 頁。）

前 57 年（漢宣帝五鳳元年）……事下公卿，皆以延壽前既無狀，後復誣愬典法大臣，欲以解罪，狡猾不道。天子惡之，延壽竟坐棄市……威又坐奢僭誅，延壽之風類也。（《漢書・趙尹韓張兩王傳》，第 3216 頁。）

前 56 年（漢宣帝五鳳二年）十二月，平通侯（陽）（楊）惲坐前為光祿

勳有罪，免為庶人。不悔過，怨望，大逆不道，要斬。（《漢書·宣帝紀》，第266頁。）

前55年（漢宣帝五鳳三年）其明年春，幸河東，祠后土，赦天下。（《漢書·郊祀志》，第1252頁。）

前54年（漢宣帝五鳳四年）四年春正月，廣陵王胥有罪，自殺。（《漢書·宣帝紀》，第268頁。）

前54年（漢宣帝五鳳四年）……後胥子南利侯寶坐殺人奪爵，還歸廣陵，與胥姬左修姦。事發覺，繫獄，棄市……公卿請誅胥，天子遣廷尉、大鴻臚即訊……（《漢書·武五子傳》，第2761～2762頁。）

閏按：秦漢雜治研究的例證。

前53～50年（漢宣帝甘露年間）……甘露中，冀州刺史敞奏元，事下廷尉，逮召廉等。元迫脅凡七人，令自殺。有司奏請誅元，有詔削二縣，萬一千戶。後元怒少史留貴，留貴踰垣出，欲告元，元使人殺留貴母。有司奏元殘賊不改，不可君國子民。廢勿王，處漢中房陵。居數年，坐與妻若共乘朱輪車，怒若，又笞擊，令自髡。漢中太守請治（元），病死。立十七年，國除。（《漢書·景十三王傳》，第2411～2412頁。）

前53～50年（漢宣帝甘露年間）……子弘嗣，甘露中有罪削爵為關內侯。（師古曰：「弘坐騎至宗廟下，大不敬也。」）（《漢書·魏相丙吉傳》，第3142頁。）

前53～50年（漢宣帝甘露年間）……子顯嗣，甘露中有罪削爵為關內侯，官至衛尉太僕。（《漢書·魏相丙吉傳》，第3148頁。）

前52年（漢宣帝甘露二年）二年春正月，立皇子囂為定陶王。詔曰：「乃者鳳皇甘露降集，黃龍登興，醴泉滂流，枯槁榮茂，神光並見，咸受禎祥。其赦天下……」（《漢書·宣帝紀》，第268頁。）

前51年（漢宣帝甘露三年）……而更生父德武帝時治淮南獄得其書。更生幼而讀誦，以為奇，獻之，言黃金可成。上令典尚方鑄作事，費甚多，方不驗。上乃下更生吏，吏劾更生鑄偽黃金，繫當死。更生兄陽城侯安民上書，入國戶半，贖更生罪。上亦奇其材，得踰冬減死論。（服虔曰：「踰冬，至春行寬大而減死罪。」如淳曰：「獄冬盡當決竟，而得踰冬，復至後冬，故或逢赦，或得減死也。」師古曰：「服說是也。」）……（《漢書·楚元王傳》，第1928～1929頁。）

前 50 年（漢宣帝甘露四年）四年夏，廣川王海陽有罪，廢遷房陵。（《漢書·宣帝紀》，第 272 頁。）

前 48 年（漢元帝初元元年）初元元年春正月辛丑，孝宣皇帝葬杜陵。賜諸侯王、公主、列侯黃金，吏二千石以下錢帛，各有差。大赦天下。（《漢書·元帝紀》，第 279 頁。）

前 48 年（漢元帝初元元年）元帝即位，遵舊儀，間歲正月，一幸甘泉郊泰畤，又東至河東祠后土，西至雍祠五畤。凡五奉泰畤、后土之祠。亦施恩澤……赦罪人。（《漢書·郊祀志》，第 1253 頁。）

前 48～前 47 年（漢元帝初元元年～二年）……未白而語泄，遂為許、史及恭、顯所譖愬，堪、更生下獄，及望之皆免官。語在《望之傳》……且往者高皇帝時，季布有罪，至於夷滅，後赦以為將軍，高后、孝文之間卒為名臣。孝武帝時兒寬有重罪繫，按道侯韓說諫曰：「前吾丘壽王死，陛下至今恨之；今殺寬，後將復大恨矣！」上感其言，遂貰寬，復用之，位至御史大夫，御史大夫未有及寬者也。又董仲舒坐私為災異書，主父偃取奏之，下吏，罪至不道，幸蒙不誅，復為太中大夫，膠西相，以老病免歸。漢有所欲興，常有詔問仲舒為世儒宗，定議有益天下。孝宣皇帝時，夏侯勝坐誹謗繫獄，三年免為庶人。宣帝復用勝，至長信少府，太子太傅，名敢直言，天下美之。若乃群臣，多此比類，難一二記。有過之臣，無負國家，有益天下，此四臣者，足以觀矣。前弘恭奏望之等獄決，三月，地大震……書奏，恭、顯疑其更生所為，白請考奸詐。辭果服，遂逮更生繫獄，下太傅韋玄成、諫大夫貢禹，與廷尉雜考。劾更生前為九卿，坐與望之、堪謀排車騎將軍高、許、史氏侍中者，毀離親戚，欲退去之，而獨專權。為臣不忠，幸不伏誅，復蒙恩徵用，不悔前過，而教令人言變事，誣罔不道。更生坐免為庶人。而望之亦坐使子上書自冤前事，恭、顯白令詣獄置對。（師古曰：「置對者，立為對辭。」）望之自殺……（《漢書·楚元王傳》，第 1930～1932 頁。）

前 48～前 33 年（漢元帝）……咸素善雲，雲從刺候，教令上書自訟。於是石顯微伺知之，白奏咸漏泄省中語，下獄掠治，減死，髡為城旦，因廢。（《漢書·公孫劉田王楊蔡陳鄭傳》，第 2900 頁。）

前 48～前 33 年（漢元帝）……嘉竟坐之。（《漢書·楊胡朱梅雲傳》，第 2913 頁。）

前 48～前 33 年（漢元帝）……遷杜陵令，坐故縱亡命，會赦，舉方正，

為槐里令。（《漢書·楊胡朱梅雲傳》，第 2914 頁。）

前 48～前 33 年（漢元帝）……朕憐豐之耆老，不忍加刑，其免為庶人。（《漢書·蓋諸葛劉鄭孫毌將何傳》，第 3251 頁。）

前 48～前 33 年（漢元帝）……上乃徙繫輔共工獄，（師古曰：『少府之屬官也，亦有詔獄。共讀與龔同。』）減死罪一等，論為鬼薪……（《漢書·蓋諸葛劉鄭孫毌將何傳》，第 3252 頁。）

前 48～前 33 年（漢元帝）東平思王宇，甘露二年立。元帝即位，就國。壯大，通姦犯法，（師古曰：「與姦猾交通，好犯法。」）上以至親貰弗罪，傅相連坐。（師古曰：「頻坐王獲罪。」）……（《漢書·宣元六王傳》，第 3320 頁。）

前 47 年（漢元帝初元二年）……間者歲數不登，元元困乏，不勝飢寒，以陷刑辟，朕甚閔之。郡國被地動災甚者無出租賦。赦天下。有可蠲除減省以便萬姓者，條奏……（《漢書·元帝紀》，第 281 頁。）

前 47 年（漢元帝初元二年）二年五月，客星見昴分，居捲舌東可五尺，青白色，炎長三寸。占曰：「天下有妄言者。」其十二月，鉅鹿都尉謝君男詐為神人，論死，父免官。（《漢書·天文志》，第 1309 頁。）

前 47 年（漢元帝初元二年）……初元二年，元帝詔列侯舉茂材，勃舉湯。湯待遷，父死不奔喪，司隸奏湯無循行，勃選舉故不以實，坐削（二百戶）（戶二百），會薨，因賜諡曰繆侯。湯下獄論……（《漢書·傅常鄭甘陳段傳》，第 3007 頁。）

前 47 年（漢元帝初元二年）……因赦天下。郡邸獄繫者獨賴吉得生，恩及四海矣……（《漢書·眭兩夏侯京翼李傳》，第 3172 頁。）

前 47～前 33 年（漢元帝）……元帝初，擢為左曹中郎將，與御史中丞陳咸相善，共毀中書令石顯，為顯所陷，咸減死髡，章免官。（《漢書·趙尹韓張兩王傳》，第 3238 頁。）

前 46 年（漢元帝初元三年）夏四月乙未晦，茂陵白鶴館災。詔曰：「乃者火災降於孝武園館，朕戰慄恐懼。不燭變異，咎在朕躬。群司又未肯極言朕過，以至於斯，將何以寤焉！百姓仍遭凶阨，無以相振，加以煩擾乎苛吏，拘牽乎微文，不得永終性命，朕甚閔焉。其赦天下。（《漢書·元帝紀》，第 283～284 頁。）

前 45 年（漢元帝初元四年）三月，行幸河東，祠后土。赦汾陰徒。（《漢

書·元帝紀》，第 285 頁。）

前 45 年（漢元帝初元四年）……章下廷尉案驗，得所予會宗書，宣帝見而惡之。廷尉當惲大逆無道，要斬。妻子徙酒泉郡。譚坐不諫正惲，與相應，有怨望語，免為庶人。召拜成為郎，諸在位與惲厚善者，未央衛尉韋玄成、京兆尹張敞及孫會宗等，皆免官。（《漢書·公孫劉田王楊蔡陳鄭傳》，第 2898 頁。）

前 43 年（漢元帝永光元年）……永光元年春正月，行幸甘泉，郊泰畤。赦雲陽徒……（《漢書·元帝紀》，第 287 頁。）

前 43 年（漢元帝永光元年）……其赦天下，令厲精自新，各務農畝。（《漢書·元帝紀》，第 287 頁。）

前 43 年（漢元帝永光元年）石顯聞知，白之上。乃下興、捐之獄，令皇后父陽平侯禁與顯共雜治，奏「興、捐之懷詐偽，以上語相風，更相薦譽，欲得大位，漏泄省中語，（岡）（罔）上不道。書曰：『讒說殄行，震驚朕師。』王制：『順非而澤，不聽而誅。』請論如法。」捐之竟坐棄市。興減死罪一等，髡鉗為城旦。（《漢書·嚴朱吾丘主父徐嚴終王賈傳》，第 2837～2838 頁。）

前 43 年（漢元帝永光元年）「……宜罷中書宦官，應古不近刑人。」元帝不聽，繇是大與顯忤。後皆害焉，望之自殺，堪、更生廢錮，不得復進用，語在望之傳。後太中大夫張猛、魏郡太守京房、御史中丞陳咸、待詔賈捐之皆嘗奏封事，或召見，言顯短。顯求索其罪，房、捐之棄市，猛自殺於公交車，咸抵罪，髡為城旦。（《漢書·佞倖傳》，第 3727 頁。）

前 42 年（漢元帝永光二年）二年春二月，詔曰：「蓋聞唐虞象刑而民不犯，殷周法行而姦軌服。今朕獲承高祖之洪業，託位公侯之上，夙夜戰慄，永惟百姓之急，未嘗有忘焉。然而陰陽未調，三光晻昧。元元大困，流散道路，盜賊並興。有司又長殘賊，失牧民之術。是皆朕之不明，政有所虧。咎至於此，朕甚自恥。為民父母，若是之薄，謂百姓何！其大赦天下……（《漢書·元帝紀》，第 288 頁。）

前 42 年（漢元帝永光二年）夏六月，詔曰：「間者連年不收，四方咸困。元元之民，勞於耕耘，又亡成功，困於飢饉，亡以相救。朕為民父母，德不能覆，而有其刑，甚自傷焉。其赦天下。」（《漢書·元帝紀》，第 290 頁。）

前 40 年（漢元帝永光四年）春二月，詔曰：「朕承至尊之重，不能燭理

百姓，婁遭凶咎。加以邊竟不安，師旅在外，賦斂轉輸，元元騷動，窮困亡聊，犯法抵罪。夫上失其道而繩下以深刑，朕甚痛之。其赦天下……」（《漢書·元帝紀》，第 291 頁。）

前 38 年（漢元帝建昭元年）冬，河間王元有罪，廢遷房陵。（《漢書·元帝紀》，第 294 頁。）

前 37 年（漢元帝建昭二年）夏四月，赦天下。（《漢書·元帝紀》，第 294 頁。）

前 37 年（漢元帝建昭二年）淮陽王舅張博、魏郡太守京房坐窺道諸侯王以邪意，漏泄省中語，博要斬，房棄市。（《漢書·元帝紀》，第 294 頁。）

前 37 年（漢元帝建昭二年）元帝建昭二年十一月，齊楚地大雪，深五尺。是歲魏郡太守京房為石顯所告，坐與妻父淮陽王舅張博、博弟光勸視淮陽王以不義，博要斬，光、房棄市，御史大夫鄭弘坐免為庶人。（《漢書·五行志》，第 1425 頁。）

前 37 年（漢元帝建昭二年）……及房出守郡，顯告房與張博通謀，非謗政治，歸惡天子，詿誤諸侯王，語在《憲王傳》。初，房見道幽屬事，出為御史大夫鄭弘言之。房、博皆棄市，弘坐免為庶人。房本姓李，推律自定為京氏，死時年四十一。（《漢書·眭兩夏侯京翼李傳》，第 3167 頁。）

前 37 年（漢元帝建昭二年）……房漏泄省中語，博兄弟詿誤諸侯王，誹謗政治，狡猾不道，皆下獄。有司奏請逮捕欽，上不忍致法……京房及博兄弟三人皆棄市，妻子徙邊。（《漢書·宣元六王傳》，第 3316、3318 頁。）

前 36 年（漢元帝建昭三年）秋，使護西域騎都尉甘延壽、副校尉陳湯矯發戊己校尉屯田吏士及西域胡兵攻郅支單于。冬，斬其首，傳詣京師，懸蠻夷邸門。（《漢書·元帝紀》，第 295 頁。）

前 35 年（漢元帝建昭四年）四年春正月，以誅郅支單于告祠郊廟。赦天下。（《漢書·元帝紀》，第 295 頁。）

前 35 年（漢元帝建昭四年）……告上帝、宗廟，大赦天下……（《漢書·傅常鄭甘陳段傳》，第 3020 頁。）

前 34 年（漢元帝建昭五年）五年春三月，詔曰：「蓋聞明王之治國也，明好惡而定去就，崇敬讓而民興行，故法設而民不犯，令施而民從。今朕獲保宗廟，兢兢業業，匪敢解怠，傳不云乎？『百姓有過，在予一人。』其赦天下……」（《漢書·元帝紀》，第 296 頁。）

前 33 年（漢元帝竟寧元年）七月，大赦天下。（《漢書‧成帝紀》，第 302 頁。）

前 32 年（漢成帝建始元年）……其大赦天下，使得自新……（《漢書‧成帝紀》，第 303 頁。）

前 32 年（漢成帝建始元年）……坐為京兆尹王章所薦，章誅，咸免官。（《漢書‧公孫劉田王楊蔡陳鄭傳》，第 2901 頁。）

前 31 年（漢成帝建始二年）……赦奉郊縣長安、長陵（應劭曰：「天郊在長安城南，地郊在長安城北長陵界中。二縣有奉郊之勤，故一切並赦之。」）及中都官耐罪徒……（《漢書‧成帝紀》，第 305 頁。）前 31 年（漢成帝建始二年）明年，上始祀南郊，赦奉郊之縣及中都官耐罪囚徒。（師古曰：「中都官，京師諸官府也。」）（《漢書‧郊祀志》，第 1257～1258 頁。）

前 31 年（漢成帝建始二年）東平王宇有罪，削樊、亢父縣。（《漢書‧成帝紀》，第 306 頁。）

前 30 年（漢成帝建始三年）三年春三月，赦天下徒……（《漢書‧成帝紀》，第 306 頁。）

前 30 年（漢成帝建始三年）……上聞之大怒，乃使尚書責問司隸校尉、京兆尹「知成都侯商擅穿帝城，決引灃水，曲陽侯根驕奢僭上，赤墀青瑣，紅陽侯立父子臧匿姦猾亡命，賓客為群盜，司隸、京兆皆阿縱不舉奏正法。」二人頓首省戶下……是日，詔尚書奏文帝時誅將軍薄昭故事。車騎將軍音藉請罪，商、立、根皆負斧質謝。上不忍誅，然後得已。（《漢書‧元后傳》，第 4025 頁。）

前 29 年（漢成帝建始四年）冬十月，御史大夫尹忠以河決不憂職，自殺。（《漢書‧成帝紀》，第 308 頁。）

前 28 年（漢成帝河平元年）夏四月己亥晦，日有蝕之，既。詔曰：「朕獲保宗廟，戰戰慄慄，未能奉稱。傳曰：『男教不修，陽事不得，則日為之蝕。』天著厥異，辜在朕躬。公卿大夫其勉悉心，以輔不逮。百僚各修其職，惇任仁人，退遠殘賊。陳朕過失，無有所諱。」大赦天下。（《漢書‧成帝紀》，第 309 頁。）

前 28 年（漢成帝建始五年）……久之，衡子昌為越騎校尉，醉殺人，繫詔獄。越騎官屬與昌弟且謀篡昌。事發覺，衡免冠徒跣待罪，天子使謁者詔衡冠履。而有司奏衡專地盜土，衡竟坐免……司隸校尉駿、少府忠行廷尉事

劾奏「衡監臨盜所主守直十金以上。（師古曰：『十金以上，當時律定罪之次，若今律條言一尺以上，一匹以上。』）春秋之義，諸侯不得專地，所以壹統尊法制也。衡位三公，輔國政，領計簿，知郡實，正國界，計簿已定而背法制，專地盜土以自益，及賜、明阿承衡意，猥舉郡計，亂減縣界，附下罔上，擅以地附益大臣，皆不道。」於是上可其奏，勿治，丞相免為庶人，終於家。（《漢書‧匡張孔馬傳》，第 3345～3346 頁。）

前 25 年（漢成帝河平四年）赦天下徒……（《漢書‧成帝紀》，第 310 頁。）

前 25 年（漢成帝河平四年）後二年，丞相王商與鳳有隙，鳳譖之，免官，自殺。明年，京兆尹王章訟商忠直，言鳳顓權，鳳誣章以大逆罪，下獄死，妻子徙合浦。後許皇后坐巫蠱廢，而趙飛燕為皇后，妹為昭儀，賊害皇子，成帝遂亡嗣。皇后，昭儀皆伏辜。（《漢書‧五行志》，第 1334 頁。）

前 25 年（漢成帝河平四年）……於是左將軍丹等奏：「商位三公，爵列侯，親受詔策為天下師，不遵法度以翼國家，而回辟下媚以進其私，執左道以亂政，為臣不忠，罔上不道，甫刑之辟，皆為上戮，罪名明白。臣請詔謁者召商詣若盧詔獄。」上素重商，知匡言多險，制曰「弗治」。鳳固爭之，於是制詔御史：「蓋丞相以德輔翼國家，典領百僚，協和萬國，為職任莫重焉。今樂昌侯商為丞相，出入五年，未聞忠言嘉謀，而有不忠執左道之辜，陷於大辟。前商女弟內行不修，奴賊殺人，疑商教使，為商重臣，故抑而不窮。今或言商不以自悔而反怨懟，朕甚傷之。惟商與先帝有外親，未忍致於理。其赦商罪。使者收丞相印綬。」……有司奏商罪過未決，請除國邑。（《漢書‧王商史丹傅喜傳》，第 3374 頁。）

前 25 年（漢成帝河平四年）……遂下章吏。廷尉致其大逆罪，以為「比上夷狄，欲絕繼嗣之端；背畔天子，私為定陶王。」章死獄中，妻子徙合浦。（《漢書‧元后傳》，第 4023 頁。）

前 24 年（漢成帝陽朔元年）三月，赦天下徒。（《漢書‧成帝紀》，第 312 頁。）

前 24 年（漢成帝陽朔元年）……是時成帝委任大將軍王鳳，鳳專勢擅朝，而京兆尹王章素忠直，譏刺鳳，為鳳所誅。（《漢書‧楊胡朱梅雲傳》，第 2917 頁。）

前 24 年（漢成帝陽朔元年）……商死後，連年日蝕地震，直臣京兆尹王

章上封事召見，訟商忠直無罪，言鳳顓權蔽主。鳳竟以法誅章，語在《元后傳》。（《漢書・王商史丹傅喜傳》，第3375頁。）

前23年（漢成帝陽朔二年）三月，大赦天下。（《漢書・成帝紀》，第312頁。）

前21年（漢成帝陽朔四年）二月，赦天下。（《漢書・成帝紀》，第315頁。）

前20年（漢成帝鴻嘉元年）午，行幸初陵，赦作徒。（師古曰：「徒人之在陵作役者。」）……（《漢書・成帝紀》，第316頁。）

前18年（漢成帝鴻嘉三年）三年夏四月，赦天下。（《漢書・成帝紀》，第318頁。）

前17年（漢成帝鴻嘉四年）冬，廣漢鄭躬等黨與浸廣，犯歷四縣，眾且萬人。拜河東都尉趙護為廣漢太守，發郡中及蜀郡合三萬人擊之。或相捕斬，除罪。（師古曰：「賊黨相捕斬而來者，赦其本罪。」）（《漢書・成帝紀》，第319頁。）

前16年（漢成帝永始元年）六月丙寅，立皇后趙氏。大赦天下。（《漢書・成帝紀》，第319頁。）

前16年（漢成帝永始元年）……奉光孫勳坐法免。（《漢書・外戚傳》，第3970頁。）

前15年（漢成帝永始二年）永始二年，梁國、平原郡比年傷水災，人相食，刺史守相坐免。（《漢書・食貨志》，第1142頁。）

前14年（漢成帝永始三年）……遣丞相長史、御史中丞持節督趣逐捕。汝南太守嚴訢捕斬令等……（《漢書・成帝紀》，第323～324頁。）

前14年（漢成帝永始三年）永始二年二月癸未夜，東方有赤色，大三四圍，長二三丈，索索如樹，南方有大四五圍，下行十餘丈，皆不至地滅。占曰：「東方客之變氣，狀如樹木，以此知四方欲動者。」明年十二月己卯，尉氏男子樊並等謀反，賊殺陳留太守嚴普及吏民，出囚徒，取庫兵，劫略令丞，自稱將軍，皆誅死。庚子，山陽鐵官亡徒蘇令等殺傷吏民，篡出囚徒，取庫兵，聚黨數百人為大賊，踰年經歷郡國四十餘。一日有兩氣同時起，並見，而并、令等同月俱發也。（《漢書・天文志》，第1311頁。）

前13年（漢成帝永始四年）四年春正月，行幸甘泉，郊泰畤，神光降集紫殿。大赦天下。（《漢書・成帝紀》，第324頁。）

前 12 年（漢成帝元延元年）夏四月丁酉，無雲有雷，聲光耀耀，四面下至地，昏止。赦天下。（《漢書·成帝紀》，第 326 頁。）

前 12～前 9 年（漢成帝元延年間）……謀簒死罪囚。有司請誅，上不忍，削立五縣。（《漢書·文三王傳》，第 2218 頁。）

前 8 年（漢成帝綏和元年）綏和元年春正月，大赦天下。（《漢書·成帝紀》，第 328 頁。）

前 8 年（漢成帝綏和八年）……書奏，天子不說，以寶名臣不忍誅，乃制詔丞相大司空：「司隸寶奏故尚書僕射崇冤，請獄治尚書令昌。案崇近臣，罪惡暴著，而寶懷邪，附下罔上，以春月作詆欺，遂其姦心，蓋國之賊也。傳不云乎？『惡利口之覆國家。』其免寶為庶人。」……寶坐免，終於家。（《漢書·蓋諸葛劉鄭孫毋將何傳》，第 3262～3263 頁。）

前 8 年（漢成帝綏和元年）……是歲，右將軍褒、後將軍博坐定陵、紅陽侯皆免為庶人。（《漢書·匡張孔馬傳》，第 3347 頁。）

前 8 年（漢成帝綏和元年）「……前平安剛侯夫人謁坐大逆罪，家屬幸蒙赦令，歸故郡……」廢后因嬿私賂遺長，數通書記相報謝。長書有悖謾，發覺，天子使廷尉孔光持節賜廢后藥，自殺，葬延陵交道廄西。（《漢書·外戚傳》，第 3983 頁。）

前 8 年（漢成帝綏和元年）……是歲，新都侯莽告長伏罪與紅陽侯立相連，長下獄死，立就國，語在《長傳》。（《漢書·元后傳》，第 4027 頁。）

前 7 年（漢成帝綏和二年）定陵侯淳于長大逆不道，下獄死。廷尉孔光使持節賜貴人許氏藥，飲藥死。（《漢書·成帝紀》，第 329 頁。）

閆按：此不是廷尉的司法審判行為，但是是廷尉的職能，即它是廷尉作為官僚的行為。

前 7 年（漢成帝綏和二年）秋，曲陽侯王根、成都侯王況皆有罪。根就國，況免為庶人，歸故郡。（《漢書·哀帝紀》，第 337 頁。）

前 7 年（漢成帝綏和二年）「……掖庭令輔等在後庭左右，侍燕迫近，雜與御史、丞相、廷尉治問皇帝起居發病狀。」趙昭儀自殺。（《漢書·外戚傳》，第 3990 頁。）

前 7～前 1 年（漢哀帝）……先是涉季父為茂陵秦氏所殺，涉居谷口半歲所，自劾去官，欲報仇。谷口豪傑為殺秦氏，亡命歲餘，逢赦出……賓客多犯法，罪過數上聞。王莽數收繫欲殺，輒復赦出之……涉欲亡去，申屠建

內恨恥之，陽言「吾欲與原巨先共鎮三輔，豈以一吏易之哉！」賓客通言，令涉自繫獄謝，建許之。賓客車數十乘共送涉至獄。建遣兵道徼取涉於車上，送車分散馳，遂斬涉，懸之長安市。（《漢書·游俠傳》，第 3715、3717、3719 頁。）

前 6 年（漢成帝建平元年）建平元年春正月，赦天下。侍中騎都尉新成侯趙欽、成陽侯趙訢皆有罪，免為庶人，徙遼西。（《漢書·哀帝紀》，第 338 頁。）

前 6 年（漢成帝建平元年）冬，中山孝王太后媛、弟宜鄉侯馮參有罪，皆自殺。（《漢書·哀帝紀》，第 338 頁。）

前 6 年（漢哀帝建平元年）……上惡之，下有司案驗，東平王雲、雲後謁及伍宏等皆坐誅……丞相王嘉內疑東平獄事，爭不欲侯賢等，語在嘉傳……上遣侍御史、廷尉監逮躬，繫洛陽詔獄。欲掠問，躬仰天大謼因僵仆。吏就問，雲咽已絕，血從鼻耳出。食頃，死。黨友謀議相連下獄百餘人。躬母聖，坐祠灶祝詛上，大逆不道。聖棄市，妻充漢與家屬徙合浦。躬同族親屬素所厚者，皆免廢錮。哀帝崩，有司奏：「方陽侯寵及右師譚等，皆造作奸謀，罪及王者骨肉，雖蒙赦令，不宜處爵位，在中土。」皆免寵等，徙合浦郡。（《漢書·蒯伍江息夫傳》，第 2180、2187 頁。）

前 6 年（漢哀帝建平元年）……上遂抵宣罪減死一等，髡鉗……（《漢書·王貢兩龔鮑傳》，第 3094 頁。）

前 6 年（漢哀帝建平元年）……頃之，哀帝即位，帝祖母傅太后用事，追怨參姊中山太后，陷以祝詛大逆大罪，語在《外戚傳》。參以同產當相坐，謁者承制召參詣廷尉，參自殺……（《漢書·馮奉世傳》，第 3307 頁。）

前 6～前 3 年（漢哀帝建平年間）哀帝建平中，立復殺人。天子遣廷尉賞、大鴻臚由持節即訊。至，移書傅、相、中尉曰：「王背策戒，悖暴妄行，連犯大辟，毒流吏民。比比蒙恩，不伏重誅，不思改過，復賊殺人。幸得蒙恩，丞相長史、大鴻臚丞即問。王陽病抵讕，置辭驕嫚，不首主令，與背畔亡異。（師古曰：「不首謂不伏其罪也。主令者，於法令之條與背畔無異也。首音失救反。次下亦同。」）丞相、御史請收王璽綬，送陳留獄。明詔加恩，復遣廷尉、大鴻臚雜問。今王當受詔置辭，恐復不首實對。書曰：『至於再三，有不用，我降爾命。』（師古曰：「此《周書·多方》篇之辭也。言我教汝，至於再三，汝不能用，則我下罰黜汝命也。」）傅、相、中尉皆以輔正為職，『虎兕

出於匣，龜玉毀於匱中，是誰之過也？」書到，明以誼曉王。敢復懷詐，罪過益深。傅、相以下，不能輔導，有正法。」……時冬月盡，其春大赦，不治。（《漢書·文三王傳》，第2218～2219頁。）

前5年（漢成帝建平二年）夏四月，詔曰：「漢家之制，推親親以顯尊尊。定陶恭皇之號不宜復稱定陶。尊恭皇太后曰帝太太后，稱永信宮；恭皇后曰帝太后，稱中安宮。立恭皇廟於京師。赦天下徒。」（《漢書·哀帝紀》，第339頁。）

前5年（漢成帝建平二年）……詔曰：「漢興二百載，曆數開元。皇天降非材之祐，漢國再獲受命之符，朕之不德，曷敢不通！夫基事之元命，必與天下自新，其大赦天下。」（《漢書·哀帝紀》，第340頁。）

前5年（漢成帝建平二年）……六月甲子制書，非赦令也，皆蠲除之。（如淳曰：「悔前赦令不蒙其福，故收令還之。」臣瓚曰：「改元易號，大赦天下，以求延祚，而不蒙福，哀帝悔之，故更下制書，諸非赦罪事皆除之。謂改制易號，令皆復故也。」師古曰：「如釋非也，瓚說是矣。非赦令也，猶言自非赦令耳。也，語終辭也。而讀者不曉，輒改也為他字，失本文也。」賀良等反道惑眾，下有司。皆伏辜。丞相博、御史大夫玄、孔鄉侯晏有罪。博自殺，玄減死二等論，晏削戶四分之一。語在《博傳》。（《漢書·哀帝紀》，第340～341頁。）

前5年（漢哀帝建平二年）八月，博、玄坐為奸謀，博自殺，玄減死論。京房《易傳》曰：「令不修本，下不安，金毌故自動，若有音。」（《漢書·五行志》，第1429頁。）

前5年（漢哀帝）……其大赦天下，以建平二年為太初（元將）元年，號曰陳聖劉太平皇帝。漏刻以百二十為度。布告天下，使明知之……（《漢書·眭兩夏侯京翼李傳》，第3193頁。）

前5年（漢哀帝太初元將元年）……賀良等皆伏誅。尋及解光減死一等……（《漢書·眭兩夏侯京翼李傳》，第3193～3194頁。）

前4年（漢成帝建平三年）東平王雲、雲後謁、安成恭侯夫人放皆有罪。雲自殺，謁、放棄市。（《漢書·哀帝紀》，第342頁。）

前4年（漢哀帝建平三年）……是時，哀帝被疾，多所惡，事下有司，逮王、後謁下獄驗治，言使巫傅恭、婢合歡等祠祭詛祝上，為雲求為天子。雲又與知災異者高尚等指星宿，言上疾必不愈，雲當得天下。石立，宣帝起

之表也。有司請誅王，有詔廢徙房陵。雲自殺，謁棄市。（《漢書‧宣元六王傳》，第3325頁。）

前2年（漢成帝元壽元年）元壽元年春正月辛丑朔，日有蝕之。詔曰：「朕獲保宗廟，不明不敏，宿夜憂勞，未皇寧息。惟陰陽不調，元元不贍，未睹厥咎。婁敕公卿，庶幾有望。至今有司執法，未得其中，或上暴虐，假勢獲名，溫良寬柔，陷於亡滅。是故殘賊彌長，和睦日衰，百姓愁怨，靡所錯躬。乃正月朔，日有蝕之，厥咎不遠，在余一人。公卿大夫其各悉心勉帥百僚，敦任仁人，黜遠殘賊，期於安民。陳朕之過失，無有所諱。其與將軍、列侯、中二千石舉賢良方正能直言者各一人。大赦天下。」（《漢書‧哀帝紀》，第343頁。）

前1年（漢成帝元壽二年）……九月辛酉，中山王即皇帝位，謁高廟，大赦天下。（《漢書‧平帝紀》，第347頁。）

1年（漢平帝元始元年）夏五月丁巳朔，日有蝕之。大赦天下。（《漢書‧平帝紀》，第351頁。）

1年（漢平帝元始元年）秋九月，赦天下徒。（《漢書‧平帝紀》，第352頁。）

1年（漢平帝元始元年）平帝即位，王莽秉政，陰有篡國之心，乃風州郡以罪法案誅諸豪傑，及漢忠直臣不附己者，宣及何武等皆死……（《漢書‧王貢兩龔鮑傳》，第3094頁。）

1年（漢平帝元始元年）……群臣就位行禮，大赦天下。（《漢書‧外戚傳》，第4010頁。）

1～5年（漢平帝元始年間）元始中，立坐與平帝外家中山衛氏交通，新都侯王莽奏廢立為庶人，徙漢中。立自殺。（《漢書‧文三王傳》，第2219頁。）

1～5年（漢平帝元始年間）……至元始中，王莽為安漢公，誅不附己者，樂昌侯安見被以罪，自殺，國除。（《漢書‧王商史丹傳喜傳》，第3375頁。）

1～5年（漢平帝元始元年）……況私從敦煌歸長安，會赦，因留與主私亂。哀帝外家丁、傅貴，主附事之，而疏王氏。元始中，莽自尊為安漢公，主又出言非莽。而況與呂寬相善，及寬事覺時，莽並治況，發揚其罪，使使者以太皇太后詔賜主藥。主怒曰：「劉氏孤弱，王氏擅朝，排擠宗室，且嫂何與取

妹披抉其閨門而殺之？」使者迫守主，遂飲藥死。況梟首於市。（《漢書·薛宣朱博傳》，第 3397～3398 頁。）

2 年（漢平帝元始二年）九月戊申晦，日有蝕之。赦天下徒。（《漢書·平帝紀》，第 354 頁。）

3 年（漢平帝元始三年）……事發覺，莽殺宇，誅滅衛氏，謀所牽及，死者百餘人。章坐要斬，磔屍東市門。（《漢書·楊胡朱梅雲傳》，第 2927 頁。）

3 年（漢平帝元始三年）……元始三年，呂寬等事起。時大司空甄豐承莽風指，遣使者乘傳案治黨與，連引諸所欲誅，上黨鮑宣，南陽彭偉、杜公子，郡國豪傑坐死者數百人。武在見誣中，大理正檻車徵武，武自殺。眾人多冤武者，莽欲厭眾意，令武子況嗣為侯，謚武曰刺侯。莽篡位，免況為庶人。（《漢書·何武王嘉師丹傳》，第 3487～3488 頁。）

4 年（漢平帝元始四年）二月丁未，立皇后王氏，大赦天下。（《漢書·平帝紀》，第 356 頁。）

4 年（漢平帝元始四年）置西海郡，徙天下犯禁者處之。梁王立有罪，自殺。（《漢書·平帝紀》，第 357 頁。）

4 年（漢平帝元始四年）……四月丁未，莽女立為皇后，大赦天下。（《漢書·王莽傳》，第 4066 頁。）

5 年（漢平帝元始五年）冬十二月丙午，帝崩於未央宮。大赦天下。（《漢書·平帝紀》，第 360 頁。）

5 年（漢平帝元始五年）……十二月平帝崩，大赦天下。（《漢書·王莽傳》，第 4078 頁。）

6 年（漢孺子嬰居攝元年）……永奔走。莽誅永，遣護羌校尉竇況擊之……（《漢書·王莽傳》，第 4087 頁。）

新莽

6～7 年（漢王莽居攝年間）……因大赦天下……於是吏士精銳遂攻圍義於圉城，破之，義與劉信棄軍庸亡。至固始界中捕得義，屍磔陳都市……莽盡壞義第宅，污池之。發父方進及先祖冢在汝南者，燒其棺柩，夷滅三族，誅及種嗣，至皆同坑，以棘五毒並葬之。（《漢書·翟方進傳》，第 3436～3437、3439 頁。）

8 年（漢孺子嬰居攝三年）三年春，地震。大赦天下。（《漢書·王莽傳》，第 4088 頁。）

8年（漢孺子嬰居攝三年）司威陳崇奏，衍功侯光私報執金吾竇況，令殺人，況為收繫，致其法。莽大怒，切責光。光母曰：「女自眠執與長孫、中孫？」遂母子自殺，及況皆死。（《漢書‧王莽傳》，第4092～4093頁。）

8年（漢孺子嬰居攝三年）期門郎張充等六人謀共劫莽，立楚王。發覺，誅死。（《漢書‧王莽傳》，第4095頁。）

9年（新始建國元年）……大赦天下。（《漢書‧王莽傳》，第4099頁。）

9年（新始建國元年）……（是歲）四月，徐鄉侯劉快結黨數千人起兵於其國。快兄殷，故漢膠東王，時改為扶崇公。快舉兵攻即墨，殷閉城門，自繫獄。吏民距快，快敗走，至長廣死……其赦殷等，非快之妻子它親屬當坐者皆勿治……（《漢書‧王莽傳》，第4110頁。）

9年（新始建國元年）……大赦天下。（《漢書‧王莽傳》，第4114頁。）

9年（新始建國元年）是歲長安狂女子碧呼道中曰：「高皇帝大怒，趣歸我國。不者，九月必殺汝！」莽收捕殺之。治者掌寇大夫陳成自免去官。（《漢書‧王莽傳》，第4114頁。）

10年（新始建國二年）二年二月，赦天下。（《漢書‧王莽傳》，第4118頁。）

10年（新始建國二年）……請論仲及陳良等親屬當坐著。奏可……今狂狡之虜或妄自稱亡漢將軍，或稱成帝子子輿，至犯夷滅，連未止者，此聖恩不蚤絕其萌牙故也……（《漢書‧王莽傳》，第4119頁。）

10年（新始建國二年）……諸匈奴人當坐虜知之法者，皆赦除之……（《漢書‧王莽傳》，第4121頁。）

12年（新始建國四年）四年二月，赦天下。（《漢書‧王莽傳》，第4127頁。）

12年（新始建國四年）……莽怒，斬其子登於長安，以視諸蠻夷。（《漢書‧王莽傳》，第4128頁。）

13年（新始建國五年）……以始建國八年，歲纏星紀，在洛陽之都。其謹繕修常安之都，勿令壞敗。敢有犯者，輒以名聞，請其罪……（《漢書‧王莽傳》，第4132頁。）

14年（新天鳳元年）天鳳元年正月，赦天下。（《漢書‧王莽傳》，第4133頁。）

14年（新天鳳元年）三月壬申晦，日有食之。大赦天下。（《漢書‧王莽

傳》，第 4134 頁。）

14 年（新天鳳元年）……莽燔燒良等於城北，令吏民會觀之……乃禁吏民敢挾邊民者棄市。（《漢書・王莽傳》，第 4138～4139 頁。）

15 年（新天鳳二年）二年二月，置酒王路堂，公卿大夫皆佐酒。大赦天下。（《漢書・王莽傳》，第 4139 頁。）

16 年（新天鳳三年）戊子晦，日有食之。大赦天下。（《漢書・王莽傳》，第 4144 頁。）

16 年（新天鳳三年）翟義黨王孫慶捕得，莽使太醫、尚方與巧屠共刳剝之，量度五藏，以竹筳導其脈，知所終始，云可以治病。（《漢書・王莽傳》，第 4145～4146 頁。）

18 年（新天鳳五年）……又宗舅呂寬家前徙合浦，私與宗通，發覺按驗，宗自殺……宗姊妨為衛將軍王興夫人，祝詛姑，殺婢以絕口。事發覺，莽使中常侍帶惲責問妨，並以責興，皆自殺。事連及司命孔仁妻，亦自殺……（《漢書・王莽傳》，第 4152～4153 頁。）

19 年（新天鳳六年）……徵博下獄，以非所宜言，棄市。（《漢書・王莽傳》，第 4157 頁。）

20 年（新地皇元年）地皇元年正月乙未，赦天下。下書曰：「方出軍行師，敢有趨讙犯法者，輒論斬，毋須時，盡歲止」。於是春夏斬人都市，百姓震懼，道路以目。（《漢書・王莽傳》，第 4158 頁。）

20 年（新地皇元年）……大司空士王丹發覺以聞。莽遣三公大夫逮治黨與，連及郡國豪傑數千人，皆誅死。（《漢書・王莽傳》，第 4163 頁。）

21 年（新地皇二年）……莽欲祕之，使殺案事使者司命從事，埋獄中，家不知所在。賜臨藥，臨不肯飲，自刺死……又詔國師公：「臨本不知星，事從惲起。」惲亦自殺。（《漢書・王莽傳》，第 4165 頁。）

21 年（新地皇二年）閏月丙辰，大赦天下，天下大服民私服在詔書前亦釋除。（張晏曰：『莽妻本以此歲死，天下大服也。私服，自喪其親。皆除之。』）（《漢書・王莽傳》，第 4168 頁。）

23 年（新地皇四年）……莽日與方士涿郡昭君等於後宮考驗方術，縱淫樂焉。大赦天下……（《漢書・王莽傳》，第 4180 頁。）

23 年（新地皇四年）……收忠宗族，以醇醯毒藥、尺白刃叢（樊）（棘）並一坎而埋之。劉歆、王涉皆自殺……（《漢書・王莽傳》，第 4185 頁。）

24 年（劉玄更始二年）二年二月，更始到長安，下詔大赦，非王莽子，他皆除其罪，故王氏宗族得全。（《漢書・王莽傳》，第 4193 頁。）

五、軍事法律

前 207 年（秦二世三年）……因下令軍中曰：「猛如虎，佷如羊，貪如狼，強不可令者，皆斬。」……（《漢書・陳勝項籍傳》，第 1802 頁。）

前 206 年（漢王劉邦元年）……於是夜擊阬秦軍二十餘萬人。（《漢書・陳勝項籍傳》，第 1807 頁。）

前 206～前 174 年（漢初）……冒頓乃作鳴鏑，習勒其騎射，令曰：「鳴鏑所射而不悉射者斬。」行獵獸，有不射鳴鏑所射輒斬之。已而，冒頓以鳴鏑自射善馬，左右或莫敢射，冒頓立斬之。居頃之，復以鳴鏑自射其愛妻，左右或頗恐，不敢射，復斬之。頃之，冒頓出獵，以鳴鏑射單于善馬，左右皆射之。於是冒頓知其左右可用，從其父單于頭曼獵，以鳴鏑射頭曼，其左右皆隨鳴鏑而射殺頭曼，盡誅其後母與弟及大臣不聽從者。於是冒頓自立為單于……諸言與者，皆斬之。（《漢書・匈奴傳》，第 3749、3750 頁。）

前 196 年（漢高祖十一年）……上赦天下死罪以下，皆令從軍……（《漢書・高帝紀》，第 73 頁。）

前 181 年（漢呂后七年）……章年二十，有氣力，忿劉氏不得職。嘗入侍燕飲，高后令章為酒吏。章自請曰：「臣，將種也，請得以軍法行酒。」高后曰：「可。」酒酣，章進歌舞，已而曰：「請為太后言耕田。」高后兒子畜之，笑曰：「顧乃父知田耳，若生而為王子，安知田乎？」章曰：「臣知之。」太后曰：「試為我言田意。」章曰：「深耕概種，立苗欲疏；非其種者，鉏而去之。」太后默然。頃之，諸呂有一人醉，亡酒，（師古曰：『避酒而逃亡。』）章追，拔劍斬之，而還報曰：「有亡酒一人，臣謹行軍法斬之。」太后左右大驚。業已許其軍法，亡以罪也。因罷酒……（《漢書・高五王傳》，第 1991～1992 頁。）

前 158 年（漢文帝後六年）……上自勞軍，至霸上及棘門軍，直馳入，將以下騎出入送迎。已而之細柳軍，軍士吏被甲，銳兵刃，彀弓弩，持滿。天子先驅至，不得入。先驅曰：「天子且至！」軍門都尉曰：「軍中聞將軍之令，不聞天子之詔。」有頃，上至，又不得入。於是上使使持節詔將軍曰：「吾欲勞軍。」亞夫乃傳言開壁門。壁門士請車騎曰：「將軍約，軍中不得驅馳。」

於是天子乃按轡徐行。至中營，將軍亞夫揖，曰：「介冑之士不拜，請以軍禮見。」天子為動，改容式車。使人稱謝：「皇帝敬勞將軍。」成禮而去。既出軍門，群臣皆驚……（《漢書·張陳王周傳》，第2057～2058頁。）

前154年（漢景帝前三年）……能斬捕大將者，賜金五千斤，封萬戶；列將，三千斤，封五千戶；裨將，二千斤，封二千戶；二千石，千斤，封千戶：皆為列侯。其以軍若城邑降者，卒萬人，邑萬戶，如得大將；人戶五千，如得列將；人戶三千，如得裨將；人戶千，如得二千石；其小吏皆以差次受爵金。它封賜皆倍軍法。（服虔曰：「封賜倍漢之常法。」）……（《漢書·荊燕吳傳》，第1910～1911頁。）

前135年（漢武帝建元六年）……相如為郎數歲，會唐蒙使略通夜郎、僰中，發巴蜀吏卒千人，郡又多為發轉漕萬餘人，用軍興法誅其渠率。巴蜀民大驚恐。（《漢書·司馬相如傳》，第2577頁。）

前133年（漢武帝元光二年）……於是下恢廷尉，廷尉當恢逗橈，當斬。（服虔曰：「逗音企。」應劭曰：「逗，曲行避敵也，橈，顧望也，軍法語也。」蘇林曰：「逗音豆。」如淳曰：「軍法，行而逗留畏懦者要斬。」師古曰：「服、應二說皆非也。逗謂留止也。橈，屈弱也。逗又音住。」）恢行千金丞相蚡。蚡不敢言上，而言於太后曰：「王恢首為馬邑事，今不成而誅恢，是為匈奴報仇也。」上朝太后，太后以蚡言告上。上曰：「首為馬邑事者恢，故發天下兵數十萬，從其言，為此。且縱單于不可得，恢所部擊，猶頗可得，以尉士大夫心。今不誅恢，無以謝天下。」於是恢聞，乃自殺。（《漢書·竇田灌韓傳》，第2404～2405頁。）

前112年（漢武帝元鼎五年）……使馳義侯因巴蜀罪人，發夜郎兵，下牂柯江……（《漢書·西南夷兩粵朝鮮傳》，第3857頁。）

前111年（漢武帝元鼎六年）……漢乃發巴蜀罪人當擊南粵者八校尉擊之。會越已破，漢八校尉不下，中郎將郭昌、衛廣引兵還，行誅隔滇道者且蘭，斬首數萬，遂平南夷為牂柯郡。夜郎侯始倚南粵，南粵已滅，還誅反者，夜郎遂入朝，上以為夜郎王。（《漢書·西南夷兩粵朝鮮傳》，第3841～3842頁。）

前109年（漢武帝元封二年）朝鮮王攻殺遼東都尉，乃募天下死罪擊朝鮮。（《漢書·武帝紀》，第193頁。）

前109年（漢武帝元封二年）……其赦天下，賜雲陽都百戶牛酒。（《漢

書‧武帝紀》，第 193 頁。）

前 109 年（漢武帝元封二年）遣樓船將軍楊僕、左將軍荀彘將應募罪人擊朝鮮。（《漢書‧武帝紀》，第 194 頁。）

閆按：以死罪之囚徒從軍研究。

前 109 年（漢武帝元封二年）……天子募罪人擊朝鮮……兵先縱，敗散。多還走，坐法斬。（師古曰：『於法合斬。』）……（《漢書‧西南夷兩粵朝鮮傳》，第 3865 頁。）

前 105 年（漢武帝元封六年）益州、昆明反，赦京師亡命令從軍，遣拔胡將軍郭昌將以擊之。（《漢書‧武帝紀》，第 198 頁。）

前 102 年（漢武帝太初三年）……赦囚徒扞寇盜，（如淳曰：『放囚（徒）（徒）使其扞禦寇盜。』）發惡少年及邊騎，歲餘而出敦煌六萬人，負私從者不與……（《漢書‧張騫李廣利傳》，第 2700 頁。）

前 100～前 97 年（漢武帝天漢年間）胡建字子孟，河東人也。孝武天漢中，守軍正丞，貧亡車馬，常步與走卒起居，所以尉薦走卒，甚得其心。時監軍御史為姦，穿北軍壘垣以為賈區，（師古曰：『坐賣曰賈，為賣物之區也。區者，小室之名，若今小庵屋之類耳。故衛士之屋謂之區廬，宿衛（官）（宮）外士稱為區士也。賈音古。其下亦同。』）建欲誅之，乃約其走卒曰：「我欲與公有所誅，吾言取之則取，斬之則斬。」於是當選士馬日，監御史與護軍諸校列坐堂皇上，建從走卒趨至堂皇下拜謁，因上堂（皇），走卒皆上，建指監御史曰：「取彼。」走卒前曳下堂皇。建曰：「斬之。」遂斬御史。護軍諸校皆愕驚，不知所以。建亦已有成奏在其懷中，遂上奏曰：「臣聞軍法，立武以威眾，誅惡以禁邪。今監御史公穿軍垣以求賈利，私買賣以與士市，不立剛毅之心，勇猛之節，亡以帥先士大夫，尤失理不公。用文吏議，不至重法。《黃帝李法》曰：（蘇林曰：『獄官名也。《天文志》『左角李，右角將』。』孟康曰：『兵書之法也。』師古曰：『李者，法官之號也，總主征伐刑戮之事也，故稱其書曰李法。蘇說近之。』）『壁壘已定，穿窬不繇路，是謂姦人，姦人者殺。』臣謹按軍法曰：『正亡屬將軍，將軍有罪以聞，（師古曰：『言軍正不屬將軍。將軍有罪過，得表奏之。』）二千石以下行法焉。』丞於用法疑，（孟康曰：『丞屬軍正，斬御史於法有疑。』）執事不諉上，臣謹以斬，昧死以聞。」制曰：「《司馬法》曰『國容不入軍，軍容不入國』，何文吏也？（師古曰：『司馬法亦兵書之名也，解在《主父偃傳》。詔言在於軍中，何用文吏

議也。』）三王或誓於軍中，欲民先成其慮也；或誓於軍門之外，欲民先意以待事也；或將交刃而誓，致民志也。』建又何疑焉？」（《漢書·楊胡朱梅雲傳》，第 2910～2911 頁。）

閏按：坐賣曰賈，行賣曰商，或許這就是古人關於商賈的區別。

前 98 年（漢武帝天漢三年）秋，匈奴入雁門，太守坐畏懦棄市。（如淳曰：「軍法，行逗留畏懦者要斬。懦音如掾反。」）（《漢書·武帝紀》，第 205 頁。）

前 91 年（漢武帝徵和二年）……太子亦遣使者矯制（師古曰：『矯與矯同，其字從手。矯制，託稱詔命也。』）赦長安中都官囚徒，發武庫兵，命少傅石德及賓客張光等分將，使長安囚如侯持節發長水及宣曲胡騎，皆以裝會……（《漢書·公孫劉田王楊蔡陳鄭傳》，第 2881 頁。）

前 86～前 74 年（漢昭帝）……雕庫種人頗在先零中，都尉即留雕庫為質。充國以為亡罪，乃遣歸告種豪：「大兵誅有罪者，明白自別，毋取並滅。天子告諸羌人，犯法者能相捕斬，除罪。斬大豪有罪者一人，賜錢四十萬，中豪十五萬，下豪二萬，大男三千，女子及老小千錢，又以其所捕妻子財物盡與之。」……時上已發三輔、太常徒弛刑，（師古曰：『弛刑謂不加鉗鈦者也。弛之言解也，音式爾反。』）三河、潁川、沛郡、淮陽、汝南材官，金城、隴西、天水、安定、北地、上郡騎士、羌騎，與武威、張掖、酒泉太守各屯其郡者，合六萬人矣……（《漢書·趙充國辛慶忌傳》，第 2977 頁。）

前 80 年（漢昭帝元鳳元年）武都氐人反，遣執金吾馬適建、龍額侯韓增、大鴻臚廣明將三輔、太常徒，皆免刑擊之。（《漢書·昭帝紀》，第 225 頁。）

前 68 年（漢宣帝地節二年）地節二年，漢遣侍郎鄭吉、校尉司馬喜將免刑罪人田渠犁，積穀，欲以攻車師……（《漢書·西域傳》，第 3922 頁。）

前 64 年（漢宣帝元康二年）……故金布令甲曰（師古曰：「金布者，令篇名也。其上有府庫金錢布帛之事，因以名篇。令甲者，其篇甲乙之次。」）『邊郡數被兵，離飢寒，師古曰：「離，遭也。」夭絕天年，父子相失，令天下共給其費』，固為軍旅卒暴之事也。聞天漢四年，常使死罪人入五十萬錢減死罪一等，豪彊吏民請奪假貸，至為盜賊以贖罪。其後姦邪橫暴，群盜並起，至攻城邑，殺郡守，充滿山谷，吏不能禁，明詔遣繡衣使者以興兵擊之，（師古曰：「軍興之法也。」）誅者過半，然後衰止。愚以為此使死罪贖之敗也，故

曰不便。（《漢書・蕭望之傳》，第 3278 頁。）

前 61 年（漢宣帝神爵元年）西羌反，發三輔、中都官徒弛刑，（李奇曰：「弛，廢也。謂若今徒解鉗鈦赭衣，置任輸作也。」師古曰：「中都官，京師諸官府也。漢儀注長安中諸官獄三十六所。弛刑，李說是也。若今徒囚但不枷鎖而責保散役之耳。」）（《漢書・宣帝紀》，第 260 頁。）

前 35 年（漢元帝建昭四年）「……然猶不免死亡之患，罪當在於奉憲，朕甚閔之！其赦延壽、湯罪，勿治。」詔公卿議封焉。議者皆以為宜如軍法捕斬單于令……（《漢書・傅常鄭甘陳段傳》，第 3020 頁。）

前 22 年（漢成帝陽朔三年）夏六月，潁川鐵官徒申屠聖等百八十人殺長吏，盜庫兵，自稱將軍，經歷九郡。遣丞相長史、御史中丞逐捕，以軍興從事，皆伏辜。（《漢書・成帝紀》，第 314 頁。）

前 17 年（漢成帝鴻嘉四年）……久之，廣漢郡盜賊群起，丞相御史遣掾史逐捕不能克。上乃拜河東都尉趙護為廣漢太守，以軍法從事。數月，斬其渠帥鄭躬，降者數千人，乃平……（《漢書・薛宣朱博傳》，第 3393 頁。）

新莽

10 年（新莽始建國二年）……募天下囚徒、丁男、甲卒三十萬人，轉眾郡委輸五大夫衣裘、兵器、糧食，長吏送自負海江淮至北邊，使者馳傳督趣，以軍興法從事，天下騷動……（《漢書・王莽傳》，第 4121 頁。）

11 年（王莽新始建國三年）……分告諸壁曰：「匈奴十萬騎來入，吏士皆持兵，後者斬！」得三（百四）（四百）人，去校尉府數里止……（《漢書・西域傳》，第 3926 頁。）

14 年（新天鳳元年）……敢有趨讙犯法，輒以軍法從事。（《漢書・王莽傳》，第 4133～4134 頁。）

19 年（新天鳳六年）……莽乃大募天下丁男及死罪囚、吏民奴，名曰豬突豨勇，以為銳卒……（《漢書・王莽傳》，第 4155 頁。）

23 年（新地皇四年）四年正月，漢兵得下江王常等以為助兵，擊前隊大夫甄阜、屬正梁丘賜，皆斬之，殺其眾數萬人……（《漢書・王莽傳》，第 4179 頁。）

23 年（新地皇四年）……莽遣使者分赦城中諸獄囚徒，皆授兵，殺豨飲其血，與誓曰：「有不為新室者，社鬼記之！」更始將軍史諶將度渭橋，皆散走……（《漢書・王莽傳》，第 4190 頁。）

23 年（新地皇四年）六日癸丑，李松、鄧曄入長安，將軍趙萌、申屠建亦至，以王憲得璽綬不輒上，多挾宮女，建天子鼓旗，收斬之。傳莽首詣更始，縣宛市，百姓共提擊之，或切食其舌。（《漢書·王莽傳》，第 4192 頁。）

六、民事、經濟法律

春秋戰國

前 1046～1043 年（周武王）太公為周立九府圜法：（李奇曰：「圜即錢也。圜一寸，而重九兩。」師古曰：「此說非也。周官太府、玉府、內府、外府、泉府、天府、職內、職金、職幣皆掌財幣之官，故云九府。圜謂均而通也。」）黃金方寸，而重一斤；錢圜函方，輕重以銖；（師古曰「言黃金以斤為名，錢則以銖為重也。」）布帛廣二尺二寸為幅，長四丈為匹。故貨寶於金，利於刀，流於泉，布於布，束於帛。（《漢書·食貨志》，第 1149 頁。）

前 594 年（魯宣公十五年）宣公十五年「冬，蝝生」……是時民患上力役，解於公田。宣是時初稅畝。稅畝，就民田畝擇美者稅其什一，亂先王制而為貪利，故應是而蝝生，屬贏蟲之孽。（《漢書·五行志》，第 1434 頁。）

前 412 年（魏文侯三十四年）……是時，李悝為魏文侯作盡地力之教，以為地方百里，提封九萬頃，除山澤邑居參分去一，為田六百萬畝，治田勤謹則畝益三升，不勤則損亦如之。地方百里之增減，輒為粟百八十萬石矣。又曰糴其貴傷民，甚賤傷農；民傷則離散，農傷則國貧。故甚貴與甚賤，其傷一也。善為國者，使民毋傷而農益勸。今一夫挾五口，治田百畝，歲收畮一石半，為粟百五十石，除十一之稅十五石，餘百三十五石。食，人月一石半，五人終歲為粟九十石，餘有四十五石。石三十，為錢千三百五十，除社閭嘗新春秋之祠，用錢三百，餘千五十。衣，人率用錢三百，五人終歲用千五百，不足四百五十。不幸疾病死喪之費，及上賦斂，又未與此。此農夫所以常困，有不勸耕之心，而令糴至於甚貴者也。是故善平糴者，必謹觀歲有上中下孰。上孰其收自四，餘四百石；中孰自三，餘三百石；下孰自倍，餘百石。小饑則收百石，中饑七十石，大饑三十石。故大孰則上糴三而舍一，中孰則糴二，下孰則糴一，使民適足，賈平則止。小饑則發小孰之所斂，中饑則發中孰之所斂，大饑則發大孰之所斂，而糶之。故雖遇飢饉水旱，糴不貴而民不散，取有餘以補不足也。行之魏國，國以富彊。（《漢書·食貨志》，第 1124～1125 頁）

闓按：「治田勤謹則畝益三升，不勤則損亦如之」。此乃北大榮新江老師的書齋「三升齋」的由來，治田亦當如治學，勤，這是歷史學專業的基礎；謹，亦是歷史學專業的基礎，不可有半點馬虎，故此自勉。

前359～前210年（秦孝公～秦始皇）及秦孝公用商君，壞井田，開仟伯，急耕戰之賞，雖非古道，猶以務本之故，傾鄰國而雄諸侯。然王制遂滅，僭差亡度。庶人之富者累鉅萬，而貧者食糟糠；有國彊者兼州域，而弱者喪社稷。至於始皇，遂併天下，內興功作，外攘夷狄，收泰半之賦，發閭左之戍。（應劭曰：「秦時以適發之，名適戍。先發吏有過及贅婿、賈人，後以嘗有市籍者發，又後以大父母、父母嘗有市籍者。戍者曹輩盡，復入閭，取其左發之，未及取右而秦亡。」師古曰：「閭，里門也。言居在（閭）（里）門之左者，一切發之。此閭左之釋，應最得之，諸家之義煩穢舛錯，故無所取也。」男子力耕不足糧饟，女子紡績不足衣服。竭天下之資財以奉其政，猶未足以澹其欲也。海內愁怨，遂用潰畔。（《漢書‧食貨志》，第1126頁）

前318～前296年（魏襄王）……至文侯曾孫襄王時，與群臣飲酒，王為群臣祝曰：「今吾臣皆（如）西門豹之為人臣也！」史起進曰：「魏氏之行田也以百畝，（師古曰：『賦田之法，一夫百畝也。』鄴獨二百畝，是田惡也。漳水在其旁，西門豹不知用，是不智也。知而不興，是不仁也。仁智豹未之盡，何足法也！」……（《漢書‧溝洫志》，第1677～1678頁。）

秦漢

前221～前210年（秦始皇）高祖常繇咸陽，縱觀秦皇帝……（《漢書‧高帝紀》，第3頁。）

前221～前210年（秦始皇）高祖以亭長為縣送徒驪山，徒多道亡。自度比至皆亡之，到豐西澤中亭，止飲，夜皆解縱所送徒。曰：「公等皆去，吾亦從此逝矣！」……（《漢書‧高帝紀》，第7頁。）

前206～24年（西漢）度者，分、寸、尺、丈、引也，所以度長短也。本起黃鐘之長。以子穀秬黍中者，一黍之廣，度之九十分，黃鍾之長。一為一分，十分為寸，十寸為尺，十尺為丈，十丈為引，而五度審矣。其法用銅，高一寸，廣二寸，長一丈，而分寸尺丈存焉。用竹為引，高一分，廣六分，長十丈，其方法矩，高廣之數，陰陽之象也。分者，自三微而成著，可分別也。寸者，忖也。尺者，　也。丈者，張也。引者，信也。夫度者，別於分，忖於寸，蚌於尺，張於丈，信於引。引者，信天下也。職在內官，廷尉掌之。（師古曰：

「法度所起，故屬廷尉也。」）量者，龠、合、升、斗、斛也，所以量多少也。本起於黃鐘之龠，用度數審其容，以子穀秬黍中者千有二百實其龠，以井水準其概。合龠為合，十合為升，十升為斗，十斗為斛，而五量嘉矣。其法用銅，方尺而圓其外，旁有庣焉。其上為斛，其下為斗。左耳為升，右耳為合龠。其狀似爵，以糜爵祿。上三下二，參天兩地，圓而函方，左一右二，陰陽之象也。其圓象規，其重二鈞，備氣物之數，合萬有一千五百二十。聲中黃鐘，始於黃鍾而反覆焉，君製器之象也。龠者，黃鍾律之實也，躍微動氣而生物也。合者，合龠之量也。升者，登合之量也。斗者，聚升之量也。斛者，角斗平多少之量也。夫量者，躍於龠，合於合，登於升，聚於斗，角於斛也。職在太倉，大司農掌之。衡權者，衡，平也，權，重也，衡所以任權而均物平輕重也。其道如底，以見準之正，繩之直，左旋見規，右折見矩。其在天也，佐助旋機，斟酌建指，以齊七政，故曰玉衡。論語云：「立則見其參於前也，在車則見其倚於衡也。」又曰：「齊之以禮。」此衡在前居南方之義也。權者，銖、兩、斤、鈞、石也，所以稱物平施，知輕重也。本起於黃鍾之重。一龠容千二百黍，重十二銖，兩之為兩。二十四銖為兩。十六兩為斤。三十斤為鈞。四鈞為石。忖為十八，易十有八變之象也。五權之制，以義立之，以物鈞之，其餘小大之差，以輕重為宜。圓而環之，令之肉倍好者，周旋無端，終而復始，無窮已也。銖者，物繇忽微始，至於成著，可殊異也。兩者，兩黃鍾律之重也。二十四銖而成兩者，二十四氣之象也。斤者，明也，三百八十四銖，易二篇之爻，陰陽變動之象也。十六兩成斤者，四時乘四方之象也。鈞者，均也，陽施其氣，陰化其物，皆得其成就平均也。權與物均，重萬一千五百二十銖，當萬物之象也。四百八十兩者，六旬行八節之象也。三十斤成鈞者，一月之象也。石者，大也，權之大者也。始於銖，兩於兩，明於斤，均於鈞，終於石，物終石大也。四鈞為石者，四時之象也。重百二十斤者，十二月之象也。終於十二辰而復於子，黃鍾之象也。千九百二十兩者，陰陽之數也。三百八十四爻，五行之象也。四萬六千八十銖者，萬一千五百二十物歷四時之象也。而歲功成就，五權謹矣。權與物鈞而生衡，衡運生規，規圓生矩，矩方生繩，繩直生準，準正則平衡而鈞權矣。是為五則。規者，所以規圓器械，令得其類也。矩者，所以矩方器械，令不失其形也。規矩相須，陰陽位序，圓方乃成。準者，所以揆平取正也。繩者，上下端直，經緯四通也。準繩連體，衡權合德，百工繇焉，以定法式，輔弼執玉，以翼天子。詩云：「尹氏大師，秉國之

鈞，四方是維，天子是毗，俾民不迷。」咸有五象，其義一也。以陰陽言之，大陰者，北方。北，伏也，陽氣伏於下，於時為冬。冬，終也，物終臧，乃可稱。水潤下。知者謀，謀者重，故為權也。大陽者，南方。南，任也，陽氣任養物，於時為夏。夏，假也，物假大，乃宣平。火炎上。禮者齊，齊者平，故為衡也。少陰者，西方。西，遷也，陰氣遷落物，於時為秋。秋，也，物　斂，乃成孰。金從革，改更也。義者成，成者方，故為矩也。少陽者，東方。東，動也，陽氣動物，於時為春。春，蠢也，物蠢生，乃動運。木曲直。仁者生，生者圓，故為規也。中央者，陰陽之內，四方之中，經緯通達，乃能端直，於時為四季。土稼嗇蕃息。信者誠，誠者直，故為繩也。五則揆物，有輕重圓方平直陰陽之義，四方四時之體，五常五行之象。厥法有品，各順其方而應其行。職在大行，鴻臚掌之。（《漢書・律曆志》，第966～971頁。）

　　前206～前179（漢高祖～漢文帝）漢興，接秦之敝，諸侯並起，民失作業，而大飢饉。凡米石五千，人相食，死者過半。高祖乃令民得賣子，就食蜀漢。天下既定，民亡蓋臧，自天子不能具醇駟，而將相或乘牛車。上於是約法省禁，輕田租，什五而稅一，量吏祿，度官用，以賦於民。而山川園池市肆租稅之入，自天子以至封君湯沐邑，皆各為私奉養，不領於天子之經費。（師古曰：「言各收其所賦稅以自供，不入國朝之倉廩府庫也。經，常也。」漕轉關東粟以給中都官，歲不過數十萬石。孝惠、高后之間，衣食滋殖。文帝即位，躬修儉節，思安百姓。時民近戰國，皆背本趨末……（《漢書・食貨志》，第1127頁）

　　前206～前175年（漢高祖～漢文帝前五年）漢興，以為秦錢重難用，更令民鑄莢錢。黃金一斤。而不軌逐利之民畜積餘贏以稽市物，痛騰躍，米至石萬錢，馬至匹百金。天下已平，高祖乃令賈人不得衣絲乘車，重稅租以困辱之。孝惠、高后時，為天下初定，復弛商賈之律，師古曰：然市井子孫亦不得（宦為吏）（為官吏）。孝文五年，為錢益多而輕，乃更鑄四銖錢，其文為「半兩」。除盜鑄錢令，使民放鑄。（《漢書・食貨志》，第1152～1153頁。）

　　前205年（漢王劉邦二年）……以萬人若一郡降者，封萬戶。繕治河上塞。故秦苑囿園池，令民得田之……二月癸未，令民除秦社稷，立漢社稷。施恩德，賜民爵。蜀漢民給軍事勞苦，復勿租稅二歲。關中卒從軍者，復家一歲。舉民年五十以上，有修行，能帥眾為善，置以為三老，鄉一人。擇鄉三老

一人為縣三老，與縣令丞尉以事相教，復勿繇戍。以十月賜酒肉。

（臣瓚曰：「爵者，祿位。民賜爵，有罪得以減也。」）（《漢書・高帝紀》，第33頁。）

前203年（漢王劉邦四年）……八月，初為算賦。北貉、燕人來致梟騎助漢。漢王下令：軍士不幸死者，吏為衣衾棺斂，轉送其家。四方歸心焉。（如淳曰：「《漢儀注》民年十五以上至五十六出賦錢，人百二十為一算，為治庫兵車馬。」）（《漢書・高帝紀》，第46頁。）

前199年（漢高祖八年）十一月，令士卒從軍死者為櫬，歸其縣，縣給衣衾棺葬具（……臣瓚曰：「初以櫬致其屍於家，縣官更給棺衣更斂之也。《金布令》曰『不幸死，死所為櫬，傳歸所居縣，賜以衣棺』也。」師古曰：「初為櫬櫝，至縣更給衣及棺，備其葬具耳。……《金布》者，令篇〔名〕，若今言《倉庫令》也。」……（《漢書・高帝紀》，第65頁。）

前199年（漢高祖八年）春三月，行如洛陽。令吏卒從軍至平城及守城邑者皆復終身勿事。爵非公乘以上毋得冠劉氏冠。賈人毋得衣錦繡綺縠絺紵罽，操兵，乘騎馬。（師古曰：「賈人，坐販賣者也……」（《漢書・高帝紀》，第65～66頁。）

閏按：此中有關於「賈人」的記載，在讀《漢書・食貨志》的時候，有賈、商的區別，似乎在秦漢時期，這兩個群體似有一個區別，應為留意。

前179～前157年（漢文帝）……今農夫五口之家，其服役者不下二人，其能耕者不過百畝，百畝之收不過百石……（《漢書・食貨志》，第1132頁）

前196年（漢高祖十一年）……諸縣堅守不降反寇者，復租賦三歲。（《漢書・高帝紀》，第70頁。）

前196年（漢高祖十一年）二月，詔曰：「欲省賦甚。今獻未有程，（師古曰：『程，法式也。』）吏或多賦以為獻，而諸侯王尤多，民疾之。令諸侯王、通侯常以十月朝獻，及郡各以其口數率，人歲六十三錢，以給獻費。」又曰：「蓋聞王者莫高於周文，伯者莫高於齊桓，皆待賢人而成名。今天下賢者智慧豈特古之人乎？患在人主不交故也，士奚由進！今吾以天之靈，賢士大夫定有天下，以為一家，欲其長久，世世奉宗廟亡絕也。賢人已與我共平之矣，而不與吾共安利之，可乎？賢士大夫有肯從我遊者，吾能尊顯之。布告天下，使明知朕意。御史大夫昌下相國，相國酇侯下諸侯王，御史中執法下

郡守，其有意稱明德者，必身勸，為之駕，遣詣相國府，署行、義、年。有而弗言，覺，免。年老癃病，勿遣。」（《漢書‧高帝紀》，第 70～71 頁。）

　　閏按：此中布告天下，是秦漢時期政令的傳播途徑，法令當亦遵此程序也。

　　前 196 年（漢高祖十一年）夏四月，行自洛陽至。令豐人徙關中者皆復終身。（《漢書‧高帝紀》，第 72 頁。）

　　前 196 年（漢高祖十一年）六月，令士卒從入蜀、漢、關中者皆復終身。（《漢書‧高帝紀》，第 73 頁。）

　　前 195 年（漢高祖十二年）「……燕吏民非有罪也，賜其吏六百石以上爵各一級。與綰居，去來歸者，赦之，（師古曰：『先與綰居，今能去之來歸漢者，赦其罪。』加爵亦一級。」……（《漢書‧高帝紀》，第 77 頁。）

　　前 194 年（漢惠帝元年）……賜民爵，戶一級。（《漢書‧惠帝紀》，第 88 頁。）

　　前 192 年（漢惠帝三年）三年春，發長安六百里內男女十四萬六千人城長安，三十日罷。（《漢書‧惠帝紀》，第 89 頁。）

　　前 192 年（漢惠帝三年）六月，發諸侯王、列侯徒隸二萬人城長安。（《漢書‧惠帝紀》，第 89 頁。）

　　前 191 年（漢惠帝四年）春正月，舉民孝悌力田者復其身。（《漢書‧惠帝紀》，第 90 頁。）

　　前 190 年（漢惠帝五年）春正月，復發長安六百里內男女十四萬五千人城長安，三十日罷。（《漢書‧惠帝紀》，第 90 頁。）

　　前 190 年（漢惠帝五年）九月，長安城成。賜民爵，戶一級。（《漢書‧惠帝紀》，第 91 頁。）

　　前 189 年（漢惠帝六年）令民得賣爵。女子年十五以上至三十不嫁，五算。（應劭曰：「《國語》越王句踐令國中女子年十七不嫁者父母有罪，欲人民繁息也。漢律人出一算，算百二十錢，唯賈人與奴婢倍算。今使五算，罪讁之也。」師古曰：「應說是。」（《漢書‧惠帝紀》，第 91 頁。）

　　前 187 年（漢呂后元年）二月，賜民爵，戶一級。初置孝悌力田二千石者一人。（師古曰：「特置孝悌力田官而尊其秩，欲以勸屬天下，令各敦行務本。」）（《漢書‧高后紀》，第 96 頁。）

　　前 186 年（漢呂后二年）……行八銖錢。（應劭曰：「本秦錢，質如周

錢，文曰『半兩』，重如其文，即八銖也。漢以其太重，更鑄莢錢，今民間名榆莢錢是也。民患其太輕，至此復行八銖錢。」）（《漢書·高后紀》，第97～98頁。）

前182年（漢呂后六年）……行五分錢。（應劭曰：「所謂莢錢者。」）（《漢書·高后紀》，第99頁。）

前179年（漢文帝前元年）……賜民爵一級，女子百戶牛酒，（蘇林曰：「男賜爵，女子賜牛酒。」師古曰：「賜爵者，謂一家之長得之也。女子謂賜爵者之妻也。率百戶共得牛若干頭，酒若干石，無定數也。」酺五日。（文穎曰：「漢律，三人以上無故群飲酒，罰金四兩，今詔橫賜得令會聚飲食五日也。」師古曰：「酺之為言布也，王德布於天下而合聚飲食為酺。」）（《漢書·文帝紀》，第108、110頁。）

前179年（漢文帝前元年）……因賜天下民當為父後者爵一級。（師古曰：「雖非己生正嫡，但為後者即得賜爵。」）（《漢書·文帝紀》，第111～112頁。）

前179年（漢文帝前元年）……有司請令縣道，年八十已上，賜米人月一石，肉二十斤，酒五斗。其九十已上，又賜帛人二疋，絮三斤。賜物及當稟鬻米者，長吏閱視，丞若尉致。不滿九十，嗇夫、令史致。二千石遣都吏循行，（如淳曰：「律說，都吏今督郵是也。閒惠曉事，即為文無害都吏。」）不稱者督之。（師古曰：「循行有不如詔意者，二千石察視責罰之。」）刑者及有罪耐以上，不用此令。（蘇林曰：「一歲為罰作，二歲刑以上為耐。耐，能任其罪也。」師古曰：「刑謂先被刑也。有罪，在吏未決者也。言八十、九十之人雖合加賜，其中有被刑罪者，不在此賜物令條中也。」）（《漢書·文帝紀》，第113～114頁。）

前178年（漢文帝前二年）……其賜天下民今年田租之半。（《漢書·文帝紀》，第118頁。）

前177年（漢文帝前三年）……諸民里賜牛酒。復晉陽、中都民三歲租。（《漢書·文帝紀》，第119頁。）

前176年（漢文帝前四年）夏五月，復諸劉有屬籍，家無所與。賜諸侯王子邑各二千戶。（《漢書·文帝紀》，第120頁。）

前175年（漢文帝前五年）夏四月，除盜鑄錢令。更造四銖錢。（應劭曰：「文帝以五分錢太輕小，更作四銖錢，文亦曰『半兩』，今民間半兩錢最輕

小者是也。」）（《漢書・文帝紀》，第 121 頁。）

前 175 年（漢文帝前五年）……其後文帝除鑄錢令，山復上書諫，以為變先帝法，非是。又訟淮南王無大罪，宜急令反國……（《漢書・賈鄒枚路傳》，第 2337 頁。）

閆按：此是關於朝廷立法之時的不同的討論，在上李守良老師的課時，曾提及關注於立法過程中法條的修訂過程，其中的爭論過程，最終決定過程，這些都很有研究價值，此便是一個例證。

前 168 年（漢文帝前十二年）春正月，賜諸侯王女邑各二千戶。（《漢書・文帝紀》，第 123 頁。）

前 168 年（漢文帝前十二年）……其賜農民今年租稅之半。（《漢書・文帝紀》，第 124 頁。）

前 168 年（漢文帝前十二年）……其遣謁者勞賜三老、孝者帛人五匹，悌者、力田二匹，廉吏二百石以上率百石者三匹。及問民所不便安，而以戶口率置三老孝悌力田常員，令各率其意以道民焉。（《漢書・文帝紀》，第 124 頁。）

前 168 年（漢文帝前十二年）……上復從其言，乃下詔賜民十二年租稅之半。明年，遂除民田之租稅。（《漢書・食貨志》，第 1135 頁。）

前 167 年（漢文帝前十三年）……其除田之租稅。賜天下孤寡布帛絮各有數。（《漢書・文帝紀》，第 125 頁。）

前 166 年（漢文帝前十四年）……今臣竊聞魏尚為雲中守，軍市租盡以給士卒，出私養錢，五日壹殺牛……（《漢書・張馮汲鄭傳》，第 2314 頁。）

前 164 年（漢文帝前十六年）秋九月，得玉杯，刻曰「人主延壽」。令天下大酺，明年改元。（《漢書・文帝紀》，第 128 頁。）

前 160 年（漢文帝後四年）五月，赦天下。免官奴婢為庶人。（《漢書・文帝紀》，第 130 頁。）

前 158 年（漢文帝後六年）夏四月，大旱，蝗。令諸侯無入貢。弛山澤。減諸服御。損郎吏員。發倉庾以振民。民得賣爵。（《漢書・文帝紀》，第 131 頁。）

前 157 年（漢文帝後七年）……賜諸侯王以下至孝悌力田金錢帛各有數。（《漢書・文帝紀》，第 132 頁。）

前 156 年（漢景帝元年）夏四月，赦天下。賜民爵一級。（《漢書・景帝

紀》，第 139 頁。）

前 156 年（漢景帝元年）五月，令田半租。（《漢書・景帝紀》，第 140 頁。）

前 155 年（漢景帝二年）後十三歲，孝景二年，令民半出田租，三十而稅一也。其後，上郡以西旱，復修賣爵令，而裁其賈以招民；及徒復作，得輸粟於縣官以除罪……人人自愛而重犯法，先行誼而黜媿辱焉。於是罔疏而民富，役財驕溢，或至并兼豪黨之徒以武斷於鄉曲。（師古曰：「恃其饒富，則擅行威罰也。」）……（《漢書・食貨志》，第 1135～1136 頁。）

前 154 年（漢景帝三年）……賜民爵一級。（《漢書・景帝紀》，第 143 頁。）

前 154 年（漢景帝前三年）初，休侯富既奔京師，而王戊反，富等皆坐免侯，削屬籍……（《漢書・楚元王傳》，第 1925 頁。）

前 153 年（漢景帝四年）六月，赦天下，賜民爵一級。（《漢書・景帝紀》，第 143 頁。）

前 152 年（漢景帝五年）夏，募民徙陽陵，賜錢二十萬。（《漢書・景帝紀》，第 143 頁。）

前 150 年（漢景帝七年）丁巳，立膠東王徹為皇太子。賜民為父後者爵一級。（《漢書・景帝紀》，第 144 頁。）

前 149 年（漢景帝中元年）中元年夏四月，赦天下，賜民爵一級。（《漢書・景帝紀》，第 144 頁。）

前 147 年（漢景帝中三年）夏旱，禁酤酒。（師古曰：「酤謂賣酒也。」）……（《漢書・景帝紀》，第 147 頁。）

前 146 年（漢景帝中四年）御史大夫綰奏禁馬高五尺九寸以上，齒未平，不得出關。（服虔曰：「綰，衛綰也。馬十歲，齒下平。」）（《漢書・景帝紀》，第 147 頁。）

前 145 年（漢景帝中五年）六月，赦天下，賜民爵一級。（《漢書・景帝紀》，第 148 頁。）

前 143 年（漢景帝後元年）三月……賜民爵一級，中二千石諸侯相爵右庶長。（如淳曰：「雖有尊官未必有高爵，故數有賜爵。」）夏，大酺五日，民得酤酒。（《漢書・景帝紀》，第 150 頁。）

前 141 年（漢景帝後三年）……其令郡國務勸農桑，益種樹，可得衣食

物。吏發民若取庸采黃金珠玉者，坐臧為盜。二千石聽者，與同罪。皇太子冠，賜民為父後者爵一級……遺詔賜諸侯王列侯馬二駟，吏二千石黃金二斤，吏民戶百錢。出宮人歸其家，復終身。（《漢書·景帝紀》，第152～153頁。）

前140年（漢武帝建元元年）春二月……賜民爵一級。年八十復二算，九十復甲卒。（張晏曰：「二算，復二口之算也。復甲卒，不豫革車之賦也。」）行三銖錢。（師古曰：「新壞四銖錢造此錢也，重如其文。見《食貨志》。」）（《漢書·武帝紀》，第156頁。）

前140年（漢武帝建元元年）……民年九十以上，已有受鬻法，為復子若孫，令得身帥妻妾遂其供養之事……赦吳楚七國帑輸在官者。（應劭曰：「吳楚七國反時，其首事者妻子沒入為官奴婢，武帝哀焉，皆赦遣之也。」）秋七月，詔曰：「衛士轉置送迎二萬人，其省萬人。罷苑馬，以賜貧民。」（《漢書·武帝紀》，第156～157頁。

前140～前87年（漢武帝）……乃募民能入奴婢得以終身復，為郎增秩，（師古曰：「庶人入奴婢則復終身，先為郎者就增其秩也。一曰入奴婢少者復終身，多者得為郎，舊為郎更增秩也。」）……有司請令民得買爵及贖禁錮免（臧）（減）罪；請置賞官，名曰武功爵。（臣瓚曰：「茂陵中書有武功爵，一級曰造士，二級曰閑輿衛，三級曰良士，四級曰元戎士，五級曰官首，六級曰秉鐸，七級曰千夫，八級曰樂卿，九級曰執戎，十級曰政戾庶長，十一級曰軍衛。此武帝所制，以寵軍功。」師古曰：「此下云級十七萬，凡直三十餘萬金，今瓚所引茂陵中書止於十一級，則計數不足，與本文乖矣。或者茂陵書說之不盡也。」）級十七萬，凡直三十餘萬金。諸買武功爵官首者試補吏，先除；千夫如五大夫；（師古曰：「五大夫，舊二十等爵之第九級也。至此以上，始免徭役，故每先選以為吏。千夫者，武功十一等爵之第七也，亦得免役，今則先除為吏，比於五大夫也。」）其有罪又減二等；爵得至樂卿，以顯軍功……自（公）孫弘以春秋之義繩臣下取漢相，張湯以峻文決理為廷尉，於是見知之法生，而廢格沮誹窮治之獄用矣。（張晏曰：「吏見知不舉劾為故縱，官有所作，廢格沮敗誹謗，則窮治之也。」如淳曰：「廢格天子文法，使不行也。誹謂非上所行，若顏異反脣之比也。」）其明年，淮南、衡山、江都王謀反跡見，而公卿尋端治之，竟其黨與，坐而死者數萬人，吏益慘急而法令察……（《漢書·食貨志》，第1158～1160頁。）

前140～前87年（漢武帝）……於是公卿言：「郡國頗被災害，貧民無產業者，募徙廣饒之地。陛下損膳省用，出禁錢以振元元，寬貸，而民不齊出南畝，商賈滋眾。貧者畜積無有，皆仰縣官。異時算軺車賈人之　錢皆有差，請算如故。諸賈人末作貰貸賣買，居邑貯積諸物，及商以取利者，雖無市籍，各以其物自占，率緡錢二千而算一。諸作有租及鑄，率緡錢四千算一。非吏比者、三老、北邊騎士，軺車一算；商賈人軺車二算；船五丈以上一算。匿不自占，占不悉，戍邊一歲，沒入　錢。有能告者，以其半畀之。賈人有市籍，及家屬，皆無得名田，（師古曰：『一人有市籍，則身及家內皆不得有田也。』）以便農。敢犯令，沒入田貨。」（《漢書・食貨志》，第1166～1167頁。）

前140～前87（漢武帝）……自禹在位，數言得失，書數十上。禹以為古民亡賦算口錢，起武帝征伐四夷，重賦於民，民產子三歲則出口錢，故民重困，至於生子輒殺，甚可悲痛。宜令兒七歲去齒乃出口錢，年二十乃算……自五銖錢起已來七十餘年，民坐盜鑄錢被刑者眾，富人積錢滿室，猶亡厭足……市井勿得販賣，除其租銖之律，（師古曰：『租稅之法皆依田畝，不得雜計百物之銖兩。』）……（《漢書・王貢兩龔鮑傳》，第3075～3706頁。）

前138年（漢武帝建元三年）賜徙茂陵者戶錢二十萬，田二頃。（《漢書・武帝紀》，第158頁。）

前136年（漢武帝建元五年）五年春，罷三銖錢，行半兩錢。（《漢書・武帝紀》，第159頁。）

前134年（漢武帝元光元年）夏四月……賜民長子爵一級。復七國宗室前絕屬者。（師古曰：「此等宗室前坐七國反，故絕屬。今加恩赦之，更令上屬籍於宗正也。」）（《漢書・武帝紀》，第160頁。）

前133年（漢武帝元光二年）秋九月，令民大酺五日。（《漢書・武帝紀》，第163頁。）

前129年（漢武帝元光六年）六年冬，初算商車。（李奇曰：「始稅商賈車船，令出算。」）（《漢書・武帝紀》，第165頁。）

前127年（漢武帝元朔二年）夏，募民徙朔方十萬口。又徙郡國豪傑及訾三百萬以上於茂陵。（《漢書・武帝紀》，第170頁。）

前126年（漢武帝元朔三年）秋，罷西南夷，城朔方城。令民大酺五日。（《漢書・武帝紀》，第171頁。）

前122年（漢武帝元狩元年）……賜中二千石爵右庶長，民為父後者一

級……曰「皇帝使謁者（師古曰：謁者令使者宣詔書之文。）賜縣三老、孝者帛，人五匹；鄉三老、弟者、力田帛，人三匹；年九十以上及鰥寡孤獨帛，人二匹，絮三斤；八十以上米，人三石。有冤失職，使者以聞。縣鄉即賜，毋贅聚」。（《漢書・武帝紀》，第 174～175 頁。）

　　閆按：此中謁者，顏師古曰：謁者令使者宣詔書之文。此當為法吏的工作職責，亦當包括法律條文之傳播。

　　前 119 年（漢武帝元狩四年）四年冬，有司言關東貧民徙隴西、北地、西河、上郡、會稽凡七十二萬五千口，縣官衣食振業，用度不足，請收銀錫造白金及皮幣以足用。初算緡錢。（《漢書・武帝紀》，第 178 頁。）

　　前 119 年（漢武帝元狩四年）……湯承上指，請造白金及五銖錢，籠天下鹽鐵，排富商大賈，出告緡令，鉏豪彊并兼之家，舞文巧詆以輔法。（師古曰：『輔，助也。以巧詆助法，言不公平也。』）……（《漢書・張湯傳》，第 2641 頁。）

　　前 118 年（漢武帝元狩五年）罷半兩錢，行五銖錢。徙天下姦猾吏民於邊。（《漢書・武帝紀》，第 179 頁。）

　　前 118 年（漢武帝元狩五年）會更立五銖錢，民多盜鑄錢者，楚地尤甚……（《漢書・張馮汲鄭傳》，第 2321 頁。）

　　前 117 年（漢武帝元狩六年）六年冬十月，賜丞相以下至吏二千石金，千石以下至乘從者帛，蠻夷錦各有差。（《漢書・武帝紀》，第 179 頁。）

　　前 117 年（漢武帝元狩六年）……今遣博士大等六人分循行天下，存問鰥寡廢疾，無以自振業者貸與之。諭三老孝悌以為民師，舉獨行之君子，徵詣行在所。朕嘉賢者，樂知其人。廣宣厥道，士有特招，使者之任也。詳問隱處亡位，及冤失職，姦猾為害，野荒治苛者，舉奏。郡國有所以為便者，上丞相、御史以聞。（《漢書・武帝紀》，第 180 頁。）

　　前 116 年（漢武帝元鼎元年）夏五月，赦天下，大酺五日。（《漢書・武帝紀》，第 181 頁。）

　　前 115 年（漢武帝元鼎二年）秋九月……遣博士中等分循行，諭告所抵，無令重困。吏民有振救饑民免其厄者，具舉以聞。（《漢書・武帝紀》，第 182 頁。）

　　前 114 年（漢武帝元鼎三年）十一月，令民告緡者以其半與之。（孟康曰：「有不輸稅，令民得告言，以半與之。」）（《漢書・武帝紀》，第 183 頁。）

前 113 年（漢武帝元鼎四年）……賜民爵一級，女子百戶牛酒。（《漢書‧武帝紀》，第 183 頁。）

前 110 年（漢武帝元封元年）……行所巡至，博、奉高、蛇丘，歷城、梁父，民田租逋賦貸，已除。（師古曰：「逋賦，未出賦者也。逋貸，官以物貸之，而未還也。」）加年七十以上孤寡帛，人二匹。四縣無出今年算。（師古曰：「自博至梁父凡五縣，今云四縣毋出算者，奉高一縣素以供神，非算限也。」）賜天下民爵一級，女子百戶牛酒。（《漢書‧武帝紀》，第 191～192 頁。）

前 109 年（漢武帝元封二年）……赦所過徒，賜孤獨高年米，人四石。（《漢書‧武帝紀》，第 193 頁。）

前 109 年（漢武帝元封二年）……其赦天下，賜雲陽都百戶牛酒。（《漢書‧武帝紀》，第 193 頁。）

前 107 年（漢武帝元封四年）四年冬十月……其赦汾陰、夏陽、中都死罪以下，賜三縣及楊氏皆無出今年租賦。（《漢書‧武帝紀》，第 195 頁。）

前 106 年（漢武帝元封五年）五年冬……其赦天下。所幸縣毋出今年租賦，賜鰥寡孤獨帛，貧窮者粟。（《漢書‧武帝紀》，第 196 頁。）

前 105 年（漢武帝元封六年）……賜天下貧民布帛，人一匹。（《漢書‧武帝紀》，第 198 頁。）

前 103 年（漢武帝太初二年）……令天下大酺五日，膢五日，祠門戶，比臘。（《漢書‧武帝紀》，第 200 頁。）

前 101 年（漢武帝太初四年）徙弘農都尉治武關，稅出入者以給關吏卒食。（《漢書‧武帝紀》，第 202 頁。）

前 98 年（漢武帝天漢三年）初榷酒酤。（《漢書‧武帝紀》，第 204 頁。）

前 98 年（漢武帝天漢三年）夏四月……行所過毋出田租。（《漢書‧武帝紀》，第 204 頁。）

前 96 年（漢武帝泰始元年）徙郡國吏民豪傑於茂陵、雲陵。（《漢書‧武帝紀》，第 205 頁。）

前 94 年（漢武帝泰始三年）二月，令天下大酺五日……冬，賜行所過戶五千錢，鰥寡孤獨帛人一匹。（《漢書‧武帝紀》，第 206～207 頁。）

前 85 年（漢昭帝始元二年）秋八月，詔曰：「往年災害多，今年蠶麥傷，所振貸種、食勿收責，毋令民出今年田租。」（《漢書‧昭帝紀》，第 220 頁。）

前 84 年（漢昭帝始元三年）秋，募民徙雲陵，賜錢田宅。（《漢書·昭帝紀》，第 221 頁。）

前 83 年（漢昭帝始元四年）秋七月，詔曰：「比歲不登，民匱於食，流庸未盡還，往時令民共出馬，其止勿出。諸給中都官者，且減之。」（《漢書·昭帝紀》，第 221 頁。）

前 82 年（漢昭帝始元五年）……賜中二千石以下至吏民爵各有差。（《漢書·昭帝紀》，第 223 頁。）

前 81 年（漢昭帝始元六年）二月，詔有司問郡國所舉賢良文學民所疾苦。議罷鹽鐵榷酤。（應劭曰：「武帝時，以國用不足，縣官悉自賣鹽鐵，酤酒。昭帝務本抑末，不與天下爭利，故罷之。」）（《漢書·昭帝紀》，第 223 頁。）

前 81 年（漢昭帝始元六年）秋七月，罷榷酤官，令民得以律占租，（如淳曰：「律，諸當占租者家長身各以其物占，占不以實，家長不身自書，皆罰金二斤，沒入所不自占物及賣錢縣官也。」師古曰：「占謂自隱度其實，定其辭也。占音章贍反。下又言占名數，其義並同。今猶謂獄訟之辨曰占，皆其意也。蓋武帝時賦斂繁多，律外而取，今始復舊。」）賣酒升四錢。（《漢書·昭帝紀》，第 224 頁。）

前 79 年（漢昭帝元鳳二年）……吏民獻牛酒者賜帛，人一匹。（《漢書·昭帝紀》，第 228 頁。）

前 79 年（漢昭帝元鳳二年）……其令郡國毋斂今年馬口錢，（文穎曰：「往時有馬口出斂錢，今省。」如淳曰：「所謂租及六畜也。」）三輔、太常郡得以叔粟當賦。（如淳曰：「《百官表》太常主諸陵，別治其縣，爵秩如三輔郡矣。元帝永光五年，令各屬在所郡也。」師古曰：「諸應出賦算租稅者，皆聽以叔粟當錢物也。」）（《漢書·昭帝紀》，第 228 頁。）

前 78 年（漢昭帝元鳳三年）罷中牟苑賦貧民。詔曰：「乃者民被水災，頗匱於食，朕虛倉廩，使使者振困乏。其止四年毋漕。三年以前所振貸，非丞相御史所請，邊郡受牛者勿收責。」（《漢書·昭帝紀》，第 229 頁。）

前 77 年（漢昭帝元鳳四年）四年春正月丁亥，帝加元服，見於高廟。賜諸侯王、丞相、大將軍、列侯、宗室下至吏民金帛牛酒各有差。賜中二千石以下及天下民爵。毋收四年、五年口賦。（如淳曰：「《漢儀注》民年七歲至十四出口賦錢，人二十三。二十錢以食天子，其三錢者，武帝加口錢以補車騎馬。」）

三年以前逋更賦未入者，皆勿收。（如淳曰：「更有三品，有卒更，有踐更，有過更。古者正卒無常人，皆當迭為之，一月一更，是謂卒更也。貧者欲得顧更錢者，次直者出錢顧之，月二千，是謂踐更也。天下人皆直戍邊三日，亦名為更，律所謂繇戍也。雖丞相子亦在戍邊之調。不可人人自行三日戍，又行者當自戍三日，不可往便還，因便住一歲一更。諸不行者，出錢三百入官，官以給戍者，是謂過更也。律說，卒踐更者，居也，居更縣中五月乃更也。後從尉律，卒踐更一月，休十一月也。《食貨志》曰：『月為更卒，已復為正，一歲屯戍，一歲力役，三十倍於古。』此漢初因秦法而行之也。後遂改易，有謫乃戍邊一歲耳。逋，未出更錢者也。」）今天下酺五日。（《漢書·昭帝紀》，第229～230頁。）

前76年（漢昭帝元鳳五年）六月，發三輔及郡國惡少年吏有告劾亡者，屯遼東。（如淳曰：「告者，為人所告也。劾者，為人所劾也。」師古曰：「惡少年謂無賴子弟也。告劾亡者，謂被告劾而逃亡。」）（《漢書·昭帝紀》，第231頁。）

前75年（漢昭帝元鳳六年）……詔曰：「夫穀賤傷農，今三輔、太常穀減賤，其令以叔粟當今年賦。」（應劭曰：「太常掌諸陵園，皆徙天下豪富民以充實之，後悉為縣，故與三輔同賦。」）（《漢書·昭帝紀》，第232頁。）

前74年（漢昭帝元平元年）詔曰：「天下以農桑為本。日者省用，罷不急官，耕桑者益眾，而百姓未能家給，朕甚愍焉。其減口賦錢。」有司奏請減什三，上許之。（《漢書·昭帝紀》，第232頁。）

前73年（漢宣帝本始元年）……賜吏二千石、諸侯相、下至中都官、宦吏、六百石爵，各有差，自左更至五大夫。賜天下人爵各一級，孝者二級，女子百戶牛酒。租稅勿收。（《漢書·宣帝紀》，第242頁。）

前72年（漢宣帝本始二年）夏五月……賜民爵一級，女子百戶牛酒。（《漢書·宣帝紀》，第243頁。）

前71年（漢宣帝本始三年）大旱。郡國傷旱甚者，民毋出租賦。三輔民就賤者，且毋收事，盡四年。（師古曰：「收謂租賦也，事謂役使也。盡本始四年而止。」）（《漢書·宣帝紀》，第244頁。）

前70年（漢宣帝本始四年）……丞相以下至都官令丞上書入穀，輸長安倉，助貸貧民。民以車船載穀入關者，得毋用傳。（《漢書·宣帝紀》，第245頁。）

前 70 年（漢宣帝本始四年）……被地震壞敗甚者，勿收租賦。（《漢書‧宣帝紀》，第 245 頁。）

前 67 年（漢宣帝地節三年）又曰：「鰥寡孤獨高年貧困之民，朕所憐也。前下詔假公田，貸種、食。其加賜鰥寡孤獨高年帛。二千石嚴教吏謹視遇，毋令失職。」（《漢書‧宣帝紀》，第 248 頁。）

前 67 年（漢宣帝地節三年）……天下當為父後者爵一級。（《漢書‧宣帝紀》，第 249 頁。）

前 67 年（漢宣帝地節三年）……流民還歸者，假公田，貸種、食，且勿算事。（師古曰：「不出算賦及給徭役。」）（《漢書‧宣帝紀》，第 249～250 頁。）

前 66 年（漢宣帝地節四年）……自今諸有大父母，父母喪者勿繇事，使得收斂送終，盡其子道。（《漢書‧宣帝紀》，第 251 頁。）

前 66 年（漢宣帝地節四年）……其減天下鹽賈。（《漢書‧宣帝紀》，第 252 頁。）

前 65 年（漢宣帝元康元年）……賜勤事吏中二千石以下至六百石爵，自中郎吏至五大夫，佐史以上二級，民一級，女子百戶牛酒。加賜鰥寡孤獨、三老、孝悌力田帛。所振貸勿收。（《漢書‧宣帝紀》，第 254 頁。）

前 64 年（漢宣帝元康二年）三月，以鳳皇甘露降集，賜天下吏爵二級，民一級，女子百戶牛酒，鰥寡孤獨高年帛……今天下頗被疾疫之災，朕甚愍之。其令郡國被災甚者，毋出今年租賦。（《漢書‧宣帝紀》，第 255～256 頁。）

前 63 年（漢宣帝元康三年）賜天下吏爵二級，民一級，女子百戶牛酒，鰥寡孤獨高年帛。（《漢書‧宣帝紀》，第 257 頁。）

前 61 年（漢宣帝神爵元年）……賜天下勤事吏爵二級，民一級，女子百戶牛酒，鰥寡孤獨高年帛。所振貸物勿收。行所過毋出田租。（《漢書‧宣帝紀》，第 259 頁。）

前 58 年（漢宣帝神爵四年）……其赦天下，賜民爵一級，女子百戶牛酒，鰥寡孤獨高年帛。（《漢書‧宣帝紀》，第 263 頁。）

前 58 年（漢宣帝神爵四年）……及潁川吏民有行義者爵，人二級，力田一級，貞婦順女帛。令內郡國舉賢良可親民者各一人。（《漢書‧宣帝紀》，第 264 頁。）

前 57 年（漢宣帝五鳳元年）……又賜列侯嗣子爵五大夫，男子為父後者爵一級。（《漢書·宣帝紀》，第 265 頁。）

前 52 年（漢宣帝甘露二年）二年春正月，立皇子囂為定陶王。詔曰：「乃者鳳皇甘露降集，黃龍登興，醴泉滂流，枯槁榮茂，神光並見，咸受禎祥。其赦天下。減民算三十。賜諸侯王、丞相、將軍、列侯、中二千石金錢各有差。賜民爵一級，女子百戶牛酒，鰥寡孤獨高年帛。」（《漢書·宣帝紀》，第 268 頁。）

前 51 年（漢宣帝甘露三年）……詔曰：「乃者鳳皇集新蔡，群鳥四面行列，皆鄉鳳皇立，以萬數。其賜汝南太守帛百匹，新蔡長吏、三老、孝悌力田、鰥寡孤獨各有差。賜民爵二級。毋出今年租。」（《漢書·宣帝紀》，第 272 頁。）

前 48 年（漢元帝初元元年）初元元年春正月辛丑……以三輔、太常、郡國公田及苑可省者振業貧民，貲不滿千錢者賦貸種、食……（《漢書·元帝紀》，第 279 頁。）

前 48 年（漢元帝初元元年）……其令郡國被災害甚者毋出租賦。江海陂湖園池屬少府者以假貧民，勿租賦。賜宗室有屬籍者馬一匹至二駟，三老、孝者帛五匹，弟者、力田三匹，鰥寡孤獨二匹，吏民五十戶牛酒。（《漢書·元帝紀》，第 279 頁。）

前 48 年（漢元帝初元元年）元帝即位，遵舊儀，間歲正月，一幸甘泉郊泰畤，又東至河東祠后土，西至雍祠五畤。凡五奉泰畤、后土之祠。亦施恩澤，時所過毋出田租，賜百戶牛酒，或賜爵，赦罪人。（《漢書·郊祀志》，第 1253 頁。）

前 48～前 33 年（漢元帝）元帝時嘗罷鹽鐵官，三年而復之。貢禹言：「鑄錢采銅，一歲十萬人不耕，民坐盜鑄陷刑者多。富人臧錢滿室，猶無厭足。民心動搖，棄本逐末，耕者不能半，姦邪不可禁，原起於錢。疾其末者絕其本，宜罷採珠玉金銀鑄錢之官，毋復以為幣，除其販賣租銖之律，租稅祿賜皆以布帛及穀，使百姓壹意農桑。」議者以為交易待錢，布帛不可尺寸分裂。禹議亦寢。（《漢書·食貨志》，第 1177 頁。）

前 48～前 33 年（漢元帝）……天子下其議，令民產子七歲乃出口錢，自此始。（《漢書·王貢兩龔鮑傳》，第 3079 頁。）

前 47 年（漢元帝初元二年）……賜雲陽民爵一級，女子百戶牛酒。（《漢

書‧元帝紀》，第 281 頁。）

前 47 年（漢元帝初元二年）……間者歲數不登，元元困乏，不勝飢寒，以陷刑辟，朕甚閔之。郡國被地動災甚者無出租賦。赦天下。有可蠲除減省以便萬姓者，條奏……（《漢書‧元帝紀》，第 281 頁。）

前 47 年（漢元帝初元二年）……天下當為父後者爵一級，列侯錢各二十萬，五大夫十萬。（《漢書‧元帝紀》，第 282 頁。）

前 47 年（漢元帝初元二年）……是歲，關東大水，郡國十一饑，疫尤甚。上乃下詔江海陂湖園池屬少府者以假貧民，勿租稅……比年不登，元元困乏，不勝飢寒，以陷刑辟，朕甚閔焉……（《漢書‧眭兩夏侯京翼李傳》，第 3171 頁。）

前 45 年（漢元帝初元四年）三月，行幸河東，祠后土。赦汾陰徒。賜民爵一級，女子百戶牛酒，鰥寡高年帛。行所過無出租賦。（《漢書‧元帝紀》，第 285 頁。）

前 44 年（漢元帝初元五年）……賜宗室子有屬籍者馬一匹至二駟，三老、孝者帛，人五匹，弟者、力田三匹，鰥寡孤獨二匹，吏民五十戶牛酒……（《漢書‧元帝紀》，第 285 頁。）

前 43 年（漢元帝永光元年）……永光元年春正月，行幸甘泉，郊泰畤。赦雲陽徒。賜民爵一級，女子百戶牛酒，高年帛。行所過毋出租賦。（《漢書‧元帝紀》，第 287 頁。）

前 43 年（漢元帝永光元年）……無田者皆假之，貨種、食如貧民。（師古曰：「此皆謂遇赦新免罪者也，故云如貧人。」）賜吏六百石以上爵五大夫，勤事吏二級，為父後者民一級，女子百戶牛酒，鰥寡孤獨高年帛。（《漢書‧元帝紀》，第 287 頁。）

前 42 年（漢元帝永光二年）二年春二月，詔曰：「蓋聞唐虞象刑而民不犯，殷周法行而姦軌服。今朕獲承高祖之洪業，託位公侯之上，夙夜戰慄，永惟百姓之急，未嘗有忘焉。然而陰陽未調，三光晻昧。元元大困，流散道路，盜賊並興。有司又長殘賊，失牧民之術。是皆朕之不明，政有所虧。咎至於此，朕甚自恥。為民父母，若是之薄，謂百姓何！其大赦天下，賜民爵一級，女子百戶牛酒，鰥寡孤獨高年、三老、孝悌力田帛。（《漢書‧元帝紀》，第 288 頁。）

前 40 年（漢元帝永光四年）春二月，詔曰：「朕承至尊之重，不能燭理

百姓，婁遭凶咎。加以邊竟不安，師旅在外，賦斂轉輸，元元騷動，窮困亡聊，犯法抵罪。夫上失其道而繩下以深刑，朕甚痛之。其赦天下，所貸貧民勿收責。」（《漢書·元帝紀》，第291頁。）

前34年（漢元帝建昭五年）五年春三月，詔曰：「蓋聞明王之治國也，明好惡而定去就，崇敬讓而民興行，故法設而民不犯，令施而民從。今朕獲保宗廟，兢兢業業，匪敢解怠，傳不云乎？『百姓有過，在予一人。』其赦天下，賜民爵一級，女子百戶牛酒，三老、孝悌力田帛。」（《漢書·元帝紀》，第296頁。）

前33年（漢元帝竟寧元年）皇太子冠。賜列侯嗣子爵五大夫，天下為父後者爵一級。（《漢書·元帝紀》，第298頁。）

前32年（漢成帝建始元年）……宗室諸官吏千石以下至二百石及宗室子有屬籍者、三老、孝悌力田、鰥寡孤獨錢帛，各有差，吏民五十戶牛酒……（《漢書·成帝紀》，第303頁。）

前32年（漢成帝建始元年）……郡國被災什四以上，毋收田租。（師古曰：「什四，謂田畝所收，十損其四。」）（《漢書·成帝紀》，第304～305頁。）

前31年（漢成帝建始二年）……赦奉郊縣長安、長陵（應劭曰：「天郊在長安城南，地郊在長安城北長陵界中。二縣有奉郊之勤，故一切並赦之。」）及中都官耐罪徒。減天下賦錢，算四十。（孟康曰：「本算百二十，今減四十，為八十。」）（《漢書·成帝紀》，第305頁。）

前30年（漢成帝建始三年）三年春三月，赦天下徒。賜孝悌力田爵二級。諸逋租賦所振貸勿收。（《漢書·成帝紀》，第306頁。）

前28年（漢成帝河平元年）河平元年春三月，詔曰：「河決東郡，流漂二州，校尉王延世隄塞輒平，其改元為河平。賜天下吏民爵，各有差。」（《漢書·成帝紀》，第309頁。）

前25年（漢成帝河平四年）赦天下徒，賜孝悌力田爵二級，諸逋租賦所振貸勿收。（《漢書·成帝紀》，第310頁。）

前20年（漢成帝鴻嘉元年）鴻嘉元年春二月，詔曰：「朕承天地，獲保宗廟，明有所蔽，德不能綏，刑罰不中，眾冤失職，趨闕告訴者不絕。是以陰陽錯謬，寒暑失序，日月不光，百姓蒙辜，朕甚閔焉。書不云乎？『即我御事，罔克耆壽，咎在厥躬。』平王自謂，故帝引之以自責耳。文氏乃云咎在用事，斯失之矣。方春生長時，臨遣諫大夫理等舉三輔、三河、弘農冤獄。公卿

大夫、部刺史明申敕守相，稱朕意焉。其賜天下民爵一級，女子百戶牛酒，加賜鰥寡孤獨高年帛。逋貸未入者勿收。」（《漢書・成帝紀》，第 315 頁。）

前 20 年（漢成帝鴻嘉元年）壬午，行幸初陵，赦作徒。（師古曰：「徒人之在陵作役者。」）以新豐戲鄉為昌陵縣，奉初陵，賜百戶牛酒。（《漢書・成帝紀》，第 316 頁。）

前 18 年（漢成帝鴻嘉三年）令吏民得買爵，賈級千錢。（《漢書・成帝紀》，第 318 頁。）

前 17 年（漢成帝鴻嘉四年）……被災害什四以上，民貲不滿三萬，勿出租賦。逋貸未入，皆勿收……（《漢書・成帝紀》，第 318 頁。）

前 15 年（漢成帝永始二年）……又曰：「關東比歲不登，吏民以義收食貧民、入穀物助縣官振贍者，已賜直，其百萬以上，加賜爵右更，欲為吏補三百石，其吏也遷二等。三十萬以上，賜爵五大夫，吏亦遷二等，民補郎。十萬以上，家無出租賦三歲。萬錢以上，一年。」（《漢書・成帝紀》，第 321 頁。）

前 13 年（漢成帝永始四年）……賜雲陽吏民爵，女子百戶牛酒，鰥寡孤獨高年帛。三月，行幸河東，祠后土，賜吏民如雲陽，行所過無出田租。（《漢書・成帝紀》，第 324 頁。）

前 9 年（漢成帝元延四年）甘露降京師，賜長安民牛酒。（《漢書・成帝紀》，第 328 頁。）

前 8 年（漢成帝綏和元年）……天下當為父後者爵，三老、孝悌力田帛，各有差。（《漢書・成帝紀》，第 328 頁。）

前 7 年（漢成帝綏和二年）綏和二年三月，成帝崩。四月丙午，太子即皇帝位，謁高廟。……賜宗室王子有屬者馬各一駟，吏民爵，百戶牛酒，三老、孝悌力田、鰥寡孤獨帛。（《漢書・哀帝紀》，第 334～335 頁。）

前 7 年（漢成帝綏和二年）……已遣光祿大夫循行舉籍，賜死者棺錢，人三千。其令水所傷縣邑及他郡國災害什四以上，民貲不滿十萬，皆無出今年租賦。（《漢書・哀帝紀》，第 337 頁。）

前 6 年（漢成帝建平元年）太皇太后詔外家王氏田非冢塋，皆以賦貧民。（《漢書・哀帝紀》，第 338 頁。）

前 3 年（漢成帝建平四年）夏五月，賜中二千石至六百石及天下男子爵。（《漢書・哀帝紀》，第 342 頁。）

1 年（漢平帝元始元年）⋯⋯賜天下民爵一級，吏在位二百石以上，一切滿秩如真。（《漢書·平帝紀》，第 349 頁。）

1 年（漢平帝元始元年）天下女徒已論，歸家，顧山錢月三百。復貞婦，鄉一人。置少府海丞、果丞各一人；大司農部丞十三人，人部一州，勸農桑。（《漢書·平帝紀》，第 351 頁。）

2 年（漢平帝元始二年）⋯⋯天下民貲不滿二萬，及被災之郡不滿十萬，勿租稅。民疾疫者，舍空邸第，為置醫藥。賜死者一家六屍以上葬錢五千，四屍以上三千，二屍以上二千⋯⋯（《漢書·平帝紀》，第 353 頁。）

4 年（漢平帝元始四年）⋯⋯賜天下民爵一級，鰥寡孤獨高年帛。（《漢書·平帝紀》，第 357 頁。）

新莽

6～22 年（王莽）莽遂興師，發三十萬眾，欲同時十道並出，一舉滅匈奴；募發天下囚徒丁男甲卒轉委輸兵器，自負海江淮而至北邊，使者馳傳督趣，海內擾矣。又動欲慕古，不度時宜，分裂州郡，改職作官，下令曰：「漢氏減輕田租，三十而稅一，常有更賦，罷癃咸出，而豪民侵陵，分田劫假，厥名三十，實什稅五也。富者驕而為邪，貧者窮而為姦，俱陷於辜，刑用不錯。今更名天下田曰王田，奴婢曰私屬，皆不得賣買。其男口不滿八，而田過一井者，分餘田與九族鄉黨。」犯令，法至死，制度又不定，吏緣為姦，天下謷謷然，陷刑者眾。後三年，莽知民愁，下詔諸食王田及私屬皆得賣買，勿拘以法。然刑罰深刻，它政悖亂。（《漢書·食貨志》，第 1143～1144 頁。）

6～22 年（王莽）王莽居攝，變漢制，以周錢有子母相權，於是更造大錢，徑寸二分，重十二銖，文曰「大錢五十」。又造契刀、錯刀。契刀，其環如大錢，身形如刀，長二寸，文曰「契刀五百」。錯刀，以黃金錯其文，曰「一刀直五千」。（張晏曰：「案今所見契刀、錯刀，形質如大錢，而肉好輪厚異於此。大錢形如大刀環矣，契刀身形圓，不長二寸也。其文左曰『契』，右曰『刀』，無『五百』字也。錯刀則刻之作字也，以黃金填其文，上曰『一』，下曰『刀』。二刀泉甚不與志相應也，似扎單差錯，文字磨滅故耳。」師古曰：「張說非也。王莽錢刀今並尚在，形質及文與志相合，無差錯也。」）與五銖錢凡四品，並行。莽即真，以為書「劉」字有金刀，乃罷錯刀、契刀及五銖錢，而更作金、銀、龜、貝、錢、布之品，名曰「寶貨」。

小錢徑六分，重一銖，文曰「小錢直一」。次七分，三銖，曰「汒錢一

十」。次八分，五銖，曰「幼錢二十」。次九分，七銖，曰「中錢三十」。次一寸，九銖，曰「壯錢四十」。因前「大錢五十」，是為錢貨六品，直各如其文。黃金重一斤，值錢萬。朱提銀重八兩為一流，直一千五百八十。它銀一流直千。是為銀貨二品。元龜岠冉長尺二寸，直二千一百六十，為大貝十朋。公龜九寸，直五百，為壯貝十朋。侯龜七寸以上，直三百，為𤱥貝十朋。子龜五寸以上，直百，為小貝十朋。是為龜寶四品。大貝四寸八分以上，二枚為一朋，直二百一十六。壯貝三寸六分以上，二枚為一朋，直五十。貝二寸四分以上，二枚為一朋，直三十。小貝寸二分以上，二枚為一朋，直十。不盈寸二分，漏度不得為朋，率枚值錢三。是為貝貨五品。

　　大布、次布、弟布、壯布、中布、差布、厚布、幼布、幺布、小布。小布長寸五分，重十五銖，文曰「小布一百」。自小布以上，各相長一分，相重一銖，文各為其布名，直各加一百。上至大布，長二寸四分，重一兩，而直千錢矣。是為布貨十品。凡寶貨五物，六名，二十八品。鑄作錢布皆用銅，殽以連錫，文質周郭放漢五銖錢云。其金銀與它物雜，色不純好，龜不盈五寸，貝不盈六分，皆不得為寶貨。元龜為蔡，非四民所得居，有者，入大卜受直。百姓憒亂，其貨不行。民私以五銖錢市買。莽患之，下詔：「敢非井田挾五銖錢者為惑眾，投諸四裔以禦魑魅。」於是農商失業，食貨俱廢，民涕泣於市道。坐賣買田宅奴婢鑄錢抵罪者，自公卿大夫至庶人，不可稱數。莽知民愁，乃但行小錢直一，與大錢五十，二品並行，龜貝布屬且寢……又以周官稅民：凡田不耕為不殖，出三夫之稅；城郭中宅不樹藝者為不毛，出三夫之布；民浮游無事，出夫布一匹。其不能出布者，冗作，縣官衣食之。諸取眾物鳥獸魚鱉百蟲於山林水澤及畜牧者，嬪婦桑蠶織紝紡績補縫，工匠醫巫卜祝及它方技商販賈人坐肆列里區謁舍，皆各自占所為於其在所之縣官，除其本，計其利，十一分之，而以其一為貢。敢不自占，自占不以實者，盡沒入所采取，而作縣官一歲……此六者，非編戶齊民所能家作，必卬於市，雖貴數倍，不得不買。豪民富賈，即要貧弱，先聖知其然也，故斡之。每一斡為設科條防禁，犯者罪至死。……後五歲，天鳳元年，復申下金銀龜貝之貨，頗增減其賈直。而罷大小錢，改作貨布，長二寸五分，廣一寸，首長八分有奇，廣八分，其圜好徑二分半，足枝長八分，間廣二分，其文右曰「貨」，左曰「布」，重二十五銖，直貨泉二十五。貨泉徑一寸，重五銖，文右曰「貨」，左曰「泉」，枚直一，與貨布二品並行。又以大錢行久，罷之，恐民挾不止，乃令民且獨行大錢，與新貨

泉俱枚直一，並行盡六年，毋得復挾大錢矣。每壹易錢，民用破業，而大陷刑。莽以私鑄錢死，及非沮寶貨投四裔，犯法者多，不可勝行，乃更輕其法：私鑄作泉布者，與妻子沒入為官奴婢；吏及比伍，知而不舉告，與同罪；非沮寶貨，民罰作一歲，吏免官。犯者俞眾，及五人相坐皆沒入，郡國檻車鐵鎖，傳送長安鍾官，愁苦死者什六七。作貨布六年後，匈奴侵寇甚，莽大募天下囚徒人奴，名曰豬突豨勇，壹切稅吏民，訾三十而取一。又令公卿以下至郡縣黃綬吏，皆保養軍馬，吏盡復以與民。民搖手觸禁，不得耕桑，繇役煩劇，而枯旱蝗蟲相因。又用制作未定，上自公侯，下至小吏，皆不得奉祿，而私賦斂，貨賂上流，獄訟不決。吏用苛暴立威，旁緣莽禁，侵刻小民。富者不得自保，貧者無以自存，起為盜賊，依阻山澤，吏不能禽而覆蔽之，浸淫日廣，於是青、徐、荊楚之地往往萬數。戰鬥死亡，緣邊四夷所繫虜，陷罪，饑疫，人相食，及莽未誅，而天下戶口減半矣。自發豬突豨勇後四年，而漢兵誅莽。後二年，世祖受命，蕩滌煩苛，復五銖錢，與天下更始。（《漢書·食貨志》，第1177～1185頁。）

7年（漢孺子嬰居攝二年）五月，更造貨：錯刀，一直五千；契刀，一直五百；大錢，一直五十，與五銖錢並行。民多盜鑄者。禁列侯以下不得挾黃金，輸御府受直，然卒不與直。（《漢書·王莽傳》，第4087頁。）

9年（新始建國元年）……乃更作小錢，徑六分，重一銖，文曰「小錢直一」，與前「大錢五十」者為二品，並行……（《漢書·王莽傳》，第4109頁。）

9年（新始建國元年）……漢氏減輕田租，三十而稅一，常有更賦，罷癃咸出，而豪民侵陵，分田劫假。厥名三十稅一，實什稅五也。父子夫婦終年耕芸，所得不足以自存。故富者犬馬餘菽粟，驕而為邪；貧者不厭糟糠，窮而為姦。俱陷於辜，刑用不錯。予前在大麓，始令天下公田口井，時則有嘉禾之祥，遭反虜逆賊且止。今更名天下田曰『王田』，奴婢曰『私屬』，皆不得賣買。其男口不盈八，而田過一井者，分餘田予九族鄰里鄉黨。故無田，今當受田者，如制度。敢有非井田聖製，無法惑眾者，投諸四裔，以禦魑魅，如皇始祖考虞帝故事。是時百姓便安漢五銖錢，以莽錢大小兩行難知，又數變改不信，皆私以五銖錢市買。訛言大錢當罷，莫肯挾。莽患之，復下書：「諸挾五銖錢，言大錢當罷者，比非井田制，投四裔。」於是農商失業，食貨俱廢，民人至涕泣於市道。及坐賣買田宅奴婢，鑄錢，自諸侯卿大夫至於庶民，抵罪

者不可勝數。（《漢書·王莽傳》，第4111～4112頁。）

9年（新始建國元年）……賜吏爵人二級，民爵人一級，女子百戶羊酒，蠻夷幣帛各有差……（《漢書·王莽傳》，第4114頁。）

10年（新始建國二年）初設六筦之令。命縣官酤酒，賣鹽鐵器，鑄錢，諸採取名山大澤眾物者稅之。又令市官收賤賣貴，賒貸予民，收息百月三。犧和置酒士，郡一人，乘傳督酒利。禁民不得挾弩鎧，徙西海。（《漢書·王莽傳》，第4118頁。）

10年（新始建國二年）……於是造寶貨五品，語在《食貨志》。百姓不從，但行小大錢二品而已。盜鑄錢者不可禁，乃重其法，一家鑄錢，五家坐之，沒入為奴婢。吏民出入，持布錢以副符傳，（師古曰：『舊法，行者持符傳，即不稽留。今更令持布錢，與符相副，乃得過也。』）不持者，廚傳勿舍，關津苛留。公卿皆持以入宮殿門，欲以重而行之……（《漢書·王莽傳》，第4122頁。）

12年（新始建國四年）……乃下書曰：「諸名食王田，皆得賣之，勿拘以法。犯私買賣庶人者，且一切勿治。」（《漢書·王莽傳》，第4130頁。）

13年（新始建國五年）是歲，以犯挾銅炭者多，除其法。（《漢書·王莽傳》，第4133頁。）

19年（新天鳳六年）……一切稅天下吏民，訾三十取一，縑帛皆輸長安。令公卿以下至郡縣黃綬皆保養軍馬，多少各以秩為差……翼平連率田況奏郡縣訾民不實，莽復三十稅一……（《漢書·王莽傳》，第4155～4156頁。）

20年（新地皇元年）……是歲，罷大小錢，更行貨布，長二寸五分，廣一寸，直貨錢二十五。貨錢徑一寸，重五銖，枚直一。兩品並行。敢盜鑄錢及偏行布貨，伍人知不發舉，皆沒入為官奴婢。（《漢書·王莽傳》，第4163～4164頁。）

21年（新地皇二年）民犯鑄錢，伍人相坐，沒入為官奴婢。其男子檻車，兒女子步，以鐵鎖琅當其頸，傳詣鍾官，以十萬數。到者易其夫婦，愁苦死者什六七。（《漢書·王莽傳》，第4167頁。）

七、婚姻家庭與繼承法律

前221～前210年（秦始皇）……竟酒，後。呂公曰：「臣少好相人，相人多矣，無如季相，願季自愛。臣有息女，願為箕帚妾。」酒罷，呂媼怒呂公

曰：「公始常欲奇此女，與貴人。沛令善公，求之不與，何自妄許與劉季？」呂
公曰：「此非兒女子所知。」卒與高祖……（《漢書・高帝紀》，第4頁。）

前221～前209年（秦）……外黃富人女甚美，庸奴其夫，亡邸父客。父
客謂曰：「必欲求賢夫，從張耳。」女聽，為請決，嫁之。（師古曰：「請決絕
於前夫而嫁於耳。」）女家厚奉給耳，耳以故致千里客，宦為外黃令。（《漢書・
張耳陳餘傳》，第1829頁。）

前221～前207年（秦）及平長，可取婦，富人莫與者，貧者平亦愧之。
久之，戶牖富人張負有女孫，五嫁夫輒死，人莫敢取，平欲得之。邑中有大
喪，平家貧侍喪，以先往後罷為助。張負既見之喪所，獨視偉平，平亦以故後
去。負隨平至其家，家乃負郭窮巷，以席為門，然門外多長者車轍。張負歸，
謂其子仲曰：「吾欲以女孫予陳平。」仲曰：「平貧不事事，一縣中盡笑其所
為，獨奈何予之女？」負曰：「固有美如陳平長貧者乎？」卒與女。為平貧，
乃假貸幣以聘，予酒肉之資以內婦。負戒其孫曰：「毋以貧故，事人不謹。事
兄伯如事乃父，事嫂如事乃母。」平既取張氏女，資用益饒，游道日廣。（《漢
書・張陳王周傳》，第2038～2039頁。）

前206年（漢王劉邦元年）……乃與項伯俱見沛公。沛公與伯約為婚
姻……（《漢書・高帝紀》，第25頁。）前206年（漢王劉邦元年）……良因
要項伯見沛公。沛公與伯飲，為壽，結婚，令伯具言沛公不敢背項王……（《漢
書・張陳王周傳》，第2027頁。）

前206～8年（西漢）……父死，妻其後母；兄弟死，皆取其妻妻之。其
俗有名不諱而無字。（《漢書・匈奴傳》，第3743頁。）

前189年（漢惠帝六年）令民得賣爵。女子年十五以上至三十不嫁，五
算。（應劭曰：「《國語》越王句踐令國中女子年十七不嫁者父母有罪，欲人民
繁息也。漢律人出一算，算百二十錢，唯賈人與奴婢倍算。今使五算，罪謫之
也。」師古曰：「應說是。」（《漢書・惠帝紀》，第91頁。）

前156～前141年（漢景帝）……文君夜亡奔相如，相如與馳歸成都。家
徒四壁立……卓王孫不得已，分與文君僮百人，錢百萬，及其嫁時衣被財
物……（《漢書・司馬相如傳》，第2531頁。）
閏按：具體參考伏俊璉的《司馬相如「買官」「竊色」「竊財」辨正》。

前153年（漢景帝四年）皋字少孺。乘在梁時，取皋母為小妻。乘之東
歸也，皋母不肯隨乘，乘怒，分皋數千錢，留與母居。年十七，上書梁共王，

得召為郎……（《漢書・賈鄒枚路傳》，第2366頁。）

前145～前114年（漢景帝～漢武帝）……憲王雅不以梲為子數，不分與財物。郎或說太子、王后，令分梲財，皆不聽。太子代立，又不收恤梲……（《漢書・景十三王傳》，第2434頁。）

前135年（漢武帝建元六年）……乃厚分與其女財，與男等。（《漢書・司馬相如傳》，第2581頁。）

前100～前88年（漢武帝）……來時，大夫人已不幸，陵送葬至陽陵。子卿婦年少，聞已更嫁矣……（《漢書・李廣蘇建傳》，第2464頁。）

前74年（漢昭帝元平元年）……為言「曾孫體近，下人，乃關內侯，可妻也。」廣漢許諾。明日媼聞之，怒。廣漢重令為介，（師古曰：『更令人作媒而結婚姻。重音直用反。』）遂與曾孫，一歲生元帝……（《漢書・外戚傳》，第3964～3965頁。）

前73年（漢宣帝本始元年）……媼言名妄人，家本涿郡蠡吾平鄉。年十四嫁為同鄉王更得妻。更得死，嫁為廣望王乃始婦，產子男無故、武，女翁須……（《漢書・外戚傳》，第3962頁。）

前73～前49年（漢宣帝）……父薨，商嗣為侯，推財以分異母諸弟，身無所受……（《漢書・王商史丹傅喜傳》，第3369頁。）

前56年（漢宣帝五鳳二年）秋八月，詔曰：「夫婚姻之禮，人倫之大者也；酒食之會，所以行禮樂也。今郡國二千石或擅為苛禁，禁民嫁娶不得具酒食相賀召。由是廢鄉黨之禮，令民亡所樂，非所以導民也。詩不云乎？『民之失德，乾餱以愆。』勿行苛政。」（《漢書・宣帝紀》，第265頁。）

前7～前1年（漢哀帝）原涉字巨先。祖父武帝時以豪傑自陽翟徙茂陵。涉父哀帝時為南陽太守。天下殷富，大郡二千石死官，賦斂送葬皆千萬以上，妻子通共受之，以定產業……（《漢書・游俠傳》，第3714頁。）

1年（漢平帝元始元年）……又令諸侯王、公、列侯、關內侯亡子而有孫若子同產子者，皆得以為嗣。公、列侯嗣子有罪，耐以上先請。宗室屬未盡而以罪絕者，復其屬……（《漢書・平帝紀》，第349頁。）

八、獄訟法律

前221～前209年（秦）……梁嘗有櫟陽逮，請蘄獄掾曹咎書抵櫟陽獄史司馬欣，以故事皆已。（應劭曰：「項梁曾坐事傳繫櫟陽獄，從蘄獄掾曹咎取

書與司馬欣。抵，相歸抵也。已，止也。梁嘗殺人，與籍避仇吳中……（《漢書‧陳勝項籍傳》，第1796頁。）

前209年（秦二世元年）於是二世令御史按諸生言反者下吏，非所宜言。諸生言盜者皆罷之……（《漢書‧酈陸朱劉叔孫傳》，第2124頁。）

前221～前207年（秦）……高祖戲而傷嬰，人有告高祖。高祖時為亭長，重坐傷人，（如淳曰：「為吏傷人，其罪重。」）告故不傷嬰，嬰證之。移獄覆，嬰坐高祖繫歲餘，掠笞數百，終脫高祖。（《漢書‧樊酈滕灌傅靳周傳》，第2076頁。）

前198年（漢高祖九年）九年，貫高怨家知其謀，告之。於是上逮捕趙王諸反者。趙午等十餘人皆爭自剄，貫高獨怒罵曰：「誰令公等為之？今王實無謀，而並捕王；公等死，誰當白王不反者？」乃檻車與王詣長安。高對獄曰：「獨吾屬為之，王不知也。」吏榜笞數千，（師古曰；『榜謂捶擊之也，』）刺爇，身無完者，（應劭曰：『以鐵刺之，又燒灼之。』師古曰：『爇音而說反。』）終不復言。呂后數言張王以魯元故，不宜有此。上怒曰：「使長敖據天下，豈少乃女虖！」廷尉以貫高辭聞，上曰：「壯士！誰知者，以私問之。」……於是泄公具以報上，上乃赦趙王。上賢高能自立然諾，使泄公赦之，告曰：「張王已出，上多足下，故赦足下。」高曰：「所以不死，白張王不反耳。今王已出，吾責塞矣。且人臣有篡弒之名，豈有面目復事上哉」，乃仰絕亢而死。（《漢書‧張耳陳餘傳》，第1840～1842頁。）

前195年（漢高祖十二年）……上大怒曰：「相國多受賈人財物，為請吾苑！」乃下何廷尉，械繫之……（《漢書‧蕭何曹參傳》，第2011頁。）

前188年（漢惠帝七年）……久之，人或毀辟陽侯，惠帝大怒，下吏，欲誅之。太后慚，不可言。大臣多害辟陽侯行，欲遂誅之。辟陽侯困急，使人慾見建。建辭曰：「獄急，不敢見君。」建乃求見孝惠幸臣閎籍孺，說曰：「君所以得幸帝，天下莫不聞。今辟陽侯幸太后而下吏，道路皆言君讒，欲殺之。今日辟陽侯誅，且日太后含怒，亦誅君。君何不肉袒為辟陽侯言帝？帝聽君出辟陽侯，太后大歡。兩主俱幸君，君富貴益倍矣。」於是閎籍孺大恐，從其計，言帝，帝果出辟陽侯。辟陽侯之囚，欲見建，建不見，辟陽侯以為背之，大怒。及其成功出之，大驚。（《漢書‧酈陸朱劉叔孫傳》，第2117～2178頁。）

前177年（漢文帝前三年）歲餘，每河東守尉行縣至絳，絳侯勃自畏恐

誅，常被甲，令家人持兵以見。其後人有上書告勃欲反，下廷尉，逮捕勃治之。勃恐，不知置辭。（師古曰：「置，立也。辭，對獄之辭。」）吏稍侵辱之。勃以千金與獄吏，獄吏乃書牘背示之，（李奇曰：「吏所執簿也。」師古曰：「牘，木簡，以書辭也，音讀。」）曰「以公主為證」。公主者，孝文帝女也，勃太子勝之尚之，故獄吏教引為證。初，勃之益封，盡以予薄昭。及繫急，薄昭為言薄太后，太后亦以為無反事。文帝朝，太后以冒絮提文帝，曰：「絳侯綰皇帝璽，將兵於北軍，不以此時反，今居一小縣，顧欲反邪！」文帝既見勃獄辭，乃謝曰：「吏方驗而出之。」於是使使持節赦勃，復爵邑。勃既出，曰：「吾嘗將百萬軍，安知獄吏之貴也！」（《漢書·張陳王周傳》，第2056頁。）

前177年（漢文帝前三年）頃之，上行出中渭橋，有一人從橋下走，乘輿馬驚。於是使騎捕之，屬廷尉。釋之治問。曰：「縣人來，聞蹕，匿橋下。久，以為行過，既出，見車騎，即走耳。」釋之奏當：「此人犯蹕，（如淳曰：「乙令『蹕先至而犯者，罰金四兩』。」師古曰：「當謂處其罪也。」）當罰金。」上怒曰：「此人親驚吾馬，馬賴和柔，令它馬，固不敗傷我乎？而廷尉乃當之罰金！」釋之曰：「法者天子所與天子公共也。今法如是，更重之，是法不信於民也。且方其時，上使使誅之則已。今已下廷尉，廷尉，天下之平也，壹傾，天下用法皆為之輕重，民安所錯其手足？唯陛下察之。」上良久曰：「廷尉當是也。」其後人有盜高廟座前玉環，得，（師古曰：「得者，盜環之人為吏所捕得也。」）文帝怒，下廷尉治。案盜宗廟服御物者為奏，當棄市。上大怒曰：「人亡道，乃盜先帝器！吾屬廷尉者，欲致之族，而君以法奏之，（師古曰：「法謂常法。」）非吾所以共承宗廟意也。」釋之免冠頓首謝曰：「法如是足也。且罪等，（如淳曰：「俱死罪也，盜玉環不若盜長陵土之逆。」）然以逆順為基。今盜宗廟器而族之，有如萬分一，假令愚民取長陵一抔土，陛下且何以加其法虖？」文帝與太后言之，乃許廷尉當。是時，中尉條侯周亞夫與梁相山都侯王恬（咸）（啟）見釋之持議平，乃結為親友。張廷尉繇此天下稱之。（《漢書·張馮汲鄭傳》，第2310～2311頁。）

前176年（漢文帝前四年）絳侯周勃有罪，逮詣廷尉詔獄。（《漢書·文帝紀》，第121頁。）

闇按：關於詔獄的研究，可以參考張忠煒的碩士論文：《西漢詔獄研究》。張老師是人大孫家洲老師的博士，主要從事秦漢法律研究，為現階段的

青年才俊，同時是我的師兄薛小林的師兄。

前 156 年（漢景帝元年）……及文帝崩，景帝立，鄧通免，家居。居無何，人有告通盜出徼外鑄錢，下吏驗問，頗有，遂竟案，盡沒入之，通家尚負責數鉅萬……（《漢書・佞倖傳》，第 3723 頁。）

前 150 年（漢景帝前七年）……陽為人有智略，忼慨不苟合，介於羊勝、公孫詭之間。勝等疾陽，惡之孝王。孝王怒，下陽吏，將殺之。陽客遊以讒見禽，恐死而負絫，乃從獄中上書曰……（《漢書・賈鄒枚路傳》，第 2343 頁。）

前 148 年（漢景帝中二年）三月，臨江王榮坐侵太宗廟地，徵詣中尉，自殺。（《漢書・景帝紀》，第 146 頁。）

前 148 年（漢景帝中二年）……孝景中二年，寄欲取平原君（姊）為夫人，景帝怒，下寄吏，免。（《漢書・樊酈滕灌傅靳周傳》，第 2076 頁。）

前 145 年（漢景帝中五年）九月，詔曰：「法令度量，所以禁暴止邪也。獄，人之大命，死者不可復生。吏或不奉法令，以貨賂為市，朋黨比周，以苟為察，以刻為明，令亡罪者失職，朕甚憐之。有罪者不伏罪，姦法為暴，甚亡謂也。諸獄疑，若雖文致於法而於人心不厭者，輒讞之。」（師古曰：「讞，平議也，」）（《漢書・景帝紀》，第 148 頁。）

前 145 年（漢景帝中五年）景帝中五年八月己酉，未央宮東闕災。先是，栗太子廢為臨江王，以罪徵詣中尉，自殺。丞相條侯周亞夫以不合旨稱疾免，後二年下獄死。（《漢書・五行志》，第 1331 頁。）

閆按：中尉的司法職能。

前 143 年（漢景帝後元年）後元年春正月，詔曰：「獄，重事也。人有智愚，官有上下。獄疑者讞有司。有司所不能決，移廷尉。有令讞而後不當，讞者不為失。（師古曰：『假令讞訖，其理不當，所讞之人不為罪失。』欲令治獄者務先寬。」……（《漢書・景帝紀》，第 150 頁。）

前 143 年（漢景帝後元年）條侯周亞夫下獄死。（《漢書・景帝紀》，第 150 頁。）

明年，條侯周亞夫下獄死。（《漢書・五行志》，第 1424 頁。）

前 143 年（漢景帝後元年）……居無何，亞夫子為父買工官尚方甲楯五百被可以葬者。取庸苦之，不與錢。庸知其盜買縣官器，怨而上變告子，事連污亞夫。書既聞，上下吏。吏簿責亞夫，亞夫不對。上罵之曰：「吾不用也。」

（孟康曰：「言不用汝對，欲殺之也。」如淳曰：「恐獄吏畏其復用事，不敢折辱也。」師古曰：「孟說是也。一云，帝責此吏云不勝其任，吾不用汝，故召亞夫令詣廷尉也。」）召詣廷尉。廷尉責問曰：「君侯欲反何？」亞夫曰：「臣所買器，乃葬器也，何謂反乎？」吏曰：「君縱不欲反地上，即欲反地下耳。」吏侵之益急。初，吏捕亞夫，亞夫欲自殺，其夫人止之，以故不得死，遂入廷尉，因不食五日，歐血而死。國絕。一歲，上乃更封絳侯勃它子堅為平曲侯，續絳侯後。傳子建德，為太子太傅，坐酎金免官。後有罪，國除。（《漢書‧張陳王周傳》，第 2056 頁。）

前 140～前 121 年（漢武帝）……建使人殺蚡。蚡家上書，下廷尉考，會赦，不治。易王薨未葬，建居服舍，召易王所愛美人淖姬等凡十人與姦。建女弟徵臣為蓋侯子婦，以易王喪來歸，建復與姦。建異母弟定國為淮陽侯，易王最小子也，其母幸立之，具知建事，行錢使男子茶恬上書告建淫亂，不當為後。事下廷尉，廷尉治恬受人錢財為上書，論棄市。建罪不治……及淮南事發，治黨與，頗連及建，建使人多推金錢絕其獄。（師古曰：「行賄賂以滅其蹤緒也。」）（《漢書‧景十三王傳》，第 2414、2417 頁。）

前 139 年（漢武帝建元二年）二年冬十月，御史大夫趙綰坐請毋奏事太皇太后，及郎中令王臧皆下獄，自殺。（《漢書‧武帝紀》，第 157 頁。）

前 133 年（漢武帝元光二年）……將軍王恢坐首謀不進，下獄死。（師古曰：「首為此謀，而反不進擊匈奴輜重。」）（《漢書‧武帝紀》，第 163 頁。）

前 129（漢武帝元光六年）元光六年入朝，謁者衛慶有方術，欲上書事天子，王怒，故劾慶死罪，強榜服之。（師古曰：「榜，擊也。擊笞之，令其自服死罪也。榜音彭。」）內史以為非是，卻其獄……（《漢書‧淮南衡山濟北王傳》，第 2153 頁。）

前 124～前 123 年（漢武帝元朔五年～元朔六年）……元朔五年，被遂亡之長安，上書自明。事下廷尉、河南。河南治，（師古曰：「章下廷尉及河南令，於河南雜治其事。」）逮淮南太子。王、王後計欲毋遣太子，遂發兵。計未定，猶與十餘日。會有詔即訊太子，（師古曰：「即，就也。訊，問也。就淮南問之，不逮詣河南。」）淮南相怒壽春丞留太子逮不遣，劾不敬。王請相，相不聽。王使人上書告相，事下廷尉治。從跡連王，王使人候司。漢公卿請逮捕治王，王恐，欲發兵。太子遷謀曰：「漢使即逮王，令人衣衛士衣，持戟居王旁，有非是者，即刺殺之，臣亦使人刺殺淮南中尉，乃舉兵，未晚也。」是

時上不許公卿，而遣漢中尉宏即訊驗王。王視漢中尉顏色和，問斥雷被事耳，自度無何，（師古曰：「自計度更無罪。度音徒各反。」）不發。中尉還，以聞。公卿治者曰：「淮南王安雍閼求奮擊匈奴者雷被等，格明詔，當棄市。」詔不許。請廢勿王，上不許。請削五縣，可二縣。使中尉宏赦其罪，罰以削地。中尉入淮南界，宣言赦王……書既聞，上以其事下廷尉、河南治。是歲元朔六年也。故辟陽侯孫審卿善丞相公孫弘，怨淮南厲王殺其大父，陰求淮南事而構之於弘。弘乃疑淮南有畔逆計，深探其獄。張晏曰：「探窮其根原。」河南治建，辭引太子及黨與。（《漢書·淮南衡山濟北王傳》，第 2147～2148頁。）

前 123 年（漢武帝元朔六年）……廷尉以建辭連太子遷聞，上遣廷尉監與淮南中尉逮捕太子。至，淮南王聞，與太子謀召相、二千石，欲殺而發兵。召相，相至；內史以出為解。中尉曰：「臣受詔使，不得見王。」王念獨殺相而內史、中尉不來，無益也，即罷相。計猶與未決。太子念所坐者謀殺漢中尉，所與謀殺者已死，以為口絕，乃謂王曰：「群臣可用者皆前繫，今無足與舉事者。王以非時發，恐無功，臣願會逮。」王亦愈欲休，即許太子。太子自刑，不殊。（晉灼曰：「不殊，不死也。」師古曰：「殊，絕也，雖自刑殺，而身首不絕也。」）伍被自詣吏，具告與淮南王謀反。吏因捕太子、王后，圍王宮，盡捕王賓客在國中者，索得反具以聞。上下公卿治，所連引與淮南王謀反列侯、二千石、豪傑數千人，皆以罪輕重受誅。衡山王賜，淮南王弟，當坐收。有司請逮捕衡山王，上曰：「諸侯各以其國為本，不當相坐。與諸侯王列侯議。」趙王彭祖、列侯讓等四十三人皆曰：「淮南王安大逆無道，謀反明白，當伏誅。」膠西王端議曰：「安廢法度，行邪僻，有詐偽心，以亂天下，熒惑百姓，背畔宗廟，妄作妖言。春秋曰「臣毋將，將而誅。」安罪重於將，謀反形已定。臣端所見其書印圖及它逆亡道事驗明白，當伏法。論國吏二百石以上及比者，宗室近幸臣不在法中者，不能相教，皆當免，（師古曰：「若本有重罪，自從其法，縱無反狀者，亦皆免。」）削爵為士伍，毋得官為吏。其非吏，它贖死金二斤八兩，以章安之罪，使天下明知臣子之道，毋敢復有邪僻背畔之意。」丞相弘、廷尉湯等以聞，上使宗正以符節治王。未至，安自刑殺。后、太子諸所與謀皆收夷。國除為九江郡。（師古曰：「夷謂誅滅之。」）（《漢書·淮南衡山濟北王傳》，第 2151 頁。）

前 122 年（漢武帝元狩元年）先是，淮南王安入朝，始與帝舅太尉武安

侯田蚡有逆言。其後膠西於王、趙敬肅王、常山憲王皆數犯法，或至夷滅人家，藥殺二千石，而淮南、衡山王遂謀反。膠東、江都王皆知其謀，陰治兵弩，欲以應之。至元朔六年，乃發覺而伏辜。時田蚡已死，不及誅。上思仲舒前言，使仲舒弟子呂步舒持斧鉞治淮南獄，以春秋誼顓斷於外，不請。既還奏事，上皆是之。（《漢書‧五行志》，第 1333 頁。）

　　閆按：春秋決獄之行為也。

　　前 122 年（漢武帝元狩元年）及治淮南、衡山、江都反獄，皆窮根本。嚴助、伍被，上欲釋之，湯爭曰：「伍被本造反謀，而助親幸出入禁闥腹心之臣，乃交私諸侯，如此弗誅，後不可治。」上可論之。其治獄所巧排大臣自以為功，多此類。繇是益尊任，遷御史大夫。（《漢書‧張湯傳》，第 2640 頁。）

　　前 120～前 74 年（漢武帝～漢昭帝）東海有孝婦，少寡，亡子，養姑甚謹，姑欲嫁之，終不肯。姑謂鄰人曰：「孝婦事我勤苦，哀其亡子守寡。我老，久累丁壯，奈何？」其後姑自經死，姑女告吏：「婦殺我母。」吏捕孝婦，孝婦辭不殺姑。吏驗治，孝婦自誣服。具獄上府，於公以為此婦養姑十餘年，以孝聞，必不殺也。太守不聽，於公爭之，弗能得，乃抱其具獄，哭於府上，（師古曰：『具獄者，獄案已成，其文備具也。』）因辭疾去。太守竟論殺孝婦。（《漢書‧雋疏於薛平彭傳》，第 3041～3042 頁。）

　　前 115 年（漢武帝元鼎二年）十二月，丞相青翟下獄死。（《漢書‧武帝紀》，第 182 頁。）

　　前 114 年（漢武帝元鼎三年）……漢使者視憲王喪，悅自言憲王病時，王后、太子不侍，及薨，六日出舍，太子勃私姦、飲酒、博戲、擊筑，與女子載馳，環城過市，入獄視囚。天子遣大行騫驗問，逮諸證者，王又匿之。吏求捕，勃使人致擊笞掠，擅出漢所疑囚。有司請誅勃及憲王后修。上曰：「修素無行，使悅陷之罪。勃無良師傅，不忍致誅。」有司請廢勿王，徙王勃以家屬處房陵，上許之。（《漢書‧景十三王傳》，第 2434～2435 頁。）

　　前 94 年（漢武帝泰始三年）……久之，太子丹與其女弟及同產姊姦。江充告丹淫亂，又使人椎埋攻剽，為姦甚眾。武帝遣使者發吏卒捕丹，下魏郡詔獄，治罪至死。彭祖上書冤訟丹，願從國中勇敢擊匈奴，贖丹罪，上不許。久之，竟赦出。（《漢書‧景十三王傳》，第 2421 頁。）

　　前 91 年（漢武帝徵和二年）二年春正月，丞相賀下獄死。（《漢書‧武帝紀》，第 208 頁。）

前 91 年（漢武帝徵和二年）……廣川惠王越以孝景中二年立，十三年薨。子繆王齊嗣，四十四年薨。初齊有幸臣乘距，已而有罪，欲誅距。距亡，齊因禽其宗族。距怨王，乃上書告齊與同產姦。是後，齊數告言漢公卿及幸臣所忠等，又告中尉蔡彭祖捕子明，罵曰：「吾盡汝種矣！」有司案驗，不如王言，劾齊誣罔，大不敬，請繫治。齊恐，上書願與廣川勇士奮擊匈奴，上許之。未發，病薨。有司請除國，奏可。（《漢書·景十三王傳》，第 2427～2428 頁。）

前 91 年（漢武帝徵和二年）……賀子敬聲，代賀為太僕，父子並居公卿位。敬聲以皇后姊子，驕奢不奉法，徵和中擅用北軍錢千九百萬，發覺，下獄。是時詔捕陽陵朱安世不能得，上求之急，賀自請逐捕安世以贖敬聲罪。上許之。後果得安世。安世者，京師大俠也，聞賀欲以贖子，笑曰：「丞相禍及宗矣。南山之竹不足受我辭，斜谷之木不足為我械。」安世遂從獄中上書，告敬聲與陽石公主私通，及使人巫祭祠詛上，且上甘泉當馳道埋偶人，祝詛有惡言。下有司案驗賀，窮治所犯，遂父子死獄中，家族。（《漢書·公孫劉田王楊蔡陳鄭傳》，第 2878 頁。）

前 91 年（漢武帝徵和二年）……御史督二千石求捕，廷尉治，未聞九卿廷尉有所鞫也……（《漢書·公孫劉田王楊蔡陳鄭傳》，第 2885 頁。）

前 91～前 87 年（漢武帝）……曾孫雖在襁褓，猶坐收繫郡邸獄。（如淳曰：「謂諸郡邸置獄也。」師古曰：「據《漢舊儀》，郡邸獄治天下郡國上計者，屬大鴻臚。此蓋巫蠱獄繁，收繫者眾，故曾孫寄在郡邸獄。」）而邴吉為廷尉監，（師古曰：「監者，廷尉之官屬。」）治巫蠱於郡邸，憐曾孫之亡辜，使女徒復作淮陽趙徵卿、渭城胡組更乳養……至後元二年，武帝疾，往來長楊、五柞宮，望氣者言長安獄中有天子氣，上遣使者分條中都官獄（師古曰：「中都官，凡京師諸官府也。」）繫者，輕重皆殺之。內謁者令郭穰夜至郡邸獄，（師古曰：「《百官表》云內者署屬少府。《續漢書志》云掌宮中布張諸藝物。丁孚《漢官》云令秩千石，蓋當時權為此使。」）吉拒閉，使者不得入，曾孫賴吉得全。因遭大赦，吉乃載曾孫送祖母史良娣家。語在吉及《外戚傳》。（《漢書·宣帝紀》，第 235～236 頁。）

前 91～前 87 年（漢武帝）……武帝末，巫蠱事起，衛太子及良娣、史皇孫皆遭害。史皇孫有一男，號皇曾孫，時生數月，猶坐太子繫獄，積五歲乃遭赦。治獄使者邴吉憐皇曾孫無所歸，載以（附）（付）史恭。恭母貞君年老，

見孫孤，甚哀之，自養視焉。（《漢書·外戚傳》，第3961頁。）

前91年（漢武帝徵和二年）徵和二年春，涿郡鐵官鑄鐵，鐵銷，皆飛上去，此火為變使之然也。其三月，涿郡太守劉屈氂為丞相。後月，巫蠱事興，帝女諸邑公主、陽石公主、丞相公孫賀、子太僕敬聲、平陽侯曹宗等皆下獄死。七月，使者江充掘蠱太子宮，太子與母皇后議，恐不能自明，乃殺充，舉兵與丞相劉屈氂戰，死者數萬人，太子敗走，至湖自殺。（《漢書·五行志》，第1334頁。）

前88年（漢武帝後元年）……旦壯大就國，為人辯略，博學經書雜說，好星曆數術倡優射獵之事，招致遊士。及衛太子敗，齊懷王又薨，旦自以次第當立，上書求入宿衛。上怒，下其使獄。後坐臧匿亡命，削良鄉、安次、文安三縣……（《漢書·武五子傳》，第2751頁。）

前87～前80年（漢昭帝）……後人有告相賊殺不辜，事下有司。河南卒戍中都官者二三千人，遮大將軍，自言願復留作一年以贖太守罪。河南老弱萬餘人守關欲入上書，關吏以聞。大將軍用武庫令事，遂下相廷尉獄。（師古曰：「光心以武庫令事嫌之，而下其賊殺不辜之獄也。」）久繫踰冬，會赦出……（《漢書·魏相丙吉傳》，第3134頁。）

前86年（漢昭帝始元元年）……久之，武帝崩，昭帝即位，而齊孝王孫劉澤交結郡國豪傑謀反，欲先殺青州刺史。不疑發覺，收捕，皆伏其辜。擢為京兆尹，賜錢百萬。京師吏民敬其威信。每行縣錄囚徒還，（師古曰：「省錄之，知其情狀有冤滯與不也。今云慮囚，本錄聲之去者耳，音力具反。而近俗不曉其意，訛其文遂為思慮之慮，失其源矣。行音下更反。」）其母輒問不疑：「有所平反，活幾何人？」即不疑多有所平反，母喜笑，為飲食語言異於他時；或亡所出，母怒，為之不食。故不疑為吏，嚴而不殘。（《漢書·雋疏於薛平彭傳》，第3036～3037頁。）

前86～前74年（漢昭帝）昭帝初，為宗正丞，雜治劉澤詔獄。（師古曰：「雜謂以他官共治之也。劉澤，齊孝王之孫，謀反欲殺青州刺史者。」）……蓋長公主孫譚遮德自言，（師古曰：「公主之孫名譚，自言者，申理公主所坐。」）德數責以公主起居無狀。侍御史以為光望不受女，承指劾德誹謗詔獄，（師古曰：「承指，謂取霍光之意指，德實責數公主，而御史乃以為受譚冤訴，故云誹謗詔獄。」）免為庶人，屏居山田……（《漢書·楚元王傳》，第1927頁。）

前 83 年（漢昭帝始元四年）四年春三月甲寅……辭訟在後二年前，皆勿聽治。（《漢書‧昭帝紀》，第 221 頁。）

前 82 年（漢昭帝始元五年）……始元五年，有一男子乘黃犢車，建黃旄，衣黃襜褕，著黃冒，詣北闕，自謂衛太子。公交車以聞，詔使公卿將軍中二千石雜識視。長安中吏民聚觀者數萬人。右將軍勒兵闕下，以備非常。丞相御史中二千石至者（立）（並）莫敢發言。京兆尹不疑後到，叱從吏收縛。或曰：「是非未可知，且安之。」不疑曰：「諸君何患於衛太子！昔蒯聵違命出奔，輒距而不納，春秋是之。衛太子得罪先帝，亡不即死，今來自詣，此罪人也。」遂送詔獄。（《漢書‧雋疏於薛平彭傳》，第 3037 頁。）

前 80 年（漢昭帝元鳳元年）泗水戴王前薨，以毋嗣，國除。後宮有遺腹子煖，相、內史不奏言，上聞而憐之，立煖為泗水王。相、內史皆下獄。（《漢書‧昭帝紀》，第 225 頁。）

前 78 年（漢昭帝元鳳三年）……壽王侯課，比三年下，終不服。再劾死，更赦勿劾，遂不更言，誹謗益甚，竟以下吏。（《漢書‧律曆志》，第 978 頁。）

前 78 年（漢昭帝元鳳三年）……時，昭帝幼，大將軍霍光秉政，惡之，下其書廷尉。奏賜、孟妄設祆言惑眾，大逆不道，皆伏誅……（《漢書‧眭兩夏侯京翼李傳》，第 3154 頁。）

前 74 年（漢昭帝元平元年）……車騎將軍安世將羽林騎收縛二百餘人，皆送廷尉詔獄。（《漢書‧霍光金日磾傳》，第 2939 頁。）

前 74 年（漢昭帝元平元年）……會昭帝崩，而新豐杜建為京兆掾，護作平陵方上。建素豪俠，賓客為奸利，廣漢聞之，先風告。建不改，於是收案致法。（師古曰：『致，至也。令至於罪罰之法。』）中貴人豪長者為請無不至，終無所聽。宗族賓客謀欲篡取，廣漢盡知其計議主名起居，使吏告曰：「若計如此，且並滅家。」令數吏將建棄市，莫敢近者。京師稱之。（《漢書‧趙尹韓張兩王傳》，第 3193～3194 頁。）

前 73 年（漢宣帝本始元年）……始許後暴崩，吏捕諸醫，劾衍侍疾亡狀不道，下獄。吏簿問急……（《漢書‧霍光金日磾傳》，第 2952 頁。）

前 73 年（漢宣帝本始元年）……於是丞相義、御史大夫廣明劾奏勝非議詔書，毀先帝，不道，及丞相長史黃霸阿縱勝，不舉劾，俱下獄……勝、霸既久繫，霸欲從勝受經，勝辭以罪死。（《漢書‧眭兩夏侯京翼李傳》，第

3157 頁。）

前 73～前 67 年（漢宣帝）……送獄，敕吏謹遇，給酒肉。至冬當出死，豫為調棺，給殮葬具，告語之，皆曰：「死無所恨！」……（《漢書‧趙尹韓張兩王傳》，第 3202 頁。）

前 73～前 57 年（漢宣帝）……在東郡三歲，令行禁止，斷獄大減，為天下最……延壽不得已，行縣至高陵，民有昆弟相與訟田自言，延壽大傷之，曰：「幸得備位，為郡表率，不能宣明教化，至令民有骨肉爭訟，既傷風化，重使賢長吏、嗇夫、三老、孝悌受其恥，咎在馮翊，當先退。」是日移病不聽事，因入臥傳舍，閉閤思過。一縣莫知所為，令丞、嗇夫、三老亦皆自繫待罪。於是訟者宗族傳相責讓，此兩昆弟深自悔，皆自髡肉袒謝，願以田相移，終死不敢復爭……（《漢書‧趙尹韓張兩王傳》，第 3213 頁。）

前 73～前 49 年（漢宣帝）……為京兆九歲，坐與光祿勳楊惲厚善，後惲坐大逆誅，公卿奏惲黨友，不宜處位，等比皆免，而敞奏獨寢不下。敞使（卒）（賊）捕掾絮舜有所案驗。舜以敞劾奏當免，不肯為敞竟事，私歸其家。人或諫舜，舜曰：「吾為是公盡力多矣，今五日京兆耳，安能復案事？」敞聞舜語，即部吏收舜繫獄。是時冬月未盡數日，案事吏晝夜驗治舜，竟致其死事。舜當出死，敞使主簿持教告舜曰：「五日京兆竟何如？冬月已盡，延命乎？」乃棄舜市。會立春，行冤獄使者出，舜家載屍，並編敞教，自言使者。使者奏敞賊殺不辜。天子薄其罪，欲令敞得自便利，即先下敞前坐楊惲不宜處位奏，免為庶人。（《漢書‧趙尹韓張兩王傳》，第 3223～3224 頁。）

前 73～前 49 年（漢宣帝）……先是，茂陵富人焦氏、賈氏以數千萬陰積貯炭葦諸下里物。昭帝大行時，方上事暴起，用度未辦，延年奏言「商賈或豫收方上不祥器物，冀其疾用，欲以求利，非民臣所當為。請沒入縣官。」奏可。富人亡財者皆怨，出錢求延年罪。初，大司農取民牛車三萬兩為僦，載沙便橋下，送致方上，車直千錢，延年上簿詐增僦直車二千，凡六千萬，盜取其半。焦、賈兩家告其事，下丞相府。丞相議奏延年「主守盜三千萬，不道」。霍將軍召問延年，欲為道地，延年抵曰：「本出將軍之門，蒙此爵位，無有是事。」光曰：「即無事，當窮竟。」御史大夫田廣明謂太僕杜延年：「春秋之義，以功覆過。當廢昌邑王時，非田子賓之言大事不成。今縣官出三千萬自乞之何哉？願以愚言白大將軍。」延年言之大將軍，大將軍曰：「誠然，實勇士也！當發大議時，震動朝廷。」光因舉手自撫心曰：「使我至今病悸！謝田

大夫曉大司農，通往就獄，得公議之。」田大夫使人語延年，延年曰：「幸縣官寬我耳，何面目入牢獄，使眾人指笑我，卒徒唾吾背乎！」即閉閤獨居齊舍，偏袒持刀東西步。數日，使者召延年詣廷尉。聞鼓聲，自刎死，國除。（《漢書·酷吏傳》，第 3665～3666 頁。）

前 71 年（漢昭帝本始三年）⋯⋯人有上書告諸醫侍疾無狀者，皆收繫詔獄，劾不道。顯恐（事）急，即以狀具語光，因曰：「既失計為之，無令吏急衍！」光驚鄂，默然不應。其後奏上，署衍勿論。（《漢書·外戚傳》，第 3966 頁。）

前 67 年（漢宣帝地節三年）初，廣漢客私酤酒長安市，丞相（史）（吏）逐去（客）。客疑男子蘇賢言之，以語廣漢。廣漢使長安丞按賢，（師古曰：『按，致其罪也。』）尉史禹故劾賢為騎士屯霸上，不詣屯所，乏軍興。賢父上書訟罪，告廣漢，事下有司覆治。禹坐要斬，請逮捕廣漢。有詔即訊，（師古曰：『令就問之，不追入獄也。』）辭服，會赦，貶秩一等。廣漢疑其邑子榮畜教令，後以它法論殺畜。人上書言之，事下丞相御史，案驗甚急。廣漢使所親信長安人為丞相府門卒，令微司丞相門內不法事。地節三年七月中，丞相傅婢有過，自絞死。廣漢聞之，疑丞相夫人妒殺之府舍。而丞相奉齋酎入廟祠，廣漢得此，使中郎趙奉壽風曉丞相，欲以脅之，毋令窮正己事。丞相不聽，按驗愈急。廣漢欲告之，先問太史知星氣者，言今年當有戮死大臣，廣漢即上書告丞相罪。制曰：「下京兆尹治。」廣漢知事迫切，遂自將吏卒突入丞相府，召其夫人跪庭下受辭，收奴婢十餘人去，責以殺婢事。丞相魏相上書自陳：「妻實不殺婢。廣漢數犯罪法不伏辜，以詐巧迫脅臣相，幸臣相寬不奏。願下明使者治廣漢所驗臣相家事。」事下廷尉治（罪），實丞相自以過譴笞傅婢，出至外弟乃死，不如廣漢言。司直蕭望之劾奏：「廣漢摧辱大臣，欲以劫持奉公，逆節傷化，不道。」宣帝惡之，下廣漢廷尉獄，又坐賊殺不辜，鞠獄故不以實，擅斥除騎士乏軍興數罪。天子可其奏。吏民守闕號泣者數萬人，或言「臣生無益縣官，願代趙京兆死，使得牧養小民」。廣漢竟坐要斬。（《漢書·趙尹韓張兩王傳》，第 3204～3205 頁。）

前 73～前 49 年（漢宣帝）⋯⋯人有上書告長樂非所宜言，事下廷尉。長樂疑惲教人告之，亦上書告惲罪：「高昌侯車奔入北掖門，惲語富平侯張延壽曰：『聞前曾有奔車抵殿門，門關折，馬死，而昭帝崩。今復如此，天時，非人力也。』」左馮翊韓延壽有罪下獄，惲上書訟延壽⋯⋯事下廷尉。廷尉定國

考問，左驗明白，奏惲不服罪，而召戶將尊，欲令戒飭富平侯延壽，曰『太僕定有死罪數事，朝暮人也。惲幸與富平侯婚姻，今獨三人坐語，侯言『時不聞惲語』，自與太僕相觸也』。尊曰：『不可』。惲怒，持大刀，曰：『蒙富平侯力，得族罪！毋泄惲語，令太僕聞之亂余事。』惲幸得列九卿諸吏，宿衛近臣，上所信任，與聞政事，不竭忠愛，盡臣子義，而妄怨望，稱引為妖惡言，大逆不道，請逮捕治。上不忍加誅，有詔皆免惲、長樂為庶人。（《漢書·公孫劉田王楊蔡陳鄭傳》，第 2891、2893 頁。）

前 71 年（漢宣帝本始三年）……本始三年，相內史奏狀，具言赦前所犯。天子遣大鴻臚、丞相長史、御史丞、廷尉正雜治鉅鹿詔獄，奏請逮捕去及后昭信。制曰：「王后昭信、諸姬奴婢證者皆下獄。」辭服。有司復請誅王。制曰：「與列侯、中二千石、二千石、博士議。」議者皆以為去悖虐，聽后昭信讒言，燔燒亨　，生割剝人，距師之諫，殺其父子。凡殺無辜十六人，至一家母子三人，逆節絕理。其十五人在赦前，大惡仍重，當伏顯戮以示眾。制曰：「朕不忍致王於法，議其罰。」有司請廢勿王，與妻子徙上庸。奏可。與湯沐邑百戶。去道自殺，昭信棄市。（《漢書·景十三王傳》，第 2432 頁。）

前 68 年（漢宣帝地節二年）五月，光祿大夫平丘侯王遷有罪，下獄死。（《漢書·宣帝紀》，第 247 頁。）

前 68 年（漢宣帝地節二年）……廷尉李種、王平、左馮翊賈勝胡及車丞相女婿少府徐仁皆坐逆將軍（竟）（意）下獄死……（《漢書·霍光金日磾傳》，第 2953 頁。）

前 68 年（漢宣帝地節二年）……長安男子張章告之，事下廷尉。執金吾捕張赦、石夏等，後有詔止勿捕……（《漢書·霍光金日磾傳》，第 2955 頁。）

前 67 年（漢宣帝地節三年）……及賢病篤，弘竟坐宗廟事繫獄，罪未決。室家問賢當為後者，賢恚恨不肯言。於是賢門下生博士義倩等與宗家計議，共矯賢令，使家丞上書言大行，以大河都尉玄成為後。賢薨，玄成在官聞喪，又言當為嗣，玄成深知其非賢雅意，即陽為病狂，臥便利，妄笑語昏亂。徵至長安，既葬，當襲爵，以病狂不應召。大鴻臚（奉）（奏）狀，章下丞相御史案驗。玄成素有名聲，士大夫多疑其欲讓爵辟兄者。案事丞相史乃與玄成書曰：「古之辭讓，必有文義可觀，故能垂榮於後。今子獨壞容貌，蒙恥辱，為狂癡，光曜晻而不宣。微哉！子之所託名也。僕素愚陋，過為宰相執事，願少聞風聲。不然，恐子傷高而僕為小人也。」玄成友人侍郎章亦上疏言：「聖王

貴以禮讓為國，宜憂養玄成，勿枉其志，使得自安衡門之下。」而丞相御史遂以玄成實不病，劾奏之。有詔勿劾，引拜……（《漢書·韋賢傳》，第3108～3109頁。）

前49～前33年（漢元帝）……野王部督郵掾殺禒趙都案驗，得其主守盜十金罪，收捕。並不首吏，都格殺。並家上書陳冤，事下廷尉。都詣吏自殺以明野王，京師稱其威信，遷為大鴻臚……（《漢書·馮奉世傳》，第3302頁。）

前48年（漢元帝初元元年）……恭、顯奏「望之、堪、更生朋黨相稱舉，數譖訴大臣，毀離親戚，欲以專擅權勢，為臣不忠，誣上不道，請謁者召致廷尉。」時上初即位，不省「謁者召致廷尉」為下獄也，可其奏。後上召堪、更生，曰繫獄。上大驚曰：「非但廷尉問邪？」以責恭、顯，皆叩頭謝。上曰：「令出視事。」恭、顯因使高言：「上新即位，未以德化聞於天下，而先驗師傅，既下九卿大夫獄，宜因決免。」於是制詔丞相御史：「前將軍望之傅朕八年，亡它罪過，今事久遠，識忘難明。其赦望之罪，收前將軍光祿勳印綬，及堪、更生皆免為庶人。」（《漢書·蕭望之傳》，第3286～3287頁。）

前48～前32年（漢元帝）……謀立左皇后，罪至大逆，死獄中。妻子當坐者徙合浦，母若歸故郡。紅陽侯立就國。將軍卿大夫郡守坐長免罷者數十人……（《漢書·佞倖傳》，第3732頁。）

前48～前33年（漢元帝）……時陳咸在前，聞之，以語雲。雲上書自訟，咸為定奏草，求下御史中丞。事下丞相，丞相部吏考立其殺人罪。雲亡入長安，復與咸計議。丞相具發其事，奏「咸宿衛執法之臣，幸得進見，漏泄所聞，以私語雲，為定奏草，欲令自下治，後知雲亡命罪人，而與交通，雲以故不得。」上於是下咸、雲獄，減死為城旦。咸、雲遂廢錮，終元帝世。（《漢書·楊胡朱梅雲傳》，第2914頁。）

前48～前33年（漢元帝）……書奏，上使侍御史收縛輔，繫掖庭祕獄，（師古曰：《漢書舊儀》掖庭詔獄令丞宦者為之，主理婦人女官也。）群臣莫知其故……（《漢書·蓋諸葛劉鄭孫母將何傳》，第3252頁。）

前46～前33年（漢元帝）「……今將輔送獄，直符史詣閤下，從太守受其事。丞戒之戒之！相隨入獄矣！輔繫獄數日死，盡得其狡猾不道，百萬奸臧。威震郡中，盜賊分散，入傍郡界。豪彊多誅傷伏辜者。坐殘賊免……坐擅離部署，會赦，免歸家……是時，東平王以至親驕奢不奉法度，傅相連坐。及尊視事，奉璽書至庭中，王未及出受詔，尊持璽書歸舍，食已乃還。致詔後，

謁見王，太傅在前說相鼠之詩。尊曰：「毋持布鼓過雷門！」王怒，起入後宮。尊亦直趨出就舍。先是王數私出入，驅馳國中，與后姬家交通。尊到官，召敕廄長：「大王當從官屬，鳴和鸞乃出，自今有令駕小車，叩頭爭之，言相教不得。」後尊朝王，王復延請登堂。尊謂王曰：「尊來為相，人皆弔尊也，以尊不容朝廷，故見使相王耳。天下皆言王勇，顧但負貴，安能勇？如尊乃勇耳。」王變色視尊，意欲格殺之，即好謂尊曰：「願觀相君佩刀。」尊舉掖，顧謂傍侍郎：「前引佩刀視王，王欲誣相拔刀向王邪？」王情得，又雅聞尊高名，大為尊屈，酌酒具食，相對極歡。太后徵史奏尊「為相倨慢不臣，王血氣未定，不能忍。愚誠恐母子俱死。今妾不得使王復見尊。陛下不留意，妾願先自殺，不忍見王之失義也。」尊竟坐免為庶人……湖三老公乘興等上書訟尊治京兆功效日著。「往者南山盜賊阻山橫行，剽劫良民，殺奉法吏，道路不通，城門至以警戒。步兵校尉使逐捕，暴師露眾，曠日煩費，不能禽制。二卿坐黜，群盜浸強，吏氣傷沮，流聞四方，為國家憂。當此之時，有能捕斬，不愛金爵重賞。關內侯寬中使問所徵故司隸校尉王尊捕群盜方略，拜為諫大夫，守京輔都尉，行京兆尹事。尊盡節勞心，夙夜思職，卑體下士，屬奔北之吏，起沮傷之氣，二旬之間，大黨震壞，渠率效首。賊亂蠲除，民反農業，拊循貧弱，鉏耘豪彊。長安宿豪大猾東市賈萬、城西萬章、翦張禁、酒趙放、杜陵楊章等皆通邪結黨，挾養姦軌，上干王法，下亂吏治，并兼役使，侵漁小民，為百姓豺狼。更數二千石，二十年莫能禽討，尊以正法案誅，皆伏其辜。姦邪銷釋，吏民說服。尊撥劇整亂，誅暴禁邪，皆前所稀有，名將所不及。雖拜為真，未有殊絕褒賞加於尊身。今御史大夫奏尊『傷害陰陽，為國家憂，無承用詔書之意，靖言庸違，象龔滔天。』原其所以，出御史丞楊輔，故為尊書佐，素行陰賊，惡口不信，好以刀筆陷人於法。輔常醉過尊大奴利家，利家捽搏其頰，兄子閎拔刀欲剄之。輔以故深怨疾毒，欲傷害尊。疑輔內懷怨恨，外依公事，建畫為此議，傅致奏文，浸潤加誣，以復私怨。昔白起為秦將，東破韓、魏，南拔郢都，應侯譖之，賜死杜郵；吳起為魏守西河，而秦、韓不敢犯，讒人間焉，斥逐奔楚。秦聽浸潤以誅良將，魏信讒言以逐賢守，此皆偏聽不聰，失人之患也。臣等竊痛傷尊修身絜己，砥節首公，刺譏不憚將相，誅惡不避豪彊，誅不制之賊，解國家之憂，功（岩）（著）職修，威信不廢，誠國家爪牙之吏，折衝之臣，今一旦無辜制於仇人之手，傷於詆欺之文，上不得以功除罪，下不得蒙棘木之聽，獨掩怨仇之偏奏，被共工之大惡，無所陳怨愬罪。尊以京

師廢亂，群盜並興，選賢徵用，起家為卿，賊亂既除，豪猾伏辜，即以佞巧廢
黜。一尊之身，三期之間，乍賢乍佞，豈不甚哉！孔子曰：『愛之欲其生，惡
之欲其死，是惑也。』『浸潤之譖不行焉，可謂明矣。』願下公卿大夫博士議
郎，定尊素行。夫人臣而傷害陰陽，死誅之罪也；靖言庸違，放殛之刑也。審
如御史章，尊乃當伏觀闕之誅，放於無人之域，不得苟免。及任舉尊者，當獲
選舉之辜，不可但已。即不如章，飾文深詆以恕無罪，亦宜有誅，以懲讒賊之
口，絕詐欺之（俗）（路）。唯明主參詳，使白黑分別。」書奏，天子復以尊為
徐州刺史，遷東郡太守……尊子伯亦為京兆尹，坐耎弱不勝任免。（《漢書‧
趙尹韓張兩王傳》，第 3228～3230、3234～3236、3238 頁。）

前 37 年（漢元帝建昭二年）……房去月餘，竟徵下獄……（《漢書‧眭
兩夏侯京翼李傳》，第 3166 頁。）

前 32 年（漢成帝建始元年）……成帝初即位，丞相衡覆奏「湯以吏二千
石奉使，顓命蠻夷中，不正身以先下，而盜所收康居財物，戒官屬曰絕域事
不覆校。雖在赦前，不宜處位。」湯坐免。後湯上書言康居王侍子非王子也。
按驗，實王子也。湯下獄當死……今湯坐言事非是，幽囚久繫，歷時不決，執
憲之吏欲致之大辟。（《漢書‧傅常鄭甘陳段傳》，第 3020～3021 頁。）

前 32～前 8 年（漢成帝）初，成帝時，齊人甘忠可詐造《天官曆》、《包
元太平經》十二卷，以言「漢家逢天地之大終，當更受命於天，天帝使真人赤
精子，下教我此道。」忠可以教重平夏賀良、容丘丁廣世、東郡郭昌等，中
壘校尉劉向奏忠可假鬼神罔上惑眾，下獄治服，未斷病死。賀良等坐挾學忠
可書以不敬論，後賀良等復私以相教……（《漢書‧眭兩夏侯京翼李傳》，第
3192 頁。）

前 32～前 8 年（漢成帝）……而陳咸為御史中丞，坐漏泄省中語下獄。
博去吏，間步至廷尉中，候伺咸事。咸掠治困篤，博詐得為醫入獄，得見咸，
具知其所坐罪。博出獄，又變姓名，為咸驗治數百，卒免咸死罪……（《漢書‧
薛宣朱博傳》，第 3398 頁。）

前 29 年（漢成帝建始四年）……時成都侯商新為大司馬衛將軍輔政，素
不善湯。商聞此語，白湯惑眾，下獄治，按驗諸所犯。湯前為騎都尉王莽上書
言：「父早死，（犯）（獨）不封，母明君共養皇太后，尤勞苦，宜封竟為新都
侯。」後皇太后同母弟苟參為水衡都尉，死，子伋為侍中，參妻欲為伋求封，
湯受其金五十斤，許為求比上奏。弘農太守張匡坐臧百萬以上，狡猾不道，

有詔即訊，恐下獄，使人報湯。湯為訟罪，得踰冬月，許謝錢二百萬，皆此類也。事在赦前。後東萊郡黑龍冬出，人以問湯，湯曰：「是所謂玄門開。微行數出，出入不時，故龍以非時出也。」又言當復發徙，傳相語者十餘人。丞相御史奏「湯惑眾不道，妄稱詐歸異於上，非所宜言，大不敬。」廷尉增壽議，以為「不道無正法，以所犯劇易為罪，臣下（丞）（承）用失其中，故移獄廷尉，無比者先以聞，所以正刑罰，重人命也。明主哀憫百姓，下制書罷昌陵勿徙吏民，已申布。湯妄以意相謂且復發徙，雖頗驚動，所流行者少，百姓不為變，不可謂惑眾。湯稱詐，虛設不然之事，非所宜言，大不敬也。」制曰：「廷尉增壽當是。湯前有討郅支單于功，其免湯為庶人，徙邊。」又曰：「故將作大匠萬年佞邪不忠，妄為巧詐，多賦斂，煩繇役，興卒暴之作，卒徒蒙辜，死者連屬，毒流眾庶，海內怨望。雖蒙赦令，不宜居京師。」於是湯與萬年俱徙敦煌。（《漢書・傅常鄭甘陳段傳》，第 3025～3026 頁。）

前 24 年（漢成帝陽朔元年）冬，京兆尹王章有罪，下獄死。（《漢書・成帝紀》，第 312 頁。）

前 24 年（漢成帝陽朔元年）……上令尚書劾奏京兆尹章，章死詔獄。語在《元后傳》。（《漢書・杜周傳》，第 2677 頁。）

前 24 年（漢成帝陽朔元年）……書遂上，果下廷尉獄，妻子皆收繫。章小女年可十二，夜起號哭曰：「平生獄上呼囚，（素）（數）常至九，今八而止。我君（數）（素）剛，先死者必君。」明日問之，章果死。妻子皆徙合浦。（《漢書・趙尹韓張兩王傳》，第 3239 頁。）

前 20～前 17 年（漢成帝嘉鴻年間）……商徵下獄，寶坐失死罪免……寶聞之，遣丞相史按驗，發其奸，劾奏立、尚懷奸罔上，狡猾不道。尚下獄死……會淳于長敗，寶與蕭育等皆坐免官。文復去吏，死於家……（《漢書・蓋諸葛劉鄭孫母將何傳》，第 3258～3260 頁。）

前 16～前 9 年（漢成帝）……永治、元延間，上怠於政，貴戚驕恣，紅陽長仲兄弟交通輕俠，臧匿亡命。而北地大豪浩商等報怨，殺義渠長妻子六人，往來長安中。丞相御史遣掾求逐黨與，詔書召捕，久之乃得。長安中奸猾浸多，閭里少年群輩殺吏，受賕報仇，相與探丸為彈，得赤丸者斫武吏，得黑丸者斫文吏，白者主治喪；城中薄暮塵起，劋劫行者，死傷橫道，枹鼓不絕。賞以三輔高第選守長安令，得壹切便宜從事。賞至，修治長安獄，穿地方深各數丈，致令辟為郭，以大石覆其口，名為「虎穴」。乃部戶曹掾史，與鄉吏、

亭長、里正、父老、伍人，雜舉長安中輕薄少年惡子，無市籍商販作務，而鮮衣凶服被鎧扞持刀兵者，悉籍記之，得數百人。賞一朝會長安吏，車數百兩，分行收捕，皆劾以為通行飲食群盜。賞親閱，見十置一，其餘盡以次內虎穴中，百人為輩，覆以大石。數日壹發視，皆相枕藉死，便輿出，瘞寺門桓東，楬著其姓名，百日後，乃令死者家各自發取其屍。親屬號哭，道路皆歔欷。長安中歌之曰：「安所求子死？桓東少年場。生時諒不謹，枯骨後何葬？」賞所置皆其魁宿，或故吏善家子失計隨輕點願自改者，財數十百人，皆貰其罪，詭令立功以自贖。盡力有效者，因親用之為爪牙，追捕甚精，甘耆奸惡，甚於凡吏。賞視事數月，盜賊止，郡國亡命散走，各歸其處，不敢闌長安。江湖中多盜賊，以賞為江夏太守，捕格江賊及所誅吏民甚多，坐殘賊免。南山群盜起，以賞為右輔都尉，遷執金吾，督大奸猾。三輔吏民甚畏之。（《漢書·酷吏傳》，第 3673～3675 頁。）

前 8 年（漢成帝綏和元年）綏和元年正月辛未，有流星從東南入北斗，長數十丈，二刻所息。占曰：「大臣有繫者。」其年十一月庚子，定陵侯淳于長坐執左道下獄死。（《漢書·天文志》，第 1311 頁。）

前 8 年（漢成帝綏八年）……上乃順指下寶獄……（《漢書·蓋諸葛劉鄭孫母將何傳》，第 3261 頁。）

前 7 年（漢成帝綏和二年）成帝綏和二年八月庚申，鄭通里男子王褒衣絳衣小冠，帶劍入北司馬門殿東門，上前殿，入非常室中，解帷組結佩之，招前殿署長業等曰：「天帝令我居此。」業等收縛考問，褒故公交車大誰卒，病狂易，不自知入宮狀，下獄死。（《漢書·五行志》，第 1475 頁。）

前 7 年（漢哀帝）……義既還，大怒，陽以他事召立至，以主守盜十金，賊殺不辜，部掾夏恢等收縛立，傳送鄧獄。恢亦以宛大縣，恐見篡奪，白義可因隨後行縣送鄧。義曰：「欲令都尉自送，則如勿收邪！」載環宛市乃送，吏民不敢動，威震南陽。（《漢書·翟方進傳》，第 3425 頁。）

前 7～前 1 年（漢哀帝）……後業坐法免官，復為函谷關都尉。會定陵侯長有罪，當就國，長舅紅陽侯立與業書曰：「誠哀老姊垂白，隨無狀子出關，願勿復用前事相侵。」定陵侯既出關，伏罪復發，下洛陽獄。丞相史搜得紅陽侯書，奏業聽請，不敬，坐免就國……幸賴陛下至明，遣使者毛莫如先考驗，卒得其奸，皆坐死……大司空師丹等劾宏誤朝不道，坐免為庶人，業復上書訟宏……（《漢書·杜周傳》，第 2678～2680、2682 頁。）

　　前7～前1年（漢哀帝）……上怒，下崇獄，窮治，死獄中。（《漢書・蓋諸葛劉鄭孫毋將何傳》，第3256～3257頁。）

　　前7～前1年（漢哀帝）……太后即傅昭儀也，素常怨馮太后，因是遣御史丁玄案驗，盡收御者官吏及馮氏昆弟在國者百餘人，分繫洛陽、魏郡、鉅鹿。數十日無所得，更使中謁者令史立與丞相長史大鴻臚丞雜治。立受傅太后指，幾得封侯，治馮太后女弟習及寡弟婦君之，死者數十人。巫劉吾服祝詛。豎徐遂成言習、君之曰「武帝時豎修氏刺治武帝得二千萬耳，今愈上，不得封侯，不如殺上，令中山王代，可得封。」立等劾奏祝詛謀反，大逆。責問馮太后，無服辭。立曰：「熊之上殿何其勇，今何怯哉！」太后還謂左右：「此乃中語，前世事，吏何用知之？是欲陷我效也！」乃飲藥自殺。先未死，有司請誅之，上不忍致法，廢為庶人，徙雲陽宮。既死，有司覆奏「太后死在未廢前。」有詔以諸侯王太后儀葬之。宜鄉侯參、君之、習夫及子當相坐者，或自殺，或伏法。參女弁為孝王后，有兩女，有司奏免為庶人，與馮氏宗族徙歸故郡。張由以先告賜爵關內侯，史立遷中太僕。哀帝崩，大司徒孔光奏「由前誣告骨肉，立陷人入大辟，為國家結怨於天下，以取秩遷，獲爵邑，幸蒙赦令，請免為庶人，徙合浦」云。（《漢書・外戚傳》，第4006～4007頁。）

　　前6年（漢哀帝建平元年）……哀帝初，大司空何武除宣為西曹掾，甚敬重焉，薦宣為諫大夫，遷豫州牧。歲餘，丞相司直郭欽奏「宣舉錯煩苛，代二千石署吏聽訟，所察過詔條。行部乘傳去法駕，駕一馬，舍宿鄉亭，為眾所非。」宣坐免。（《漢書・王貢兩龔鮑傳》，第3086頁。）

　　閆按：鮑宣有代二千石署吏聽訟之行為，值得考察。

　　前6年（漢哀帝建平元年）……丞相孔光四時行園陵，官屬以令行馳道中，（如淳曰：「令諸使有制得行馳道中者，行旁道，無得行中央三丈也。」）宣出逢之，使吏鉤止丞相掾史，沒入其車馬，摧辱宰相。事下御史，中丞侍御史至司隸官，欲捕從事，閉門不肯內。宣坐距閉使者，亡人臣禮，大不敬，不道，下廷尉獄。博士弟子濟南王咸舉幡太學下，曰：「欲救鮑司隸者會此下。」諸生會者千餘人。朝日，遮丞相孔光自言，丞相車不得行，又守闕上書。上遂抵宣罪減死一等，髡鉗。宣既被刑，乃徙之上黨，以為其地宜田牧，又少豪俊，易長雄，遂家於長子……（《漢書・王貢兩龔鮑傳》，第3093～3094頁。）

　　前6年（漢哀帝建平元年）……上以問將軍中朝臣，皆對曰：「忠臣不顯

諫，大臣奏事不宜漏泄，令吏民傳寫流聞四方。『臣不密則失身』，宜下廷尉治。」事下廷尉，廷尉劾丹大不敬……（《漢書・何武王嘉師丹傳》，第3506～3507頁。）

前5年（漢哀帝太初元將元年）……上以其言亡驗，遂下賀良等吏，而下詔曰：「朕獲保宗廟，為政不德，變異屢仍，恐懼戰慄，未知所繇。待詔賀良等建言改元易號，增益漏刻，可以永安國家。朕信道不篤，過聽其言，幾為百姓獲福。卒無嘉應，久旱為災。以問賀良等，對當復改制度，皆背經誼，違聖製，不合時宜。夫過而不改，是為過矣。六月甲子詔書，非赦令也，皆蠲除之。（師古曰：『唯赦令不改，餘皆除之。』）賀良等反道惑眾，奸態當窮竟。」皆下獄，光祿勳平當、光祿大夫毛莫如與御史中丞、廷尉雜治，當賀良等執左道，亂朝政，（師古曰：『當謂處正其罪名。』）傾覆國家，誣罔主上，不道。賀良等皆伏誅。尋及解光減死一等，徙敦煌郡……（《漢書・睢兩夏侯京翼李傳》，第3193～3194頁。）

前5年（漢哀帝建平二年）……宣等劾奏：「博宰相，玄上卿，晏以外親封位特進，股肱大臣，上所信任，不思竭誠奉公，務廣恩化，為百僚先，皆知喜、武前已蒙恩詔決，事更三赦，博執左道，虧損上恩，以結信貴戚，背君鄉臣，傾亂政治，奸人之雄，附下罔上，為臣不忠不道；玄知博所言非法，枉義附從，大不敬；晏與博議免喜，失禮不敬。臣請詔謁者召博、玄、晏詣廷尉詔獄。」制曰：「將軍、中二千石、二千石、諸大夫、博士、議郎議。」右將軍蟜望等四十四人以為「如宣等言，可許。」諫大夫龔勝等十四人以為「春秋之義，奸以事君，常刑不捨。魯大夫叔孫僑如欲顓公室，譖其族兄季孫行父於晉，晉執囚行父以亂魯國，春秋重而書之。今晏放命圮族，干亂朝政，要大臣以罔上，本造計謀，職為亂階，宜與博、玄同罪，罪皆不道。」上減玄死罪三等，削晏戶四分之一，假謁者節召丞相詣廷尉詔獄。博自殺，國除。（《漢書・薛宣朱博傳》，第3407～3408頁。）

前2年（漢成帝元壽元年）三月，丞相嘉有罪，下獄死。（《漢書・哀帝紀》，第344頁。）

前2年（漢哀帝元壽元年）初，廷尉梁相與丞相長史、御史中丞及五二千石雜治東平王雲獄，時冬月未盡二旬，而相心疑雲冤，獄有飾辭，奏欲傳之長安，更下公卿覆治。尚書令鞫譚、僕射宗伯鳳以為可許。天子以相等皆見上體不平，外內顧望，操持兩心，幸雲蹈冬，無討賊疾惡主仇之意，制詔免

相等皆為庶人。後數月大赦，嘉奏封事薦相等明習治獄，「相計謀深沉，譚頗知雅文，鳳經明行修，聖王有計功除過，臣竊為朝廷惜此三人。」書奏，上不能平。後二十餘日，嘉封還益董賢戶事，上乃發怒，召嘉詣尚書，責問以「相等前坐在位不盡忠誠，外附諸侯，操持兩心，背人臣之義，今所稱相等材美，足以相計除罪。君以道德，位在三公，以總方略一統萬類分明善惡為職，知相等罪惡陳列，著聞天下，時軌以自劾，今又稱譽相等，云為朝廷惜之。大臣舉錯，恣心自在，迷國罔上，近由君始，將謂遠者何！對狀。」嘉免冠謝罪。事下將軍中朝者。光祿大夫孔光、左將軍公孫祿、右將軍王安、光祿勳馬宮、光祿大夫龔勝劾嘉迷國罔上不道，請與廷尉雜治。勝獨以為嘉備宰相，諸事並廢，咎由嘉生；嘉坐薦相等，微薄，以應迷國罔上不道，恐不可以示天下。遂可光等奏。光等請謁者召嘉詣廷尉詔獄，制曰：「票騎將軍、御史大夫、中二千石、二千石、諸大夫、博士、議郎議。」衛尉雲等五十人以為「如光等言可許」。議郎龔等以為「嘉言事前後相違，無所執守，不任宰相之職，宜奪爵土，免為庶人。」永信少府猛等十人以為「聖王斷獄，必先原心定罪，探意立情，故死者不抱恨而入地，生者不銜怨而受罪。明主躬聖德，重大臣刑辟，廣延有司議，欲使海內咸服。嘉罪名雖應法，聖王之於大臣，在輿為下，御坐則起，疾病視之無數，死則臨弔之，廢宗廟之祭，進之以禮，退之以義，誅之以行。案嘉本以相等為罪，罪惡雖著，大臣括發關械、裸躬就笞，非所以重國褒宗廟也。今春月寒氣錯繆，霜露數降，宜示天下以寬和。臣等不知大義，唯陛下察焉。」有詔假謁者節，召丞相詣廷尉詔獄。使者既到府，掾史涕泣，共和藥進嘉，嘉不肯服。主簿曰：「將相不對理陳冤，相踵以為故事，君侯宜引決。」使者危坐府門上。主簿復前進藥，嘉引藥杯以擊地，謂官屬曰：「丞相幸得備位三公，奉職負國，當伏刑都市以示萬眾。丞相豈兒女子邪，何謂咀藥而死！」嘉遂裝出，見使者再拜受詔，乘吏小車，去蓋不冠，隨使者詣廷尉。廷尉收嘉丞相新甫侯印綬，縛嘉載致都船詔獄。上聞嘉生自詣吏，大怒，使將軍以下與五二千石雜治。吏詰問嘉，嘉對曰：「案事者思得實。竊見相等前治東平王獄，不以雲為不當死，欲關公卿示重慎；置驛馬傳因，勢不得踰冬月，誠不見其外內顧望阿附為雲驗。復幸得蒙大赦，相等皆良善吏，臣竊為國惜賢，不私此三人。」獄吏曰：「苟如此，則君何以為罪猶當？有以負國，不空入獄矣。」吏稍侵辱嘉，嘉喟然印天歎曰：「幸得充備宰相，不能進賢退不肖，以是負國，死有餘責。」吏問賢不肖主名，嘉曰：「賢，故丞相孔光、

故大司空何武，不能進；惡，高安侯董賢父子，佞邪亂朝，而不能退。罪當死，死無所恨。」嘉繫獄二十餘日，不食歐血而死。帝舅大司馬票騎將軍丁明素重嘉而憐之，上遂免明，以董賢代之，語在賢傳。嘉為相三年誅，國除。（《漢書·何武王嘉師丹傳》，第3499～3503頁。）

前2年（漢哀帝元壽元年）……會待詔孫寵、息夫躬等告東平王雲后謁祠祀祝詛，下有司治，皆伏其辜。上於是令躬、寵為因賢告東平事者，乃以其功下詔封賢為高安侯，躬宜陵侯，寵方陽侯，食邑各千戶。頃之，復益封賢二千戶。丞相王嘉內疑東平事冤，甚惡躬等，數諫爭，以賢為亂國制度，嘉竟坐言事下獄死。（《漢書·佞倖傳》，第3735頁。）

前1年（漢哀帝元壽二年）先是常又為勝道高陵有子殺母者。勝白之，尚書問：「誰受？」對曰：「受夏侯常。」尚書使勝問常，常連恨勝，即應曰：「聞之白衣，戒君勿言也。奏事不詳，妄作觸罪。」勝窮，亡以對尚書，即自劾奏與常爭言，污辱朝廷。事下御史中丞，召詰問，劾奏「勝吏二千石，常位大夫，皆幸得給事中，與論議，不崇禮義，而居公門下相非恨，疾言辯訟，惰謾亡狀，皆不敬。」制曰：「貶秩各一等。」勝謝罪，乞骸骨。（《漢書·王貢兩龔鮑傳》，第3082頁。）

前1年（漢哀帝元壽二年）……有司奏請發賢棺，至獄診視……賢既見發，羸診其屍，因埋獄中……（《漢書·佞倖傳》，第3739～3740頁。）

1年（漢平帝元始元年）平帝即位，王莽秉政，陰有篡國之心，乃風州郡以罪法案誅諸豪傑，及漢忠直臣不附己者，宣及何武等皆死。時名捕隴西辛興，興與宣女婿許紺俱過宣，一飯去，宣不知情，坐繫獄，自殺。（《漢書·王貢兩龔鮑傳》，第3094頁。）

2年（漢平帝元始二年）賜公田宅。冬，中二千石舉治獄平，歲一人。（李奇曰：「吏治獄平端也。」）（《漢書·平帝紀》，第355頁。）

前2年（漢哀帝元壽二年）……光為大夫月餘，丞相嘉下獄死，御史大夫賈延免。（《漢書·匡張孔馬傳》，第3362頁。）

3年（漢平帝元始三年）陽陵任橫等自稱將軍，盜庫兵，攻官寺，出囚徒。大司徒掾督逐，皆伏辜。安漢公世子宇與帝外家衛氏有謀。宇下獄死，誅衛氏。（《漢書·平帝紀》，第355～356頁。）

3年（漢平帝元始三年）……莽白太后，下四輔、公卿、大夫、博士、議郎，皆曰：「欽宜以時即罪。」謁者召欽詣詔獄，欽自殺……（《漢書·霍光金

日磾傳》，第 2965 頁。）

　　3 年（漢平帝元始三年）……莽執宇送獄，飲藥死。宇妻焉懷子，繫獄，須產子已，殺之。莽奏言：「宇為呂寬等所詿誤，流言惑眾，（惡）與管蔡同罪，臣不敢隱，其誅。」……（《漢書・王莽傳》，第 4065 頁。）

　　4 年（漢哀帝建平三年）是時成帝舅安成恭侯夫人放寡居，共養長信宮，坐祝詛下獄，崇奏封事，為放言……（《漢書・王貢兩龔鮑傳》，第 3067 頁。）

新莽

　　9～22 年（新朝）……琅邪太守公孫閎言災害於公府，大司空甄豐遣屬馳至兩郡諷吏民，而劾閎空造不祥，髃絕嘉應，嫉害聖政，皆不道。太后曰：「不宣德美，宜與言災害者異罰。且後宮賢家，我所哀也。」閎獨下獄誅……（《漢書・敘傳》，第 4204 頁。）

　　10 年（新始建國二年）……時雄校書天祿閣上，治獄使者來，欲收雄，雄恐不能自免，乃從閣上自投下，幾死……（《漢書・揚雄傳》，第 3584 頁。）

　　10 年（新始建國二年）……莽亦厭之，遂使尚書大夫趙並驗治，非五威將率所班，皆下獄。（《漢書・王莽傳》，第 4122 頁。）

　　16 年（新天鳳三年）平蠻將軍馮茂擊句町，士卒疾疫，死者什六七，賦斂民財什取五，益州虛耗而不克，徵還下獄死……（《漢書・王莽傳》，第 4145 頁。）

　　21 年（新地皇二年）魏成大尹李焉與卜者王況謀，況謂焉曰：「新室即位以來，民田奴婢不得賣買，數改錢貨，徵發煩數，軍旅騷動，四夷並侵，百姓怨恨，盜賊並起，漢家當復興。君姓李，李音徵，徵火也，當為漢輔。」因為焉作讖書，言「文帝發忿，居地下趣軍，北告匈奴，南告越人。江中劉信，執敵報怨，復續古先，四年當發軍。江湖有盜，自稱樊王，姓為劉氏，萬人成行，不受赦令，欲動秦、洛陽。十一年當相攻，太白揚光，歲星入東井，其號當行。」又言莽大臣吉凶，各有日期。會合十餘萬言。焉令吏寫其書，吏亡告之。莽遣使者即捕焉，獄治皆死。三輔盜賊麻起，乃置捕盜都尉官，令執法謁者追擊長安中，建鳴鼓攻賊幡，而使者隨其後。（《漢書・王莽傳》，第 4166～4167 頁。）

九、刑法志

　　夫人宵天地之貌，（應劭曰：「宵，類也。頭圓象天，足方象地。」孟康

曰：「宵，化也，言稟天地氣化而生也。」師古曰：「宵義與肖同，應說是也。故庸妄之人謂之不肖，言其狀貌無所象似也。貌，古貌字。」）懷五常之性，（師古曰：「五常，仁、義、禮、智、信。」）聰明精粹，（師古曰：「精，細也，言其識性細密也。粹，淳也，音先遂反。」）有生之最靈者也。爪牙不足以供耆欲，趨走不足以避利害，（師古曰：「耆讀曰嗜。」）無毛羽以禦寒暑，必將役物以為養，任智而不恃力，此其所以為貴也。故不仁愛則不能群，不能群則不勝物，不勝物則養不足。群而不足，爭心將作，上聖卓然先行敬讓博愛之德者，眾心說而從之。（師古曰：「說讀曰悅。」）從之成群，是為君矣；歸而往之，是為王矣。（師古曰：「言爭往而歸之也。」）《洪範》曰：「天子作民父母，為天下王。」（師古曰：「《洪範》，《周書》也。」）聖人取類以正名，而謂君為父母，明仁愛德讓，王道之本也。愛待敬而不敗，德須威而久立，故制禮以崇敬，作刑以明威也。聖人既躬明悊之性，（師古曰：「躬謂身親有之。」）必通天地之心，制禮作教，立法設刑，動緣民情，而則天象地。（師古曰：「則，法也。」）故曰先王立禮，「則天之明，因地之性」也。（師古曰：「《春秋左氏傳》載鄭大夫子太叔之辭也。」）刑罰威獄，以類天之震曜殺戮也；（師古曰：「震謂雷電也。」）溫慈惠和，以傚天之生殖長育也。《書》云「天秩有禮」，「天討有罪」。（師古曰：「此《虞書‧皋繇謨》之辭也。秩，敘也。言有禮者天則進敘之，有罪者天則討治之。」）故聖人因天秩而制五禮，（師古曰：「五禮，吉、凶、賓、軍、嘉。」）因天討而作五刑。（師古曰：「其說在下也。」）大刑用甲兵，（張晏曰：「以六師誅暴亂。」）其次用斧鉞；（韋昭曰：「斬刑也。」）中刑用刀鋸，（韋昭曰：「刀，割刑。鋸，刖刑也。」）其次用鑽鑿；（韋昭曰：「鑽，髕刑也。鑿，黥刑也。」師古曰：「鑽，鑽去其髕骨也。鑽音子端反。髕音頻忍反。」）薄刑用鞭扑。（師古曰：「扑，杖也，音普木反。」）大者陳諸原野，（師古曰：「謂征討所殺也。」）小者致之市朝，（應劭曰：「大夫以上尸諸朝，士以下尸諸市。」）其所繇來者上矣。（師古曰：「繇讀與由同。」）

自黃帝有涿鹿之戰以定火災，（鄭氏曰：「涿鹿在彭城南。與炎帝戰，炎帝火行，故云火（炎）（災）。」李奇曰：「黃帝與炎帝戰於阪泉，今言涿鹿，地有二名也。」文穎曰：「《國語》云，黃帝，炎帝弟也。炎帝號神農，火行也，後子孫暴虐，黃帝伐之，故言以定火災。《律曆志》云『與炎帝後戰於阪泉』。涿鹿在上谷，今見有阪泉地黃帝祠。」師古曰：「文說是也。彭城者，上

谷北別有彭城，非宋之彭城也。」）顓頊有共工之陳以定水害。（文穎曰：「共工，主水官也，少昊氏衰，秉政作害，顓頊伐之。本主水官，因為水行也。」師古曰：「共讀曰龔。次下亦同。」）唐虞之際，至治之極，猶流共工，放讙兜，竄三苗，殛鯀，然後天下服。（師古曰：「舜受堯禪而流共工於幽州，放讙兜於崇山，竄三苗於三危，殛鯀於羽山也。殛，誅也，音居力反。」）夏有甘扈之誓，（師古曰：「謂啟與有扈戰於甘之野，作甘誓，事見夏書。扈國，今鄠縣是也。甘即甘水之上。」）殷、周以兵定天下矣。（師古曰：「謂湯及武王。」）天下既定，戢臧干戈，教以文德，（師古曰：「戢，斂也。」）而猶立司馬之官，設六軍之眾，（師古曰：「司馬，夏官卿，掌邦政，軍旅屬焉。萬二千五百人為軍，王則六軍也。」）因井田而制軍賦。地方一里為井，井十為通，通十為成，成方十里；成十為終，終十為同，同方百里；同十為封，封十為畿，畿方千里。有稅有（租）〔賦〕。（師古曰：「稅者，田租也。賦謂發斂財也。」）稅以足食，賦以足兵。故四井為邑，四邑為丘。丘，十六井也，有戎馬一匹，牛三頭。四丘為甸。甸，六十四井也，有戎馬四匹，兵車一乘，牛十二頭，甲士三人，卒七十二人，干戈備具，是謂乘馬之法。（鄭氏曰：「甲士在車上也。」師古曰：「乘音食證反。其下並同。」）一同百里，提封萬井，（蘇林曰：「提音秖，陳留人謂舉田為秖。」李奇曰：「提，舉也，舉四封之內也。」師古曰：「李說是也。提讀如本字，蘇音非也。說者或以為積土而封謂之隄封，既改文字，又失義也。」）除山川沈斥，城池邑居，園囿術路，三千六百井，（臣瓚曰：「沈斥，水田舄鹵也。」如淳曰：「術，大道也。」師古曰「川謂水之通流者也。沈謂居深水之下也。斥，鹹鹵之地。」）定出賦六千四百井，戎馬四百匹，兵車百乘，此卿大夫采地之大者也，（師古曰：「采，官也。因官食地，故曰采地。《爾雅》曰『采、寮，官也』。說者不曉采地之義，因謂菜地，云以種菜，非也。」）是謂百乘之家。一封三百一十六里，提封十萬井，定出賦六萬四千井，戎馬四千匹，兵車千乘，此諸侯之大者也，是謂千乘之國。天子畿方千里，提封百萬井，定出賦六十四萬井，戎馬四萬匹，兵車萬乘，故稱萬乘之主。戎馬車徒干戈素具，春振旅以搜，夏拔舍以苗，秋治兵以獮，冬大閱以狩，（師古曰：「振旅，整眾也。搜，搜擇不任孕者。拔舍，草止，不妨農也。苗，為苗除害也。治兵，觀威武也。獮，應殺氣也。大閱，簡車馬也。狩，火田。一曰，狩，守也，圍守而取之。拔音步末反。」）皆於農隙以講事焉。（師古曰：「隙，空閒也。講，和習之也。」）五國為屬，屬有長；十國為連，連有

帥；（師古曰：「長音竹兩反。帥音所類反。」）三十國為卒，卒有正；二百一十國為州，州有牧。連帥比年簡車，（師古曰：「比年，頻年也。」）卒正三年簡徒，（師古曰：「徒，人眾。」）群牧五載大簡車徒，此先王為國立武足兵之大略也。

周道衰，法度墮，（師古曰：「墮即墮字。墮，毀也，音火規反。」）至齊桓公任用管仲，而國富民安。公問行伯用師之道，（師古曰：「伯讀曰霸。」）管仲曰：「公欲定卒伍，修甲兵，大國亦將修之，而小國設備，則難以速得志矣。」於是乃作內政而寓軍令焉，（師古曰：「寓，寄也，寄於內政而修軍令也。」）故卒伍定乎里，而軍政成乎郊。連其什伍，（師古曰：「五人為伍，二伍為什。」）居處同樂，死生同憂，禍福共之，故夜戰則其聲相聞，晝戰則其目相見，緩急足以相死。其教已成，外攘夷狄，內尊天子，以安諸夏。（師古曰：「攘，卻也。諸夏，中國之諸侯也。夏，大也，言大於四夷也。攘音人羊反。」）齊（威）〔桓〕既沒，晉文接之，亦先定其民，作被廬之法，（應劭曰：「搜於被廬之地，作執秩以為六官之法，因以名之也。」師古曰：「被廬，晉地也。被音皮義反。」）總帥諸侯，迭為盟主。（師古曰：「迭，互也，音大結反。」）然其禮已頗僭差，又隨時苟合以求欲速之功，故不能充王制。二伯之後，寖以陵夷，（師古曰：「寖，漸也。陵夷，頹替也。二伯，齊桓公、晉文公也。伯讀曰霸。」）至魯成公作丘甲，（師古曰：「丘，十六井也，止出戎馬一匹，牛三頭。四丘為甸。甸，六十四井也，乃出戎馬四匹，兵車一乘，牛十二頭，甲士三人，卒七十二人耳。今乃使丘出甸賦，違常制也。一說，別令人為丘作甲也。士農工商四類異業，甲者非凡人所能為，而令作之，譏不正也。」）哀公用田賦，（師古曰：「田賦者，別計田畝及家財各為一賦。言不依古制，役煩斂重也。」）搜狩治兵大閱之事皆失其正。《春秋》書而譏之，以存王道。於是師旅亟動，百姓罷敝，（師古曰：「亟，屢也，音丘吏反。罷讀曰疲。」）無伏節死難之誼。孔子傷焉，曰：「以不教民戰，是謂棄之。」（師古曰：「《論語》載孔子之言也，非其不素習。」）故稱子路曰：「由也，千乘之國，可使治其賦也。」而子路亦曰：「千乘之國，攝乎大國之間，加之以師旅，因之以飢饉，由也為之，比及三年，可使有勇，且知方也。」（師古曰：「皆論語所載也。方，道也。比音必寐反。」）治其賦兵教以禮誼之謂也。

春秋之後，滅弱吞小，並為戰國，稍增講武之禮，以為戲樂，用相夸視。（師古曰：「視讀曰示。」）而秦更名角抵，（師古曰：「抵音丁禮反，解在《武

紀》。」）先王之禮沒於淫樂中矣。雄桀之士因勢輔時，作為權詐以相傾覆，吳有孫武，齊有孫臏，（師古曰：「臏音頻忍反。」）魏有吳起，秦有商鞅，皆禽敵立勝，垂著篇籍。當此之時，合從連衡，（師古曰：「衡，橫也。戰國時，齊、楚、韓、魏、燕、趙為縱，秦國為衡。縱音子容反。謂其地形南北縱長也。秦地形東西橫長，故為衡也。」）轉相攻伐，代為雌雄。（師古曰：「代亦迭也。」）齊愍以技擊彊，（孟康曰：「兵家之技巧。技巧者，習手足，便器械，積機關，以立攻守之勝。」）魏惠以武卒奮，（師古曰：「奮，盛起。」）秦昭以銳士勝。（師古曰：「銳，勇利。」）世方爭於功利，而馳說者以孫、吳為宗。時唯孫卿明於王道，（師古曰：「孫卿，楚人也，姓荀字況，避漢宣帝之諱，故改曰孫卿。」）而非之曰：「彼孫、吳者，上勢利而貴變詐；施於暴亂昏嫚之國，君臣有間，（師古曰：「言有間隙不諧和。」）上下離心，政謀不良，故可變而詐也。夫仁人在上，為下所卬，（師古曰：「卬讀曰仰。」）猶子弟之衛父兄，若手足之扞頭目，何可當也？（師古曰：「扞，禦難也，音下旦反。」）鄰國望我，歡若親戚，芬若椒蘭，顧視其上，猶焚灼仇讎。人情豈肯為其所惡而攻其所好哉？故以桀攻桀，猶有巧拙；以桀詐堯，若卵投石，夫何幸之有！（師古曰：「言往必破碎。」）《詩》曰：『武王載旆，有虔秉鉞，如火烈烈，則莫我敢遏。』（師古曰：「《殷頌·長發》之詩也。武王謂湯也。虔，敬也。遏，止也。言湯建號興師，本猶仁義，雖執戚鉞，以敬為先，故得如火之盛，無能止也。」）言以仁誼綏民者，無敵於天下也。若齊之技擊，得一首則受賜金。事小敵脆，則媮可用也；（師古曰：「媮與偷同，謂苟且。」）事鉅敵堅，則渙然離矣。（師古曰「巨，大也。渙然，散貌。」）是亡國之兵也。魏氏武卒，衣三屬之甲，（服虔曰：「作大甲三屬，竟人身也。」蘇林曰：「兜鍪也，盆領也，髀褌也。」如淳曰：「上身一，髀褌一，踁繳一，凡三屬也。」師古曰：「如說是也。屬，聯也，音之欲反。髀音陛。踁即脛字。」）操十二石之弩，負矢五十個，置戈其上，冠胄帶劍，贏三日之糧，（師古曰：「個讀曰箇。箇，枚也。胄，兜鍪也。冠胄帶劍者，著兜鍪而又帶劍也。贏謂擔負也，音盈。」）日中而趨百里，（師古曰：「中，一日之中。」）中試則復其戶，利其田宅。（師古曰：「中試，試之而中科條也。復謂免其賦稅也。利田宅者，給其便利之處也。中音竹仲反。複音方目反。」）如此，則其地雖廣，其稅必寡，其氣力數年而衰。是危國之兵也。秦人，其生民也陿陁，其使民也酷烈。（師古曰：「狹，地小也。陁，險固也。酷，重厚也。烈，猛威也。」）劫之以勢，隱之以陁，（鄭

氏曰：「秦地多隘，臧隱其民於隘中也。」臣瓚曰：「秦政急峻，隱括其民於隘狹之法。」師古曰：「鄭說是也。」）狃之以賞慶，道之以刑罰，（師古曰：「狃，串習也，音女九反。道讀曰導。」）使其民所以要利於上者，非戰無由也。功賞相長，五甲首而隸五家，（服虔曰：「能得著甲者五人首，使得隸役五家也。」如淳曰：「役隸五家，是為相君長。」）是最為有數，故能四世有勝於天下。然皆干賞蹈利之兵，庸徒鬻賣之道耳，（師古曰：「鬻音育。」）未有安制矜節之理也。（師古曰：「矜，（特）（持）也。」）故雖地廣兵彊，鰓鰓常恐天下之一合而共軋己也。（蘇林曰：「鰓音慎而無禮則葸之葸。鰓，懼貌也。」張晏曰：「軋，踐轢也。」師古曰：「鰓音先祀反。軋音於黠反。」）至乎齊桓、晉文之兵，可謂入其域而有節制矣，（孟康曰：「入王兵之域，而未盡善也。」）然猶未本仁義之統也。故齊之技擊不可以遇魏之武卒，魏之武卒不可以直秦之銳士，（師古曰：「直亦當也。」）秦之銳士不可以當桓、文之節制，桓、文之節制不可以敵湯、武之仁義。」

故曰：「善師者不陳，（師古曰：「戰陳之義本因陳列為名，而音變耳，字則作陳，更無別體。而末代學者輒改其字旁從車，非經史之本文也。今宜依古，不從流俗也。」）善陳者不戰，善戰者不敗，善敗者不亡。」若夫舜修百僚，咎繇作士，（師古曰：「士師，理官，謂司寇之職也。」）命以「蠻夷猾夏，寇賊姦軌」，（師古曰：「《虞書·舜典》舜命咎繇之文也。猾，亂也。夏，諸夏也。寇謂攻剽，賊謂殺人。在外為奸，在內為軌。」）而刑無所用，所謂善師不陳者也。湯、武征伐，陳師誓眾，而放禽桀、紂，（師古曰：「謂《湯誓》、《泰誓》、《牧誓》是也。」）所謂善陳不戰者也。齊桓南服彊楚，使貢周室，（師古曰：「謂僖四年伐楚，次於陘，責包茅不入，王祭不供也。」）北伐山戎，為燕開路，（師古曰：「謂莊三十年伐山戎，以其病燕故也。」）存亡繼絕，功為伯首，（師古曰：「謂存三亡國，衛、邢、魯也。伯讀曰霸。」）所謂善戰不敗者也。楚昭王遭闔廬之禍，國滅出亡，（師古曰：「謂定四年吳入郢，楚子出，涉睢濟江，入於雲中也。」）父老送之。王曰：「父老反矣！何患無君？」父老曰：「有君如是其賢也！」（師古曰：「言無有如此君者。」）相與從之。或犇走赴秦，號哭請救，（師古曰：「謂申包胥如秦乞師也。犇，古奔字。」）秦人（憐之謂）〔為〕之出兵。（師古曰：「謂秦子蒲、子武帥車五百乘以救楚也。」）二國并力，遂走吳師，（師古曰：「謂子蒲大敗夫概王於沂，（遂）（薳）射之子從子西敗吳師於軍祥。」）昭王返國，（師古曰：「吳師已歸，楚子入郢。」）所

謂善敗不亡者也。若秦因四世之勝，據河山之阻，任用白起、王翦豺狼之徒，奮其爪牙，禽獵六國，以并天下。（師古曰：「言如獵之取獸。」）窮武極詐，士民不附，卒隸之徒，還為敵讎，（師古曰：「謂陳勝、吳廣、英布之徒也。」）猋起雲合，果共軋之。（師古曰：「猋，疾風也。如猋之起，言其速也。如雲之合，言其盛也。猋音必遙反。」）斯為下矣。凡兵，所以存亡繼絕，救亂除害也。故伊、呂之將，子孫有國，與商周並。（師古曰：「言其同盛衰也。」）至於末世，苟任詐力，以快貪殘，爭城殺人盈城，爭地殺人滿野。孫、吳、商、白之徒，皆身誅戮於前，而（功）〔國〕滅亡於後。（師古曰：「孫武、孫臏、吳起、商鞅、白起也。」）報應之勢，各以類至，其道然矣。

漢興，高祖躬神武之材，行寬仁之厚，總攬英雄，以誅秦、項。任蕭、曹之文，用良、平之謀，騁陸、酈之辯，明叔孫通之儀，文武相配，大略舉焉。天下既定，蹠秦而置材官於郡國，（師古曰：「蹠，因也。」）京師有南北軍之屯。至武帝平百粵，內增七校，（晉灼曰：「百官表中壘、屯騎、步兵、越騎、長水、胡騎、射聲、虎賁，凡八校尉，胡騎不常置，故此言七也。」）外有樓船，皆歲時講肄，修武備云。（師古曰：「肄，習也，音弋二反。」）至元帝時，以貢禹議，始罷角抵，而未正治兵振旅之事也。

古人有言：「天生五材，民並用之，（師古曰：「五材，金、木、水、火、土也。」）廢一不可，誰能去兵？」鞭扑不可弛於家，（師古曰：「弛，放也，音式爾反。」）刑罰不可廢於國，征伐不可偃於天下；用之有本末，行之有逆順耳。孔子曰：「工欲善其事，必先利其器。」（師古曰：「《論語》載孔子之言。」）文德者，帝王之利器；威武者，文德之輔助也。夫文之所加者深，則武之所服者大；德之所施者博，則威之所制者廣。三代之盛，至於刑錯兵寢者，其本末有序，帝王之極功也。（師古曰：「刑錯兵寢，皆謂置而弗用也。」）

昔周之法，建三典以刑邦國，詰四方：（師古曰：「詰，責也，音口一反。字或作詁，音工到反。詁，謹也，以刑治之令謹敕也。」）一曰，刑新邦用輕典；（師古曰：「新闢地立君之國，其人未習於教，故用輕法。」）二曰，刑平邦用中典；（師古曰：「承平守成之國，則用中典常行之法也。」）三曰，刑亂邦用重典。（師古曰：「篡殺畔逆之國，化惡難移，則用重法誅殺之也。自此以上，（皆）（大）司寇所職也。」）五刑，墨罪五百，劓罪五百，宮罪五百，刖罪五百，殺罪五百，所謂刑平邦用中典者也。（師古曰：「墨，黥也，鑿其面

以墨涅之。劓，截鼻也。宮，淫刑也，男子割腐，婦人幽閉。刖，斷足也。殺，死刑也。自此以上，司刑所職也。劓音牛冀反。刖音五刮反，又音月。」）凡殺人者踣諸市，（師古曰：「踣謂斃之也，音妨付反。」）墨者使守門，（師古曰：「黥面之人不妨禁衛也。」）劓者使守關，（師古曰：「以其貌毀，故遠之。」）宮者使守內，（師古曰：「人道既絕，於事便也。」）刖者使守囿，（師古曰：「驅禦禽獸，無足可也。」）完者使守積。（師古曰：「完謂不虧其體，但居作也。積，積聚之物也。自此以上，掌戮所職也。」）其奴，男子入於罪隸，（李奇曰：「男女徒總名為奴。」）女子入舂槁。（孟康曰：「主暴燥舂之也。」韋昭曰：「舂，舂人；槁，槁人也。給此二官之役。」師古曰：「槁音古老反。」）凡有爵者，與七十者，與未齓者，皆不為奴。（師古曰：「有爵，謂命士以上也。齓，毀齒，男子八歲，女子七歲，而毀齒矣。自此以上，司厲所職也。」）

周道既衰，穆王眊荒，命甫侯度時作刑，以詰四方。（師古曰：「穆王，昭王之子也，享國既百年，而王眊亂荒忽，乃命甫侯為司寇，商度時宜，而作刑之制，以治四方也。甫，國名也。眊音莫報反。度音大各反。」）墨罰之屬千，劓罰之屬千，髕罰之屬五百，宮罰之屬三百，大辟之罰其屬二百。（師古曰：「髕罰，去膝頭骨。大辟，死刑也。髕音頻忍反。」）五刑之屬三千，（師古曰：「五者之刑凡三千。」）蓋多於平邦中典五百章，所謂刑亂邦用重典者也。

春秋之時，王道浸壞，教化不行，（師古曰：「浸，漸也。」）子產相鄭而鑄刑書。（師古曰：「子產，鄭大夫公孫僑也。鑄刑法於鼎，事在昭六年。」）晉叔嚮非之曰：（師古曰：「叔向，晉大夫羊舌肸也。遺其書以非之。向音許兩反。」）「昔先王議事以制，不為刑辟。（李奇曰：「先議其犯事，議定然後乃斷其罪，不為一成之刑著於鼎也。」師古曰：「虞舜則象以典刑，流宥五刑。《周禮》則三典五刑，以詰邦國。非不豫設，但弗宣露使人知之。」）懼民之有爭心也，猶不可禁禦，是故閑之以誼，糾之以政，（師古曰：「閑，防也。糾，舉也。」）行之以禮，守之以信，奉之以仁；（師古曰：「奉，養也。」）制為祿位以勸其從，（師古曰：「勸其從教之心也。」）嚴斷刑罰以威其淫。（師古曰：「淫，放也。」）懼其未也，故誨之以忠，聳之以行，（晉灼曰：「聳，古竦字也。」師古曰：「聳謂獎也，又音所項反。」）教之以務，（師古曰：「時所急。」）使之以和，（師古曰：「悅以使人也。」）臨之以敬，蒞之以彊，（師古

曰：「莅謂監視也。」）斷之以剛。猶求聖哲之上，明察之官，忠信之長，慈惠之師。（師古曰：「上謂公侯也。官，卿佐也。長、師，皆列職之首也。」）民於是乎可任使也，而不生禍亂。民知有辟，則不忌於上，並有爭心，以徵於書，而徼幸以成之，弗可為矣。（師古曰：「辟，法也。為，治也。權移於法，故人不畏上，因危文以生詐妄，徼幸而成巧，則弗可治也。」）夏有亂政而作禹刑，商有亂政而作湯刑，周有亂政而作九刑。（韋昭曰：「謂正刑五，及流、贖、鞭、撲也。」）三辟之興，皆叔世也。（師古曰：「叔世言晚時也。」）今吾子相鄭國，制參辟，鑄刑書，（孟康曰：「謂夏、殷、周亂政所制三辟也。」）將以靖民，不亦難乎！（師古曰：「靖，安也，一曰治也。」）《詩》曰：『儀式刑文王之德，日靖四方。』（師古曰：「《周頌‧我將》之詩也。言法象文王之德，以為儀式，則四方日以安靖也。」）又曰：『儀刑文王，萬邦作孚。』（師古曰：「《大雅‧文王》詩也。孚，信也。又言法象文王，則萬國皆信順也。」）如是，何辟之有？（師古曰：「若《詩》所言，不宜制刑辟。」）民知爭端矣，將棄禮而徵於書。（師古曰：「取證於刑書。」）錐刀之末，將盡爭之，（師古曰：「喻微細。」）亂獄滋豐，貨賂並行。（師古曰：「滋，益也。」）終子之世，鄭其敗乎！」子產報曰：「若吾子之言，僑不材，不能及子孫，吾以救世也。」（師古曰：「言雖非長久之法，且救當時之敝。」）媮薄之政，自是滋矣。孔子傷之，曰：「導之以德，齊之以禮，有恥且格；導之以政，齊之以刑，民免而無恥。」（師古曰：「《論語》載孔子之言也。格，正也。言用德禮，則人有恥而自正；尚政刑，則下苟免而無恥。」）「禮樂不興，則刑罰不中；刑罰不中，則民無所錯手足。」（師古曰：「亦《論語》所載孔子之言也。禮以治人，樂以易俗，二者不興，則刑罰濫矣。錯，置（矣）（也）。」）孟氏使陽膚為士師，（師古曰：「亦《論語》所載。陽膚，曾子弟子也。士師，獄官。」）問於曾子，（師古曰：「問何以居此職也。」）亦曰：「上失其道，民散久矣。如得其情，則哀矜而勿喜。」（師古曰：「此曾子對辭。（前）〔言〕萌俗澆離，輕犯於法，乃由上失其道，非下之過。今汝雖得獄情，當哀矜之，勿（自）喜也。」）

　　陵夷至於戰國，韓任申子，秦用商鞅，連相坐之法，造參夷之誅；（師古曰：「參夷，夷三族。」）增加肉刑、大辟，有鑿顛、抽脅、鑊亨之刑。（師古曰：「鼎大而無足曰鑊，以鬻人也。」）

　　至於秦始皇，兼吞戰國，遂毀先王之法，滅禮誼之官，專任刑罰，躬操

文墨，（師古曰：「躬，身也。操，執持也，音千高反。」）晝斷獄，夜理書，自程決事，日縣石之一。（服虔曰：「縣，稱也。石，百二十斤也。始皇省讀文書，日以百二十斤為程。」）而姦邪並生，赭衣塞路，囹圄成市，天下愁怨，潰而叛之。

漢興，高祖初入關，約法三章曰：「殺人者死，傷人及盜抵罪。」蠲削煩苛，兆民大說。（師古曰：「說讀曰悅。」）其後四夷未附，兵革未息，三章之法不足以禦姦，（師古曰：「禦，止也。」）於是相國蕭何攈摭秦法，（師古曰：「攈摭，謂收拾也。攈音九問反。摭音之石反。」）取其宜於時者，作律九章。

當孝惠、高后時，百姓新免毒蠚，人慾長幼養老。（師古曰：「蠚音呼各反。」）蕭、曹為相，填以無為，（師古曰：「言以無為之法填安百姓也。填音竹刃反。」）從民之欲，而不擾亂，是以衣食滋殖，刑罰用稀。

及孝文即位，躬脩玄默，勸趨農桑，減省租賦。而將相皆舊功臣，少文多質，懲惡亡秦之政，論議務在寬厚，恥言人之過失。化行天下，告訐之俗易。（師古曰：「訐，面相斥罪也，音居謁反。」）吏安其官，民樂其業，畜積歲增，戶口寖息。（師古曰：「畜讀曰蓄。寖，益也。息，生也。」）風流篤厚，禁罔疏闊。選張釋之為廷尉，罪疑者予民，（師古曰：「縱輕斷。」）是以刑罰大省，至於斷獄四百，（師古曰：「謂普天之下重罪者也。」）有刑錯之風。

即位十三年，齊太倉令淳于公有罪當刑，詔獄逮繫長安。（師古曰：「逮，及也。辭之所及，則追捕之，故謂之逮。一曰逮者，在道將送，防禦不絕，若今之傳送囚也。」）淳于公無男，有五女，當行會逮，罵其女曰：「生子不生男，緩急非有益（也）！」其少女緹縈，自傷悲泣，（師古曰：「緹縈，女名也。緹音他弟反。」）乃隨其父至長安，上書曰：「妾父為吏，齊中皆稱其廉平，今坐法當刑。妾傷夫死者不可復生，刑者不可復屬，（師古曰：「屬，聯也，音之欲反。」）雖後欲改過自新，其道亡繇也。（師古曰：「繇讀與由同。由，從也。」）妾願沒入為官婢，以贖父刑罪，使得自新。」書奏天子，天子憐悲其意，遂下令曰：「制詔御史：蓋聞有虞氏之時，畫衣冠異章服以為戮，而民弗犯，何治之至也！今法有肉刑三，（孟康曰：「黥、劓二，（則）（刖）左右趾合一，凡三也。」）而奸不止，其咎安在？非乃朕德之薄，而教不明與！（師古曰：「與讀曰歟。」）吾甚自愧。故夫訓道不純而愚民陷焉。（師古曰：「道讀曰導。」）《詩》曰：『愷弟君子，民之父母。』（師古曰：「《大雅・泂

酌》之詩也。言君子有和樂簡易之德，則其下尊之如父，親之如母也。」）今人有過，教未施而刑已加焉，或欲改行為善，而道亡繇至，（師古曰：「繇讀與由同。」）朕甚憐之。夫刑至斷支體，刻肌膚，終身不息，（師古曰：「息，生也。」）何其刑之痛而不德也！豈稱為民父母之意哉？其除肉刑，有以易之；及令罪人各以輕重，不亡逃，有年而免。（孟康曰：「其不亡逃者，滿其年數，得免為庶人。」）具為令。」（師古曰：「使更為條制。」）

丞相張蒼、御史大夫馮敬奏言：「肉刑所以禁奸，所由來者久矣。陛下下明詔，憐萬民之一有過被刑者終身不息，及罪人欲改行為善而道亡繇至，於盛德，臣等所不及也。臣謹議請定律曰：諸當完者，完為城旦舂；（臣瓚曰：「文帝除肉刑，皆有以易之，故以完易髡，以笞代劓，以鈦左右止代刖。今既曰完矣，不復云以完代完也。此當言髡者完也。」）當黥者，髡鉗為城旦舂；當劓者，笞三百；當斬左止者，笞五百；當斬右止，及殺人先自告，及吏坐受賕枉法，守縣官財物而即盜之，已論命復有笞罪者，皆棄市。（李奇曰：「命，逃亡也。復於論命中有罪也。」晉灼曰：「命者，名也，成其罪也。」師古曰：「止，足也。當斬右足者，以其罪次重，故從棄市也。殺人先自告，謂殺人而自首，得免罪者也。吏受賕枉法，謂曲公法而受略者也。守縣官財物而即盜之，即今律所謂主守自盜者也。殺人害重，受賕盜物，贓污之身，故此三罪已被論名而又犯笞，亦皆棄市也。今流俗書本『笞三百』『笞五百』之上及『劓者』之下有『籍笞』字，『復有笞罪』亦云『復有籍笞罪』，皆後人妄加耳，舊本無也。」）罪人獄已決，完為城旦舂，滿三歲為鬼薪白粲。鬼薪白粲一歲，為隸臣妾。隸臣妾一歲，免為庶人。（師古曰：「男子為隸臣，女子為隸妾。鬼薪白粲滿（三）〔一〕歲為隸臣，隸臣一歲免為庶人。隸妾亦然也。」）隸臣妾滿二歲，為司寇。司寇一歲，及作如司寇二歲，皆免為庶人。（如淳曰：「罪降為司寇，故一歲，正司寇，故二歲也。」）其亡逃及有罪耐以上，不用此令。（師古曰：「於本罪中又重犯者也。」）前令之刑城旦舂歲而非禁錮者，如完為城旦舂歲數以免。（李奇曰：「謂文帝作此令之前有刑者。」）臣昧死請。」制曰：「可。」是後，外有輕刑之名，內實殺人。斬右止者又當死。斬左止者笞五百，當劓者笞三百，率多死。（師古曰：「斬右止者棄市，故入於死。以笞五百代斬左止，笞三百代劓，笞數既多，亦不活也。」）

景帝元年，下詔曰：「加笞與重罪無異，（孟康曰：「重罪謂死刑。」）幸而不死，不可為人。（師古曰：「謂不能自起居也。」）其定律：笞五百曰三百，

笞三百曰二百。」猶尚不全。至中六年，又下詔曰：「加笞者，或至死而笞未畢，朕甚憐之。其減笞三百曰二百，笞二百曰一百。」又曰：「笞者，所以教之也，其定箠令。」（師古曰：「箠，策也，所以擊者也，音止蘂反。」）丞相劉舍、御史大夫衛綰請：「笞者，箠長五尺，其本大一寸，其竹也，末薄半寸，皆平其節。當笞者笞臀。（如淳曰：「然則先時笞背也。」師古曰：「臀音徒門反。」）毋得更人，（師古曰：「謂行笞者不更易人也。」）畢一罪乃更人。」自是笞者得全，然酷吏猶以為威。死刑既重，而生刑又輕，民易犯之。

　　及至孝武即位，外事四夷之功，內盛耳目之好，徵發煩數，百姓貧耗，（師古曰：「耗，損也，音呼到反。」）窮民犯法，酷吏擊斷，姦軌不勝。於是招進張湯、趙禹之屬，條定法令，作見知故縱、監臨部主之法，（師古曰：「見知人犯法不舉告為故縱，而所監臨部主有罪並連坐也。」）緩深故之罪，（孟康曰：「孝武欲急刑，吏深害及故入人罪者，皆寬緩。」）急縱出之誅。（師古曰：「吏釋罪人，疑以為縱出，則急誅之。亦言尚酷。」）其後姦猾巧法，轉相比況，禁罔寖密。（師古曰：「寖，漸也。其下亦同。」）律令凡三百五十九章，大辟四百九條，千八百八十二事，死罪決事比萬三千四百七十二事。（師古曰：「比，以例相比況也。」）文書盈於几閣，典者不能遍睹。是以郡國承用者駮，（師古曰：「不曉其指，用意不同也。」）或罪同而論異。姦吏因緣為市，（師古曰：「弄法而受財，若市買之交易。」）所欲活則傅生議，所欲陷則予死比，（師古曰：「傅讀曰附。」）議者咸冤傷之。

　　宣帝自在閭閻而知其若此，及即尊位，廷史路溫舒上疏，言秦有十失，其一尚存，治獄之吏是也。語在《溫舒傳》。上深愍焉，乃下詔曰：「間者吏用法，巧文寖深，是朕之不德也。夫決獄不當，使有罪興邪，不辜蒙戮，（晉灼曰：「當重而輕，使有罪者起邪惡之心也。」師古曰：「有罪者更興邪惡，無辜者反陷重刑，是決獄不平故。」）父子悲恨，朕甚傷之。今遣廷史與郡鞠獄，任輕祿薄，（如淳曰：「廷史，廷尉史也。以囚辭決獄事為鞠，謂疑獄也。」李奇曰：「鞠，窮也，獄事窮竟也。」師古曰：「李說是也。」）其為置廷平，秩六百石，員四人。其務平之，以稱朕意。」於是選于定國為廷尉，求明察寬恕黃霸等以為廷平，季秋後請讞。時上常幸宣室，齋居而決事，（如淳曰：「宣室，布政教之室也。重用刑，故齋戒以決事。」晉灼曰：「未央宮中有宣室殿。」師古曰：「晉說是也。《賈誼傳》亦云受釐坐宣室，蓋其殿在前殿之側也，齋則居之。」）獄刑號為平矣。時涿郡太守鄭昌上疏言：「聖王置諫爭之臣者，非以

崇德，防逸豫之生也；立法明刑者，非以為治，救衰亂之起也。今明主躬垂明聽，雖不置廷平，獄將自正；若開後嗣，不若刪定律令。（師古曰：「刪，刊也。有不便者，則刊而除之。」）律令一定，愚民知所避，姦吏無所弄矣。今不正其本，而置廷平以理其末也，政衰聽怠，則廷平將招權而為亂首矣。」（蘇林曰：「招音翹。翹，舉也，猶賣弄也。」孟康曰：「招，求也，招致權著己也。」師古曰：「孟說是也。」）宣帝未及修正。

　　至元帝初立，乃下詔曰：「夫法令者，所以抑暴扶弱，欲其難犯而易避也。今律令煩多而不約，自典文者不能分明，而欲羅元元之不逮，（師古曰：「羅，網也。不逮，言意識所不及。」）斯豈刑中之意哉！（師古曰：「中，當也。」）其議律令可蠲除輕減者，條奏，唯在便安萬姓而已。」

　　至成帝河平中，復下詔曰：「《甫刑》云『五刑之屬三千，大辟之罰其屬二百』，（師古曰：「《甫刑》，即《周書·呂刑》。初為呂侯，號曰《呂刑》，後為甫侯，又稱《甫刑》。」）今大辟之刑千有餘條，律令煩多，百有餘萬言，奇請它比，日以益滋，（師古曰：「奇請，謂常文之外，主者別有所請以定罪也。它比，謂引它類以比附之，稍增律條也。奇音居宜反。」）自明習者不知所由，（師古曰：「由，從也。」）欲以曉喻眾庶，不亦難乎！於以羅元元之民，夭絕亡辜，豈不哀哉！其與中二千石、二千石、博士及明習律令者議減死刑及可蠲除約省者，令較然易知，條奏。《書》不云乎？『惟刑之恤哉！』（師古曰：「《虞書·舜典》之辭。恤，憂也，言當憂刑也。」）其審核之，務準古法，（師古曰：「核，究其實也。」）朕將盡心覽焉。」有司無仲山父將明之材，（師古曰：「有司以下，史家之言也。《大雅·蒸人》之詩曰：『肅肅王命，仲山父將之；邦國若否，仲山父明之。』將，行也。否，不善也。言王有誥命，則仲山父行之；邦國有不善之事，則仲山父明之。故引以為美，傷今不能然也。」）不能因時廣宣主恩，建立明制，為一代之法，而徒鉤擿微細，毛舉數事，以塞詔而已。（師古曰：「毛舉，言舉毫毛之事，輕小之甚（者）。塞猶當（者）也。」）是以大議不立，遂以至今。議者或曰，法難數變，此庸人不達，疑塞治道，聖智之所常患者也。（師古曰：「塞謂不通也。」）故略舉漢興以來，法令稍定而合古便今者。

　　漢興之初，雖有約法三章，網漏吞舟之魚，（師古曰：「言疏闊。吞舟，謂大魚也。」）然其大辟，尚有夷三族之令。令曰：「當三族者，皆先黥，劓，斬左右止，笞殺之，梟其首，菹其骨肉於市。（師古曰：「菹謂醢也。菹音側

於反。」）其誹謗詈詛者，又先斷舌。」故謂之具五刑。彭越、韓信之屬皆受此誅。至高后元年，乃除三族罪、祅言令。孝文二年，又詔丞相、太尉、御史：「法者，治之正，所以禁暴而衛善人也。今犯法者已論，而使無罪之父母妻子同產坐之及收，朕甚弗取。其議。」左右丞相周勃、陳平奏言：「父母妻子同產相坐及收，所以累其心，使重犯法也。（師古曰：「重，難也。累音力瑞反。」）收之之道，所由來久矣。臣之愚計，以為如其故便。」文帝復曰：「朕聞之，法正則民慤，罪當則民從。（師古曰：「慤，謹也，音丘角反。」）且夫牧民而道之以善者，吏也；（師古曰：「道讀曰導。以善導之也。」）既不能道，又以不正之法罪之，是法反害於民，為暴者也。（師古曰：「法害於人，是法為暴。」）朕未見其便，宜孰計之。」平、勃乃曰：「陛下幸加大惠於天下，使有罪不收，無罪不相坐，甚盛德，臣等所不及也。臣等謹奉詔，盡除收律、相坐法。」其後，新垣平謀為逆，復行三族之誅。由是言之，風俗移易，人性相近而習相遠，信矣。（師古曰：「《論語》云孔子曰『性相近，習相遠』也，言人同稟五常之性，其所取捨本相近也，但所習各異，漸漬而移，則相遠矣。」）夫以孝文之仁，平、勃之知，猶有過刑謬論如此甚也，而況庸材溺於末流者乎？

《周官》有五聽、八議、三刺、三宥、三赦之法。（師古曰：「刺，殺也。訊而有罪，則殺之也。宥，寬也。赦，舍也，謂釋置也。」）五聽：一曰辭聽，（師古曰：「觀其出言，不直則煩。」）二曰色聽，（師古曰：「觀其顏色，不直則變。」）三曰氣聽，（師古曰：「觀其氣息，不直則喘。」）四曰耳聽，（師古曰：「觀其聽聆，不直則惑。」）五曰目聽。（師古曰：「觀其瞻視，不直則亂。」）八議：一曰議親，（師古曰：「王之親族也。」）二曰議故，（師古曰：「王之故舊也。」）三曰議賢，（師古曰：「有德行者也。」）四曰議能，（師古曰：「有道藝者。」）五曰議功，（師古曰：「有大勳力者。」）六曰議貴，（師古曰：「爵位高者也。」）七曰議勤，（師古曰：「謂盡悴事國者也。」）八曰議賓。（師古曰：「謂前代之後，王所不臣者也。自五聽以下至此，皆小司寇所職也。」）三刺：一曰訊群臣，二曰訊群吏，三曰訊萬民。（師古曰：「訊，問也，音信。」）三宥：一曰弗識，二曰過失，三曰遺忘。（師古曰：「弗識，不審也。過失，非意也。遺忘，（勿）（忽）忘也。」）三赦：一曰幼弱，二曰老眊，三曰惷愚。（師古曰：「幼弱，謂七歲以下。老眊，謂八十以上。惷愚，生而癡騃者。自三刺以下至此，皆司刺所職也。眊讀與耄同。惷音醜江反，又音貞巷反。」）凡囚，

「上罪桎拲而桎，中罪桎桎，下罪桎；王之同族拲，有爵者桎，以待弊。」
（師古曰：「械在手曰桎，兩手同械曰拲，在足曰桎。弊，斷罪也。自此以上
掌囚所職也。桎音古篤反。拲即拱字也。桎音之日反。弊音蔽。」）高皇帝七
年，制詔御史：「獄之疑者，吏或不敢決，有罪者久而不論，無罪者久繫不
決。自今以來，縣道官獄疑者，各讞所屬二千石官，二千石官以其罪名當報
之。（師古曰：「當謂處斷也。」）所不能決者，皆移廷尉，廷尉亦當報之。廷
尉所不能決，謹具為奏，傅所當比律令以聞。」（師古曰：「傅讀曰附。」）上
恩如此，吏猶不能奉宣。故孝景中五年復下詔曰：「諸獄疑，雖文致於法而於
人心不厭者，輒讞之。」其後獄吏復避微文，遂其愚心。至後元年，又下詔
曰：「獄，重事也。人有愚智，官有上下。獄疑者讞，有令讞者已報讞而後不
當，讞者不為失。」（師古曰：「解並在景紀。」）自此之後，獄刑益詳，近於
五聽三宥之意。三年復下詔曰：「高年老長，人所尊敬也；鰥寡不屬逮者，人
所哀憐也。（師古曰：「屬音之欲反。」）其著令：年八十以上，八歲以下，及
孕者未乳，（師古曰：「乳，產也，音人喻反。」師、朱儒（如淳曰：「師，樂
師盲瞽者。朱儒，短人不能走者。」）當鞠繫者，頌繫之。」（師古曰：「頌讀
曰容。容，寬容之，不桎梏。」）至孝宣元康四年，又下詔曰：「朕念夫耆老之
人，髮齒墮落，血氣既衰，亦無暴逆之心，今或羅於文法，執於囹圄，不得終
其年命，朕甚憐之。自今以來，諸年八十非誣告殺傷人，它皆勿坐。」至成帝
鴻嘉元年，定令：「年未滿七歲，賊鬥殺人及犯殊死者，上請廷尉以聞，得減
死。」合於三赦幼弱老眊之人。此皆法令稍定，近古而便民者也。（師古曰：
「近音其靳反。」）

孔子曰：「如有王者，必世而後仁；善人為國百年，可以勝殘去殺矣。」
（師古曰：「《論語》載孔子之言。此謂若有受命之王，必三十年仁政乃成也。
勝殘，謂勝殘暴之人，使不為惡。去殺，不行殺戮也。」）言聖王承衰撥亂而
起，被民以德教，（師古曰：「被，加也，音皮義反。」）變而化之，必世然後
仁道成焉；至於善人，不入於室，然猶百年勝殘去殺矣。（師古曰：「《論語》
稱子張問善人之道，子曰：『不踐跡，亦不入於室也。』言善人不但修踐舊跡
而已，固少自創制，然亦不能入聖人之室。」）此為國者之程式也。今漢道至
盛，歷世二百餘載，（師古曰：「今謂撰志時。」）考自昭、宣、元、成、哀、
平六世之間，斷獄殊死，率歲千餘口而一人，（如淳曰：「率天下犯罪者千口
而有一人死。」）耐罪上至右止，三倍有餘。（李奇曰：「耐從司寇以上至右止，

為千口三人刑。」）古人有言：「滿堂而飲酒，有一人鄉隅而悲泣，（師古曰：「鄉讀曰向。」）則一堂皆為之不樂。」王者之於天下，譬猶一堂之上也，故一人不得其平，為之悽愴於心。今郡國被刑而死者歲以萬數，天下獄二千餘所，其冤死者多少相覆，獄不減一人，此和氣所以未洽者也。

原獄刑所以蕃若此者，（師古曰：「蕃，多也，音扶元反。」）禮教不立，刑法不明，民多貧窮，豪桀務私，奸不輒得，獄豻不平之所致也。（服虔曰：「鄉亭之獄曰豻。」臣瓚曰：「獄岸，獄訟也。」師古曰：「小雅小宛之詩云『宜岸宜獄』。瓚說是也。」）《書》云「伯夷降典，悊民惟刑」，（師古曰：「《周書·甫刑》之辭也。悊，知也。言伯夷下禮法以道人，人習知禮，然後用刑也。」）言制禮以止刑，猶隄之防溢水也。今隄防凌遲，禮制未立；死刑過制，生刑易犯；飢寒並至，窮斯濫溢；豪桀擅私，為之囊橐，（師古曰：「有底曰囊，無底曰橐。言容隱姦邪，若囊橐之盛物。」）奸有所隱，則狃而浸廣：（師古曰：「狃，串習也。浸，漸也。狃音女救反。」）此刑之所以蕃也。孔子曰：「古之知法者能省刑，本也；今之知法者不失有罪，末矣。」（師古曰：「省謂減除之，絕於未然，故曰本也。不失有罪，事止聽訟，所以為末。」）又曰：「今之聽獄者，求所以殺之；古之聽獄者，求所以生之。」與其殺不辜，寧失有罪。今之獄吏，上下相驅，以刻為明，深者獲功名，平者多後患。諺曰：「鬻棺者欲歲之疫。」（師古曰：「鬻，賣也。疫，癘病也。鬻音育。疫音役。」）非憎人欲殺之，利在於人死也。今治獄吏欲陷害人，亦猶此矣。凡此五疾，獄刑所以尤多者也。

自建武、永平，民亦新免兵革之禍，人有樂生之慮，與高、惠之間同，而政在抑彊扶弱，朝無威福之臣，邑無豪桀之俠。以口率計，斷獄少於成、哀之間什八，可謂清矣。（師古曰：「十少其八也。」）然而未能稱意比隆於古者，以其疾未盡除，而刑本不正。

善乎！孫卿之論刑也，曰：「世俗之為說者，以為治古者無肉刑，（師古曰：「治古，謂上古至治之時也。治音丈吏反。」）有象刑墨黥之屬，菲履赭衣而不純，（師古曰：「菲，草履也。純，緣也。衣不加緣，示有恥也。菲音扶味反。純音之允反。」）是不然矣。以為治古，則人莫觸罪邪，豈獨無肉刑哉，亦不待象刑矣。（師古曰：「人不犯法，則象刑無所施也。」）以為人或觸罪矣，而直輕其刑，是殺人者不死，而傷人者不刑也。罪至重而刑至輕，民無所畏，亂莫大焉。凡制刑之本，將以禁暴惡，且懲其（末）〔未〕也。（師古曰：「懲，

止也。」）殺人者不死，傷人者不刑，是惠暴而寬惡也。故象刑非生（於）治古，方起於亂今也。（如淳曰：「古無象刑也，所有象刑之言者，近起今人惡刑之重，故遂推言古之聖君但以象刑，天下自治。」）凡爵列官職，賞慶刑罰，皆以類相從者也。一物失稱，亂之端也。（師古曰：「稱，宜也，音尺孕反。」）德不稱位，能不稱官，賞不當功，刑不當罪，不祥莫大（矣）焉。夫征暴誅悖，治之威也。殺人者死，傷人者刑，是百王之所同也，未有知其所由來者也。故治則刑重，亂則刑輕，（李奇曰：「世所以治者，乃刑重也；所以亂者，乃刑輕也。」）犯治之罪固重，犯亂之罪固輕也。《書》云『刑罰世重世輕』，此之謂也。」（師古曰：「《周書·甫刑》之辭也。言刑罰輕重，各隨其時。」）所謂「象刑惟明」者，言象天道而作刑，（師古曰：「《虞書》益稷曰『咎繇方祗厥敘，方施象刑惟明』，言敬其次敘，施其法刑皆明白也。」）安有菲屨赭衣者哉？

孫卿之言既然，又因俗說而論之曰：禹承堯舜之後，自以德衰而制肉刑，湯武順而行之者，以俗薄於唐虞故也。今漢承衰周暴秦極敝之流，俗已薄於三代，而行堯舜之刑，是猶以鞿而御駻突，（孟康曰：「以繩縛馬口之謂鞿。」晉灼曰：「鞿，古羈字也。」如淳曰：「駻音捍。突，惡馬也。」師古曰：「馬絡頭曰羈也。」）違救時之宜矣。且除肉刑者，本欲以全民也，今去髡鉗一等，轉而入於大辟。以死罔民，失本惠矣。（師古曰：「罔，謂羅網也。」）故死者歲以萬數，刑重之所致也。至乎穿窬之盜，忿怒傷人，男女淫佚，吏為奸臧，（師古曰：「佚讀與逸同。」）若此之惡，髡鉗之罰又不足以懲也。故刑者歲十萬數，民既不畏，又曾不恥，刑輕之所生也。故俗之能吏，公以殺盜為威，專殺者勝任，奉法者不治，亂名傷制，不可勝條。是以罔密而奸不塞，刑蕃而民愈嫚。（師古曰：「塞，止也。蕃，多也，音扶元反。嫚與慢同。」）必世而未仁，百年而不勝殘，誠以禮樂闕而刑不正也。豈宜惟思所以清原正本之論，刪定律令，籑二百章，以應大辟。（孟康曰：「籑音撰。」）其餘罪次，於古當生，今觸死者，皆可募行肉刑。（李奇曰：「欲死邪，欲腐邪？」）及傷人與盜，吏受賕枉法，男女淫亂，皆復古刑，為三千章。詆欺文致微細之法，悉蠲除。（師古曰：「詆謂誣也，音丁禮反。」）如此，則刑可畏而禁易避，吏不專殺，法無二門，輕重當罪，民命得全，合刑罰之中，殷天人之和，（李奇曰：「殷亦中。」）順稽古之制，成時雍之化。成康刑錯，雖未可致，孝文斷獄，庶幾可及。《詩》云「宜民宜人，受祿于天」。（師古曰：「《大雅·假樂》之詩也。蓋

嘉成王之德云。」)《書》曰「立功立事，可以永年」。(師古曰：「今文《泰誓》
之辭也。永，長也。」) 言為政而宜於民者，功成事立，則受天祿而永年命，
所謂「一人有慶，萬民賴之」者也。(師古曰：「《呂刑》之辭也。一人，天子
也。言天子用刑詳審，有福慶之惠，則眾庶咸賴之也。」)(《漢書·刑法志》，
第 1079～1113 頁。)

雷電皆至，天威震耀，五刑之作，是則是效，(劉德曰：『震下離上，噬
嗑，利用獄。雷電，取象天威也。』師古曰：『《易》象辭曰『雷電，噬嗑，先
王以明罰敕法』，故引之。』) 威實輔德，刑亦助教。季世不詳，背本爭末，(師
古曰：『不詳謂不盡用刑之理也。《周書·呂刑》曰『告爾詳刑』。』) 吳、孫狙
詐，申、商酷烈。漢章九法，太宗改作，(張晏曰：『改，除肉刑也。』) 輕重
之差，世有定籍。述《刑法志》第三。(《漢書·敘傳》，第 4242 頁。)